Michail
Gorbatschow

Michail Gorbatschow

Umgestaltung und neues Denken
für unser Land
und für die ganze Welt

An den Leser

Mit diesem Buch wende ich mich direkt an die Völker der UdSSR, der USA und aller anderen Länder.

Ich bin mehrfach mit den höchsten Repräsentanten und anderen namhaften Persönlichkeiten vieler Staaten, mit Vertretern der Öffentlichkeit dieser Länder zusammengetroffen. Anliegen dieses Buches ist es, meine Gedanken zu Fragen, die ausnahmslos alle angehen, unmittelbar an die Bürger aller Staaten heranzutragen.

Dieses Buch habe ich im Glauben an den gesunden Menschenverstand der Bürger geschrieben. Ich bin sicher, daß ihnen ebenso wie mir, daß uns allen die Zukunft unseres Erdballs am Herzen liegt – und das ist das Entscheidende.

Wir müssen weiter unsere Kontakte pflegen, müssen die Probleme im Geiste der Zusammenarbeit, nicht aber der Feindseligkeit zu lösen suchen. Mir ist voll bewußt, daß meine Gedanken nicht von jedermann geteilt werden. Schließlich bin ich selbst nicht mit allem einverstanden, was andere zu verschiedenen Problemen äußern. Um so mehr ist der Dialog gefragt. Mit diesem Buch will ich meinen Beitrag dazu leisten. Es ist keine wissenschaftliche Abhandlung und keine Propagandaschrift, wenngleich die Urteile, Erkenntnisse und analytischen Ansätze, die der Leser darin finden wird, natürlich auf bestimmten Wertvorstellungen und theoretischen Prämissen beruhen. Es enthält eher Betrachtungen und Überlegungen zur Umgestaltung, zu den Problemen, die wir zu bewältigen haben, zum Ausmaß der Veränderungen, zur Kompliziertheit, Verantwortung und Spezifik unserer

Zeit. Mit Fakten, Zahlen und Details habe ich das Buch absichtlich nicht überladen. Es ist ein Buch über unsere Vorhaben, darüber, wie wir sie in die Tat umsetzen wollen, und, wie gesagt, eine Aufforderung zum Dialog. Einen großen Raum nimmt darin das neue politische Denken, die philosophischen Grundsätze der Außenpolitik, ein. Wenn dieses Buch zu mehr Vertrauen zwischen den Völkern führt, hat es in meinen Augen seinen Zweck erfüllt.

Was bedeutet Umgestaltung? Weshalb brauchen wir sie, worin liegen ihr Sinn und ihr Zweck? Wogegen ist sie, und was bewirkt sie? Wie verläuft sie, und welche Konsequenzen kann sie für die Sowjetunion und für die internationale Gemeinschaft haben?

All diese Fragen werden zu Recht gestellt. Antworten darauf suchen viele: Politiker und Geschäftsleute, Wissenschaftler und Journalisten, Lehrer und Ärzte, Geistliche, Literaten und Studenten, Arbeiter und Bauern. Viele möchten begreifen, was in der Sowjetunion wirklich geschieht, zumal in westlichen Zeitungen und Fernsehsendungen die Flut der Anfeindungen gegen mein Land nicht abebben will.

Die Umgestaltung ist der Mittelpunkt des geistigen Lebens unserer Gesellschaft. Das ist nur natürlich, geht es doch um die Geschicke des Landes. Die Veränderungen, die sie bewirkt, betreffen alle sowjetischen Menschen, berühren die aktuellsten Probleme. Alle bewegt die Frage: Wie soll die Gesellschaft aussehen, in der nicht nur wir selbst, sondern auch unsere Kinder und Enkel leben werden?

Naturgemäß bekunden die anderen sozialistischen Länder lebhaftes Interesse für die Umgestaltung in der Sowjetunion. Auch sie durchleben eine schwierige, aber sehr wichtige Zeit, da sie in ihrer Entwicklung neue Wege erkunden, Möglichkeiten einer rascheren wirtschaftlichen und sozialen Entwicklung festlegen und erproben. Der Erfolg hängt dabei weitgehend von unserem Zusammenwirken, von unserem gemeinsamen Handeln und unseren gemeinsamen Aufgaben ab.

So ist heute das Interesse für unser Land verständlich, besonders wenn man daran denkt, welches reale Gewicht es im Weltgeschehen hat.

Aus all diesen Gründen bin ich der Bitte von Verlegern in den USA nachgekommen, dieses Buch zu schreiben. *Wir wollen, daß man uns versteht.*

Die Sowjetunion durchlebt in der Tat eine ungewöhnliche Zeit. Die Kommunistische Partei hat sich kritisch mit der Situation auseinandergesetzt, wie sie Mitte der achtziger Jahre zu verzeichnen war, und den Kurs festgelegt, dem der Gedanke der Umgestaltung und der Beschleunigung der sozialökonomischen Entwicklung des Landes, der Erneuerung sämtlicher Lebensbereiche der Gesellschaft zugrunde liegt. Die sowjetischen Menschen haben diesen politischen Kurs verstanden und akzeptieren ihn. Die Umgestaltung hat die gesamte Gesellschaft in Bewegung gebracht. Gewiß, unser Land ist riesengroß, es haben sich viele Probleme angesammelt, und ihre Lösung wird uns nicht leichtfallen. Aber es gibt erste Veränderungen, und die Gesellschaft wird nie mehr die alte sein.

Im Westen, die USA eingeschlossen, wird die Umgestaltung verschieden interpretiert. Unter anderem auch so, als hätten katastrophale Zustände in der sowjetischen Wirtschaft sie herbeigeführt, als sei sie Ausdruck einer Enttäuschung über den Sozialismus, einer Krise seiner Ideen, seiner Endziele. Nichts könnte weiter von der Wahrheit entfernt sein als derartige Interpretationen, aus welchen Überlegungen heraus man immer zu ihnen gelangt sein mag.

Selbstverständlich erhielt der Umgestaltungsprozeß wesentliche Impulse aus unserer Unzufriedenheit darüber, wie die Dinge in den letzten Jahren im Lande liefen. Aber in noch stärkerem Maße ist sie darauf zurückzuführen, daß wir erkannten, daß die Potenzen des Sozialismus ungenügend ausgeschöpft wurden. In diesen Tagen, da sich unsere Revolution zum siebzigsten Male jährt, sind wir uns dieser Tatsache besonders deutlich bewußt. Wir verfügen über ein stabiles materielles Fundament, über große Erfahrungen und über das Wissen, um unsere Gesellschaft durch quantitativ wie qualitativ immer effektivere Gestaltung unserer gesamten Arbeit zielstrebig und kontinuierlich verbessern zu können.

Ich möchte vorausschicken: Die Umgestaltung hat sich als schwieriger erwiesen, als wir zunächst geglaubt hatten. Vieles müssen wir neu durchdenken. Aber mit jedem neuen Schritt wächst in uns die Gewißheit, daß das, was wir begonnen haben und was wir tun, richtig ist.

Zuweilen wird behauptet, die großen Aufgaben, die sich mit der Umgestaltung für unser Land ergeben, hätten auch die Friedensinitiativen zwingend notwendig gemacht, die wir der Welt in jüngster Zeit unterbreitet haben. Diese Interpretation ist zu einfach. Die Sowjetunion verfolgt bekanntermaßen seit langem einen Kurs des Friedens und der Zusammenarbeit und hat auch früher viele Angebote gemacht, die, wären sie seinerzeit angenommen worden, die internationale Atmosphäre verbessert hätten.

Ja, im Interesse unseres Vorankommens im Lande liegt uns an normalen internationalen Verhältnissen. Aber für eine Welt ohne Krieg und ohne Wettrüsten, für eine kernwaffen- und gewaltfreie Welt sind wir nicht bloß, weil dies die optimale Bedingung für unsere innere Entwicklung ist. Das ist weltweit ein objektives Erfordernis, und es resultiert aus den heutigen Realitäten.

Unser neues Denken geht indes darüber hinaus. Die Welt lebt nicht nur unter der nuklearen Bedrohung, sondern auch in einer Atmosphäre, da wichtige soziale Fragen ungelöst sind und infolge der wissenschaftlich-technischen Revolution und der Zuspitzung der globalen Probleme neue Belastungen auftreten. Die Menschheit steht vor Aufgaben ohnegleichen, die, werden sie nicht gemeinsam gelöst, ihre Zukunft in Frage stellen. Alle Länder sind heute mehr denn je miteinander verknüpft. Die Anhäufung von Waffen, besonders von Raketenkernwaffen, aber läßt die Wahrscheinlichkeit, daß ein Weltkrieg – nicht einmal gewollt, sondern zufällig, infolge einer technischen Panne oder psychischen Versagens – ausbricht, immer größer werden. Ihm würde alles Leben auf der Erde zum Opfer fallen.

Inzwischen sind sich wohl alle einig, daß es in solch einem Kriege weder Sieger noch Besiegte gäbe. Niemand würde auch nur mit dem Leben davonkommen. Alle sind von der tödlichen Gefahr bedroht.

Der nukleare Tod als Zukunftsaussicht ist zweifellos das monströseste »Szenario«, nach dem die Entwicklung ablaufen könnte. Aber das Problem liegt auch noch auf anderem Gebiet. Die Rüstungsspirale samt den militärpolitischen Realitäten der Welt und den fortbestehenden Traditionen des vornuklearen politischen Denkens stehen jener Zusammenarbeit von Ländern und Völkern im Wege, ohne die – darin ist man sich in Ost und West einig – die Staaten der Erde die Natur nicht zu erhalten und nicht zu gewährleisten vermögen, daß ihre Reichtümer sinnvoll genutzt werden und sich regenerieren können. Das aber würde bedeuten, es kann kein menschenwürdiges Leben geben.

Ja, die Welt ist heute nicht mehr die von gestern, und ihre neuen Probleme können nicht gelöst werden, wenn man die aus früheren Jahrhunderten überkommene Denkweise beibehält. Wie könnte man heutzutage an der These festhalten, Krieg sei die Fortsetzung der Politik mit anderen Mitteln?

In der sowjetischen Führung sind wir zu dem Schluß gelangt – und sagen dies auch immer und immer wieder –, daß neues politisches Denken erforderlich ist. Dabei unternimmt die sowjetische Führung alles, um dieses Denken in praktische Taten, vor allem im Bereich der Abrüstung, umzusetzen. Das gibt den Ausschlag für die außenpolitischen Initiativen, mit denen wir ehrlichen Herzens vor die Welt getreten sind.

Wie weit geht das neue geschichtliche Denken? Es erstreckt sich wirklich auf alle Hauptprobleme unserer Zeit.

Bei aller Widersprüchlichkeit der heutigen Welt, bei aller Vielfalt der sozialen und politischen Systeme, die es in ihr gibt, bei aller Verschiedenheit der Wahl, welche die Völker zu unterschiedlichen Zeiten getroffen haben, bildet sie doch in gewisser Weise ein Ganzes. Wir sitzen alle im gleichen

Boot – Erde genannt – und müssen dafür sorgen, daß es nicht untergeht. Eine zweite Arche Noah wird es nicht geben.

Die Politik muß auf den Realitäten aufbauen. Die nachdrücklichste Realität der heutigen Welt aber ist, daß namentlich die Vereinigten Staaten und die Sowjetunion ein ungeheures militärisches, darunter auch nukleares Potential konzentriert haben. Das erlegt unseren Ländern der ganzen Welt gegenüber besondere Verantwortung auf. Aus diesem Bewußtsein heraus bemühen wir uns ehrlich um die Verbesserung der sowjetisch-amerikanischen Beziehungen, wollen wir wenigstens zu einem Mindestmaß an Verständigung gelangen, das für die Lösung der Fragen gebraucht wird, von denen das Schicksal der Welt abhängt.

Wir sprechen offen aus, daß das Hegemoniestreben und die Weltherrschaftsansprüche der USA unannehmbar sind. Bestimmte Aspekte in der Politik und im Leben der USA gefallen uns nicht. Doch wir gestehen dem amerikanischen wie jedem anderen Volk das Recht zu, nach seinen eigenen Regeln und Gesetzen, nach seinen Gewohnheiten und seinem Geschmack zu leben. Wir wissen um die große Rolle der USA in der heutigen Welt und tragen ihr Rechnung, wir würdigen den Beitrag der Amerikaner zur Zivilisation der Welt, beachten die legitimen nationalen Interessen der USA und begreifen, daß sich ohne dieses Land die Gefahr einer nuklearen Katastrophe nicht abwenden und dauerhafter Frieden nicht sichern läßt. Wir führen nichts Böses gegen das amerikanische Volk im Schilde. Wir sind zur Zusammenarbeit in allen Richtungen gewillt und bereit.

Allerdings zu einer Zusammenarbeit auf der Grundlage der Gleichheit, des gegenseitigen Einvernehmens und des beiderseitigen Vorankommens. Es ist für uns oft nicht nur enttäuschend, sondern gibt uns ernstlich zu denken, wenn man in den Vereinigten Staaten unser Land als Aggressor, als »Reich des Bösen« usw. ansieht, allerlei Lügenmärchen und Gerüchte über uns verbreitet, Mißtrauen und Feindschaft unserem Volk gegenüber sät, provokatorisch verschiedene

Verbote erläßt, sich uns gegenüber einfach unzivilisiert benimmt. Das ist sträfliche Kurzsichtigkeit.

Die Zeit läuft, und man darf sie nicht ungenutzt verstreichen lassen. Es gilt zu handeln. Die Situation ist nicht dazu angetan, den idealen Zeitpunkt abzuwarten: Den konstruktiven und weitgespannten Dialog brauchen wir heute. Davon gehen wir aus, wenn wir Fernsehbrücken zwischen sowjetischen und amerikanischen Städten, zwischen sowjetischen und amerikanischen Politikern und Vertretern der Öffentlichkeit, zwischen den Bürgern der Vereinigten Staaten und der Sowjetunion schlagen. In unseren Medien geben wir die gesamte Palette der Haltungen des Westens, auch die konservativsten, wieder. Wir fördern Kontakte mit Menschen, die eine andere Weltanschauung und andere politische Überzeugungen haben. Von uns aus gesehen kommt darin die Auffassung zum Ausdruck, daß derlei Dinge mithelfen, zu einer beiderseitig akzeptablen Welt zu gelangen.

Es liegt uns fern, unsere Sicht für die einzig wahre zu halten. Wir haben keine Patentrezepte anzubieten, aber wir sind bereit, gemeinsam mit den USA und anderen Ländern aufrichtig und ehrlich nach Antworten auf alle Fragen, selbst auf die schwierigsten, zu suchen.

Erster Teil
Die Umgestaltung

Kapitel I
Die Umgestaltung – ihre Anfänge, ihr Wesen und ihr revolutionärer Charakter

Zur Umgestaltung also. Warum und wie wurde diese Idee geboren? Was bedeutet sie in der Geschichte des Sozialismus? Was verheißt die Umgestaltung den Völkern der Sowjetunion? Welche Wirkung kann sie nach außen haben? Alle diese Fragen beschäftigen die breite Öffentlichkeit und werden lebhaft diskutiert. Beginnen wir mit der ersten Frage.

Umgestaltung – ein Gebot der Stunde
Will man begreifen, wo die Anfänge der Umgestaltung in der UdSSR liegen und was ihr Wesen ausmacht, muß man sich meines Erachtens eines vor Augen halten: Die Umgestaltung ist keine Laune einzelner Persönlichkeiten oder Gruppen, deren Ehrgeiz plötzlich erwacht ist. Wäre dem so, dann hätten keinerlei Appelle, hätten keine Plenartagungen, ja hätte nicht einmal der Parteitag das Volk zu jener Arbeit mobilisieren können, die jetzt bei uns im Gange ist und an der mit jedem Tag immer mehr sowjetische Menschen teilhaben.

Die Umgestaltung ist eine aktuelle Notwendigkeit, die aus den tiefgreifenden Entwicklungsprozessen unserer sozialistischen Gesellschaft erwachsen ist. Unsere Gesellschaft war reif für Veränderungen, hatte sich sozusagen zu ihnen durchringen müssen. Wäre die Umgestaltung hinausgezögert worden, so hätte dies schon in allernächster Zeit eine Zuspitzung der Situation im Inneren bewirken können, die, offen gesagt, die Gefahr einer ernsten wirtschaftlichen, sozialen und politischen Krise in sich barg.

Zu diesen Schlußfolgerungen gelangten wir, als wir die Situation, in der sich die Gesellschaft Mitte der achtziger Jahre befand, umfassend und freimütig analysierten. Die Staatsführung, in die in den letzten Jahren nach und nach neue Leute aufrückten, mußte sich mit dieser Situation und ihren Problemen auseinandersetzen. Lassen Sie mich die wichtigsten Ergebnisse dieser Analyse nennen, bei der wir vieles neu bedenken und uns nicht nur unserer jüngsten, sondern auch der weiter zurückliegenden Geschichte zuwenden mußten.

Rußland, wo vor siebzig Jahren die Große Sozialistische Oktoberrevolution stattfand, ist ein altes Land mit einer ganz unverwechselbaren, an bahnbrechenden Bestrebungen und Leistungen und tragischen Ereignissen reichen Geschichte, dem die Menschheit eine Vielzahl von Entdeckungen und viele große Namen verdankt.

Die Sowjetunion aber ist ein junger Staat, der seinesgleichen in der Geschichte und in der heutigen Welt sucht. In sieben Jahrzehnten – und das ist, an der menschlichen Zivilisation gemessen, wahrlich nicht viel – hat unser Land einen Weg zurückgelegt, der Jahrhunderten gleichkommt. Aus dem einstigen rückständigen, halbkolonialen und halbfeudalen Russischen Reich ist eine der stärksten Mächte der Welt mit kolossalen Produktivkräften, einem leistungsfähigen intellektuellen Potential, einer hochentwickelten Kultur, einer einzigartigen Gemeinschaft von mehr als einhundert Nationen und Völkerschaften und sozialer Geborgenheit für 280 Millionen Menschen auf einem Sechstel des Erdballs entstanden. Das alles sind gewaltige und unbestreitbare Leistungen. Und die sowjetischen Menschen sind zu Recht stolz auf sie.

Dies sage ich nicht aus dem Wunsche heraus, das Land besser zu machen, als es war und ist. Ich möchte nicht als eine Art Apologet dastehen, dem etwas, nur weil es »seines« ist, als das Allerbeste, das unbedingt Überlegene gilt. Das, wovon ich sprach, ist ein realer Tatbestand, sind authentische Tatsachen, sind die sichtbaren Ergebnisse der Arbeit von mehreren Generationen unseres Volkes. Und ebenso augenscheinlich ist, daß das Land diesen Aufschwung einzig und allein der Revolution verdankt. Es sind ihre Früchte, die Früchte des Sozialismus als der neuen Gesellschaftsordnung, die Ergebnisse jener historischen Entscheidung, die unser Volk getroffen hat. Dahinter steht das große Werk unserer Väter und Großväter, der Millionen arbeitender Menschen, ob nun Arbeiter, Bauern oder Intellektuelle, die vor siebzig Jahren die direkte Verantwortung für die Geschicke ihres Landes übernahmen.

Der Leser möge sich all das richtig vor Augen halten, ansonsten wird er schwerlich begreifen, was in unserer Gesellschaft vor sich gegangen ist und vor sich geht. Auf die historischen Aspekte unserer Entwicklung werde ich noch zurückkommen. Zunächst aber sei von der schwierigen Situation die Rede, in die unser Land in den achtziger Jahren geriet und die die Umgestaltung notwendig und unumgänglich machte.

In einer bestimmten Etappe – besonders spürbar wurde es in der zweiten Hälfte der siebziger Jahre – trat etwas ein, für das sich auf den ersten Blick keine rechte Erklärung finden läßt. Das Land begann in seiner Entwicklung an Tempo zu verlieren, die Störungen im Wirtschaftsleben mehrten sich, die Schwierigkeiten begannen sich zu häufen und zuzuspitzen, immer mehr Probleme harrten ihrer Lösung. Im gesellschaftlichen Leben kam es, wie wir es nennen, zu Stagnation und anderen Erscheinungen, die nichts mit dem Sozialismus zu tun haben. In der wirtschaftlichen und sozialen Entwicklung begann eine Art »Bremsmechanismus« zu wirken. Und all dies geschah in einer Zeit, da die wissenschaftlich-technische Revolution neue Perspektiven für den wirtschaftlichen und sozialen Fortschritt eröffnete.

So entstand ein ganz eigenartiges Bild: Der riesige Motor der leistungsstarken Maschine läuft, doch die Kraftübertragung zu den Arbeitsplätzen hin ist gestört, beziehungsweise die Treibriemen sind zu schwach.

Als wir die Situation im Lande analysierten, stellten wir vor allem fest, daß das Wirtschaftswachstum stagnierte. Die Zuwachsrate des Nationaleinkommens war in den letzten drei

Planjahrfünften unter fünfzig Prozent zurückgegangen und Anfang der achtziger Jahre auf einem Stand angelangt, der uns faktisch in die Nähe der wirtschaftlichen Stagnation brachte. Das Land, das sich vordem auf dem besten Wege befand, die am stärksten entwickelten Länder der Welt einzuholen, fing offenkundig an, Position für Position aufzugeben. Bei der Erhöhung der Effektivität der Produktion und der Verbesserung der Erzeugnisqualität, in der wissenschaftlich-technischen Entwicklung, in der Produktion und bei der Beherrschung der modernen Technik und Technologie fielen wir diesen Ländern gegenüber nun immer mehr zurück.

Besonders in der Schwerindustrie stand die »Tonnenideologie« ganz obenan, war sie geradezu Selbstzweck. Das gleiche galt für den Investitionsbau, wo aufgrund der langen Realisierungsfristen ein Großteil des Volksvermögens gebunden war. Kostenaufwendige Objekte wurden errichtet, ohne daß man damit höhere wissenschaftlich-technische Kennziffern erreicht hätte. Als bester Arbeiter beziehungsweise Betrieb galt, wer am meisten Arbeit verausgabte und die größten Mengen an Geld und Material verbrauchte. Normal ist, wenn der Produzent dem Verbraucher sozusagen »jeden Wunsch von den Augen abliest«. Bei uns hingegen war der Verbraucher ganz in der Gewalt des Produzenten, mußte er das nehmen, was dieser ihm zu liefern geruhte. Das alles ist wiederum ein Tribut an die »Tonnenideologie«.

Typisch für die Denkweise vieler unserer Wirtschaftsfunktionäre war, daß es ihnen nicht darum ging, das Volksvermögen zu mehren, sondern ihnen vorrangig daran gelegen war, in ein Erzeugnis möglichst viel Material, Arbeit und Arbeitszeit zu investieren und es dann teuer zu verkaufen. Damit hatten wir »Bruttoproduktion«, aber nicht genug Waren. Wir verausgabten – und tun das immer noch – weitaus mehr an Rohstoffen, Energie und sonstigen Ressourcen je Erzeugniseinheit als andere entwickelte Länder. Durch den Reichtum unseres Landes an Naturschätzen und verfügbaren Arbeitskräften sind wir verwöhnt, um es deutlich zu sagen, verdorben worden. Genau dies war in hohem Maße der Grund, weshalb sich unsere Wirtschaft jahrzehntelang extensiv entwickeln konnte.

Groß geworden mit dem Gedanken, daß das quantitative Produktionswachstum Vorrang hat, versuchten wir, den Temporückgang aufzuhalten, doch wir taten es vornehmlich um den Preis immer neuer und neuer Aufwendungen – erweiterten die Zweige der Brennstoff- und Energiewirtschaft und griffen in der Produktion immer stärker auf die natürlichen Ressourcen zurück.

Mit der Zeit wurde es immer aufwendiger und teurer, Rohstoffe zu gewinnen. Die extensiven Formen der Produktionsfondserweiterung führten ein künstliches Defizit an verfügbaren Arbeitskräften herbei. Unter dem Druck dieses Defizits und in der Hoffnung, die Lage irgendwie zum Besseren zu wenden, wurden fortan große Summen an unbegründeten, praktisch nicht erarbeiteten Prämien gezahlt und alle möglichen unverdienten Vergünstigungen eingeführt, woraus dann Zahlenhascherei in der Berichterstattung um der bloßen Bereicherung willen resultierte. Die Einstellung, man könne doch ganz gut auf Kosten des Staates leben, griff um sich, gewissenhafte Arbeit in guter Qualität galt immer weniger, und im Bewußtsein nistete sich die Mentalität der »Gleichmacherei« ein. Der Eingriff in den Zusammenhang zwischen dem Maß der Arbeit und dem Maß des Verbrauchs, der wohl als das entscheidende Kettenglied des »Bremsmechanismus« bezeichnet werden kann, hemmte nicht nur den Anstieg der Arbeitsproduktivität, sondern verzerrte auch das Prinzip der sozialen Gerechtigkeit.

Das Festhalten am extensiven Wachstum führte also in die ökonomische Sackgasse, ließ die Entwicklung stagnieren. Die finanzielle Belastung in der Volkswirtschaft verstärkte sich. Daß wir uns mit Erdöl und anderen Brennstoffen, Energieträgern und Rohstoffen den Weltmarkt erschlossen, schuf keine Abhilfe, sondern verzögerte den Ausbruch der Krankheit nur. Der Devisenerlös aus dem Verkauf dieser Produkte wurde im wesentlichen für die Lösung laufender Aufgaben, nicht aber für die Modernisierung der Wirtschaft, für die Überwindung ihres technischen Rückstands verwandt.

Der Bremseffekt und die Stagnationserscheinungen in der Wirtschaft konnten nicht ohne Auswirkungen auf die übrigen Bereiche des gesellschaftlichen Lebens bleiben. Die negativen Prozesse wirkten sich stark auf den sozialen Bereich aus. Für den sozialen und kulturellen Bereich blieb sozusagen nur der »schäbige Rest«, das heißt, man stellte nur das zur Verfügung, was von den Aufwendungen für die reinen Produktionsbelange übrigblieb. Sozialen Fragen gegenüber trat eine Art »Taubheit« auf. Der soziale Bereich fiel hinsichtlich der technischen Ausstattung, der Qualifikation der Arbeitskräfte und vor allem der Qualität der Arbeit zurück.

Dabei haben wir es wiederum mit paradoxen Dingen zu tun. Unsere Gesellschaft vermochte das Beschäftigungsproblem zu lösen und grundlegende soziale Garantien zu geben, aber wir haben es nicht geschafft, die Möglichkeiten des Sozialismus voll auszuschöpfen, um die wachsenden Bedürfnisse in bezug auf bessere Wohnverhältnisse, bessere und zuweilen auch mehr Lebensmittel, entsprechende Leistungen im Verkehrswesen, in der medizinischen Betreuung und im Bildungswesen sowie bei der Lösung anderer Probleme zu befriedigen, die im Zuge der Entwicklung der Gesellschaft naturgemäß aufgetreten sind.

Wir sind in einer absurden Situation. Da ist die enorme Produktion von Stahl, Rohstoffen, Brennstoffen und Energieträgern, bei der die UdSSR schon lange die Weltspitze erreicht hat, und daneben der Mangel an diesen Erzeugnissen, Defizite infolge von Vergeudung und uneffektiver Nutzung. Wir liegen in der Welt mit an vorderster Stelle in der Brotgetreideproduktion und müssen doch Jahr für Jahr Millionen Tonnen Futtergetreide einkaufen. Wir haben die meisten Ärzte und Krankenhausbetten je 1000 Einwohner, und zugleich gibt es schwerwiegende Mißstände, gibt es einen Qualitätsabfall in der medizinischen Versorgung. Unsere Raketen finden mit erstaunlicher Präzision den Halleyschen Kometen und fliegen zur Venus, doch neben diesem Triumph des wissenschaftlichen und ingenieurtechnischen Denkens ist ein deutlicher Rückstand bei der Anwendung der wissenschaftlichen Ergebnisse in der Volkswirtschaft zu verzeichnen, reichen viele unserer Haushaltsgeräte nicht an das Weltniveau heran.

Aber leider ist das noch nicht alles. Nach und nach, kaum merklich kam es zu einer Aushöhlung der ideologischen und sittlichen Werte. Daß das Wachstumstempo spürbar zurückging, sich der ganze Komplex der qualitativen Kennziffern verschlechterte, man sich gegen wissenschaftlich-technische Neuentwicklungen sperrte, das Lebensniveau langsamer stieg und es Schwierigkeiten bei der Versorgung mit Lebensmitteln, Wohnraum, Konsumgütern und Dienstleistungen gab – das war für jedermann ersichtlich. Aber der »Bremsmechanismus« machte sich auch in der Ideologie immer stärker bemerkbar und führte dazu, daß Versuche einer konstruktiven Analyse der spruchreif gewordenen Probleme und neue Ideen auf immer mehr Widerstand stießen. Erfolgsmeldungen, wirkliche und scheinbare, dominierten, Mißachtung der berechtigten Forderungen und der Meinung der einfachen Werktätigen, der Öffentlichkeit wurde zur Gewohnheit. In den Gesellschaftswissenschaften war das eine Blütezeit für scholastisches Theoretisieren. Für schöpferisches Denken war kein Platz mehr in den Gesellschaftswissenschaften, statt dessen galten oberflächliche, voluntaristische Wertungen und Urteile als unumstößliche Wahrheiten, die nur noch kommentiert werden durften. Wissenschaftliche, theoretische und sonstige Diskussionen, ohne die es keine Entwicklung des Denkens, keine Kreativität gibt, hatten keinen rechten Inhalt mehr. Die negativen Tendenzen machten auch um Kultur, Kunst und Publizistik, um die Pädagogik und die Medizin keinen Bogen. Dort hatten Mittelmaß, Formalismus und hohles Geschwätz ebenfalls Oberwasser.

Die »problemlose« Darstellung der Wirklichkeit erwies uns einen schlechten Dienst: Worte und Taten klafften auseinander, was zu gesellschaftlicher Passivität und Mißtrauen gegenüber den verkündeten Losungen führte. Verständlicherweise schwand in dieser Situation das Vertrauen in das, was den Inhalt von Appellen ausmachte, was von Rednertribünen verbreitet wurde und in Zeitungen und Lehrbüchern gedruckt stand. Die öffentliche Moral verfiel, das großartige Gefühl der menschlichen Solidarität, das sich in der heldenmütigen Zeit der Revolution, der ersten Fünfjahrpläne, des Vaterländischen Krieges und des Wiederaufbaus nach dem Kriege ausgeprägt hatte, wurde schwächer; Alkoholismus, Drogensucht und Kriminalität nahmen zu, und in die sowjetische Gesellschaft drangen verstärkt Klischees aus der uns fremden »Massenkultur« ein, die uns Banalitäten, primitiven Geschmack und geistige Verarmung aufdrängt.

In der Parteiführung trat eine Schwächung ein, bei einigen wichtigen gesellschaftlichen Prozessen hatte man nicht mehr die Initiative. Die Stagnation in der Führung und der Verstoß gegen das natürliche Prinzip, Nachwuchskader aufrücken zu lassen, waren für jedermann unübersehbar geworden. In einer bestimmten Etappe führte dies dazu, daß das Politbüro und das Sekretariat des Zentralkomitees der Partei, ja das ganze Zentralkomitee der KPdSU und der ganze Apparat der Partei und des Staates nicht mehr voll arbeitsfähig waren.

An die Stelle wahrer Sorge um den Menschen, um seine Lebens- und Arbeitsbedingungen, um das soziale Befinden trat oftmals politische Lobhudelei und die En-Masse-Vergabe von Auszeichnungen, Titeln und Preisen. Es herrschte eine Atmosphäre falsch verstandener Toleranz, in der hohe Leistungsansprüche, Disziplin und Verantwortung immer weniger galten. Über all dies versuchte man hinwegzutäuschen, indem man bombastische Veranstaltungen und Kampagnen organisierte und zentral wie örtlich Unmengen von Jubiläen feierte. Die reale Alltagswelt und die Welt des vorgetäuschten Wohlergehens hatten immer weniger miteinander gemein.

Viele Parteiorganisationen auf örtlicher Ebene versagten, als es galt, eine prinzipienfeste Haltung einzunehmen und entschieden gegen negative Erscheinungen, gegen Anarchie, Vetternwirtschaft und lasche Disziplin anzukämpfen.

Die Prinzipien der Gleichheit der Parteimitglieder wurden immer häufiger verletzt. Viele Kommunisten in leitenden Funktionen entzogen sich jeder Kontrolle und Kritik, wodurch es zu Mißständen in der Arbeit und schwerwiegenden Pflichtversäumnissen kam.

Auf einigen Leitungsebenen mißachtete man die Gesetze und sah über zahlreiche Fälle betrügerischer Praktiken und Korruption, Liebedienerei und Lobhudelei einfach hinweg. Die Werktätigen empörten sich zu Recht über Funktionäre, die, obwohl man ihnen Vertrauen geschenkt und Vollmachten übertragen hatte, ihre Macht mißbrauchten, Kritik abwürgten und sich persönlich bereicherten. Manche waren sogar an kriminellen Handlungen beteiligt oder hatten diese gar organisiert.

Gerechtigkeitshalber sei gesagt, daß auch in diesen Jahren viele lebenswichtige Fragen dennoch gelöst wurden. Aber erstens betraf das nur einen Teil jener Probleme, deren Lösung seit langem überfällig war, und zweitens wurden selbst die Beschlüsse, die man faßte, nicht oder nur teilweise in die Tat umgesetzt. Vor allem aber waren alle diese Maßnahmen nicht komplexer Natur und betrafen lediglich einige Aspekte des gesellschaftlichen Lebens. Der »Bremsmechanismus« blieb dabei unangetastet.

Gewiß waren die Parteiorganisationen nicht untätig, erfüllten die meisten Kommunisten ehrlich und uneigennützig ihre Pflicht dem Volke gegenüber. Dennoch müssen wir zugeben, daß es uns in jenen Jahren nicht gelang, der Unehrlichkeit, Gerissenheit und Habgier ein für allemal einen Riegel vorzuschieben.

Alles in allem hielten die Partei- und Staatsorgane in ihrer Tätigkeit nicht mit dem Gebot der Zeit, mit den Forderungen der Praxis Schritt. Weniger Probleme wurden gelöst, als in der Praxis auftraten. Die Gesellschaft wurde immer weniger lenkbar. Wir glaubten zwar, sie zu lenken, in Wirklichkeit herrschte aber eine Situation, vor der schon Lenin gewarnt hatte: Der Wagen fuhr nicht ganz so, wie jene, die am Steuer saßen, sich einbildeten.

Uns liegt natürlich fern, auch diese Zeit in schwärzesten Farben zu schildern. Die übergroße Mehrheit der sowjetischen Menschen hat ehrlich gearbeitet. Wissenschaft, Wirtschaft und Kultur kamen weiter voran. Aber um so unerträglicher wurden die negativen Erscheinungen und Prozesse, sie wurden immer schmerzlicher empfunden.

All das Gesagte vermittelt meiner Meinung nach eine ausreichende Vorstellung davon, wie ernst die Lage in den einzelnen Bereichen unserer Gesellschaft war, wie sehr tiefgreifende Veränderungen not taten. Die Partei fand die Kraft und den Mut, die Lage nüchtern zu beurteilen und die Notwendigkeit von grundlegenden Veränderungen und Umgestaltungen zu erkennen.

Unvoreingenommen und ehrlich kamen wir zu der Einsicht: Das Land steht kurz vor einer Krise. Diese Erkenntnis gewannen wir auf dem April-Plenum des Zentralkomitees im Jahre 1985. Dort wurden die Weichen für den neuen strategischen Kurs, für die Umgestaltung gestellt, wurde ihre Konzeption in den Grundzügen entworfen.

In diesem Zusammenhang sei hervorgehoben, daß erste Ansätze für diese Analyse weit vor dem Zeitpunkt des April-Plenums lagen, so daß seine Schlußfolgerungen gründlich durchdacht waren. Da war nichts improvisiert, sondern es handelte sich um eine fundierte, sorgfältig abgewogene Stellungnahme. Falsch wäre die Annahme, buchstäblich einen Monat nach dem Plenum des Zentralkomitees vom März 1985 sei urplötzlich eine Gruppe von Leuten auf den Plan getreten, die alles begriffen hätten und sich über alles im klaren waren, und diese Leute hätten sämtliche Probleme bis ins letzte geklärt. Derlei Wunder gibt es nicht.

Das Potential für Veränderungen ist nicht allein im materiellen Lebensbereich, sondern auch im gesellschaftlichen Bewußtsein herangereift.

Wer in der Praxis Erfahrung gesammelt hatte, wer Gerechtigkeitssinn besaß, wer fest zu den bolschewistischen Prinzipien stand, übte Kritik an den sich eingebürgerten Praktiken, verwies voller Sorge auf Anzeichen eines moralischen Verfalls, einer Aufweichung revolutionärer, sozialistischer Werte.

In der Arbeiterklasse, der Bauernschaft und der Intelligenz, im Parteiapparat, auf zentraler wie auf örtlicher Ebene, begann man allmählich darüber nachzudenken, was im Lande geschieht, und immer besser zu begreifen, daß es so nicht weitergehen durfte. Befremden und Empörung darüber, daß die großen Werte der Oktoberrevolution und des heldenhaften Kampfes für den Sozialismus mit Füßen getreten wurden, mehrten sich. Alle ehrlichen Menschen empfanden das nachlassende Interesse an den gesellschaftlichen Angelegenheiten, die geistige Leere und den Skeptizismus, besonders unter der Jugend, die zunehmende Pflichtvergessenheit im beruflichen Leben und die Gewinnsucht als schmerzlich und bitter. Unser Volk spürt sofort, wenn Wort und Tat auseinanderklaffen. Nicht von ungefähr verspottet unsere Volkskunst Protzerei und Renommiergehabe, stellt unsere Literatur, die im geistigen Leben unseres Landes von jeher größte Bedeutung besaß, Erscheinungen von Ungerechtigkeit und Mißbrauch schonungslos an den Pranger. Schriftsteller, Film- und Theaterschaffende haben in ihren besten Werken die Zuversicht in die geistigen Leistungen des Sozialismus, haben die Hoffnung auf geistige Wiedergeburt der Gesellschaft gestärkt und die Menschen gewissermaßen unmerklich, trotz bürokratischer Schelte und mitunter auch Verfolgungen zur moralischen Bereitschaft für die Umgestaltung erzogen.

Wenn ich hier davon spreche, möchte ich dem Leser begreiflich machen, daß unser Volk, daß die Partei schon seit langem in sich die Kraft für revolutionäre Veränderungen entwickelt hat. Die Umgestaltung haben wir nicht nur aus pragmatischen Interessen und Überlegungen heraus in Angriff genommen, sondern auch, weil wir unserem Gewissen folgen, weil wir den in der Revolution wurzelnden Ideen die Treue halten und weil uns das theoretische Forschen, das unser Wissen von der Gesellschaft vertieft und unseren Tatendrang bestärkt, zu dieser Erkenntnis geführt hat.

Die Rückbesinnung auf Lenin als ideologische Quelle der Umgestaltung

Von unserer Großen Oktoberrevolution war ein zu starker lebensspendender Impuls ausgegangen, als daß Partei und Volk die Erscheinungen hätten hinnehmen können, die eine Veruntreuung ihrer Errungenschaften darstellten und sie bedrohten. Lenins Werke, sein Ideal vom Sozialismus galten uns nach wie vor als unerschöpfliche Quelle dialektischen schöpferischen Denkens, theoretischen Reichtums und politischen Weitblicks. Er selbst ist uns ein unvergängliches Beispiel für große moralische Kraft, universelle geistige Kultur und grenzenlose Treue zur Sache des Volkes und des Sozialismus geblieben. Lenin lebte in den Hirnen und Herzen von Millionen Menschen fort. Das Interesse für das Leninsche Erbe und der dringende Wunsch, es im Wortlaut noch besser, vollständiger und gründlicher zu kennen, nahmen in dem Maße zu, wie sich negative Erscheinungen in der Gesellschaft häuften, und durchbrachen alle von Scholastikern und bürokratischen Buchstabengelehrten errichteten Hindernisse.

Daß sich die Partei, ja die ganze Gesellschaft auf Lenin besann, war bei der Suche nach Erklärungen und nach Antworten auf die sich ergebenden Fragen sehr förderlich. Besonders große Beachtung fanden die Schriften aus Lenins letzten Lebensjahren. Das weiß ich aus eigener Erfahrung. Auf der Festveranstaltung zum 113. Geburtstag Lenins, am 22. April 1983, führte ich in meinem Referat exakt Lenins Aussagen zur notwendigen Berücksichtigung der sich aus den objektiven ökonomischen Gesetzen ergebenden Forderungen, von Planung und wirtschaftlicher Rechnungsführung und von kluger Nutzung der Ware-Geld-Beziehungen sowie materieller und moralischer Stimuli an. Ich fand lebhafte Zustimmung, als ich den Zuhörern Lenins Ideen ins Gedächtnis rief. Da habe ich ein weiteres Mal gespürt, daß meine Gedankengänge im Sinne der Genossen und der vielen Menschen waren, denen unsere Verfehlungen nahegingen und denen es ehrlich darum zu tun war, den Gang der Dinge zum

Besseren zu wenden. Ja, viele Genossen spürten ganz deutlich, daß die Gesellschaft der Erneuerung bedurfte, daß schnellstens Veränderungen herbeigeführt werden mußten! Obwohl ich auch sagen muß, daß ich nach dieser meiner Rede noch etwas anderes bemerkte: Sie hatte nicht allen gefallen, denn sie war nicht so optimistisch, wie es damals verlangt wurde.

Heute begreifen wir Sinn und Zweck der letzten Arbeiten Lenins deutlicher, verstehen wir besser, weshalb er sie, die ja im Grunde sein politisches Vermächtnis sind, geschrieben hat. Er war, schon schwerkrank, von Sorge um das Schicksal des Sozialismus erfüllt, erkannte die Gefahren, die auf die neue Gesellschaftsordnung zukamen. Und wir müssen diese Besorgnis begreifen. Lenin sah, daß der Sozialismus auf ungeheure Probleme stieß, daß er sehr viele Dinge zu bewältigen hatte, denen die bürgerliche Revolution nicht gewachsen gewesen war. Deshalb griff man zu Formen, die dem Sozialismus eigentlich nicht immanent sind, die zumindest nicht ganz den landläufigen Ansichten vom Aufbau des Sozialismus entsprachen.

Ja, Lenins Zeit ist sehr wichtig. Sie ist lehrreich aufgrund der Stärke der marxistisch-leninistischen Dialektik, deren Schlußfolgerungen sich auf die Analyse der realen historischen Situation stützen. Vielen von uns war schon lange vor dem April-Plenum klar, daß für alle Lebensbereiche, Wirtschaft, Kultur, Demokratie und Außenpolitik, alles noch einmal zu durchdenken war. Die Hauptsache aber war, alles in die praktische Sprache des Lebens umzusetzen.

Keine wohlklingende Deklaration, sondern ein sorgfältig ausgearbeitetes Programm

Auch der Problemkreis für die Konzeption der Umgestaltung kristallisierte sich allmählich heraus. Eine Gruppe von Partei- und Staatsfunktionären hatte den Zustand der Wirtschaft schon vor dem April-Plenum in allen Aspekten untersucht. Auf dieser Analyse bauten die Dokumente zur Umgestaltung auf. Wir griffen auf Empfehlungen von Wissenschaftlern und

Fachkadern, auf das vorhandene Potential, auf all das Positive zurück, was die Gesellschaftswissenschaften hervorgebracht hatten, faßten die grundlegenden Ideen zusammen und steckten den politischen Kurs ab, den wir anschließend in die Tat umzusetzen begannen.

Die konstruktiven Ideen wurden also nach und nach zusammengetragen. Deshalb konnten wir auf dem April-Plenum ein mehr oder minder fundiertes und systematisches Programm vorlegen und die Strategie für die weitere Entwicklung des Landes sowie das taktische Vorgehen ausarbeiten. Es bestand kein Zweifel, daß Schönheitsreparaturen und einfaches Übertünchen nichts mehr auszurichten vermochten, daß die Dinge vielmehr von Grund auf verändert werden mußten. Und damit durfte nicht länger gewartet werden, hatten wir doch ohnehin schon viel Zeit verloren.

Ganz obenan stand die Aufgabe, die wirtschaftliche Situation zu verbessern und den ungünstigen Tendenzen in diesem Bereich Einhalt zu gebieten, sie zu überwinden.

Die nächstliegende Reserve, auf die wir naturgemäß unser Augenmerk richteten, lag in der Wirtschaft, darin, eine grundlegende Ordnung zu schaffen, die Disziplin zu festigen, Organisiertheit und Verantwortung zu erhöhen und dafür zu sorgen, daß die zurückgebliebenen Bereiche aufholten. Daran wurde und wird noch immer hart und intensiv gearbeitet. Wie von uns erhofft, hat diese Arbeit erste Ergebnisse erzielt. Beim Wirtschaftswachstum konnte der Tempoverlust aufgehalten und sogar eine gewisse Steigerung erreicht werden.

Aber uns war natürlich klar, daß sich die Wirtschaft mit solchen Mitteln allein nicht dynamisch gestalten läßt. Die wichtigsten, grundlegenden Reserven liegen bekanntlich anderswo — in einer einschneidenden Umstrukturierung der Wirtschaft, in der Rekonstruktion ihrer materiellen Basis, in neuen Technologien, in einer anderen Investitionspolitik, in Leitungssystemen von hohem Niveau. All das fügt sich zu der Hauptsache zusammen — zur Beschleunigung des wissenschaftlich-technischen Fortschritts.

So war es natürlich kein Zufall, daß nach dem April-Plenum auf dem Programm der neuen Führung der Sowjetunion als erster Punkt die Erörterung dieser Probleme auf der großen Beratung im Zentralkomitee der KPdSU vom Juni 1985 stand. Diese Diskussion war das ganze Gegenteil von dem, was wir lange Jahre hindurch gewohnt waren. Es gab sehr viel Kritik – bittere, aber leidenschaftliche Worte. Vor allem ging es um die konkreten, wirksamen Wege und Methoden des Übergangs zur intensiv betriebenen Wirtschaft, zu einer neuen Qualität des Wirtschaftswachstums.

Binnen kürzester Zeit wurden in jenem Jahr große Komplexprogramme für die wichtigsten Richtungen des wissenschaftlich-technischen Fortschritts entwickelt. Sie sollen bis zum Ende dieses Jahrhunderts den Durchbruch zum Weltniveau bringen.

Im Grunde genommen wurde eine neue Investitions- und Strukturpolitik ausgearbeitet. Der Schwerpunkt hat sich vom Neubau auf die technische Neuausrüstung der Betriebe, auf den sparsamen Umgang mit den Ressourcen und die deutliche Verbesserung der Erzeugnisqualität verlagert. Der extraktiven Industrie wird nach wie vor unser Augenmerk gelten, doch bei der Versorgung der Wirtschaft mit Rohstoffen und Material, Brennstoffen und Energie kommt es darauf an, ressourcensparende Technologien einzuführen und die Ressourcen rationell zu nutzen.

Nach einem speziellen Programm soll der Maschinenbau modernisiert werden, der sehr vernachlässigt worden war. Das Programm sieht die vollständige Erneuerung der Erzeugnispalette des Maschinenbaus vor und orientiert darauf, schon Anfang der neunziger Jahre zur Weltspitze vorzustoßen. Selbstverständlich hat es auch grundlegende Umgestaltungen des Wirtschaftsmechanismus zum Inhalt, denn anders läßt sich, das ist uns inzwischen klar, weder beim technischen Fortschritt noch bei der Erhöhung der Effektivität der Wirtschaft eine Wende herbeiführen.

Diese Frage ist derart wichtig, daß ich darauf mehrfach, an vielen Stellen dieses Buches, zurückkommen muß.

Die Wirtschaft bleibt natürlich wie bisher unser Hauptanliegen. Aber gleichzeitig haben wir darauf hingewirkt, daß in der Moral, im Denken und Verhalten der Gesellschaft Veränderungen eintreten. Schon in den siebziger Jahren stand für viele fest, daß allenthalben, in der Partei, im Staatsapparat und in den Führungsgremien, einschneidende Veränderungen im Denken und Verhalten, in der Arbeitsorganisation, im Arbeitsstil und in den Arbeitsmethoden unumgänglich waren. Und sie sind vollzogen worden, auch im Zentralkomitee der Partei und in der Regierung. Bei Kadern aller Ebenen haben sich gewisse Umbesetzungen erforderlich gemacht. In die Führung kamen neue Leute, die in den letzten Jahren feinfühlig die Situation erfaßten und Ideen hatten, was wie zu machen war.

Verstößen gegen die Prinzipien der sozialistischen Gerechtigkeit, von wem auch immer sie kamen, wurde fortan kompromißlos der Kampf angesagt. Der Kurs auf Offenheit wurde verkündet. Wer für Offenheit in der Arbeit der Partei-, der Staats- und Wirtschaftsorgane und der gesellschaftlichen Organisationen war, bekam grünes Licht, unbegründete Beschränkungen und Verbote wurden aufgehoben.

Wir kamen zu dem Schluß, daß ohne Aktivierung des Faktors Mensch, das heißt ohne Berücksichtigung der vielfältigen Interessen der einzelnen Menschen, der Arbeitskollektive, der gesellschaftlichen Organisationen, der verschiedenen sozialen Gruppen, ohne ihre Unterstützung, ohne ihr aktives Mittun nicht daran zu denken war, auch nur eine Aufgabe zu lösen und die Situation im Lande zu verändern.

Seit langem schon hatte mich Lenins treffliche Formulierung fasziniert, der Sozialismus sei das lebendige Schöpfertum der Massen. Der Sozialismus ist nicht a priori ein theoretisches Schema, nach dem sich die Gesellschaft in Weisungsbefugte und Ausführende untergliedert. Solch eine simplifizierte, mechanische Auffassung vom Sozialismus widerstrebt mir.

Schließlich ist das Volk, ist der Mensch in seiner ganzen schöpferischen Mannigfaltigkeit wichtigster Akteur der Geschichte. Allererste Aufgabe der Umgestaltung, ihre notwendige Voraussetzung und das Unterpfand ihres Erfolgs ist deshalb, daß der Mensch wachgerüttelt, wirklich aktiviert und interessiert wird und wir dahin gelangen, daß jeder sich für das Land, für seinen Betrieb beziehungsweise seine Dienststelle, für sein Institut verantwortlich fühlt. Darauf kommt es an.

Bei allem, was wir tun, geht es uns vor allem darum, daß der Mensch in sämtliche Prozesse unseres Lebens einbezogen wird. Im »Schmelztiegel« der Umgestaltung wird die Gesellschaft, wird vor allem der Mensch selbst neu geformt. Wir werden eine neugestaltete Gesellschaft sein. Diesem bedeutenden Werk haben wir uns verschrieben.

Das ist alles andere als leicht. Aber es lohnt sich, alle Kraft dafür einzusetzen. Unterschiedliche Interpretationen und Wertungen sind immer möglich. Wir kennen doch das alte Gleichnis: Ein Wanderer kommt des Wegs und fragt Bauleute, denen er begegnet: Was tut ihr da? Der eine gibt gereizt zur Antwort: Schau's dir nur an, von früh bis spät schleppen wir diese verdammten Steine... Ein anderer aber richtet sich auf und spricht voller Stolz: Sieh nur, wir bauen einen Tempel!

Sobald man dieses hohe Ziel, den leuchtenden Tempel auf grünem Hügel, vor Augen hat, werden die schwersten Steine leicht, und die anstrengendste Arbeit wird zur Lust.

Damit etwas besser wird, muß man in der Arbeit zulegen. Ich mag dieses Wort – *zulegen*. Für mich ist es nicht schlechthin Motto, sondern der Normalzustand, eine Lebensauffassung. Bei allem, was man anfängt, muß man mit Leib und Seele dabei sein, dann kann man auch einen Schritt zulegen.

Wer keinen Kampfgeist hat, schafft das nicht. Treten Schwierigkeiten auf, ist er mit seinem Latein am Ende, läßt sich unterkriegen. Hat einer hingegen feste Überzeugungen, kann auf sein Wissen vertrauen und ist moralisch gefestigt, dann wirft ihn nichts um, er trotzt jedem Sturm. Das hat uns unsere Geschichte gelehrt.

Es gibt heute nichts Wichtigeres, als den Menschen geistig zu mobilisieren. Dazu müssen wir seine innere Welt respektieren und seine moralischen Haltungen festigen. Uns geht es darum, das ganze intellektuelle Potential der Gesellschaft, alle Möglichkeiten der Kultur für die Herausbildung einer gesellschaftlich aktiven Persönlichkeit zu nutzen, die geistig reich, gerecht und redlich ist. Der Mensch muß wissen und spüren, daß sein Wort etwas gilt, daß seine Würde nicht verletzt wird, daß man ihm mit Vertrauen und Achtung begegnet. Sobald ein Mensch solches erlebt, vermag er eine Menge zu leisten.

Die Umgestaltung geht, das steht fest, an keinem spurlos vorbei, scheucht viele aus der gewohnten Ruhe und der Zufriedenheit mit der eingefahrenen Lebensweise auf. An dieser Stelle sollte vielleicht auf eine Besonderheit des Sozialismus verwiesen werden. Ich meine das hohe Maß an sozialer Geborgenheit in unserer Gesellschaft. Sie ist fraglos ein Segen, eine unserer größten Errungenschaften. Doch manch einer leitet daraus ab, daß er auf Kosten anderer leben kann.

Wir kennen in der Tat keine Arbeitslosigkeit. Die Sorge um die Vermittlung eines Arbeitsplatzes für jeden obliegt dem Staat. Selbst wenn einer wegen Arbeitsbummelei oder Verstößen gegen die Produktionsdisziplin entlassen wurde, muß ihm eine andere Arbeit nachgewiesen werden. Überdies hat sich Gleichmacherei fest in unserem Alltagsleben eingebürgert: Auch wenn einer schlechte Arbeit leistet, hat er durchaus sein Auskommen. Ist jemand schlicht und einfach ein Faulenzer, wird niemand dessen Kinder ihrem Schicksal überlassen. Unsere gesellschaftlichen Fonds, aus denen materielle Zuwendungen geleistet werden, sind enorm hoch. Damit werden Kindergärten und Kinderheime, Pionierhäuser und sonstige Einrichtungen, wo Kinder sich schöpferisch und sportlich betätigen können, subventioniert. Unser Gesundheitswesen ist, wie das Bildungswesen auch, gebührenfrei. Der Mensch ist gegen die Wechselfälle des Lebens geschützt, und darauf sind wir stolz.

Wir sehen aber auch, daß gewissenlose Leute aus diesen

Vorzügen des Sozialismus sozusagen Profit ziehen, nur ihre Rechte kennen, doch nichts von Pflichten wissen wollen: Sie arbeiten schlecht, bummeln und trinken. Außerdem gibt es Leute, die die geltenden Gesetze und Regelungen für ihre eigennützigen Interessen auszulegen wissen. Sie brachten das Kunststück fertig, der Gesellschaft zwar kaum etwas zu geben, aber alles mögliche und auch unmögliche von ihr zu nehmen, und lebten von Einkünften, die nicht von ehrlicher Arbeit herrührten.

Die Politik der Umgestaltung rückt alles an seinen Platz. Wir bringen das Prinzip des Sozialismus »Jeder nach seinen Fähigkeiten, jedem nach seiner Leistung« wieder voll zur Geltung und wollen soziale Gerechtigkeit für alle, gleiche Rechte für alle, ein und dasselbe Gesetz für alle, ein und dieselbe Disziplin für alle, hohe Pflichten für jedermann. Mit der Umgestaltung wird ein höheres Maß an gesellschaftlichem Verantwortungsbewußtsein verlangt und werden höhere Forderungen gestellt. Wer meint, er habe alles, was er braucht, wünscht keine Veränderungen, denn wozu sollte er sich eigentlich verändern? Wer aber ein Gewissen hat, dem liegt auch am Wohlergehen seines Volkes, der kann und darf nicht so denken. Außerdem bringt die Offenheit in Information und Diskussion ans Licht, daß so mancher unrechtmäßige Privilegien genießt. Wir dürfen die Stagnation nicht länger hinnehmen.

Wir meinen: Ob Arbeiter oder Direktor, Mechanisator oder Klubleiter, Journalist oder Politiker – bei allen muß sich etwas am Arbeitsstil und an den Arbeitsmethoden ändern, alle müssen ihre Positionen selbstkritisch überprüfen. Wir haben uns nachdrücklich die Aufgabe gestellt, Trägheit und Konservativismus zu überwinden, so daß jeder bei seinem Ehrgefühl gepackt wird. Den allermeisten Menschen war das aus dem Herzen gesprochen, obschon manch einer es schmerzlich aufgenommen hat. Das gilt besonders für jene, die wissen, wie sehr sie am alten hängen. Wir müssen uns auch unter dem Aspekt überprüfen, ob wir nach unserem Gewissen leben und handeln. Vielleicht sind wir hier und da doch einem Verhalten verfallen, das uns eigentlich fremd ist, zum Beispiel einem spießerischen Konsumdenken, an dem wir zu kranken begonnen haben. Wenn wir lernen, besser zu arbeiten, ehrlicher zu leben und uns anständiger zu verhalten, dann werden wir zu wahrhaft sozialistischer Lebensweise gelangen.

Wichtig ist, daß wir nach vorn blicken. Damit wir Erfolg haben, damit die Umgestaltung den hohen moralischen Kategorien des Sozialismus gerecht wird, brauchen wir genug politische Erfahrung, theoretischen Weitblick und Zivilcourage.

Wir brauchen echtes, pulsierendes Leben in allen gesellschaftlichen Organisationen, allen Produktionskollektiven und Berufsverbänden, neue Formen der Mitarbeit der Bürger und die Wiederbelebung der in Vergessenheit geratenen Formen. Kurzum, *wir brauchen die weitreichende Demokratisierung des gesamten gesellschaftlichen Lebens,* denn sie ist der wichtigste Garant für die Unumkehrbarkeit der jetzt laufenden Prozesse.

Heute wissen wir: Viele Schwierigkeiten hätten wir vermeiden können, wäre der demokratische Prozeß bei uns normal verlaufen.

Diese Lehre aus unserer Geschichte haben wir ein für allemal gezogen, und wir werden fest dazu stehen, daß wir in Produktion, Wissenschaft und Technik, Kunst und Kultur nur durch konsequente Weiterentwicklung der dem Sozialismus eigenen demokratischen Formen, durch den Ausbau der Selbstverwaltung, vorankommen können. Nur so läßt sich bewußte Disziplin erreichen. Nur durch die Demokratie und dank der Demokratie ist die Umgestaltung möglich. Da wir unsere Aufgabe darin sehen, das Potential des Sozialismus durch Stärkung des Faktors Mensch zu erschließen und auszuschöpfen, kann es für uns keinen anderen Weg als die weitere Demokratisierung samt der Reform des Wirtschafts- und Leitungsmechanismus geben, deren wichtigstes Element darin besteht, die Rolle der Arbeitskollektive zu heben.

Gerade weil wir mit Nachdruck für die Weiterentwicklung

der sozialistischen Demokratie eintreten, schenken wir dem geistigen Bereich, dem gesellschaftlichen Bewußtsein und einer wirksamen Sozialpolitik so große Beachtung. Auf diesem Wege wollen wir erreichen, daß der Faktor Mensch dynamischer vorankommt.

Im Westen wird Lenin oft als Verfechter autoritärer Leitungsmethoden hingestellt. Das zeigt nur, daß man Lenin überhaupt nicht kennt und häufig sogar seine Gedanken absichtlich entstellt. In Wirklichkeit sind Sozialismus und Demokratie laut Lenin nicht voneinander zu trennen. Die Werktätigen gelangen durch die Eroberung demokratischer Freiheiten an die Macht. Verankern und ausüben können sie diese Macht ebenfalls nur, wenn die Demokratie entwickelt wird. Bei Lenin findet sich auch noch ein anderer, sehr zutreffender Gedanke: Je größer der Schwung ist, mit dem gearbeitet wird, je tiefer die Umgestaltung ist, desto mehr muß man Interesse zu ihr wecken, muß man immer neue und neue Millionen Menschen von ihrer Notwendigkeit überzeugen. Daraus folgt: Da wir eine einschneidende Umgestaltung nach allen Seiten hin in Angriff nehmen, müssen wir das gesamte Potential der Demokratie voll ausschöpfen.

In Abhängigkeit davon, wie die Massen eine Politik aufnehmen, muß man diese zu korrigieren wissen, muß man für Rückkopplung sorgen und die aus dem Volke kommenden Ideen, Meinungen und Ratschläge aufgreifen. Die Werktätigen schlagen viel Nützliches und Interessantes vor, was von »oben« oft gar nicht so einfach zu erkennen ist. Deshalb darf man sich auf keinen Fall über das, was das Volk sagt, hinwegsetzen. Ausschlaggebend für den Erfolg der Umgestaltung ist ja letztlich, wie das Volk zu ihr steht.

Nicht nur die Theorie, auch die real ablaufenden Prozesse haben uns zu dem Programm der umfassenden Demokratisierung des gesellschaftlichen Lebens angeregt, das wir auf dem Januar-Plenum 1987 entwickelt haben.

Dieses Plenum gab den Anstoß für vielfältige Aktionen zur Vertiefung der demokratischen Grundlagen der sowjetischen Gesellschaft, zur Entwicklung der Selbstverwaltung, zu mehr Offenheit in der Arbeit unseres ganzen Systems. Inzwischen sehen wir deutlich, wie sehr dieser machtvolle Impuls die Gesellschaft in Bewegung gebracht hat. In allen Arbeitskollektiven, in den staatlichen und gesellschaftlichen Organisationen und in der Partei sind demokratische Prozesse in Gang gekommen.

Der demokratische Prozeß hat die gesamte Umgestaltung vorangetrieben, ihre Ziele anspruchsvoller werden lassen und bewirkt, daß sich die Gesellschaft ihrer Probleme heute stärker bewußt ist. Er hat uns die Möglichkeit gegeben, die Fragen der Wirtschaft auf breiterer Front anzugehen und das Programm für eine tiefgreifende Wirtschaftsreform aufzustellen. Der Wirtschaftsmechanismus fügt sich inzwischen logisch in das gesamte System der Leitung der Gesellschaft ein, das wieder nach demokratischen Grundsätzen funktioniert.

Damit haben wir uns bekanntlich 1987 auf dem Juni-Plenum des Zentralkomitees befaßt, auf dem die »Grundlagen der radikalen Reform der Leitung der Wirtschaft« bestätigt wurden. Seit der 1921 von Lenin eingeführten Neuen Ökonomischen Politik liegt uns damit wohl das bedeutsamste und einschneidendste Programm für Veränderungen im Wirtschaftssystem unseres Landes vor. Die neue Wirtschaftsreform sieht vor, daß sich der Schwerpunkt von administrativen auf vornehmlich ökonomische Leitungsmethoden auf allen Ebenen verlagert, die Leitung in hohem Maße demokratisiert und der Faktor Mensch nach Kräften aktiviert wird.

Die Grundlage der Reform bildet die viel größere Eigenverantwortung der Vereinigungen und Betriebe, ihre Überleitung auf volle wirtschaftliche Rechnungsführung und Eigenfinanzierung und die Ausstattung der Arbeitskollektive mit allen dafür erforderlichen Rechten. Sie werden fortan voll und ganz für die effektive Wirtschaftsführung und deren Endergebnisse verantwortlich sein. Die Einkünfte eines Kollektivs hängen jetzt direkt vom Effekt seiner Arbeit ab.

Im Interesse der Betriebe ist in diesem Zusammenhang

eine grundlegende Reorganisation der zentralen Wirtschaftsleitung vorgesehen. Sie wird von den operativen Aufgaben zur Leitung der Betriebe befreit, so daß sie sich ganz auf die wesentlichen Prozesse konzentrieren kann, die die Strategie des Wirtschaftswachstums bestimmen. Um das durchzusetzen, haben wir eine wirksame, radikale Reform der Planung, der Preisbildung, des Finanz- und Kreditmechanismus, des Systems der Materialversorgung für die Produktion und der Leitung der wissenschaftlich-technischen Entwicklung, der Arbeit und des sozialen Bereichs in Angriff genommen. Mit dieser Reform soll erreicht werden, daß wir in den nächsten zwei bis drei Jahren von dem übermäßig zentralisierten, administrierenden Leitungssystem zu einem demokratischen Leitungssystem kommen, das auf einer demokratischen Verbindung von Zentralismus und Selbstverwaltung beruht.

Die Annahme der Grundprinzipien für durchgreifende Veränderungen in der Wirtschaftsleitung war im Rahmen des Umgestaltungsprogramms ein wichtiger, grundsätzlicher Schritt nach vorn. Die Umgestaltung erstreckt sich damit praktisch auf alle grundlegenden Bereiche des gesellschaftlichen Lebens. Die allgemeine Konzeption und der Grundgedanke der Umgestaltung sind für uns nicht nur inhaltlich, sondern auch von ihren wichtigsten Komponenten her klar.

Umgestaltung heißt, die Stagnation entschlossen zu überwinden und den »Bremsmechanismus« auszuschalten, einen zuverlässigen und wirksamen Mechanismus zur Beschleunigung der sozialökonomischen Entwicklung der Gesellschaft zu schaffen und dieser größere Dynamik zu verleihen.

Umgestaltung heißt, daß wir uns auf das lebendige Schöpfertum der Massen stützen. Daß wir Demokratie und sozialistische Selbstverwaltung umfassend entwickeln, Entschlußkraft und Eigeninitiative fördern, Ordnung und Disziplin stärken. Umgestaltung heißt mehr Offenheit, mehr Kritik und Selbstkritik in allen Lebensbereichen der Gesellschaft, heißt, daß die Werte und die Würde der Persönlichkeit hohe Achtung genießen.

Umgestaltung heißt, daß die sowjetische Wirtschaft umfassend intensiviert wird, daß die Prinzipien des demokratischen Zentralismus in der Leitung der Volkswirtschaft wieder zur Geltung gebracht und weiterentwickelt werden, daß nicht länger kommandiert und administriert wird und daß Schrittmachergeist und sozialistischer Unternehmungsgeist mit allen Mitteln gefördert werden.

Umgestaltung heißt entschiedene Hinwendung zur Wissenschaft und schließt die Fähigkeit ein, jedem Vorhaben eine solide wissenschaftliche Grundlage zu geben, heißt, daß die Ergebnisse der wissenschaftlich-technischen Revolution mit der Planwirtschaft in Einklang gebracht werden.

Umgestaltung heißt vorrangige Entwicklung des sozialen Bereichs, die der immer besseren Befriedigung der Bedürfnisse der sowjetischen Menschen nach guten Arbeits- und Lebensbedingungen, nach Freizeitgestaltung und Erholung, nach Bildung und medizinischer Betreuung dient, heißt, daß der geistige Reichtum und eine hohe Kultur jedes Menschen und der Gesellschaft insgesamt unser ständiges Anliegen sind.

Umgestaltung heißt, daß die Gesellschaft Verzerrungen der sozialistischen Moral energisch zu Leibe rückt und die Prinzipien der sozialen Gerechtigkeit konsequent durchsetzt. Daß Wort und Tat, Rechte und Pflichten eine Einheit bilden. Daß ehrliche Qualitätsarbeit zu hohem Ansehen gelangt und gleichmacherische Tendenzen bei der Entlohnung überwunden werden, daß dem Konsumdenken der Kampf angesagt wird.

So stellen wir uns heute die Umgestaltung vor. So sehen wir unsere Aufgaben, den Sinn und den Inhalt unserer Arbeit in der vor uns liegenden Zeit. Wie lange sie dauert, läßt sich schwerlich sagen. Aber natürlich sind es nicht bloß zwei, drei Jahre, sondern weitaus mehr. Wir stellen uns auf gründliche, Kraft und Mühe erfordernde Arbeit ein, damit unser Heimatland bis zum Ende des 20. Jahrhunderts zu neuen Horizonten vorstößt.

Wir bekommen oft die Frage zu hören, was wir eigentlich mit der Umgestaltung erreichen, wohin wir gelangen wollen.

Diese Frage läßt sich wohl kaum ganz detailliert, bis ins kleinste beantworten. Es ist nicht unsere Art, weiszusagen und alle architektonischen Elemente des gesellschaftlichen Gebäudes festlegen zu wollen, das wir im Rahmen der Umgestaltung errichten werden.

Grundsätzlich aber kann ich sagen, daß uns das Endziel der Umgestaltung klar ist. Wir wollen in unserem Lande alle Lebensbereiche gründlich erneuern, den Sozialismus in den modernsten Formen der gesellschaftlichen Organisation gestalten und die humanistischen Züge unserer Gesellschaftsordnung in allen entscheidenden Aspekten, wirtschaftlich, politisch, sozial und moralisch, voll zur Geltung bringen.

Ich sage es noch einmal: Die Umgestaltung ist keine plötzliche Eingebung, keine Erleuchtung, sondern die aus den Tiefen unserer Gesellschaft kommende Einsicht in die objektive Notwendigkeit von Erneuerung und Beschleunigung. Das Wesen der Umgestaltung liegt ja gerade darin, *daß in ihr Sozialismus und Demokratie zu einer Einheit verschmelzen,* daß sie die Leninsche Konzeption vom Aufbau des Sozialismus in Theorie und Praxis wieder voll zum Tragen bringt. Daraus resultieren ihre Tiefenwirkung, ihr wahrhaft revolutionärer Geist, ihr umfassender Charakter.

Für dieses Ziel lohnt es sich zu arbeiten. Wir sind gewiß, daß wir damit einen würdigen Beitrag zum sozialen Fortschritt der Menschheit leisten werden.

Mehr Sozialismus, mehr Demokratie

Zur Umgestaltung wäre nicht alles gesagt und nicht alles restlos klargestellt, bliebe ein Aspekt unerwähnt, über den besonders im Ausland lebhaft diskutiert wird. Es ist der Zusammenhang zwischen der Umgestaltung und dem Sozialismus als System.

Man fragt sich, die einen in stiller Hoffnung, die anderen mit Besorgnis, ob die Umgestaltung nicht ein Abgehen vom Sozialismus oder doch zumindest die Aushöhlung seiner Grundlagen bedeutet.

Im Westen möchte uns so mancher die Version aufdrängen, der Sozialismus stecke in einer tiefen Krise und führe die Gesellschaft in die Sackgasse. In genau diesem Sinne wird unsere kritische Analyse der Situation, wie sie Ende der siebziger, Anfang der achtziger Jahre in unserem Lande bestand, interpretiert. Angeblich gäbe es nur den Ausweg, kapitalistische Methoden der Wirtschaftsführung und entsprechende Formen der gesellschaftlichen Organisation zu übernehmen und sich in Richtung Kapitalismus zu bewegen.

Man sagt uns, im Rahmen des jetzt bestehenden Systems würde aus der Umgestaltung nichts, und fordert uns auf, wir sollten dieses System ändern und uns der Mittel und der Erfahrungen der anderen Gesellschaftsordnung bedienen. Ergänzend heißt es dann noch, daß, wenn die UdSSR diesen Weg gehe und nicht an ihrer Entscheidung für den Sozialismus festhalte, der Weg für enge Beziehungen zum Westen frei wäre. Man versteigt sich sogar zu der Behauptung, auch die Oktoberrevolution von 1917 wäre ein Fehler gewesen, weil sie unserem Volk und unserem Land beinahe den Hauptweg des gesellschaftlichen Fortschritts versperrt hätte.

Um dem Gerede und den Spekulationen, die zu dieser Frage im Westen weit verbreitet sind, ein Ende zu setzen, möchte ich nochmals betonen: All unsere Veränderungen vollziehen wir im Einklang mit unserer Entscheidung für den Sozialismus. Antworten auf Fragen, die uns das Leben stellt, suchen wir innerhalb, nicht außerhalb des Sozialismus. Alle unsere Erfolge und Fehler messen wir mit sozialistischem Maß. Wer da hofft, wir würden vom sozialistischen Weg abweichen, wird bitter enttäuscht werden. Unser Umgestaltungsprogramm beruht als Ganzes wie in seinen einzelnen Bestandteilen auf einem Grundsatz: mehr Sozialismus, mehr Demokratie.

Mehr Sozialismus heißt mehr Dynamik und Kreativität, Organisiertheit, Gesetzlichkeit und Ordnung, Wissenschaftlichkeit und Initiative in der Wirtschaftsführung und Effektivität in der Leitung, ein besseres und sorgenfreieres Leben für die Menschen.

Mehr Sozialismus heißt mehr demokratische Mitwirkung, mehr Offenheit und Gemeinschaftssinn im Zusammenleben, höhere Kultur und mehr Menschlichkeit in der Arbeit, im gesellschaftlichen Leben und in den zwischenmenschlichen Beziehungen, mehr Würde und Selbstachtung der Person.

Mehr Sozialismus heißt mehr Patriotismus und Streben nach hohen Idealen, mehr tätiges staatsbürgerliches Engagement für die Angelegenheiten des ganzen Landes und deren positiven Einfluß auf das internationale Geschehen.

Mit anderen Worten – mehr von all dem, was den Sozialismus eigentlich ausmacht und was seine theoretischen Prämissen als sozialökonomische Gesellschaftsformation beinhalten.

Wir werden auf einen besseren Sozialismus zugehen, nicht von ihm abgehen. Wir sagen das ganz ehrlich, machen weder unserem eigenen Volk noch den Völkern anderer Länder etwas vor. Alle Erwartungen, wir würden irgendeine andere, nichtsozialistische Gesellschaft schaffen, ins andere Lager überwechseln, sind aussichtslos und unrealistisch. Wer da im Westen hofft, wir würden uns vom Sozialismus lossagen, wird enttäuscht werden. Es ist höchste Zeit, daß man das begreift und vor allem in den praktischen Beziehungen zur Sowjetunion davon ausgeht.

Man möge mich richtig verstehen, wenn ich sage: Wir sowjetischen Menschen sind für den Sozialismus (warum, habe ich schon erklärt), doch wir zwingen niemandem unsere Überzeugungen auf. Mag jeder seine Wahl treffen, die Geschichte stellt alles an seinen Platz. Wir spüren derzeit besonders deutlich, und darüber habe ich mit einer Gruppe von Persönlichkeiten des öffentlichen Lebens aus den USA (Cyrus Vance, Henry Kissinger und anderen) gesprochen, daß uns die Wende in unserer Strukturpolitik im Rahmen des sozialistischen Systems und der Planwirtschaft viel leichter fällt, als dies im Rahmen des privaten Unternehmertums der Fall wäre, wenngleich auch wir unsere Schwierigkeiten haben.

Wir wollen mehr Sozialismus und deshalb mehr Demokratie.

Wir gehen davon aus, daß die Schwierigkeiten und Probleme der siebziger und achtziger Jahre keine Krise des Sozialismus als gesellschaftspolitisches System waren. Ganz im Gegenteil, eigentlich sind sie ein Ergebnis mangelnder Konsequenz bei der Durchsetzung der sozialistischen Prinzipien, der Abkehr von diesen Prinzipien, ja Ergebnis von Verzerrungen und starrem Festhalten an den Methoden und Formen der Leitung der Gesellschaft, die in einer bestimmten historischen Situation, in den Anfangsetappen der sozialistischen Entwicklung, entstanden sind.

Im Gegenteil, als junge Gesellschaftsordnung, als Lebensform verfügt der Sozialismus über ungemein große und längst nicht erschlossene Möglichkeiten, sich auf eigener Grundlage zu entwickeln und zu vervollkommnen, die Grundprobleme des heutigen wissenschaftlich-technischen, ökonomischen, kulturellen und geistigen Fortschritts der Gesellschaft zu lösen und die menschliche Persönlichkeit zu entfalten. Ist der historische Weg, den unser Land seit dem Oktober 1917 mit seinen unzähligen Schwierigkeiten, seinen dramatischen Ereignissen, seiner intensiven Arbeit, aber auch seinen großen Siegen und Leistungen zurückgelegt hat, dafür nicht Beweis genug?

Lehren der Geschichte

Gewiß hat es in der Entwicklung nach der Oktoberrevolution schwierige Phasen gegeben — nicht zuletzt aufgrund der groben Einmischung imperialistischer Kräfte in unsere inneren Angelegenheiten —, sind in der Politik auch Fehler gemacht worden und hat es Fehlschläge gegeben. Dennoch ist die Sowjetunion vorangekommen und hat eine Gesellschaft errichtet, in der die Menschen ohne Zukunftsangst leben. Jeder objektive Beobachter, der bei der Wahrheit bleibt, muß zugeben, daß die sowjetische Geschichte bei allen Verlusten, Abweichungen und Rückschlägen insgesamt eine Geschichte unbestreitbaren Fortschritts gewesen ist. Wir mußten – im direkten wie im übertragenen Sinne – durch unwegsames Gelände, sind zuweilen umhergeirrt und haben uns getäuscht, haben reichlich Schweiß und Blut vergossen. Aber wir sind vorwärts marschiert und haben niemals an Rückzug, an Aufgabe des Erreichten gedacht, haben unsere Entscheidung für den Sozialismus nie in Frage gestellt.

Ist es etwa verwunderlich, daß man auf dem Weg in eine unbekannte Zukunft, wo in kürzester Zeit gewaltige Aufgaben zu lösen sind, auch Fehlschläge erleidet, daß dieser Weg nicht so eben ist wie das Trottoir des Newski-Prospekts? Nehmen wir die Industrialisierung. Unter welchen Bedingungen mußte sie vollbracht werden? Der Bürgerkrieg und die Intervention von vierzehn Staaten hatten das Land völlig zerrüttet. Man verhängte eine Wirtschaftsblockade gegen uns und zog einen »Cordon sanitaire« rings um das Land. Keine Akkumulationsmittel, keine Kolonien – statt dessen die Notwendigkeit, Mittel für die Entwicklung der vom Zarismus unterdrückten nationalen Randgebiete aufzubringen. Um die Errungenschaften der Revolution zu retten, mußten wir, und zwar rasch, mit eigenen Mitteln die industrielle Basis des Landes errichten und dafür den Konsum drosseln, ja auf ein Mindestmaß reduzieren. Die materielle Last des Neuaufbaus hatte das Volk zu tragen, das zum größten Teil aus Bauern bestand.

Im Grunde mußten wir die Industrie, besonders die Schwerindustrie, die Energiewirtschaft und den Maschinenbau, aus dem Nichts schaffen. Und wir haben uns dieser Aufgabe mutig gestellt. Die Lebensfähigkeit der von der Partei aufgestellten Pläne, die das Volk verstand und akzeptierte, der Losungen und Vorhaben, in denen die ideelle Kraft unserer Revolution zum Tragen kam, fand ihren Ausdruck in dem Elan, mit dem sich Millionen sowjetischer Menschen in den Aufbau der Industrie des Landes einreihten und der die Welt in Erstaunen versetzte. Unter schwierigsten Bedingungen, oftmals fern von ihren Heimatorten, zumeist ohne jede Mechanisierung, sozusagen aus dem Nichts heraus, vollbrachten die Menschen bei Hungerrationen wahre

Wunder. Es erfüllte sie mit Begeisterung, an einem großen, historischen Werk mitzuwirken. Auch wenn es ihnen damals an Bildung fehlte, begriffen sie doch, welch große, einzigartige Tat sie vollbrachten. Ja, das war eine wahrhaft große Leistung der Massen für die Zukunft ihrer Heimat, eine Tat, mit der das ganze Volk bewies, daß es fest zu der im Jahre 1917 frei getroffenen Entscheidung stand.

Unsere Väter und Vorväter haben das Ihre getan, sie haben in einer Zeit, da die Weichen für die weitere Zukunft des Landes gestellt wurden, einen enormen Beitrag zur Entwicklung und Stärkung unserer Gesellschaft geleistet.

Die Industrialisierung der zwanziger und dreißiger Jahre war wirklich eine außerordentlich schwere Bewährungsprobe. Wir wollen versuchen, aus heutiger Sicht die Frage zu beantworten, ob die Industrialisierung überhaupt nötig war. Hätte ein so riesengroßes Land wie das unsere etwa im 20. Jahrhundert bestehen können, ohne eine entwickelte Industrie zu besitzen? Auch aus einem anderen Grunde war schon sehr bald klar, daß die Industrialisierung einfach forciert werden mußte. Die vom Faschismus ausgehende Bedrohung wurde seit 1933 zunehmend größer. Und wo wäre die Welt wohl heute, hätte sich die Sowjetunion Hitlers Kriegsmaschinerie nicht in den Weg gestellt? Unser Volk vernichtete den Faschismus mit dem in den zwanziger und dreißiger Jahren geschaffenen Potential. Ohne Industrialisierung wären wir dem Faschismus wehrlos ausgeliefert gewesen.

So aber wurden wir von den deutschen Panzern nicht überrollt. Ganz Europa hatte es nicht vermocht, Hitler zum Stehen zu bringen – wir jedoch haben ihn zerschlagen. Wir haben den Faschismus nicht nur mit dem Heldenmut und der Selbstaufopferung der Soldaten, sondern auch mit dem besseren Stahl, den besseren Panzern, den besseren Flugzeugen vernichtet. Und das alles hatte unsere sowjetische Zeit hervorgebracht.

Oder nehmen Sie die Kollektivierung. Ich weiß, wieviel Lügenmärchen, Spekulationen und böswillige Kritik an uns es allein wegen des Begriffes gegeben hat, von der Sache selbst ganz zu schweigen. Aber sogar viele von denen, die versuchen, sich ein objektives Bild von diesem Abschnitt unserer Geschichte zu machen, können offenbar nicht richtig begreifen, wie wichtig, notwendig und unumgänglich die Kollektivierung in unserem Lande war.

Wenn man die Umstände der damaligen Zeit und die Spezifik der Entwicklung unserer sowjetischen Gesellschaft wahrheitsgetreu und wirklich wissenschaftlich betrachtet und die Augen nicht vor der extremen Rückständigkeit der Agrarproduktion verschließt, die als zersplitterte Kleinproduktion keinerlei Aussicht gehabt hätte, diese Rückständigkeit zu überwinden, und wenn man schließlich die tatsächlichen Ergebnisse der Kollektivierung richtig bewertet, kann es eigentlich nur eine Schlußfolgerung geben: Die Kollektivierung war eine bedeutende historische Leistung, war der größte gesellschaftliche Umbruch seit 1917. Ja, sie verlief schmerzhaft und nicht ohne folgenschwere Überspitzungen und Fehler in Methoden und Tempo. Aber ohne sie hätte es für unser Land keinen weiteren Fortschritt gegeben. Die Kollektivierung legte den sozialen Grundstein für die Modernisierung des Agrarsektors, sie ermöglichte es, Methoden einer kulturvollen Wirtschaftsführung anzuwenden. Sie brachte eine Steigerung der Arbeitsproduktivität und letztlich eine Vergrößerung des Produktionsvolumens, die wir nicht hätten erreichen können, wäre das Dorf in seinem früheren, praktisch aus dem Mittelalter überkommenen Zustand verharrt. Außerdem setzte die Kollektivierung beträchtliche Mittel und Arbeitskräfte frei, die für die Entwicklung der übrigen Bereiche unserer Gesellschaft, vor allem in der Industrie, gebraucht wurden. Sie machte die Bildung eines stabilen staatlichen Lebensmittelfonds möglich.

Die Kollektivierung hat, wenn auch nicht problemlos und mit einemmal, die Lebensweise der Bauern von Grund auf verändert und ihnen Gelegenheit gegeben, eine moderne, zivilisierte Klasse der Gesellschaft zu werden. Ohne Kollektivierung könnten wir heute nicht einmal daran denken,

200 Millionen Tonnen Getreide oder gar 250 Millionen Tonnen zu produzieren, wie es unsere Pläne für die nächste Zukunft vorsehen. Dabei liegen wir schon heute über dem Gesamtvolumen der Getreideproduktion aller EG-Länder, obwohl wir weniger Einwohner haben.

Es fehlt uns in der Tat noch an einigen Nahrungsmitteln, vor allem an tierischen Erzeugnissen, und für deren Qualitätsverbesserung bleibt noch eine Menge zu tun. Aber dank der Kollektivierung produzieren wir heute so viel Lebensmittel pro Kopf der Bevölkerung, daß der notwendige Bedarf im wesentlichen gedeckt werden kann. Und was besonders wichtig ist: Hunger und Unterernährung, die für Rußland Jahrhunderte hindurch eine Geißel waren, gehören in unserem Land ein für allemal der Vergangenheit an. Vom Gesamtkaloriengehalt der Nahrung her gehört die Sowjetunion eindeutig zur Gruppe der entwickelten Staaten. Und das Allerwichtigste ist, daß dank der Kollektivierung und ihrer nun schon mehr als fünfzigjährigen Erfahrungen ein Potential geschaffen wurde, mit dem wir jetzt, im Zuge der Umgestaltung, den ganzen Agrarsektor in großen Dimensionen auf eine qualitativ neue Stufe heben können.

Ja, Industrialisierung und Kollektivierung waren eine Notwendigkeit. Ansonsten hätte das Land keinen Aufschwung erlebt. Allerdings entsprachen die Methoden und Mittel dieser Umgestaltungen nicht immer und nicht in jeder Hinsicht den sozialistischen Prinzipien, der sozialistischen Ideologie und Theorie. Das war vor allem auf die außenpolitischen Bedingungen zurückzuführen — bestand doch für unser Land fortgesetzt die Gefahr eines militärischen Überfalls. Doch es gab auch selbstverschuldete Überspitzungen, der administrative Druck überwog, Menschen mußten leiden. Das ist die Realität. Das ist das Schicksal des Volkes mit all seinen Widersprüchen — mit großen Leistungen ebenso wie mit dramatischen Fehlern und tragischen Ereignissen.

Auch nach dem siegreichen Krieg hatten wir kein leichtes, sondern zuweilen sogar ein sehr schweres Leben. Ich weiß noch, wie ich Ende der vierziger Jahre mit der Eisenbahn von

Südrußland nach Moskau zum Studium fuhr. Mit eigenen Augen habe ich die Ruinen von Stalingrad, Rostow, Charkow, Orjol, Kursk und Woronesh gesehen. Und wie viele solcher zerstörten Städte es gab! Leningrad, Kiew, Minsk, Odessa, Sewastopol, Smolensk, Brjansk, Nowgorod ... Hunderte, ja Tausende Städte und Dörfer, Werke und Fabriken waren zerstört, wertvollste Kulturdenkmäler — Gemäldegalerien und Paläste, Bibliotheken und Kathedralen — ausgeraubt oder vernichtet.

Im Westen hieß es damals, die Sowjetunion würde nicht einmal in hundert Jahren wieder auf die Beine kommen, sie könne lange Zeit keine Rolle in der internationalen Politik spielen, da sie vollauf damit zu tun hätte, die Wunden auch nur halbwegs zu heilen. Und doch nennen uns heute die einen voller Bewunderung, andere voll unverhohlener Mißgunst eine Supermacht! Wir haben das Land selbst, aus eigener Kraft, durch Nutzung der großen Potenzen der sozialistischen Ordnung wiederaufgebaut und auf den heutigen Stand gebracht.

Und da ist noch etwas, das nicht unerwähnt bleiben darf, das im Westen oftmals übersehen oder totgeschwiegen wird, doch ohne dessen Kenntnis man uns sowjetische Menschen einfach nicht verstehen kann: Außer den Leistungen in der Produktion und im sozialen Bereich entstand da das neue Leben, war da der Enthusiasmus der Erbauer der neuen Welt, die Begeisterung für das Neue und Ungewohnte, der ausgeprägte Stolz darauf, daß wir das Land ganz allein, ohne fremde Hilfe schon zum soundsovielten Male aus eigener Kraft wiederaufrichteten. Die Menschen dürsteten förmlich nach Wissen und Kultur. Sie freuten sich des Lebens, amüsierten sich, zogen ihre Kinder groß und gingen ihrer täglichen Arbeit nach. All dies geschah in einer ganz neuen Atmosphäre, die sich deutlich von der abhob, die vor der Revolution herrschte — in einer Atmosphäre der Einfachheit, der Gleichheit, der großen Möglichkeiten für den arbeitenden Menschen. Wir wissen sehr wohl, was wir dem Sozialismus zu verdanken haben. Kurzum, die Menschen haben in allen Etappen des friedlichen Aufbaus unseres Landes ihr Leben gelebt und ihre Arbeit getan. In den Briefen, die ich bekomme, schreiben meine Landsleute stolz: Mag unser Leben auch kärglicher als das anderer gewesen sein, so war es doch reicher und interessanter.

Vierzehn von fünfzehn Menschen, die heute in der UdSSR leben, wurden nach der Revolution geboren. Und trotzdem fordert man uns immer noch auf, den Sozialismus aufzugeben! Weshalb, so fragt sich, sollten die sowjetischen Menschen, die im Sozialismus aufgewachsen und zur Persönlichkeit gereift sind, auf einmal von ihrer Ordnung abgehen? Wir werden den Sozialismus nach Kräften weiterentwickeln und stärken. Ich glaube, wir haben erst den geringsten Teil seiner Möglichkeiten aufgedeckt.

Aus diesem Grunde mutet es uns seltsam an, wenn man uns auffordert – und einige meinen das sogar ehrlich –, wir sollten das soziale System ändern und auf die Formen und Methoden der anderen Gesellschaftsordnung zurückgreifen. Diese Leute begreifen nicht, daß das einfach unmöglich ist, selbst wenn jemand die Sowjetunion zum Kapitalismus zurückzuführen wünschte. Überlegen Sie selbst: Wie könnten wir dem beipflichten, daß das Jahr 1917 ein Fehler gewesen wäre und daß auch alle siebzig Jahre unseres Lebens, unserer Arbeit, unseres Kampfes und unserer Schlachten von A bis Z ein Fehler gewesen wären, wir in die falsche Richtung gegangen seien?! Nein, die strenge und objektive Bewertung der geschichtlichen Tatsachen läßt nur einen Schluß zu: Einzig und allein die Entscheidung für den Sozialismus hat dem rückständigen Rußland von einst die richtige Richtung gewiesen, hat es zuwege gebracht, daß die Sowjetunion heute eine so wichtige Rolle für den Fortschritt der Menschheit spielt.

Wir haben keinen Grund, verschämt oder im Flüsterton von der Oktoberrevolution, vom Sozialismus zu sprechen. Unsere Leistungen sind groß und unbestritten. Doch wir sehen die Vergangenheit in ihrer ganzen Vielfalt und Kompliziertheit. Auch unsere größten Leistungen trüben uns nicht den Blick für Widersprüche in der Entwicklung der Gesellschaft, für Fehler und Versäumnisse, zumal unsere Ideologie ihrem Wesen nach kritisch und revolutionär ist.

Wir suchen nach den Wurzeln der heutigen Schwierigkeiten und Probleme, um zu erkennen, wo sie herrühren, um für unsere Zeit Lehren aus Ereignissen zu ziehen, die weit in die dreißiger Jahre zurückreichen.

Wir denken über die hinter uns liegende Geschichte vor allem nach, um so die Bedingungen der Umgestaltung zu begreifen. Unsere Geschichte verlief unter starkem Einfluß äußerer Faktoren. Aber sie ist nun einmal unsere Geschichte, und in ihr liegt der Ursprung unserer Umgestaltung.

Wie konnte trotzdem all das geschehen, was sie erforderlich machte? Warum nahm man sie so spät in Angriff? Wieso konnten sich überkommene Arbeitsmethoden so lange behaupten? Weshalb kam es zur Einbürgerung von Dogmen im gesellschaftlichen Bewußtsein und in der Theorie?

All das fordert Erklärungen. Und im Zuge der Klärung und Erklärung finden wir viele Bestätigungen dafür, daß man sowohl in der Partei als auch in der Gesellschaft gesehen hat, wie sich negative Prozesse häuften. Ja, man war sich wiederholt der Notwendigkeit von Veränderungen deutlich bewußt. Aber unter dem Druck des Erbes der Vergangenheit mit all seinen prägnanten Erscheinungen und Eigenarten ließ man es bei Halbheiten bewenden und ging nicht konsequent genug vor.

Ein wichtiger Meilenstein unserer Geschichte war der XX. Parteitag der KPdSU. Er leistete einen großen Beitrag zur Theorie und Praxis des Aufbaus des Sozialismus. Auf dem Parteitag und in der Zeit danach wurde ganz entschieden der Versuch unternommen, das Steuer des Landes herumzureißen und die negativen Momente im gesellschaftspolitischen Leben, die ein Ergebnis des Personenkults um Stalin waren, zu überwinden.

Unter dem Einfluß der Parteitagsbeschlüsse wurden bedeutsame politische, wirtschaftliche, soziale und ideologische Maßnahmen eingeleitet. Doch die so eröffneten Möglichkeiten wurden nicht voll ausgeschöpft. Die Schuld daran trugen subjektivistische Methoden, deren sich die Führung unter Chruschtschow bediente. In der Wirtschaftsleitung wurde vornehmlich improvisiert. Der Voluntarismus im Denken und Handeln der damaligen Führung begann, die Partei und die Gesellschaft in Fieberzustände zu versetzen. Die allzu ehrgeizigen, aus der Luft gegriffenen Versprechungen und Prognosen ließen wieder eine Situation entstehen, in der Wort und Tat auseinanderklafften.

In der darauffolgenden Etappe, die mit dem Oktober-Plenum des Zentralkomitees im Jahre 1964 eingeleitet wurde, mußten deshalb vor allem diese Extreme überwunden, mußte gegen voluntaristische und subjektivistische Methoden angekämpft werden. Wir nahmen Kurs auf Stabilisierung. Und dieser Kurs erwies sich als richtig. Partei und Volk unterstützten ihn. Er brachte gewisse positive Ergebnisse. Nunmehr wurden ausgewogenere und fundiertere Beschlüsse ausgearbeitet und gefaßt. Die 1965 beginnende Wirtschaftsreform und das März-Plenum des Zentralkomitees desselben Jahres zur Landwirtschaft waren höchst bedeutsame Initiativen, mit denen positive Veränderungen in der Wirtschaft herbeigeführt werden sollten. Sie zeitigten zunächst eine wesentliche, wenngleich nicht anhaltende Wirkung, verliefen aber schließlich ebenfalls im Sande.

Auf dem Boden von Selbstzufriedenheit und Verstößen gegen das Prinzip des natürlichen Kaderwechsels in der Führung keimten die oben beschriebenen Erscheinungen von Stagnation und Erstarrung wieder auf. Die Lage erforderte aber immer nachdrücklicher grundsätzliche Entscheidungen zur Verbesserung des Leitungsmechanismus in Wirtschaft und Gesellschaft.

Welche Schlüsse ziehen wir aus den historischen Lehren der Vergangenheit?

Vor allem den, daß der Sozialismus als Gesellschaftsordnung seine großen Möglichkeiten, äußerst komplizierte Probleme des gesellschaftlichen Fortschritts zu lösen, bewiesen hat. Wir sind überzeugt, daß er fähig ist, sich selbst zu vervollkommnen, seine Möglichkeiten noch vollständiger zur Geltung zu bringen und die großen Aufgaben zu bewältigen, die sich heute, an der Schwelle zum 21. Jahrhundert, für den gesellschaftlichen Fortschritt stellen.

Zugleich ist uns bewußt, daß die Vervollkommnung des Sozialismus kein spontan verlaufender Prozeß ist, sondern ungeteilte Aufmerksamkeit verlangt und es erforderlich macht, daß man sich ehrlich und unvoreingenommen mit den Problemen auseinandersetzt und alles, was überholt ist, entschlossen über Bord wirft. Wir haben uns davon überzeugt, daß man dabei nicht halbherzig handeln darf. Man muß vielmehr in breiter Front, konsequent und energisch vorgehen und darf auch vor den mutigsten Schritten nicht zurückschrecken.

Und noch ein Schluß ergibt sich für uns, sozusagen der wichtigste. Das ist das Vertrauen in die Eigeninitiative und das Schöpfertum der Massen, die aktive Mitwirkung der breitesten Schichten der Werktätigen an den geplanten Umgestaltungen, also immer wieder weitere Ausprägung der Demokratie.

Die geistigen Quellen der Umgestaltung

Es wäre falsch und schädlich, sich die sozialistische Gesellschaft als erstarrt und unveränderlich und ihre Entwicklung nur als ein Mittel vorzustellen, mit dem die komplizierte Wirklichkeit ein für allemal feststehenden Ideen, Begriffen und Formeln angepaßt werden soll. Unter Berücksichtigung der historischen Erfahrungen und der objektiven Bedingungen werden die Vorstellungen vom Sozialismus laufend weiterentwickelt und bereichert.

Lenin hat uns gelehrt, daß man den Aufbau des Sozialismus in Theorie und Praxis schöpferisch handhaben muß. Wir eignen uns seine wissenschaftlichen Methoden an und üben uns in der Kunst, die jeweilige konkrete Situation genau zu analysieren.

Bei der Durchsetzung der Umgestaltung greifen wir immer

wieder auf Lenins Schriften und, wie gesagt, besonders auf seine letzten Arbeiten zurück.

Die Klassiker des Marxismus-Leninismus haben uns die grundlegenden, die wesenseigenen Merkmale des Sozialismus als Erbe hinterlassen. Sie gingen nicht ins Detail und entwarfen kein Bild vom Sozialismus in allen seinen Einzelheiten. Sie haben sich zu den theoretisch erkennbaren Phasen geäußert. Nun ist es an uns, zu zeigen, wie die jetzige Phase aussehen soll. Diese Phase müssen wir auch praktisch bewältigen, und dabei dürfen wir komplizierten Fragen nicht ausweichen. Die Klassiker vermitteln uns nicht die Methodik, sondern die Methodologie.

In dieser neuen Phase sahen wir uns vor die zwingende Notwendigkeit gestellt, uns — auf Lenins Erbe, auf seine Methodologie gestützt — Klarheit über die angehäuften theoretischen Probleme, über die bisherigen Vorstellungen vom Sozialismus zu verschaffen. Das war auch deshalb so wichtig, weil man sich in der Zeit nach Lenin nicht in jeder Hinsicht an seine Ideen gehalten hatte. Die zwangsläufig aus der Situation heraus geborenen Formen und Methoden des Aufbaus des Sozialismus, die den konkret-historischen Bedingungen unseres Landes entsprachen, hatte man verherrlicht und idealisiert und zu allgemeingültigen, unumstößlichen Dogmen erhoben. Die Folge war ein verkümmertes, schematisches Erscheinungsbild des Sozialismus, in dem die zentrale Leitung überbetont, Reichtum und Vielfalt der Interessen der Menschen aber sowie ihre aktive Rolle im Leben der Gesellschaft unterschätzt wurden und gleichmacherische Tendenzen deutlich ausgeprägt waren.

Nehmen wir zum Beispiel den Mechanismus der Wirtschaftsleitung. Die konkrete historische Situation, in der sich die Sowjetunion entwickelt hat, die im Grunde extremen Bedingungen mußten einfach nachhaltige Wirkung auf ihn ausüben. Die Kriegsgefahr und die Kriege selbst, die schwersten und zerstörerischsten in unserer ohnehin leidvollen Geschichte, aber auch der zweimalige Wiederaufbau der in Schutt und Asche liegenden Volkswirtschaft führten naturgemäß zu straffer Zentralisierung der Leitung und damit zur Schrumpfung ihrer demokratischen Grundlagen.

Wenden wir uns noch einmal der Frage zu, wie es zu dieser paradoxen Lage gekommen ist. Als das junge Sowjetrußland daranging, die neue Gesellschaft zu errichten, mußte es im Kampf gegen die kapitalistische Welt den technisch-ökonomischen Rückstand rasch aufholen und, zum Großteil ganz von vorn, eine moderne Industrie aufbauen. Und das geschah in beispiellos kurzer Zeit.

Damit diese Aufgabe bewältigt werden konnte, mußte der für die Akkumulation vorgesehene Teil des Nationaleinkommens deutlich gesteigert werden. Ein großer Teil der so aufgebrachten Mittel diente der Entwicklung der Schwer- und damit auch der Verteidigungsindustrie. Die Frage nach dem »Preis« dieser Entwicklung stand damals entweder überhaupt nicht oder galt als zweitrangig. Der Staat scheute keine Aufwendungen, und die Menschen waren für die beschleunigte Entwicklung ihrer Heimat, die Stärkung ihrer Verteidigungsfähigkeit, den Schutz der Unabhängigkeit des Landes und seiner Entscheidung für den Sozialismus zu Opfern bereit.

Um dieser Ziele willen wurde ein Leitungssystem geschaffen, das auf straffem Zentralismus, detaillierter Reglementierung der Arbeit, bis ins einzelne aufgeschlüsselten staatlichen Auflagen und planmäßigen Haushaltszuweisungen basierte. Und es erfüllte seinen Zweck.

Gewiß waren es nicht ausschließlich objektive Gründe, mit denen diese Art Leitung zu erklären ist. Es gab auch Fehler im Vorgehen und subjektivistisch gefärbte Entscheidungen. Das muß man bei der Auseinandersetzung mit den heutigen Problemen ebenfalls sehen und beachten. Auf jeden Fall geriet das Leitungssystem aus den dreißiger und vierziger Jahren nach und nach in Widerspruch zu den Bedingungen und Erfordernissen der wirtschaftlichen Entwicklung. Seine positiven Möglichkeiten erschöpften sich immer mehr. Statt dessen wirkte es zunehmend als Hemmschuh und artete schließlich zu dem »Bremsmechanismus« aus, der in der Folgezeit so negative Auswirkungen haben sollte. Die weitere Anwendung des Arbeitsstils, der unter extremen Verhältnissen zustande gekommen war, hemmte unter den nunmehr anderen Bedingungen die sozialökonomische Entwicklung.

Dogmatische Praktiken auf diesem Gebiet waren in hohem Maße der Grund dafür, daß sich unsere Wirtschaft aufwandsorientiert gestaltete. Dieser Wesenszug prägte sich immer stärker aus und blieb bis Mitte der achtziger Jahre erhalten. Darin wurzelt die berüchtigte »Tonnenideologie«, die unserer Wirtschaft bis in die jüngste Zeit hinein als Richtschnur galt.

Unter diesen Verhältnissen entwickelten sich Vorurteile gegenüber der Rolle der Ware-Geld-Beziehungen und des Wertgesetzes im Sozialismus, die dem Sozialismus oftmals geradezu als wesensfremd entgegengesetzt wurden. Zu alldem kam hinzu, daß die wirtschaftliche Rechnungsführung unterschätzt, bei der Preisbildung willkürlich verfahren und keine Rücksicht auf den Geldumlauf genommen wurde.

Höchst negativ begann sich unter den neuen Verhältnissen auszuwirken, daß dem alten Leitungssystem eine breite demokratische Grundlage fehlte. Es bot wenig Raum für Lenins Idee von der Selbstverwaltung der Werktätigen. Das gesellschaftliche Eigentum wurde sozusagen gegen seinen eigentlichen Besitzer, nämlich die Werktätigen, abgeschirmt. Ressortgeist und Betriebsegoismus zersplitterten es oftmals, es wurde gewissermaßen »herrenlos«, kostete nichts, hatte seinen realen Besitzer verloren. Immer deutlicher zeichnete sich ab, daß sich der Mensch dem Volkseigentum entfremdete, daß gesellschaftliches Interesse und persönliches Interesse des Werktätigen nicht mehr übereinstimmten. Das war das Grundübel: Das aus der Vergangenheit stammende System der Wirtschaftsführung hatte sich in der neuen Etappe aus einem der Entwicklung des Sozialismus dienlichen Faktor in einen Hemmschuh für sein weiteres Vorankommen verkehrt.

Was die politischen Aspekte des »Bremsmechanismus«

anbelangt, so war – darüber darf man nicht hinwegsehen – eine paradoxe Situation entstanden: Ein gebildetes, begabtes, auf die sozialistische Ordnung eingeschworenes Volk konnte die Möglichkeiten des Sozialismus nicht voll ausschöpfen und sein Recht auf tatsächliches Mitregieren nicht wahrnehmen. Gewiß waren die Arbeiter, die Bauern und die Angehörigen der Intelligenz jederzeit in allen Macht- und Leitungsorganen vertreten, doch wurden sie keineswegs immer in dem Maße in die Ausarbeitung und Verabschiedung von Beschlüssen einbezogen, wie das die sozialistische Gesellschaft für ihre gesunde Entwicklung braucht. Die Massen waren darauf eingestellt, die Politik aktiver mitzugestalten, aber sie fanden dafür kein Wirkungsfeld, obgleich der Sozialismus ja gerade dadurch wächst und erstarkt, daß er immer mehr Menschen in die aktive Politik einbezieht.

Der »Bremsmechanismus« in der Wirtschaft mit allen seinen sozialen und ideologischen Konsequenzen hatte bürokratisierte gesellschaftliche Strukturen und eine sich auf alle Ebenen erstreckende »erweiterte Reproduktion« der Bürokratenschicht zur Folge, die im gesamten staatlichen Leben, im Verwaltungsapparat und sogar im gesellschaftlichen Leben übermäßig großen Einfluß besaß.

Selbstverständlich konnte unter diesen Umständen der ganze Gedankenreichtum Lenins zu Leitung und Selbstverwaltung, wirtschaftlicher Rechnungsführung und Verknüpfung von gesellschaftlichen und persönlichen Interessen nicht so wirksam gemacht und weiterentwickelt werden, wie es nötig gewesen wäre. Und das ist nur ein Beispiel dafür, wie starr und verknöchert das gesellschaftliche Denken war, wie wenig es mit den realen Erfordernissen des Lebens zu tun hatte.

Die Umgestaltung hat sowohl der politischen Praxis als auch unseren Gesellschaftswissenschaften neue Aufgaben gestellt. Es gilt, die Gesellschaftswissenschaft aus ihrer Erstarrung zu lösen, ihr weitreichende Entfaltungsmöglichkeiten zu bieten und ein für allemal das Monopol auf die Theorie zu überwinden, das für die Zeit des Personenkults typisch war, als die auf extreme Verhältnisse zurückzuführenden Entwicklungsformen der sowjetischen Gesellschaft durch Stalins Autorität verabsolutiert und als einzig möglich dargestellt wurden.

Im gesellschaftspolitischen Denken muß eine einschneidende Wende herbeigeführt werden. Auch da müssen wir von Lenin lernen. Er besaß die höchst seltene Gabe, die sich in der Tiefe ankündigenden Veränderungen beizeiten zu spüren, Werte neu zu bestimmen und theoretische Erkenntnisse und politische Losungen zu überprüfen.

Dafür ein ganz eindrucksvolles Beispiel. Als Lenin im April 1917 nach Rußland zurückkehrte, hatte er binnen kürzester Zeit ein exaktes Bild von der Lage im Lande nach der Februarrevolution, von den Tendenzen und Möglichkeiten der weiteren Entwicklung. Dabei bestimmte er nicht nur die einzig mögliche Taktik für das Vorgehen der Partei und der Sowjets richtig, sondern formulierte auch die strategische Aufgabe, die Partei und die Massen auf die sozialistische Revolution vorzubereiten. Andernfalls hätte das durch den Sturz des Zarismus Errungene zunichte gemacht werden können. Diese Wende kam selbst für viele erfahrene Bolschewiki unerwartet. Solcherart Dialektik im politischen Denken lernen wir bei der Verwirklichung der Umgestaltung.

Damals und auch später war es mehrfach so, daß die Partei nicht sofort mit neuen Ideen zurechtkam. Es fiel schwer, sich an sie zu gewöhnen, und mitunter brachten nicht einmal die treuesten Anhänger der Revolution Verständnis dafür auf. Doch Lenin und seine Kampfgefährten wußten zu überzeugen, zu erklären, immer und immer wieder auf ein und dieselbe Frage zurückzukommen, Energien zu wecken und diejenigen, die schwankten und zweifelten, für sich zu gewinnen. Das alles fiel auch Lenin manchmal nicht leicht. In einem Brief schreibt er einmal voller Bitterkeit:

»Das ist eben mein Schicksal. Ein Waffengang nach dem andern – gegen politische Dummheiten und Banalitäten, gegen den Opportunismus usw.

So geht das seit 1893. Daher auch der Haß der Hohlköpfe.

Nun, ich würde trotzdem mein Schicksal nicht gegen einen ›Frieden‹ mit den Hohlköpfen eintauschen.«[1]

Schon mehrfach habe ich, auf Lenin verweisend, gesagt, daß man sich, sobald man Einzelfragen anpackt, ohne das Allgemeine geklärt zu haben, immer wieder an diesem Allgemeinen stoßen wird. Deshalb ist es uns bei der Umgestaltung von Anfang an, so auch auf dem Juni-Plenum des Zentralkomitees der KPdSU 1987, vor allem um konzeptionelle Arbeit gegangen. Natürlich lag uns auch an weniger Chaos in den Methoden. Um etwas Wesentliches zu erreichen, muß man ja nicht erst alles auf den Kopf stellen und dann die Fehler korrigieren.

Neue Aufgaben müssen immer ohne »Patentrezepte« gelöst werden. Solche Rezepte haben wir auch heute nicht. Die Gesellschaftswissenschaftler haben bislang nichts in sich Geschlossenes anzubieten. Die politische Ökonomie des Sozialismus kommt von den gewohnten Begriffen nicht los und wird mit der Dialektik des Lebens nicht fertig. Philosophie und Soziologie hinken den Anforderungen der gesellschaftlichen Praxis hinterher. Die Geschichtswissenschaft bedarf einer grundlegenden Neugestaltung.

Der XXVII. Parteitag der KPdSU und die Plenartagungen des Zentralkomitees haben ein weites Betätigungsfeld für schöpferisches Denken geschaffen und selber seiner Entwicklung einen starken Anstoß gegeben. Ohne revolutionäre Theorie kann es auch keine revolutionäre Bewegung geben. Dieser marxistische Grundsatz gilt heute mehr denn je.

Die Umgestaltung ist eine Revolution
Umgestaltung ist ein außerordentlich vielschichtiges, komplexes Wort. Doch ist von den vielen möglichen Synonymen der maßgebliche, dem eigentlichen Kern der Sache am nächsten kommende Begriff auszuwählen, dann kann man sagen: Die Umgestaltung ist eine Revolution. Die entschiedene Beschleunigung der sozialökonomischen und geistigen

---

1 W. I. Lenin: An I. F. Armand, 18. Dezember 1916. In: Briefe, Bd. IV, S. 337.

Entwicklung der sowjetischen Gesellschaft setzt einschneidende Veränderungen auf dem Wege zu einem Zustand von neuer Qualität voraus. Das ist fraglos eine revolutionäre Aufgabe.

Meiner Meinung nach hatten wir allen Grund, auf dem Januar-Plenum 1987 zu erklären: Von seinem Grundanliegen, seiner bolschewistischen Kühnheit und humanistischen sozialen Zielsetzung her ist der jetzige Kurs die direkte Fortsetzung des großen Werkes der Partei Lenins aus den Oktobertagen 1917. Und nicht bloß Fortsetzung, sondern Weiterentwicklung, Vertiefung der Grundgedanken der Revolution. Wir müssen dem historischen Impuls unserer Revolution neuen Schwung verleihen und all das voranbringen, was sie in der Gesellschaft eingeleitet hat.

Natürlich setzen wir die Umgestaltung nicht der Oktoberrevolution gleich, war diese doch ein ausgesprochener Wendepunkt in der tausendjährigen Geschichte unseres Heimatlandes, der in seiner Ausstrahlung auf die Entwicklung der Menschheit ohne Beispiel ist.

Und weshalb sprechen wir siebzig Jahre nach der Oktoberrevolution dennoch von einer neuen Revolution?

Eine Antwort auf diese Frage finden wir, indem wir geschichtliche Parallelen ziehen. Lenin hat seinerzeit darauf hingewiesen, daß in Frankreich, dem Lande der klassischen bürgerlichen Revolution, nach der Großen Revolution von 1789–1794 drei weitere Revolutionen (1830, 1848 und 1871) stattfinden mußten, bis ihr Werk vollendet war. Gleiches läßt sich von England sagen, wo nach Cromwells Revolution von 1649 die »Glorious Revolution« von 1688/1689 stattfand und dann noch die Reform von 1832 erforderlich war, mit der die neue Klasse, die Bourgeoisie, schließlich endgültig an die Macht gelangte. In Deutschland gab es zwei bürgerlich-demokratische Revolutionen (1848 und 1918) und dazwischen die von Bismarck mit »Blut und Eisen« durchgesetzten rigorosen Reformen der sechziger Jahre.

»Revolutionen, die man, nachdem man die Macht erobert hat, in die Tasche stecken könnte, um sich auf seinen Lorbeeren auszuruhen, hat es in der Geschichte nicht gegeben«, schreibt Lenin.[2] Weshalb also sollte der Sozialismus, der ja noch tiefgreifendere wirtschaftliche, politische, soziale und geistige Veränderungen in der Gesellschaft herbeiführen soll als der Kapitalismus, nicht mehrere revolutionäre Anläufe nehmen, um alle seine Potenzen zur Geltung zu bringen und sich endgültig als grundsätzlich neue Formation herauszukristallisieren? Bei Lenin findet sich mehrfach der Gedanke, der Sozialismus werde das Ergebnis vieler Versuche sein. Jeder Versuch werde in gewissem Sinne einseitig sein, jeder werde seine spezifischen Züge aufweisen. Und das gilt für alle Länder.

Die Erfahrungen der Geschichte besagen, daß auch die sozialistische Gesellschaft nicht dagegen gefeit ist, daß Stagnationstendenzen auftreten und sich mehren, daß es sogar zu ernsten politischen und sozialen Krisen kommen kann. Damit man aus einer Krisensituation herauskommt beziehungsweise eine drohende Krise abwenden kann, bedarf es revolutionärer Maßnahmen. Das Allerwichtigste dabei ist, daß der Sozialismus von seiner Natur her dynamisch und daher revolutionärer Veränderungen fähig ist.

Solch eine Aufgabe hat die Partei im Frühjahr 1985 auf die Tagesordnung gesetzt. Da sich gravierende Probleme angesammelt hatten, immer neue hinzukamen und da man zu lange damit gewartet hatte, sich mit ihnen auseinanderzusetzen und sie zu lösen, war revolutionäres Handeln geboten, mußte die revolutionäre Umgestaltung der Gesellschaft verkündet werden.

Die Umgestaltung ist ein revolutionärer Prozeß, denn es handelt sich um einen Sprung nach vorn in der Entwicklung des Sozialismus, bei der Durchsetzung seiner Wesensmerkmale. Uns war von Anfang an bewußt, daß wir nicht die Zeit hatten, erst lange Anlauf zu nehmen. Es galt, schnell aus den Startlöchern zu kommen, den Rückstand aufzuholen, sich einen Weg aus dem Sumpf des Konservativismus zu bahnen

2 W. I. Lenin: Erfolge und Schwierigkeiten der Sowjetmacht. In: Werke, Bd. 29, S. 52.

und über die Stagnation mit ihrer Untätigkeit hinwegzukommen. Auf evolutionärem Wege, mit einer zaghaften, sich hinziehenden Reform war da nichts zu machen.

Wir können, ja wir dürfen einfach nicht nachlassen, und sei es auch nur für einen Tag. Wir müssen im Gegenteil mit jedem Tag mehr in der Arbeit zulegen, müssen schneller und intensiver arbeiten. Wir müssen bei dieser Anspannung durchhalten, diese, wie die Kosmonauten sagen, hohe Andruckbelastung in der Anfangsphase der Umgestaltung aushalten.

Eine Revolution muß in ständiger Entwicklung begriffen sein. Man darf nicht auf der Stelle treten. Das sehen wir auch an unserer eigenen Vergangenheit. Die Auswirkungen der Verzögerung bekommen wir noch heute zu spüren. Deshalb brauchen wir jetzt das Doppelte an Mut und Kühnheit. Wir dürfen nicht noch einmal steckenbleiben. Darum kann es für uns nur eines geben – vorwärts!

Revolutionär zu handeln heißt natürlich nicht, Hals über Kopf vorwärts zu stürmen. Es ist keineswegs immer angebracht, Attacke zu reiten. Für die Revolution gelten die Gesetze der Politik als der Kunst des Machbaren. Man darf bestimmte Etappen nicht überspringen, darf dem Gang der Dinge nicht vorgreifen. Die Hauptsache ist jetzt, daß wir den Vorlauf schaffen, den wir brauchen, um Ziele neuer Qualität anzusteuern. Andernfalls kann, wie es so schön heißt, viel Porzellan zerschlagen werden und das große Werk in Verruf geraten.

Revolution, wie wir sie verstehen, bedeutet Neugestaltung, aber sie bedeutet natürlich immer auch, daß etwas zu Bruch geht. Schließlich wird die Revolution ja gemacht, um Überholtes, Stagnierendes, alles, was das rasche Vorankommen behindert, aus dem Wege zu räumen. Ohne Abriß kein Gelände für den Neubau. Umgestaltung heißt also auch, daß die Hindernisse für die wirtschaftliche und soziale Entwicklung, veraltete Regelungen in der Leitung der Wirtschaft und dogmatische Denkklischees entschlossen und gründlich aus dem Wege geräumt werden. Die Umgestaltung berührt die

Interessen vieler Menschen, ja der ganzen Gesellschaft. Selbstverständlich geht es beim Niederreißen des Alten nicht ohne Konflikte ab, kommt es zuweilen sogar zum heftigen Kampf zwischen dem Alten und dem Neuen. Sicher, Bomben explodieren dabei nicht, und Kugeln pfeifen auch nicht durch die Luft. Aber die konkreten Träger des »Bremsmechanismus« leisten Widerstand. Nichtstun, Gleichgültigkeit, Schlendrian, Verantwortungslosigkeit und Mißwirtschaft sind schließlich auch Widerstand.

Der Widerstand ist begreiflich. Die Situation in der Gesellschaft hat sich in der Tat zugespitzt, ist ihr doch die Umgestaltung bis ins Mark gedrungen. Schon fragt man: Mußten wir uns das überhaupt alles einfallen lassen?

Manch einer kann das Wort »Revolution«, auf die Umgestaltung bezogen, einfach nicht akzeptieren. Einige erschreckt sogar der Begriff »Reform«. Lenin hatte keine Scheu, dieses Wort zu gebrauchen, und lehrte die Bolschewiki sogar den »Reformismus«, wenn dies für die Fortentwicklung der Sache der Revolution unter neuen Gegebenheiten erforderlich war. Auch wir brauchen heute, wollen wir revolutionäre Veränderungen erreichen, durchgreifende Reformen.

Zu den Kennzeichen einer revolutionären Periode gehört die mehr oder minder ausgeprägte Diskrepanz zwischen den Grundinteressen der Gesellschaft, deren progressiver Teil zu einschneidenden Veränderungen bereit ist, und den Augenblicksinteressen, den Tagesinteressen der Menschen. Die Umgestaltung trifft vor allem jene, die der alten Arbeitsweise verhaftet sind. Wir haben keine politische Opposition, doch das heißt nicht, daß es keine Auseinandersetzung mit denjenigen gäbe, die aus verschiedenerlei Gründen nichts von Umgestaltung wissen wollen. In der ersten Etappe der Umgestaltung müssen sich möglicherweise alle von etwas lösen. Mit unverdienten Privilegien und Vorrechten, die man sich widerrechtlich verschafft hat, mit den Rechten, die den Nährboden für den »Bremsmechanismus« abgegeben haben, ist jedenfalls ein für allemal Schluß.

Wie stets an einschneidenden Wendepunkten, ist die Frage nach den Interessen das Ausschlaggebende für die Partei. Denken wir nur daran zurück, wie sich Lenin für den Brester Frieden eingesetzt hat. Das schlimme Jahr 1918, Bürgerkrieg. Und dazu die ausgesprochen ernste Bedrohung durch Deutschland. Lenin schlug vor, mit Deutschland Frieden zu schließen. Die Bedingungen, die Deutschland uns ultimativ für einen Friedensvertrag stellte, waren, um mit Lenin zu sprechen, »schmachvoll und schimpflich«. Sie sahen die Annexion eines riesigen Gebietes mit 56 Millionen Einwohnern vor. Darauf durfte man scheinbar auf keinen Fall eingehen. Und dennoch bestand Lenin darauf: Man brauchte Frieden. Sogar im Zentralkomitee fanden sich Gegner. Sie führten ins Feld, die Arbeiter würden fordern, den deutschen Interventen Widerstand zu leisten. Doch Lenin ließ nicht locker und verlangte den Friedensschluß. Warum? Weil er sich nicht von den Interessen des Augenblicks leiten ließ, sondern die grundlegenden Interessen sah. Das waren die Interessen der Arbeiterklasse als Ganzes, die Interessen der Revolution, das Schicksal der Revolution. Um sie zu wahren, brauchte man eine Atempause, um dann weiterzugehen. Aber dieses tiefe Verständnis brachten damals keineswegs alle auf. Später war es dann ein leichtes, bestimmt und mit Entschiedenheit zu sagen: Lenin hatte recht. Recht aber hatte er, weil er sich von den Grundinteressen hatte leiten lassen, weil er weit vorausgeblickt und das Zeitweilige nicht über das Grundlegende gestellt hatte. Und die Revolution war gerettet.

So ist es auch mit der Umgestaltung. Sie entspricht den grundlegenden Interessen der sowjetischen Menschen. Sie soll die Gesellschaft zu neuen Höhen führen und ihr eine neue Qualität verleihen. Dabei muß man manches aufgeben, muß sich von manchem trennen. Sich dazu durchzuringen fällt schwer. Vor unseren Augen fallen alte Gewohnheiten und Vorstellungen in sich zusammen. Altgewohntes verschwindet aus unserem Leben – schon wird Protest laut. Der Konservativismus will nicht weichen. Aber man kann mit all dem fertig werden, und man muß es um der langfristigen Interessen der Gesellschaft und eines jeden einzelnen Menschen willen.

Um das Verhältnis von Augenblicksinteressen und langfristigen Interessen ging es augenscheinlich, als wir das System der staatlichen Abnahme der Erzeugnisse einführten. Um die Erzeugnisqualität zu verbessern, führten wir die unabhängige Kontrolle darüber ein, ob die Erzeugnisse den Normen entsprechen. In der ersten Zeit mußten viele Arbeiter dadurch Lohneinbußen hinnehmen. Aber die Gesellschaft braucht die Qualitätssteigerung, und die Arbeiter hatten Verständnis dafür. Von ihrer Seite aus gab es keine Proteste. Die Arbeiter sagen im Gegenteil: »Man muß sich doch schämen, wenn man etwas bekommt, was man gar nicht verdient hat!« Doch zugleich verlangen sie von den Leitungskadern in der Wirtschaft und dem ingenieurtechnischen Personal die gleiche Einstellung. So wurde die staatliche Abnahme zu einer guten Schule der Umgestaltung. Sie hat vieles zutage gebracht: wie die einzelnen Werktätigen zur Sache stehen und wie es um die menschlichen Reserven der Umgestaltung bestellt ist. Die staatliche Abnahme war gewissermaßen der Lackmustest, der noch einmal bestätigt hat, daß die sowjetische Arbeiterklasse insgesamt die Umgestaltung aus vollem Herzen begrüßt und bereit ist, sie durch die praktische Wahrnehmung ihrer Rolle als führende Klasse der sozialistischen Gesellschaft voranzubringen.

Man darf mit keiner Revolution spielen, auch nicht mit der Umgestaltung. Wir müssen sie zu Ende führen, müssen buchstäblich jeden Tag aufs neue um Erfolg bemüht sein, damit die Massen am eigenen Leibe spüren, daß sie Ergebnisse bringt, damit sich ihr Schwungrad immer schneller dreht und uns in materieller wie geistiger Hinsicht schneller vorwärts und aufwärts bringt.

Wenn wir unsere Maßnahmen als revolutionär bezeichnen, dann meinen wir damit, daß sie tiefgreifend, radikal und kompromißlos sind, daß sie sich auf die ganze Gesellschaft von oben bis unten, von der Basis, den Eigentumsverhältnissen, bis zum Überbau, ja auf alle Lebensbereiche, und zwar komplex, als Ganzes, erstrecken. Es geht nicht darum, Flecken auf unserem gesellschaftlichen Organismus zu übertünchen oder die eine oder andere wunde Stelle zuzudecken, sondern der ganze Organismus soll saniert und erneuert werden.

Im revolutionären Prozeß steht die Politik bekanntlich ganz obenan. Das gilt auch für die Umgestaltung. Priorität haben die politischen Maßnahmen, die Aufgaben der weitreichenden Demokratisierung in der Tat, nicht bloß in Worten, der schonungslose Krieg gegen Bürokratismus und Willkür, die aktive Einbeziehung der Massen in die Leitung des Landes. All das steht in direktem Bezug zur Grundfrage jeder Revolution, zur Frage der Macht.

Wir schicken uns selbstverständlich nicht an, die Sowjetmacht zu wandeln, und werden ihre prinzipiellen Grundlagen nicht aufgeben. Aber Veränderungen sind nötig, und zwar Veränderungen, die den Sozialismus stärken, die ihn politisch reicher und dynamischer machen. In diesem Sinne können wir unser Programm zur umfassenden Durchsetzung der Demokratie in der sowjetischen Gesellschaft durchaus rundum, grundsätzlich als Programm für Veränderungen im jetzigen politischen System werten.

Aus diesem Grunde ist es für den Erfolg der Umgestaltung so wichtig, daß wir unsere ganze Arbeit auf die politischen Aufgaben und die politischen Leitungsmethoden konzentrieren. Für die Parteiorganisationen und die Parteifunktionäre kommt es vor allem darauf an, politisch mit den Menschen zu arbeiten, die Werktätigen politisch zu bilden und zu aktivieren. Der ursprüngliche Sinn des Begriffes »Sozialismus« als vornehmlich ideologische und politische Bewegung der Massen ist wieder höchst aktuell. Diese Bewegung kommt von der Basis, entspringt dem Volke, gewinnt ihre Kraft in erster Linie aus dem Bewußtsein und der Aktivität des Menschen. Eine Revolution kennt nichts Vergleichbares. Beispiellos, revolutionär muß auch unsere tägliche Arbeit sein. Sie muß so sein, wie sich das in der Revolution gehört. Bei der

Umgestaltung kommt die Vorstellung, die man sich von einem wirklichen Führungskader der Partei macht, dem Leninschen Ideal eines bolschewistischen Revolutionärs besonders nahe. Zu diesem Bild passen Züge von Bürokratismus, Arroganz und Karrierismus ganz und gar nicht. Gefragt sind Kühnheit, Entschlußkraft, leidenschaftliche Parteinahme, moralische Integrität, das ständige Bedürfnis nach Kontakt mit den Menschen und die Fähigkeit, die humanistischen Werte des Sozialismus kämpferisch zu verteidigen. Die revolutionäre Situation verlangt Enthusiasmus, Hingabe und Selbstlosigkeit, besonders von den Leitungskadern. Bis dahin ist es noch ein weiter Weg. Noch gibt es viele, die im »Zustand der Evolution« verharren, das heißt schlicht und einfach – abwarten.

»Revolution von oben«? Die Partei und die Umgestaltung
In der Geschichtswissenschaft und auch im politischen Sprachgebrauch finden wir den Ausdruck »Revolution von oben«. Und die Geschichte kennt eine Menge solcher Beispiele. Nur darf man sie nicht mit Staatsstreichen, mit Palastrevolutionen verwechseln. Gemeint sind tiefgreifende, ihrem Wesen nach revolutionäre Veränderungen, die durch die Machthabenden selbst veranlaßt wurden, wenngleich sie durch einen objektiven Wandel in Situation und Stimmung der Gesellschaft notwendig geworden waren.

Unsere jetzige Umgestaltung kann eigentlich auch als »Revolution von oben« bezeichnet werden. Die Umgestaltung wurde ja von der Kommunistischen Partei in die Wege geleitet und vollzieht sich unter ihrer Führung. Die Partei brachte den Mut und die Kraft auf, die neue Politik auszuarbeiten, sie vermochte es, im Prozeß der Erneuerung der Gesellschaft die Führung zu übernehmen und ihn in Gang zu bringen. Angefangen hat die Partei bei sich selbst, mit ihrer Selbstreinigung. Dazu habe ich mich bei der Begegnung mit dem Parteiaktiv von Chabarowsk im Sommer 1986 in aller Offenheit geäußert. Man muß bei sich selbst anfangen. Jeder muß sein Teil Verantwortung tragen – im Politbüro wie in den örtlichen Organen und in den Grundorganisationen. Alle müssen sich reinigen, und wenn einer es nicht schafft, muß man ihm helfen. Vor allem muß man nach dem eigenen Gewissen handeln. Schließlich haben wir alle in der Zeit, als noch keine Offenheit herrschte, diese oder jene schlechte Gewohnheit angenommen. Dies gilt für die einfachen Menschen ebenso wie für die Leiter.

Das heißt nicht, daß man sich bei den Menschen anbiedern soll, wie dies in manchen Ländern in Zeiten des Wahlkampfes geschieht. Unser Volk mag so etwas nicht. Man muß den Menschen die Wahrheit sagen, darf keine Angst vor dem eigenen Volk haben. Offenheit ist ein Merkmal des Sozialismus. Aber noch sind solche Leute, darunter auch Leiter, nicht ausgestorben, die allen anderen sozialistische Moral anempfehlen, für sich selbst jedoch eine Alternative haben, die das einschließt, was ihnen am besten paßt. Das geht nicht.

Alles in allem hat die Umgestaltung bei der Partei, bei der Parteiführung angefangen. Wir sind gewissermaßen von der Spitze der Pyramide zur Basis vorgedrungen. Und dennoch trifft der Ausdruck »Revolution von oben« auf unsere Umgestaltung nicht ganz zu. Zumindest müssen da wesentliche Einschränkungen gemacht werden. Jawohl, die Parteiführung war der Initiator der Umgestaltung, deren Programm in den höchsten Partei- und Staatsorganen erarbeitet und beschlossen wurde. Es stimmt, daß die Umgestaltung kein spontaner, sondern ein gesteuerter Prozeß ist. Aber das ist bloß die eine Seite der Angelegenheit.

Die Umgestaltung wäre kein wahrhaft revolutionäres Werk, sie hätte nicht dieses Ausmaß angenommen und besäße nicht die sicheren Erfolgschancen, wäre die Initiative von oben nicht mit der breiten Massenbewegung an der Basis zu einem einheitlichen Ganzen verschmolzen, wäre sie nicht Ausdruck der grundlegenden Zukunftsinteressen aller Werktätigen, sähen die Massen darin nicht ihr eigenes Programm, Antwort auf ihre eigenen Überlegungen, Bestätigung ihrer eigenen sich aufdrängenden Forderungen und

Schlußfolgerungen, unterstützte das Volk sie nicht so leidenschaftlich und wirksam.

Von ihrer ganzen Wesensart her setzt die Umgestaltung voraus, daß sie an jedem Arbeitsplatz, in jedem Arbeitskollektiv, im gesamten Leitungssystem, in den Partei- und Staatsorganen, Politbüro und Regierung eingeschlossen, vollzogen wird. Die Umgestaltung geht alle an — vom einfachen Parteimitglied bis zum Sekretär des Zentralkomitees, vom Arbeiter bis zum Minister, vom Ingenieur bis zum Akademiemitglied. Nur wenn das ganze Volk mitmacht, kann sie vollendet werden. In jedem Falle aber müssen alle ehrlich und gewissenhaft ihre Pflicht erfüllen und ihre ganze Kraft, ihr ganzes Wissen einsetzen. Wenn es so läuft, werden mit der Zeit immer breitere Schichten des Volkes mitgerissen und in die Umgestaltung einbezogen.

Wird eine ernstgemeinte, wohldurchdachte Konzeption vorgelegt, findet sie bei den Werktätigen ganz bestimmt Verständnis und Unterstützung. Genau das ist in den letzten Jahren unser Anliegen. Vielleicht haben wir noch nicht restlos erkannt und uns selber und auch unserem Volke klargemacht, wie kompliziert die Situation für das Land ist und was zu tun ist. Doch das Wesentliche haben wir gesagt und haben Zustimmung und Unterstützung gefunden.

Der Grund für die Schwächen und die Inkonsequenz aller bekannten »Revolutionen von oben« liegt ja gerade darin, daß sie nicht in dieser Weise von unten her mitgetragen wurden, daß es am Einverständnis und an der Mitwirkung der Massen mangelte. Da das alles fehlte, mußte mehr oder minder gewaltsamer Druck von oben nach unten ausgeübt werden. Dadurch kam es zu Deformationen im Laufe der Veränderungen, daher ihr hoher politischer, sozialer und moralischer »Preis«.

Das Besondere unserer Umgestaltung, das, was ihre Stärke ausmacht, liegt darin, daß sie zugleich eine Revolution »von oben« und »von unten« ist. Darin liegt eine der sichersten Garantien für ihren Erfolg, für ihre Unumkehrbarkeit. Wir werden entschieden darum ringen, daß die Massen, die einfachen Menschen in den Genuß ihrer demokratischen Rechte kommen und lernen, sie zu gebrauchen — als Selbstverständlichkeit, sachkundig und verantwortungsbewußt. Das Leben beweist deutlich, daß das Volk an jähen Wendepunkten der Geschichte, in einer revolutionären Situation eine erstaunliche Fähigkeit entwickelt, zuzuhören, zu verstehen und zu reagieren, wenn man ihm nur die Wahrheit sagt. Genau das hat Lenin auch in den schwersten Augenblicken nach der Oktoberrevolution und während des Bürgerkrieges getan. Er ging zu den Werktätigen hin und redete mit ihnen. Deshalb ist für die Umgestaltung ein hohes Maß an politischer Aktivität und an Arbeitselan der Massen so wichtig.

Im Westen heißt es häufig, die Umgestaltung stoße auf Schwierigkeiten, und das werde den Unmut der Werktätigen hervorrufen. Was soll ich dazu sagen? Schwierigkeiten wird es bei diesem großen Werk ganz bestimmt geben. Und wenn wir berechtigter Unzufriedenheit oder berechtigtem Protest begegnen, werden wir vor allem ernsthaft nach den Ursachen solcher Erscheinungen suchen. Mit harter administrativer Hand läßt sich da nicht viel ausrichten. Staatsorgane, gesellschaftliche Organisationen und Wirtschaftsorganisationen müssen lernen, so zu arbeiten, daß es keinen Anlaß für solche Aktionen gibt, müssen beizeiten die Probleme zu klären versuchen, die derlei Reaktionen auslösen könnten. Wissen wir doch: Wenn die Staatsorgane die Probleme, an denen sich die Gemüter erhitzen, nicht lösen, dann versucht das Volk, das selbst zu tun. Wenn die Leute sich auf Versammlungen immer und immer wieder zu Wort melden, wenn sie an die Zeitungen schreiben und sich an maßgebende Stellen wenden, dabei aber immer nur auf taube Ohren stoßen, kommt es schließlich zu Aktionen von unten, die wir nicht gewohnt sind. Sie sind unmittelbare Resultate von Versäumnissen in unserer Arbeit.

Hier kann es nur ein Kriterium geben: Für alles, was den Sozialismus stärkt, werden wir immer ein offenes Ohr haben, damit werden wir uns befassen. Aber gegen Tendenzen, die dem Sozialismus fremd sind, werden wir ankämpfen, allerdings, das sei nochmals gesagt, im Rahmen des demokratischen Prozesses.

Zu den Grundsätzen des wahren, Leninschen revolutionären Geistes gehört es, nicht bloß Revolution zu spielen, nicht in Schwärmerei oder Hektik zu verfallen und administrative Methoden nicht zu mißbrauchen.

Wenn man uns fragt, ob wir nicht eine zu schroffe Wende vollziehen, lautet unsere Antwort: Nein. Zur revolutionären, dynamischen Umgestaltung gibt es keine vernünftige Alternative. Die Alternative hieße höchstens Stagnation auf Dauer. Vom Erfolg der Umgestaltung hängt das Schicksal des Sozialismus, hängt das Schicksal der Welt ab. Es steht zuviel auf dem Spiel. Die Zeit gebietet uns mit Nachdruck, den revolutionären Weg zu gehen, und wir haben uns für ihn entschieden. Von der Umgestaltung bringt uns niemand ab, wir werden sie zu Ende führen.

James Carter hat mich bei unserer Begegnung im Sommer 1987 gefragt: »Sind Sie sicher, daß Ihre wirtschaftlichen und politischen Reformbemühungen in der Sowjetunion Erfolg haben werden?«

Ich habe ihm wortwörtlich geantwortet: »Wir haben in Politik und Wirtschaft, auf sozialem Gebiet und im geistigen Bereich ein großes, schwieriges Werk in Angriff genommen. Die Umgestaltung berührt alle Schichten der Gesellschaft. Sie ist keine leichte Aufgabe. Einige, vielleicht die wichtigsten Phasen der Umgestaltung liegen hinter uns. Wir haben eine Politik der Veränderungen vorgelegt und sehen, daß sie in der Gesellschaft auf Zustimmung stößt. Nun verwirklichen wir sie. Natürlich treten dabei viele Probleme auf.

Im Westen war gleich davon die Rede, wir seien auf Widerstand gestoßen, aber das ist nicht ernst zu nehmen. Wir sind darangegangen, die Dinge von Grund auf umzugestalten. Die alten Methoden, die alte Denkweise, die ganze Lebensweise und Lebensform, die Klischees von einst werfen wir über Bord. Das Klima in der Gesellschaft hat sich grundlegend gewandelt. Die Gesellschaft ist in Bewegung geraten.

Wir haben große Unterstützung, und darauf bauend, können wir die Dinge vorantreiben. Wären wir nicht von der Richtigkeit dieser Politik überzeugt, dann hätten wir, meine Genossen und ich, sie nicht vorgeschlagen.

Wir können jetzt auf die Erfahrungen von zwei Jahren zurückblicken, auf Erfahrungen, die wir bei der praktischen Durchsetzung dieser Politik gesammelt haben. Inzwischen sind wir noch viel mehr davon überzeugt, daß das, was wir tun, richtig ist. Wir werden diesen Weg, so schwer er auch sein mag, weitergehen. Natürlich wird dieser Weg mehrere Abschnitte umfassen. Manche Ziele werden wir schon demnächst erreichen. Die Lösung anderer Aufgaben wird mehrere Jahre in Anspruch nehmen. Und manche liegen in ferner Zukunft. Aber wir werden immer weitergehen.«

Die sowjetischen Menschen sind überzeugt, daß unser Land durch die Umgestaltung und Entfaltung der Demokratie reicher und stärker wird. Das Leben wird besser werden. Die Umgestaltung wird, wie gesagt, auf Schwierigkeiten, zuweilen auf beträchtliche Schwierigkeiten, stoßen. Daraus machen wir kein Hehl. Doch damit werden wir fertig. Dessen sind wir gewiß.

Kapitel II
**Die Umgestaltung hat begonnen
Erste Schlußfolgerungen**

Zweieinhalb Jahre sind vergangen, seit Kurs auf die Umgestaltung genommen wurde. Für sie gibt es eine theoretische Konzeption und ein konkretes Programm, die ständig weiterentwickelt, präzisiert, um neue Aspekte und Ideen bereichert werden. Das erfordert intensive schöpferische Aktivitäten der Partei- und Staatsführung, erfordert tiefgehenden Meinungsstreit. Der XXVII. Parteitag der KPdSU und mehrere Plenartagungen des Zentralkomitees liegen hinter uns. Probleme und Verlauf der Umgestaltung werden in allen Schichten der sowjetischen Gesellschaft leidenschaftlich erörtert. Das Programm der Umgestaltung fand bereits seinen Niederschlag in einer Reihe von gesetzgeberischen Maßnahmen des Staates, die die Zustimmung des Obersten Sowjets der UdSSR gefunden haben.

Zugleich läuft die tagtägliche praktische Arbeit, um die Strategie der Umgestaltung in die Tat umzusetzen. Wir verfügen schon über gewisse, wenn auch begrenzte Erfahrungen. Die ersten ermutigenden Ergebnisse liegen vor, doch auch Versäumnisse und Fehlschläge sind nicht ausgeblieben. Heute sehen wir unsere Möglichkeiten und Schwächen klarer. Wir sind auch jetzt der Auffassung, daß wir erst ganz am Anfang stehen. Dennoch ist die Umgestaltung aus unserem Leben nicht mehr wegzudenken, hat sie breite Massen zu Mitstreitern werden lassen. So gesehen, ist sie schon Realität.

I. Die Gesellschaft ist in Bewegung geraten

Wie alles begann

Wenn wir von dem sprechen, was in den vergangenen zweieinhalb Jahren vollbracht wurde, beziehen wir uns in der Regel sowohl auf die Zeit vor dem Parteitag als auch auf die Monate danach.

Parteitage der KPdSU nehmen in unserer Geschichte einen besonderen Platz ein, sie sind gleichsam Meilensteine auf unserem Weg. Der XXVII. Parteitag hatte aus vielerlei Gründen Antworten auf die brennendsten Fragen des gesellschaftlichen Lebens in der Sowjetunion zu geben. Der Zeitpunkt war vom geltenden Parteistatut vorgegeben, die Neufassung des Parteiprogramms und die Abänderungen am Statut waren in Vorbereitung, zugleich wurden die Pläne für das zwölfte Planjahrfünft und für den Zeitraum bis zum Jahr 2000 erarbeitet. Die Schwierigkeit lag darin, daß mit der Festlegung der politischen Richtlinien für den Parteitag in einer ganz anderen Situation begonnen worden war, das Leben sich jedoch nach dem März- und dem April-Plenum (1985) des Zentralkomitees der KPdSU von Grund auf verändert hatte. In der Partei selbst und in der ganzen Gesellschaft waren neue Prozesse in Gang gekommen.

Ich will offen sagen, daß das Begreifen, das Eindringen in die Ideen des April-Plenums kein einfacher Prozeß war. In den Diskussionen auf allen Ebenen – im Politbüro, im Zentralkomitee, in den Parteigrundorganisationen, in Wissenschaftlerkreisen und in den Arbeitskollektiven – wurden neue Gedanken geboren. Eine rege Diskussion, bisweilen mit polemischen Zügen, wird jetzt in den Massenmedien geführt. Man begann, auch die Vergangenheit des Landes einer kritischen Betrachtung zu unterziehen. Tausende Menschen, Arbeiter, Bauern und Vertreter der Intelligenz, nahmen in unterschiedlicher Form interessiert daran teil, unter anderem in Belegschaftsversammlungen, in der Presse und in Briefen, die sowohl Kritik als auch an die höchsten Partei- und Staatsorgane gerichtete Vorschläge enthielten. Zu vielen konkreten Problemen wurden unterschiedliche, bisweilen sogar entgegengesetzte Standpunkte geäußert. Lebhaft und engagiert sucht man nach Auswegen aus der entstandenen Lage. Einen solchen Pluralismus der Meinungen halten wir für ganz natürlich und nützlich. Dabei wurde klar, daß es den XXVII. Parteitag auf neue Art vorzubereiten galt, obwohl bis zu dem festgesetzten Termin nicht einmal mehr ein Jahr Zeit blieb.

Natürlich hätte man den Parteitag verschieben können. Diese Meinung wurde immer wieder beharrlich und mit überzeugenden Argumenten begründet. Hier kam jedoch eine Betrachtungsweise aus der Zeit der Stagnation zum Ausdruck, die uns alle angesteckt hatte. Schließlich setzte sich der Standpunkt durch, der meines Erachtens der Lage am besten gerecht wurde: den Parteitag zum geplanten Termin stattfinden zu lassen und alle vorwärtsdrängenden Kräfte der Gesellschaft in seine Vorbereitung einzubeziehen.

Der XXVII. Parteitag hat bedeutende Beschlüsse verabschiedet, die für die Geschicke des Landes von großer Tragweite sind. Dort wurden die Hauptrichtungen der Tätigkeit der Partei für die Verwirklichung der vom April-Plenum des Zentralkomitees entwickelten Konzeption zur Beschleunigung der sozialökonomischen Entwicklung formuliert. Das war in der Tat ein Parteitag, auf dem die Delegierten nicht nur ihre Unrast und die Wahrheit einbrachten, sondern auch ihre Gedanken und Pläne sowie ihre Entschlossenheit, der Entwicklung des Sozialismus einen neuen, starken Auftrieb zu verleihen.

Es war ein mutiger Parteitag. Wir haben Mängel, Fehler und Schwierigkeiten offen angesprochen und besonderes Augenmerk auf die ungenutzten Möglichkeiten des Sozialismus gerichtet. Auf dem Parteitag wurde ein detaillierter Aktionsplan für die Zukunft beschlossen. Der XXVII. Parteitag gestaltete sich zu einem Parteitag der strategischen Entscheidungen.

Damals konnten oder vermochten wir jedoch noch nicht in vollem Umfang die ganze Brisanz und Dimension der sich vollziehenden Prozesse und herangereiften Probleme ermessen. Heute erkennen wir sie besser. Klar ist, daß wir entschlossen die in der Zeit vor dem Parteitag und auf dem Parteitag selbst eingeleitete Arbeit fortsetzen und gleichzeitig die Gesellschaft, in der wir leben, eingehender untersuchen mußten. Dazu galt es aber, zu den Ursprüngen, zu den Wurzeln zurückzukehren, die Vergangenheit kritischer zu beurteilen und festzulegen, was in erster Linie getan werden muß und wie es geschehen soll. Ohne diese Einsicht hätten wir uns auf unserem Weg leicht verirren können.

Selbst ein Jahr nach dem Parteitag glaubte manch einer in verschiedenen Schichten der Gesellschaft und auch in der Partei selbst noch immer, der Kurs auf Umgestaltung sei keine auf lange Sicht angelegte Politik, sondern lediglich eine Kampagne wie andere auch. An der Basis wiesen viele Leiter verschiedener Ebenen die aktiven Verfechter der Umgestaltung zurecht, wie man so sagt, und warnten die mit »überzogenen« Forderungen kommenden Enthusiasten: Wartet ab, Genossen, nur nichts übereilen, in ein, zwei Jahren ist alles wieder wie gehabt. Sie waren fest überzeugt, daß alles in seine gewohnten Bahnen zurückkehren würde, wie sie es in der Vergangenheit ja schon wiederholt erlebt hatten. Es fanden sich auch schlicht und einfach Skeptiker, die auf den Fluren ihre Witze rissen: Wir haben schon alle möglichen Zeiten erlebt und werden auch diese überstehen. In der Gesellschaft kam immer mehr Sorge um die Zukunft der Umgestaltung auf: Was, wenn alles wieder in seine alten Gleise zurückkehrte?

Auf dem Januar-Plenum haben wir die Ursachen der komplizierten, widersprüchlichen Situation einer selbstkritischen Analyse unterzogen. Dabei lag uns nicht daran, nur Kritik an der Vergangenheit zu üben und den einen oder anderen Funktionär beim Namen zu nennen. Es kann doch nicht nur darum gehen, daß unbedingt irgend jemandes Name fällt. Wichtig war, die Erscheinungen zu bewerten, Prozesse zu analysieren, Tendenzen zu verdeutlichen. Darauf kam es uns an. Ich bin überzeugt, daß das Januar-Plenum seiner Rolle nicht gerecht geworden wäre, hätte es sich lediglich auf Kritik an der Vergangenheit und an bestimmten Personen beschränkt.

Wir brauchen Lehren und Kritik nicht, um abzurechnen, sondern wir brauchen sie für Gegenwart und Zukunft.

Hätten wir auf dem Januar-Plenum kein konstruktives Aktionsprogramm vorgelegt und hätten nicht die Hauptsache gesagt – was getan werden muß, welche zusätzlichen Kräfte einzuschalten sind, um die Hemmschuhe aus dem Weg zu räumen, und wie ein wirksamer Mechanismus der Beschleunigung geschaffen werden kann –, dann wären wir weiter auf der Stelle getreten. Hätte das Plenum nicht die Richtungen, die einzuschlagen sind, gewiesen und nicht die weitere Demokratisierung als wichtigste Triebkraft der Umgestaltung gefordert, dann wäre dieses Plenum schlicht und einfach überflüssig gewesen.

Wichtigstes Anliegen des Januar-Plenums sowohl im Hinblick darauf, wie die Aufgaben der Umgestaltung zu lösen sind, als auch darauf, wie die Gesellschaft vor einer Wiederholung von Fehlern der Vergangenheit bewahrt werden kann, war die Entwicklung der Demokratie. Sie ist der wichtigste Garant dafür, daß die Umgestaltung unumkehrbar wird. Je mehr sozialistische Demokratie, desto mehr Sozialismus. Das ist unsere feste Überzeugung, von der wir nicht ablassen.

Wir werden die Demokratie in der Wirtschaft ebenso entwickeln wie in der Politik und in der Partei selbst. Das lebendige Schöpfertum der Massen ist die entscheidende Kraft der Umgestaltung. Es gibt keine Kraft, die stärker wäre.

Die vergangenen Monate bestätigen, daß wir auf dem Januar-Plenum den richtigen Weg gewählt haben. Unsere Generation steht vor der gewaltigen Aufgabe, das Land umzugestalten. Mag sein, daß wir nicht alles schaffen, doch können wir den Beschleunigungsprozeß voranbringen. Wir werden das Fundament errichten. Ich bin sicher, daß die ganze Gesellschaft den Weg der Umgestaltung beschreiten wird.

Doch selbst wenn ein völlig neuer demokratischer Mechanismus geschaffen sein wird und die moralischen Stimuli vollauf zur Geltung kommen werden, wird die Aufgabe nicht leichter. Ich glaube, daß dann sogar noch mehr Arbeit auf uns zu kommt und daß diese Arbeit immer schwieriger wird. Klar ist, daß wir die Formen und Methoden noch mehrfach verändern müssen, denn arbeiten müssen wir unter neuen politischen, wirtschaftlichen, geistig-kulturellen und moralischen Bedingungen.

Die Umgestaltung kommt in Schwung
Ich hoffe, daß ich deutlich machen konnte, daß die sowjetische Gesellschaft in Bewegung geraten ist und sich diese Bewegung nicht mehr stoppen läßt. Wir sind jedoch keine Freunde wirklichkeitsfremder Erwartungen. Mancher hofft, alles werde sich mit einem Schlag und von selbst, ohne besondere Anstrengungen verändern. Nicht wenige denken: Jetzt haben wir neue Leiter, sie haben in den Sesseln Platz genommen, nun wird sich alles ändern, jetzt wird alles klappen. Wer aber glaubt, die Sache sei schon gelaufen, wir seien schon über den Berg, der irrt. Wir dürfen nicht lockerlassen, müssen die Umgestaltung in Schwung halten.

Die Umgestaltung steht erst ganz am Anfang. Das ist eine Tatsache. Wir sind erst dabei, den Mechanismus der Beschleunigung auszuarbeiten. Bis vor kurzem wollten wir in erster Linie den Dingen auf den Grund kommen, haben wir nach Methoden gesucht, Gedanken und Empfehlungen zusammengetragen. Vorangehen müssen alle gemeinsam. Eine ganz andere Frage ist, daß das Verständnis für die Umgestaltung und für die Rolle, die man dabei spielen muß, ganz unterschiedlich ausgeprägt ist. Direkte, offene Gegner der Umgestaltung gibt es, wie gesagt, wohl kaum noch.

Doch gibt es Menschen, die für Neuerungen sind, aber meinen, nicht sie selbst müßten umdenken, sondern irgend jemand »oben« – die Partei-, Staats- und Wirtschaftsorgane, andere Zweige, die Zulieferbetriebe, die Nachbarn in der Abteilung, in der Farm oder auf der Baustelle. Mit einem

Wort: alle anderen, nur nicht sie selbst. In einem Gespräch mit Arbeitern eines Rigaer Großbetriebes, des Werkes für Elektrotechnik »W.I. Lenin«, das ich während meines Aufenthaltes in der Lettischen SSR besuchte, hielt ich den Hinweis für angebracht: Es mag schon sein, daß es Schwierigkeiten gibt, aber wenn ihr euch nur dafür interessiert, was »oben« geschieht, nicht aber die eigenen Reserven erschließt, dann wird die Umgestaltung nicht vom Fleck kommen, wird sie gebremst und bleibt eine halbe Sache.

Es gibt auch Menschen, die nicht wissen, wie sie auf neue Art arbeiten sollen, die nicht unter den Bedingungen der Umgestaltung zu arbeiten verstehen. Ihnen muß man es beibringen. Ihnen muß geholfen werden.

Man stößt auf Schwerfälligkeit und Trägheit. Noch ist die Gewohnheit nicht überwunden, bei jeder Gelegenheit auf Anweisungen von oben zu warten, auf Entscheidungen der höchsten Instanzen zu pochen. Darüber braucht man sich nicht zu wundern, denn so war es bisher üblich, von den Werkstätten bis hin zu den Ministerien. Noch wirkt sich das heute aus, selbst in den höchsten Leitungsebenen. Das liegt daran, daß die Menschen es über lange Jahre verlernt haben, verantwortungsbewußt und selbständig zu denken und zu handeln. Darin liegt ebenfalls eine große Schwierigkeit.

Die Hauptaufgabe besteht darin, die ganze Gesellschaft in die Umgestaltung einzubeziehen. Der Sozialismus entwickelt sich in unserer Gesellschaft auf seiner eigenen Basis. Für uns steht nicht die Frage, die Umgestaltung mit einem anderen Volk, einer anderen Partei, einer anderen Wissenschaft, einer anderen Literatur usw. zu vollziehen. Nein, wir bringen die Umgestaltung alle gemeinsam, mit vereinten Kräften voran. Das gesamte intellektuelle Potential muß genutzt und wirksam gemacht werden. Ich sehe an mir selbst, wie wir alle uns im Zuge der Umgestaltung verändern. Es wäre ungerecht, jemandem das Recht abzusprechen, sich zu ändern, heute anders zu handeln als gestern, heute von der Erkenntnis der Lage, der Ziele, die die jetzige Zeit stellt, auszugehen.

Wir haben keine Patentlösungen

Die Politik ist die Kunst des Möglichen. Wo das Mögliche endet, beginnt das Abenteuer. Aus ebendiesem Grunde wägen wir gründlich und nüchtern unsere Möglichkeiten ab und legen dementsprechend unsere Aufgaben fest. Durch bittere Erfahrungen klug geworden, eilen wir auf dem Weg, für den wir uns entschieden haben, nicht der Zeit voraus, sondern tragen den klaren Realitäten unseres Landes Rechnung.

Die größte Schwierigkeit bei der Umgestaltung liegt in unserem Denken begründet, das in früheren Jahren geprägt worden ist. Wir müssen alle umdenken, vom Generalsekretär bis zum Arbeiter. Das leuchtet auch ein, denn viele von uns sind von den alten Zuständen geprägt, haben unter ihnen gelebt. Es gilt, den Konservatismus in sich selbst zu überwinden. Ja, die meisten vertreten die richtigen politischen und ideologischen Grundsätze, doch von einem richtigen Standpunkt zu dessen praktischer Umsetzung ist ein weiter Weg.

Es kommt vor, daß wir selbst bei der Erörterung von Fragen im Politbüro fundierte Schlüsse ziehen und vom neuen Geist geprägte Entscheidungen treffen, sobald dann aber die Methoden für ihre Verwirklichung zur Sprache kommen, stellt sich heraus, daß wir neue Aufgaben mit alten Methoden angehen.

In Politik und Ideologie wollen wir den echten Geist des Leninismus zu neuem Leben erwecken. Die jahrzehntelange Macht der aus scholastischen Lehrbüchern geschöpften Dogmen hat das Ihre getan. Jetzt wollen wir in unsere theoretische Arbeit einen wirklich schöpferischen Geist hineintragen. Das ist nicht leicht, aber notwendig, und es hat den Anschein, schöpferisches Denken setze sich mehr und mehr durch.

Sind wir gegen Fehler gefeit? Das sind wir nicht. Was könnte der schlimmste Fehler sein? Der größte Fehler ist meines Erachtens die Furcht vor Fehlern, bei der man untätig bleibt und nichts unternimmt. Diesen Fehler des »Nichtstuns« kennen wir aus eigener Erfahrung. Aus ihm resultieren viele unserer Mißstände. Unseren Gegnern im Westen ist diese Krankheit, die an der Schwelle der achtziger Jahre besonders deutlich zutage trat, nicht entgangen, und sie bereiteten sich schon darauf vor, die Sowjetunion auf den »Müllhaufen der Geschichte« zu befördern. Doch sie hatten ihr Requiem wohl zu früh angestimmt.

Ich freue mich, daß in der Partei und in der ganzen Gesellschaft die Einsicht entsteht, daß wir ein *beispielloses* Werk auf politischem, wirtschaftlichem, sozialem und ideologischem Gebiet in Angriff genommen haben. Wenn wir jedoch alle Pläne in die Praxis umsetzen wollen, müssen wir auch eine *beispiellose* politische, wirtschaftliche, soziale und ideologische Arbeit leisten, im Inneren wie nach außen. Vor allem tragen wir aber auch *beispiellose* Verantwortung und sind uns darüber im klaren, daß ganz besonders in der ersten Phase eine weitgespannte, kühne Arbeit erforderlich ist.

In unserem Lande gibt es heute viel Ungewohntes, beispielsweise die Wahl von Leitern in Betrieben und Einrichtungen; Wahlbezirke, in denen zwischen mehreren Kandidaten bei Wahlen für die Sowjets zu entscheiden ist; gemeinsame Betriebe mit ausländischen Firmen; die Eigenfinanzierung von Werken und Betrieben, Sowchosen und Kolchosen; die Aufhebung der Einschränkungen für Nebenwirtschaften von Betrieben, die Lebensmittel für den Eigenbedarf erzeugen; die Erweiterung der genossenschaftlichen Tätigkeit; die Förderung der individuellen Erwerbstätigkeit in Kleinbetrieben und im Handel; die Schließung von unrentablen Werken und Betrieben und von ineffektiv arbeitenden Forschungsinstituten und Hochschulen. Die Presse reagiert kritischer, befaßt sich mit allen Lebensbereichen der Gesellschaft, greift frühere Tabus auf, die öffentlich dargelegten Standpunkte werden inhaltsreicher und mannigfaltiger, zu allen Lebensfragen unserer Entwicklung, unserer Umgestaltung wird offen polemisiert. All das ist natürlich und auch notwendig, obwohl es gar nicht so leicht zu machen ist und in der Öffentlichkeit wie auch in der Partei selbst nicht ohne weiteres akzeptiert wird.

Ich glaube nicht, daß die vergangenen zweieinhalb Jahre

die schwierigste Phase in der Geschichte der KPdSU waren, dennoch stellten sie eine besonders wichtige Zeit dar, in der es auf hohes Verantwortungsbewußtsein, Reife und Treue zu den Idealen und programmatischen Zielen ankam. Ob uns die eine oder andere Tendenz gefallen mag oder nicht, wir sind bestrebt, die Dinge ausgewogen und realistisch zu sehen. Nur so kann man dem Volk eine Politik anbieten, kann man Ziele stellen, die die Massen verstehen, sie überzeugen und voranbringen.

Natürlich gab es bei uns auch in der Führung unterschiedliche Meinungen, wie die Stagnationserscheinungen überwunden werden können und wie es weitergehen soll. Das ist überhaupt nicht verwunderlich. Im Gegenteil, es wäre zumindest merkwürdig, wenn es diese Unterschiede gar nicht gegeben hätte, sondern im Denken und in den Äußerungen aller absolute Übereinstimmung geherrscht hätte. Der Meinungsstreit schafft eine gute Basis zum Nachdenken. Im Wichtigsten aber stimmen wir überein: Die Umgestaltung ist notwendig und unvermeidlich, es gibt für uns keinen anderen Weg.

Das ganze sowjetische Volk, die gesamte Partei, das Zentralkomitee und sein Politbüro eingeschlossen, sowie die Regierung befinden sich im Prozeß der Umgestaltung. Wir Mitglieder des Politbüros sammeln in der revolutionären Arbeit bei der Lösung der vor der Gesellschaft stehenden Probleme Erfahrungen. Gleiches vollzieht sich auch in den Republiken, in den Gebieten und in den Arbeitskollektiven, die alle an der Umgestaltung mitwirken. Bei der Bewältigung der neuen Aufgaben unterzieht die Umgestaltung das ganze Land einer Prüfung. Und die Hauptsache ist, daß sich das Klima in der Gesellschaft verändert hat. Es vollzieht sich unter den sowjetischen Menschen ein Prozeß der Entfaltung von sozialer und politischer Aktivität. Die Menschen sind mutiger geworden, ihre staatsbürgerliche Haltung kommt klarer zum Ausdruck. In den vergangenen Jahren hat sich bei ihnen vieles angestaut, was sie zur Sprache bringen wollen, ohne ein Blatt vor den Mund zu nehmen.

Das Neue in unserer ungewohnten Situation weitet sich aus. Hätte man uns im April 1985 vorausgesagt, in zwei Jahren würde es das und das geben, Dinge, die heute zur Praxis gehören, hätten wir das höchstwahrscheinlich nicht geglaubt oder nicht einmal für akzeptabel gehalten. Was ist geschehen? Dinge, zu denen wir noch vor einem Jahr unbedingt eine negative Haltung eingenommen oder eine ausweichende Antwort gegeben hätten, werden heute nicht nur zu einem üblichen Diskussionsthema, sondern zu einem ganz natürlichen Bestandteil des Alltags. Die Gesellschaft verändert sich, sie ist auf der ganzen Linie in Bewegung gekommen.

Wir erleben heute eine ungewöhnliche Zeit. Vertreter der älteren Generation vergleichen das derzeitige revolutionäre Klima im Lande mit der Lage in den ersten Jahren nach der Oktoberrevolution und mit der Zeit des Großen Vaterländischen Krieges. Meine Generation kann eine Parallele zum Wiederaufbau des zerstörten Landes nach dem Kriege ziehen. Heute sind wir weitaus nüchterner und sehen die Dinge realistischer. Um so wertvoller und nutzbringender sind die Begeisterung und der hohe revolutionäre Einsatz, die immer mehr die politische Einstellung der sowjetischen Menschen bestimmen.

Auf dem Juni-Plenum (1987) des Zentralkomitees habe ich auf die Gefahr hingewiesen, die das Mißverhältnis zwischen dem wachsenden Engagement der Massen und den eingebürgerten alten Methoden, dem alten Arbeitsstil der Machtorgane, des Verwaltungsapparates und selbst der Parteiorganisationen heraufbeschwört. Wir treffen wirksame Maßnahmen, um diesen Widerspruch auszuräumen.

Man kann jedoch diese Situation auch von einer anderen Warte aus betrachten. Weitaus schlimmer wäre es, wenn eine passive Haltung der Massen, ihr Zurückbleiben hinter den Erfordernissen der Umgestaltung Hauptursache der Schwierigkeiten wären. Das ist glücklicherweise nicht der Fall. Die Werktätigen stellen immer höhere Forderungen und üben immer stärkeren Druck aus, sie stellen selbst das reale Tempo der Umgestaltung in den Schatten.

Der direkte Kontakt mit den Bürgern und ihre Briefe an die Zeitungen und Zeitschriften (viele davon werden veröffentlicht), an die Regierung und an den Obersten Sowjet, stellen für die sowjetische Führung ein höchst wichtiges Mittel der »Rückkopplung« zu den Massen dar. Besonders viele Briefe gehen an das Zentralkomitee der KPdSU.

Und noch etwas ist charakteristisch. Auch früher wurden viele Briefe an verschiedene Instanzen gerichtet. Jetzt hat sich jedoch der Charakter der Briefe verändert. Heute werden seltener sogenannte persönliche Anliegen vorgebracht: Bitten um Hilfe bei der Wohnungssuche, in Rentenfragen, bei der Rehabilitierung eines zu Unrecht Verurteilten, bei der Wiedereinstellung am alten Arbeitsplatz usw. Das gibt es natürlich auch noch, doch es macht nicht mehr den Hauptinhalt der Briefe aus. Den Schwerpunkt bilden jetzt Gedanken und Sorgen um die Zukunft des Landes. Es ist, als stürze die in vielen Jahren errichtete Mauer des Schweigens und der Entfremdung ein. Das neue Klima macht es den Menschen möglich, sich zu öffnen, und sie wollen ihre Gedanken, Ideen und das, was sie schmerzt, niemand anderem als den führenden Repräsentanten des Landes mitteilen. Manche Briefe muten geradezu wie ein Aufschrei aus tiefstem Herzen an. Nach Einsicht in das Manuskript meines Buches wurde ich vom Verlag gebeten, aus Briefen zu zitieren, die besonders typisch sind. Das will ich hier tun. Als erstes ein Auszug aus einem Brief des 33jährigen Arbeiters A. Sernow aus der Jakutischen ASSR:

»Ich bin nicht Mitglied der KPdSU, fühle mich aber verpflichtet, Ihnen zu schreiben, um Ihnen meinen aufrichtigen Dank dafür auszusprechen, daß Sie in uns einfachen Werktätigen patriotische Gefühle geweckt haben. Das Volk hat auf diese Veränderungen gewartet ...

Ich will offen sein. Anfangs haben viele die allgemeine Richtung der Umgestaltung mit Mißtrauen aufgenommen, und zwar keineswegs, weil sie unseren Wünschen widersprochen hätte. Ganz und gar nicht. Die Menschen waren nur durch bittere Erfahrungen überzeugt worden, daß zu oft ein Widerspruch zwischen lautstarken, richtigen Worten und der Wirklichkeit bestand. Doch schon bald haben wir erkannt, daß die Umgestaltung keine vorübergehende Kampagne, sondern ein historisch notwendiger Prozeß ist. Vor allem aber haben wir festgestellt, daß sie alle Lebensbereiche unserer Gesellschaft berührt.

Das Leben ist viel interessanter geworden. Die Menschen interessieren sich jetzt aufrichtig für die Situation im Lande, unterbreiten Vorschläge zur Verbesserung der Arbeit und geben kritische Hinweise. Schon kommt es in den Kollektiven ganz spontan zu Diskussionen über ›heikle‹ Fragen der Produktion, macht man sich über Wege zu ihrer Lösung Gedanken. Man schämt sich für die Qualität unserer Erzeugnisse! Damit bestehlen wir uns doch nur selbst ...

Ich danke Ihnen! Normalerweise empfindet man es als peinlich, tiefempfundene Dankesworte an einen Unbekannten zu richten. Doch schließlich schämen wir uns auch nicht, einem Arzt, der uns von einer schweren Krankheit geheilt hat, zu danken. Sie haben uns von staatsbürgerlicher Passivität und Gleichgültigkeit geheilt, haben uns Vertrauen in unsere eigene Kraft, Glaube an Gerechtigkeit und Demokratie geschenkt ... Früher haben doch längst nicht alle die Plenartagungen des Zentralkomitees der KPdSU und selbst Parteitage ernst genommen. Jetzt aber ruft mich selbst mein siebenjähriger Sohn immer zum Fernseher: ›Komm schnell her, Vati, Michail Sergejewitsch spricht!‹

Uns gehört die Zukunft! Und gegen Fehler ist schließlich niemand gefeit. Wir sind neue Wege gegangen und hatten niemanden, von dem wir hätten lernen können, deshalb lernen wir aus unseren Fehlern.«

Ein Brief aus Litauen, von V. Brikovskis nach dem Januar-Plenum (1987) des Zentralkomitees der KPdSU geschrieben: »Mein Herz ist übervoll von Eindrücken, daß ich sie einfach nicht mehr länger für mich behalten kann. Nach so vielen Jahren erleben wir in der Partei- und Staatsführung zum erstenmal Menschen mit menschlichem Gesicht. Allein das ist eine große Errungenschaft.

Was denkt man von Ihrer Politik, wie nimmt man sie auf?

Ich will Ihnen, verehrter Michail Sergejewitsch, nichts vorlügen, das könnte nur der gemeinsamen Sache schaden. Ich werde mich an die reine Wahrheit halten.

Zur privilegierten Bevölkerungsschicht werde ich nichts sagen, was das betrifft, ist ohnehin alles klar. Viele würden gern wie im Rausch weiter mit dem Strom schwimmen, in dem Milch und Honig vorbei an kargen Ufern fließen.

Ich will vom proletarischen Volk sprechen, von denen, für die die Umgestaltung gedacht ist. Leider fehlt vielen noch die wirklich gründliche Einsicht in Ihre Politik und der Glaube an sie. Das darf jedoch nicht überraschen. Nach einem so schrecklichen und langen ›Winter‹ ist kaum zu erwarten, daß die Hirne rasch auftauen. Das wird ein langwieriger, schmerzlicher Prozeß sein.

Doch letzten Endes wird alles gut werden.

Ich bin ein gläubiger Katholik. Jeden Sonntag gehe ich zur Kirche und bete zu Gott, die Welt nicht für unsere Sünden zu strafen. Sie sind natürlich Atheist, doch dessenungeachtet zeigen Ihre Taten, Ihr Handeln, daß manche Gläubigen von Ihnen lernen sollten. Deshalb sollen Sie wissen, daß ich jeden Sonntag, den ich von 9 bis 13 Uhr in der Kirche verbringe, für Sie und für Ihre Familie beten werde.«

Ein Brief des Lehrers B. Dobrowolski aus Kischinjow: »Wir sind die Jugend von heute. Wir haben das Werk Lenins und die großen Taten des sowjetischen Volkes fortzusetzen. Was Sie leisten, ist gewaltig. Lassen Sie es uns doch so einrichten, daß keine Sisyphusarbeit daraus wird! Bitte stoßen Sie sich nicht am Ton meines Briefes, er kommt nur daher, daß mir das Unverständnis mancher Leute für die jüngsten Beschlüsse der Partei und für Ihren persönlichen Kontakt zum Volk von Herzen wehtut. Ich muß gleich vorausschicken: Ich bin ›dafür‹! Für Begegnungen mit den Werktätigen, für das ehrliche, freimütige Gespräch über wunde Punkte, Schwierigkeiten usw., nur sollten solche Gespräche auch in Taten münden. Doch nicht alle begreifen und akzeptieren Ihren Leninschen Arbeitsstil: Arbeit mit den Menschen, Arbeit für die Menschen, Arbeit im Namen der Menschen! Das ist der Grund, weshalb man sich mitunter bis zur Heiserkeit herumstreiten muß.

Viele (ich spreche von den Generationen, die in den dreißiger bis fünfziger Jahren geboren wurden) sind ausgesprochen verknöchert. Ich fürchte mich nicht, das offen auszusprechen: Sie sind verknöchert! Rein verbal und auf Kundgebungen sind sie natürlich alle (jetzt auch schon die kleinen und großen Chefs) ›dafür‹. Sie sind ›DAFÜR‹! Wofür denn? Für alles! Für die Erneuerung, für die Umgestaltung, für, für, für ... Wahrhaft wackere Streiter! Da fehlt nur noch, daß sie sich das Hemd auf der Brust zerfetzen vor Eifer. Und wie sieht es wirklich aus? Alles nur Phrasendrescherei. Ich habe versucht, herauszufinden, warum das so ist, habe gefragt: Warum glaubt ihr einem Mann nicht, der um unser aller Willen sein Leben, seine Gesundheit und seine Nerven nicht schont? Meint ihr, es sei leicht, ein Land mit vielen Millionen Einwohnern, die jahrzehntelang dahindämmerten, aus dem Schlaf zu wecken? Glaubt ihr, es sei leicht, Initiative zu wecken, wenn viele erst die Bedeutung dieses Wortes im Wörterbuch nachschlagen müssen? Ist es vielleicht einfach, uns alle zu Aktivität aufzurütteln? Jeden einzelnen? ...

Ich spreche zu Ihnen ganz offen und prinzipiell, stellvertretend für eine ganze Generation junger sowjetischer Menschen mit Hochschulbildung, deren Gedanken und Hoffnungen ich zum Ausdruck bringen möchte.«

Ein Brief von G. Wardanjan aus Georgien: »Vielleicht erinnern Sie sich noch an mich, Michail Sergejewitsch. Als Sie noch in der Region Stawropol arbeiteten, hatten Sie einmal eine Beratung mit Werktätigen, die als erste den Prämienstücklohn und den Brigadevertrag für Mechanisatoren eingeführt hatten. Ich war damals Ökonomischer Direktor des Kolchos ›Weg zum Kommunismus‹ im Rayon Alexandrowskoje. Sie haben lange mit mir gesprochen und mich nach allem möglichen gefragt – wie das Leben läuft, wie die Stimmung ist, wie die Arbeit vorangeht ...

Jede Ihrer jetzigen Initiativen in der Außen- wie in der Innenpolitik begeistert mich wie alle ehrlichen Menschen, denn diese Initiativen sind uns aus dem Herzen gesprochen, sie betreffen Fragen, die uns bewegen. Doch so leid es mir tut, ich muß doch sagen, daß nicht alle Menschen hinter Ihnen stehen.

Ich möchte nicht einmal sagen, daß man ihnen die Schuld daran geben kann. Ich spreche zu Ihnen mit der großen Offenheit, die Sie ja besonders schätzen. Das Schlimme ist, daß sich die Führungskräfte an der Basis stets nach dem Muster und Vorbild der früheren Führer gerichtet haben. Sie heute umzuerziehen ist sehr schwer.

Wir spüren, daß Ihr Wirken nicht leicht ist, doch wir beschwören Sie: Keinen Schritt zurück! Überlegen Sie es sich nur nicht anders, machen Sie nicht den kleinsten Rückzieher! Zum Teufel mit denen, die nicht mit Ihnen einverstanden sind. Dafür ist das Volk begeistert und zu Opfern bereit, um die von Ihnen gesteckten Ziele zu erreichen. Das wollte ich Ihnen mitteilen.«

Als letztes ein Brief der Leningraderin K. Lasta: »Wenn wir Sie unterstützen wollen, müssen wir alle gegen jede Ausdrucksform des verhaßten Alten kämpfen: gegen Bürokratismus, Korruption, Konformismus, Speichelleckerei usw., auch gegen die Obrigkeitsfurcht. Dazu ist heute jeder, der keine Rückkehr zu den alten Zuständen will, verpflichtet. Und außerdem hat jeder die Pflicht, an seinem Platz so zu arbeiten, wie Sie das tun – ohne seine Kräfte zu schonen. Denn jedermann weiß, wieviel Energie, Zeit, innere Kraft und nicht zuletzt auch Gesundheit Sie die enorme, übermenschliche Last, die Sie auf sich genommen haben, kostet. Neues zu schaffen ist stets schwer, doppelt schwer aber ist es, wenn dazu der Platz erst einmal vom Schmutz befreit werden muß. Vielleicht fällt Ihnen das etwas leichter, wenn Sie wissen, daß ungeheuer viele einfache Menschen voll und ganz hinter Ihnen stehen, Sie lieben, sich um Sie sorgen und Ihnen die Daumen drücken.«

Man könnte diese Zitate aus Briefen endlos fortsetzen, dieses gesamte Buch könnte sie nicht alle fassen. Viele Briefeschreiber teilen mit, ob bei ihnen im Betrieb, im Kolchos, auf der Baustelle oder in der Einrichtung, in der sie tätig sind, die Umgestaltung schon begonnen hat oder noch nicht, was sie unternehmen, um sich ihr anzuschließen, und sie analysieren die konkreten und allgemeinen Ursachen für die Schwierigkeiten, die sich ihr in den Weg stellen.

Diese Briefe, viele Tausende an der Zahl, sind ein Beweis größten Vertrauens in die Partei- und Staatsführung. Das Vertrauen wurde wiederhergestellt! Das ist eine große Macht, ein unschätzbares Kapital. Die Briefe bestechen durch ihre Offenherzigkeit, durch hohe politische Kultur und das Streben, nach bestem Wissen und Gewissen zu leben und zu arbeiten.

Wir sammeln diese Briefe und erörtern sie in regelmäßigen Abständen im Politbüro. Das hilft der Führung des Landes, die Hand am Pulsschlag des Lebens zu halten, die eigene Politik richtig zu bewerten, sie zu korrigieren und zeitgemäße Methoden für das praktische Wirken zu erarbeiten.

Inhaltlich lassen sich die Briefe auf einen gemeinsamen Nenner bringen: bedingungslose, leidenschaftliche Unterstützung der Umgestaltung. Selbst heftige Kritik ist von dem Wunsch getragen, sie zu unterstützen. Gleichzeitig klingt darin, wie der Leser sicherlich dem von mir Zitierten entnommen hat, auch die Sorge an, daß die Umgestaltung das gleiche Los wie die Reformen der fünfziger und sechziger Jahre erleiden könnte, daß sie beginnen könnte, sich in ein Nichts aufzulösen. Die Menschen fordern von uns, nicht zurückzuweichen, keinen Schritt, noch kühner und entschlossener zu handeln und nur nach vorn zu sehen!

Die Aufnahme durch die Massen, die Widerspiegelung im gesellschaftlichen Bewußtsein darf jedoch nicht alleiniger Maßstab für die Korrektur einer Politik sein, man muß auch eine Rückkoppelung herstellen, das heißt die Gedanken, Vorschläge und Ratschläge der Bevölkerung aufgreifen, auch dadurch, daß man den direkten Kontakt zu den Menschen pflegt.

Daran beginnt man sich jetzt zu gewöhnen, doch anfangs gab es »mitleidige Seelen«, die warnten: Wenn Gorbatschow auf offener Straße mit den Leuten redet, könnte er sich eine »Sauerstoffvergiftung« zuziehen, könnte er überflüssige Dinge zu hören bekommen, Dinge, von denen der Kreml besser nichts wissen sollte. Es hat Stimmen gegeben, und sicher gibt es sie auch heute noch, wonach direkte, zwanglose Begegnungen nichts anderes als ein Kokettieren mit dem Volk sind. Dazu vertrete ich einen anderen, entgegengesetzten Standpunkt. Es gibt keine wertvolleren Ratschläge, Empfehlungen und Warnungen als die, die direkt von den Menschen kommen.

Überhaupt haben die Menschen begonnen, sich bei solchen Begegnungen zu »öffnen«. Wie war es denn früher? Man stellte eine Frage – aber der Angesprochene stand und schwieg. War es Furcht, war es Mißtrauen? Freilich, bisweilen gab es dabei eine Portion Demagogie: Was möchte man denn in Moskau gern hören? Das sei schlecht, jenes auch nicht gut, doch Vorschläge kamen keine. Heute entwickelt sich dagegen jedesmal ein interessiertes, von Verantwortungsbewußtsein getragenes Gespräch. Die Arbeiter und Bauern haben ihre Köpfe erhoben, die Angehörigen der Intelligenz lassen ihre einflußreiche und fordernde Stimme hören, die Schreihälse aber sind verstummt und scheuen sich, an dem ernsthaften Gespräch zu Sachfragen teilzunehmen. Wo sie versuchen, Skepsis zu verbreiten, bietet ihnen das Volk selbst Paroli.

Im Herbst 1986 hatte ich auf dem Oktjabrskaja-Platz in Krasnodar eine Begegnung mit Einwohnern, die mich sehr beeindruckte. Wie aufschlußreich dieses Gespräch doch war, welche Probleme die Menschen ansprachen! Ich war aufrichtig froh, daß sie den Kurs des Zentralkomitees leidenschaftlich unterstützen. Damals begriff ich, wieviel Bitteres dem Volk auf der Seele liegt, wie viele Anregungen und Ratschläge es der Führung unterbreiten möchte.

Ich hatte eigentlich nicht vor, im Kubangebiet eine Rede zu halten, war einfach nur hingefahren, um zu sehen, wie dort die Dinge stehen, mich mit eigenen Augen zu überzeugen, wie es mit dem für das Land wichtigen ökonomischen Experiment vorangeht (die Betriebe eines ganzen Rayons wurden dort auf Eigenfinanzierung und Eigenerwirtschaftung der Mittel umgestellt). Nach den zahlreichen Gesprächen hielt ich es dann doch für erforderlich, eine Rede zu halten. Ich denke, daß das, was ich dort gesagt habe, auch für die anderen Regionen des Landes von Nutzen ist, denn die Anregung hatte das Leben selbst gegeben. Beratungen und Begegnungen mit dem Volk sind einfach notwendig, Weisungen mit Direktivcharakter allein bewirken wenig.

Schon die jetzt vorliegenden Erfahrungen mit der Umgestaltung bestätigen einmal mehr Lenins Gedanken, daß Revolutionen eine große, ja die wirksamste Schule der politischen Erziehung und Aufklärung der Massen sind.

Die Umgestaltung ist eine Revolution, und zwar eine höchst friedliche und demokratische. Fehlerhafte Positionen, auf die wir bei der Erneuerung der Gesellschaft stoßen und auch künftig stoßen werden, ja selbst unmittelbaren Widerstand werden wir im Rahmen des demokratischen Prozesses überwinden. Bei uns gibt es keine auch nur im geringsten ins Gewicht fallenden Bevölkerungsgruppen, deren Zukunftsinteressen der Umgestaltung unversöhnlich im Weg stünden.

Die Schwierigkeiten, denen wir uns im Demokratisierungsprozeß gegenübersehen, haben ihre Ursachen weitgehend in uns selbst. Wir alle sind Kinder unserer Zeit, bestimmter Zustände und Gewohnheiten. Deshalb sagen wir auch, daß alle sich ändern müssen, auch im Politbüro, in der Regierung, auf den obersten Leitungsebenen. Manchen gelingt das leichter und rascher, anderen fällt es schwerer, wieder andere bitten um Versetzung in den Ruhestand oder an einen anderen Arbeitsplatz.

Das Volk löst sich von seiner früheren Apathie und reiht sich engagiert ins gesellschaftliche Leben ein. Das kommt in unterschiedlichen Formen zum Ausdruck. Mancher spricht offene Worte auf einer Versammlung, anderswo werden

Kundgebungen oder Manifestationen veranstaltet. Der demokratische Prozeß schließt solche spontanen Bekundungen gesellschaftlichen Engagements überhaupt nicht aus. Die Zeiten, da dergleichen in Beamtenseelen Furcht weckte und administrative Verbote nach sich zog, liegen hinter uns. Allerdings fehlt es uns noch an der Kultur des Meinungsstreits. Es kommt vor, daß ein Redner aus dem Präsidium zur Ordnung gerufen wird, und in manchen Artikeln begleichen die Verfasser persönliche Rechnungen oder lassen sich zu verletzenden Äußerungen hinreißen. Nach und nach bricht sich die Einsicht Bahn, daß Demokratie mit bürokratischer Überorganisiertheit des gesellschaftlichen Lebens unvereinbar ist. Natürlich kann keine Gesellschaft, die etwas auf sich hält, Anarchie, Narrenfreiheit und Chaos dulden. Das trifft selbstverständlich auch auf uns zu. Demokratie heißt auch Gesetzlichkeit, strikteste Einhaltung der Gesetze durch die Behörden und Institutionen wie durch jeden Bürger.

Mehr Offenheit

Am auffallendsten äußert sich das neue Klima wohl in der großen Offenheit. Wir streben nach mehr Offenheit in allen Lebensbereichen der Gesellschaft. Die Menschen müssen um das Gute ebenso wissen wie um das Schlechte, um das Gute zu mehren und dem Schlechten den Kampf anzusagen. So und nicht anders muß es im Sozialismus sein.

Wichtig ist, alles zu sehen, was es an Positivem, Konstruktivem gibt, um es als Waffe zu nutzen, um es zu einer Errungenschaft für das ganze Volk, für die ganze Partei zu machen; wichtig ist, schon die Ansätze eines neuen Herangehens im Prozeß der Umgestaltung zu nutzen.

Vor allem aber muß die Wahrheit regieren. Von Lenin stammen die Worte: Licht, mehr Licht, die Partei muß alles wissen! Wichtiger als je zuvor ist für uns, daß es keine dunklen Winkel gibt, wo sich erneut Schimmel ausbreitet, wo sich das, was wir entschieden bekämpfen, allmählich wieder breitmachen kann. Deshalb brauchen wir mehr Licht!

Offenheit ist heute unverrückbares Merkmal des normalen

geistigen und moralischen Klimas in der Gesellschaft. Sie läßt den Menschen gründlicher verstehen, was mit uns geschah, was heute geschieht, wonach wir streben und welche Pläne wir haben, und insofern hilft sie, bewußt an der Umgestaltung mitzuwirken.

Die weitere Demokratisierung des öffentlichen Klimas und die Fortschritte im Bereich der wirtschaftlichen und sozialen Veränderungen werden weitgehend gerade durch die Entwicklung der Offenheit beschleunigt. Natürlich bildet die Politik der Partei die Grundlage dieses Prozesses. Wenn der politische Kurs aber nicht so verwirklicht wird, daß die Massen ihn verstehen, kommt die Sache nicht voran. Die Massen müssen das Leben mit all seinen Widersprüchen und Schwierigkeiten kennen. Welche Erfolge es gibt und was die Entwicklung hemmt, stört und aus dem Gleis wirft – über all das müssen die Werktätigen vollständig und wahrheitsgemäß informiert sein.

Die Menschen haben sozusagen Geschmack an der Offenheit gefunden. Das liegt nicht nur an dem natürlichen Wunsch, zu wissen, was wo geschieht und wer wie arbeitet, sondern auch an der zunehmenden Überzeugung, daß Offenheit eine wirksame Form der Kontrolle des ganzen Volkes über die Tätigkeit ausnahmslos aller Leitungsorgane und ein starker Hebel zur Behebung von Mißständen ist.

Dadurch ist das moralische Potential der Gesellschaft mobilisiert worden. Vernunft und Gewissen haben begonnen, der die Moral zersetzenden Passivität und Gleichgültigkeit Positionen abzuringen. Natürlich reicht es nicht aus, die Wahrheit nur zu kennen und auszusprechen, entscheidend ist das aus diesem Wissen und dieser Einsicht resultierende Handeln.

Wir sind uns der dringenden Notwendigkeit bewußt geworden, zu lernen, die eingewurzelte Diskrepanz zwischen der Wirklichkeit und der verkündeten Politik zu überwinden. Ebendieser wesentliche Fortschritt in der moralischen Sphäre macht Wesen und Pathos der revolutionären Haltung in unserer Gesellschaft von heute aus.

Die Ausarbeitung von Gesetzen, die die Offenheit garantieren, ist in Angriff genommen worden. Sie müssen weitestgehende Offenheit in der Tätigkeit der Staatsorgane und der gesellschaftlichen Organisationen sichern und den Werktätigen die reale Möglichkeit bieten, ihre Meinung zu jedem Problem des gesellschaftlichen Lebens und der Tätigkeit des Staates ohne Scheu zu äußern.

Als das Zentralkomitee der KPdSU die Umgestaltung in Angriff nahm, stützte es sich auf zwei starke reale Kräfte, auf die Parteikomitees und die Massenmedien. Ich würde sogar sagen, daß die Partei vielleicht den heutigen Stand bei der Erörterung der gesamten Problematik der Umgestaltung — die weitgefächert, widersprüchlich und nicht ohne weiteres auf einen Nenner zu bringen ist — nicht hätte erreichen können, wenn sich die Massenmedien nicht unmittelbar nach dem April-Plenum des Zentralkomitees so engagiert in diesen Prozeß eingereiht hätten.

Das Zentralkomitee schätzt ihren Beitrag zur Umgestaltung hoch ein. Warum? Weil alles durch die Menschen bewegt wird. Der Mensch steht an vorderster Front des Kampfes, die ganze Umgestaltung erfolgt durch ihn. Daher erlangen sein Denken, der Stand seines gesellschaftlichen Bewußtseins und seine staatsbürgerliche Haltung entscheidende Bedeutung.

Unsere sozialistische Gesellschaft, die auf dem Wege der demokratischen Erneuerung ein gutes Stück vorangekommen ist, hat größtes Interesse daran, daß jeder, ob Arbeiter, Kolchosbauer oder Angehöriger der Intelligenz, aktiv an der Erörterung und Verwirklichung der Pläne mitwirkt. Die Massenmedien spielen dabei heute und auch in Zukunft eine große Rolle. Natürlich sind sie nicht der einzige Kanal für die Willensbekundung der Bevölkerung, für die Widerspiegelung ihrer Meinungen und Stimmungen. Doch sie sind die repräsentativste und den Massen am weitesten zugängliche Tribüne der Offenheit. Die Partei ist daran interessiert, daß die Bürger von dieser Tribüne ihre Stimme mit Zuversicht erheben können, daß dieses Organ nicht nur über den Meinungsstreit im Lande berichtet, sondern zugleich die demokratische Kontrolle über die Richtigkeit von Entscheidungen, über deren Übereinstimmung mit den Interessen und Bedürfnissen der Massen und schließlich über die Durchsetzung dieser Entscheidungen in der Praxis garantiert.

Der Demokratisierungsprozeß im Lande schlägt sich nicht nur in den Veröffentlichungen nieder, er erfaßt auch immer mehr die Tätigkeit der Massenmedien selbst. Nach und nach scheinen unsere Zeitungen und Zeitschriften, unser Rundfunk und Fernsehen aufzutauen und sich an immer neue Themen heranzuwagen. Ein Anzeichen für die allgemeine Belebung der Presse ist die Tatsache, daß im Dialog gehaltene Beiträge den Monologformen vorgezogen werden. An die Stelle der Berichte und Eigenberichte treten immer mehr die verschiedensten Interviews, Rundtischgespräche und die Veröffentlichung von Leserzuschriften.

Allerdings fällt an den Massenmedien ihre Vorliebe dafür auf, sich auf einen Stamm von drei bis fünf Autoren zu stützen. Das ist professionelle Überheblichkeit. Weitaus nützlicher wäre es, vielfältige Beiträge zu bringen, die ganze Gesellschaft einzubeziehen, sozusagen in jeder Publikation den ganzen sozialistischen Pluralismus sichtbar zu machen.

Wenn ein professioneller Autor seinen Standpunkt darlegt, ist das gut, doch wie interessant zu lesen sind Gespräche und Interviews mit Arbeitern, Sekretären von Rayonkomitees, Kolchosvorsitzenden, Wissenschaftlern und Kulturschaffenden! Darin geht es um lebenswichtige, aktuelle Gedanken. Oder die Briefe ... Was sind das doch für bemerkenswerte menschliche Dokumente! Sie müssen einem einfach zu Herzen gehen!

Zugleich hat sich herausgestellt, daß dieser Stil nicht allen gefällt. Besonders trifft das auf jene zu, die nicht gewöhnt sind, in einem von Offenheit und Kritik geprägten Klima zu leben und zu arbeiten, die das weder können noch wollen. Gerade sie äußern Unmut über die Massenmedien und fordern bisweilen ungeschminkt, die Offenheit zu dämpfen, zu zügeln.

Den Streit, ob nicht zuviel Kritik geübt werde, ob eine so weitgehende Offenheit notwendig sei und ob die Demokratisierung nicht unerwünschte Folgeerscheinungen nach sich ziehe, sehen wir nicht als etwas Negatives an. Das ist ein gewisser Ausdruck von Sorge um die Stabilität unserer Gesellschaft. Man kann allerdings Demokratie und Offenheit auch zerreden und ihren Sinn entstellen. Es gibt auch Leute, die sich scheinbar für das Neue einsetzen, die aber – sobald man zur Sache kommt – der Entwicklung von Demokratie, Kritik und Offenheit alle möglichen Bedingungen und Vorbehalte in den Weg stellen.

Ob das Zentralkomitee der KPdSU durch die Presse, die Massenmedien und unter aktiver Mitwirkung der Bürger den Kurs auf Offenheit fortsetzen wird, das ist keine Frage mehr. Wir brauchen Offenheit wie die Luft zum Atmen.

Ich möchte noch einmal betonen, daß der Kurs auf größere Offenheit und Entfaltung von Kritik und Selbstkritik kein Demokratiespiel ist, sondern die prinzipielle Position der Partei zum Ausdruck bringt.

In der Entwicklung der Offenheit sehen wir einen Weg, die verschiedensten Meinungen und Ansichten zusammenzutragen, in denen sich die Interessen aller Schichten und Berufsgruppen der sowjetischen Gesellschaft widerspiegeln. Wir können nicht vorankommen, wenn wir nicht durch Teilnahme an der Kritik, speziell durch Kritik »von unten«, unsere Politik überprüfen, gegen negative Erscheinungen ankämpfen und ihnen vorbeugen. Ohne dies kann ich mir Demokratie nicht vorstellen.

Eine andere Frage ist, daß sich auch Kriterien und Charakter der Kritik unter den Bedingungen der Umgestaltung und Demokratisierung verändern. Kritik steht in erster Linie für Verantwortungsbewußtsein, und je schärfer sie ist, desto mehr muß sie von Verantwortungsbewußtsein getragen sein. Ist doch der eine oder andere Artikel zu einem gesellschaftlich aktuellen Thema nicht nur Ausdruck des persönlichen Standpunktes, einfach Widerspiegelung der eigenen Meinungen und bisweilen auch der Komplexe und Ambitionen, sondern eine öffentliche gesellschaftliche Angelegenheit. Der Demokratisierungsprozeß führt zu wesentlichen Korrekturen in den Beziehungen zwischen Kritisierenden und Kritisierten. Sie müssen Partnerbeziehungen werden und sich auf die gemeinsamen Interessen gründen. Dialog ist hier am Platze. Jede Art Strafpredigt, Belehrung oder gar Anklage ist völlig unangebracht und unannehmbar. Dergleichen ist jedoch selbst bei geachteten Autoren, die viel von ihrem Fach verstehen, noch immer zu finden. Keiner hat die Wahrheit in letzter Instanz gepachtet.

Eines steht außer Zweifel: Kritik muß stets auf Wahrheit beruhen. Das aber hängt vom Gewissen des Verfassers und des Redakteurs, von ihrem Verantwortungsbewußtsein gegenüber dem Volk ab.

Aufgabe der Presse ist es, noch wirksamer zu werden, Nichtstuern, Raffern, Konjunkturrittern, Gegnern der Kritik und Demagogen keine Ruhe zu geben und engagiert diejenigen zu unterstützen, die mit hohem persönlichem Einsatz für die Umgestaltung kämpfen. Viel hängt dabei von den Parteikomitees an der Basis ab. Wenn das Parteikomitee seine Arbeitsweise umgestaltet, tut es auch die Presse.

Besonders hervorheben möchte ich den folgenden Gedanken: Die Presse muß die Menschen zusammenschließen und aufrütteln, statt sie zu entzweien, zu kränken und zu verunsichern. Erneuerung der Gesellschaft bedeutet auch Kampf für die Würde des Menschen, für Hebung seines Ansehens und für seine Ehre. Kritik kann nur dann ein außerordentlich wirksames Instrument der Umgestaltung sein, wenn sie auf der vollen Wahrheit und auf dem größtmöglichen Bemühen um Gerechtigkeit beruht.

Es gehört zu den Traditionen unserer Presse, die Grundwerte des Sozialismus zu verteidigen. Die Presse kann jede Tatsache, ob nun die wunden Punkte von heute oder manch bitteres Ereignis der geschichtlichen Vergangenheit, einer Analyse unterziehen. Ungemein wichtig ist dabei jedoch, welchen Standpunkt man bezieht, ob einem das Schicksal des Volkes, dessen Zukunft am Herzen liegt. Das ist die

Hauptsache. Immerhin kommt es vor, daß mancher Autor irgendeine aufsehenerregende, schmerzliche Tatsache in der Presse zur Sprache bringt und dann anfängt, darum herumzutanzen, um seine persönlichen Vorstellungen und Neigungen zur Geltung zu bringen.

Ich bin der Meinung: Jedes aufrichtige, offene und direkte Wort ist willkommen, auch wenn darin Zweifel anklingen. Anders verhält es sich, wenn man uns in einen fremden Frack stecken will. Die Offenheit soll unsere Gesellschaft festigen. Und es gibt schon etwas zu festigen. Zweifel daran können nur jene hegen, die von der sozialistischen Demokratie und unseren Forderungen nach verantwortungsbewußtem Denken und Handeln daran gehindert werden, ihre von den Interessen des Volkes weit entfernten Ambitionen zu verwirklichen.

All das soll natürlich keineswegs ein Aufruf sein, das Feld der Kritik mit Verbotsschildern zu umgeben, zu Halbwahrheiten überzugehen und auf die kritische Analyse zu verzichten.

Die Vertiefung der sozialistischen Demokratie und die Hebung der politischen Kultur des Volkes gebieten, die Massenmedien stärker für die Erörterung gesellschaftlicher und staatlicher Angelegenheiten zu nutzen, die öffentliche Kontrolle zu erweitern und engagiert für die Stärkung des Verantwortungsbewußtseins und die Festigung der Arbeitsdisziplin, für die Einhaltung der sozialistischen Gesetzlichkeit und Rechtsordnung, gegen Verletzungen der sozialen Prinzipien und sittlichen Normen der sowjetischen Lebensweise zu kämpfen. Wir sind bemüht, die Sache so zu organisieren, daß die Massenmedien landesweit als eine freie, in sich geschlossene und flexible Kraft wirken, die sich rasch auf die Behandlung der aktuellsten Ereignisse und Probleme einzustellen vermag.

Offenheit, Kritik und Selbstkritik sind keine gelegentliche Kampagne. Sie sind erklärt, und sie müssen zur Norm der sowjetischen Lebensweise werden. Andernfalls sind keinerlei radikale Umgestaltungen möglich. Ohne Offenheit gibt es keine Demokratie und kann es sie nicht geben. Ohne Demokratie aber gibt es keinen modernen Sozialismus und kann es ihn nicht geben.

Noch haben wir viele Kader, die nach wie vor äußerst empfindlich auf Kritik in den Massenmedien reagieren, sich bei der Beurteilung bestimmter Artikel und Sendungen von ihrem persönlichen Geschmack, von überholten Erfahrungen und von falsch verstandenen Interessen der Gesellschaft leiten lassen, bisweilen aber auch einfach nur beweisen, daß sie die Rolle der Presse in der sozialistischen Gesellschaft von heute nicht begriffen haben. Mitunter erschrickt man ob der Reaktion in der westlichen Presse auf den einen oder anderen kritischen Artikel und sagt dann: Seht her, im Westen wartet man doch nur auf unsere Selbstkritik, um sie gegen unser Land wenden und für die Diskreditierung der sozialistischen Lebensweise ausschlachten zu können. Mag sein, daß mancher das anders sieht, doch mich schreckt so etwas nicht. Die kritische Neubewertung eigener Erfahrungen ist ein Zeichen von Stärke, nicht von Schwäche. Ebendiese Betrachtungsweise entspricht den Grundsätzen der sozialistischen Ideologie.

Es gibt auch noch eine andere, sozusagen eine stille Methode, Kritik zu unterdrücken oder sich ihr zu entziehen: Manche Kader stimmen verbal öffentlicher Kritik zu, bedanken sich sogar dafür und versprechen, wirksame Maßnahmen zu treffen. In Wirklichkeit aber haben sie es mit praktischen Schlußfolgerungen nicht eilig. Offenbar setzen sie darauf, daß mit Aussprachen alles sein Bewenden habe, »im Sand versickert« und ihre Sünden in Vergessenheit geraten. Hauptsache ist für sie, sich rechtzeitig Asche aufs Haupt zu streuen.

In diesem Zusammenhang sei noch einmal wiederholt, was ich schon auf dem Januar-Plenum gesagt habe: Die Einstellung zur Kritik ist ein wichtiges Kriterium für die Haltung des Menschen zur Umgestaltung, zu all dem Neuen, das sich in der Gesellschaft vollzieht.

Wir tun alles, damit niemand Kritik unterdrücken oder sie totschwatzen kann.

Kritik ist eine bittere Arznei. Doch Krankheiten machen

Arzneimittel notwendig. Man rümpft die Nase, nimmt sie aber doch ein. Und die Genossen, die meinen, Kritik müsse zeitlich dosiert verabreicht werden, sind im Unrecht. Auch jene haben unrecht, die meinen, die Stagnationserscheinungen seien bereits völlig überwunden, und nun könne man den Rückzug antreten. Die Kritik zu dämpfen hieße, der Umgestaltung zu schaden.

Die Umgestaltung und die Intelligenz
Die Intelligenz hat die Umgestaltung von ganzem Herzen unterstützt. Gestatten Sie mir hier eine Abschweifung: Die den sozialistischen Werten ergebene, ihrem sozialistischen Vaterland patriotisch zutiefst verbundene Intelligenz, ein organischer Bestandteil der sowjetischen Gesellschaft, ist unsere große, wohl beispiellose Errungenschaft, unser unschätzbares geistiges Kapital. Unsere Intelligenz hat keine leichte Geschichte hinter sich. Ein großer Teil der Intelligenz, auch demokratisch gesinnt, der das Zarenregime verdammt und sogar dagegen gekämpft hatte, erschrak über die Revolution, wurde von der weißen Emigrationswelle erfaßt und ins Ausland getrieben, wo Talent und Wissen dieser Intelligenz anderen Völkern zugute kamen. Das war ein großer Verlust für die junge Sowjetgesellschaft.

Noch größere, zum Teil nicht wiedergutzumachende Verluste erlitt die Intelligenz, darunter die bolschewistische, die Parteiintelligenz, durch die Verletzung der sozialistischen Gesetzlichkeit, durch die Repressalien in den dreißiger Jahren. Das war ein schwerer Schlag gegen das intellektuelle Potential des Landes.

Dennoch setzte sich der Formierungsprozeß der sowjetischen Intelligenz fort und verstärkte sich, darin widerspiegelten sich sowohl eine objektive Entwicklungsgesetzmäßigkeit des Sozialismus als auch ein lebensnotwendiges Bedürfnis unserer Gesellschaft.

Die Leninsche Kulturrevolution verwandelte das ungebildete und unwissende Land in eines der gebildetsten Länder der Welt.

In der Stagnationsphase entstand jedoch eine paradoxe Situation: Unsere Gesellschaft vermochte ihr gewaltiges kulturelles Potential und ihre schöpferischen Möglichkeiten nicht in der notwendigen Weise zu nutzen. Die Ursache hierfür lag ebenfalls darin, daß die Entwicklung der Demokratie künstlich gebremst worden war. Alle erdenklichen Verbote und die Furcht vor einem neuen, schöpferischen Arbeitsstil konnten nicht ohne Auswirkungen bleiben.

Ich erinnere mich, daß ich im Juni 1986 eine Zusammenkunft mit Mitarbeitern des Zentralkomitees der KPdSU hatte. Es ging dabei um die Umgestaltung. Ich war gezwungen, die Genossen zu bitten, sich im Umgang mit den Geistesschaffenden einen neuen Arbeitsstil anzueignen. Es sei an der Zeit, aufzuhören, sie zu kommandieren. Das richte nur Schaden an und könne nicht mehr geduldet werden. Die Intelligenz hat das Programm der demokratischen Erneuerung der Gesellschaft mit Verstand und Herz zu ihrer Sache gemacht.

Die Verbände der Geistesschaffenden haben ihre Kongresse abgehalten: Filmschaffende, Schriftsteller, bildende Künstler, Komponisten, Architekten, Theaterschaffende und Journalisten. Die Beratungen verliefen rege, und die Leidenschaften schlugen hoch. Alle Kongresse haben die Umgestaltung aufrichtig unterstützt. Ihre Teilnehmer kritisierten heftig auch die eigene Arbeit. Die Kritik fiel scharf aus, und viele frühere leitende Funktionäre der Verbände wurden nicht in die Leitungsgremien gewählt. Doch auch dort fand sich für Schreihälse kein Platz. In die Leitungsgremien der Verbände wurden namhafte, angesehene Persönlichkeiten gewählt.

Denen, die die Debatten für allzu stürmisch hielten, habe ich damals gesagt, daß man sich darüber weder wundern noch empören dürfe, sondern daß diese Kongresse vielmehr als eine zwar neue, aber ganz normale Erscheinung anzusehen seien. Denn die Demokratisierung sei überall im Gange und verlaufe zuweilen in heftigen Formen. Irgend jemand entgegnete mir, es werde schwer sein, in einer Umgebung zu arbeiten, wo jeder sein eigener Philosoph sei, sich selbst für die größte Autorität halte und meine, nur er sei im

Recht. Hierauf antwortete ich: Weitaus schlimmer wäre es, hätten wir es mit einer passiven Intelligenz, mit Gleichgültigkeit und Zynismus zu tun.

Wie bei jedem schwierigen Werk lassen sich natürlich auch emotionale Ausbrüche nicht vermeiden. Das war in Umbruchphasen, in revolutionären Zeiten immer so. Heute gehen wir sozusagen erneut in die Schule der Demokratie. Wir werden sie studieren. Noch mangelt es uns an politischer Kultur. Selbst um die Meinung eines Freundes und Genossen anzuhören, reicht die Geduld nicht aus. All das geht sicherlich vorüber. Auch diese Wissenschaft werden wir uns zu eigen machen. Es ist notwendig, die brisantesten Fragen zu erörtern und dennoch einander zu achten. Sogar im extremsten Standpunkt steckt etwas Wertvolles, ein rationeller Kern, weil derjenige, der ihn aufrichtig vertritt, sich auf seine Weise für die gemeinsame Sache einsetzt und so bestimmte reale Momente unseres Lebens widerspiegelt. Das ist bei uns kein Kampf antagonistischer Kräfte, sondern eine Suche und Diskussion: Wie kommen wir auf breiter Bahn bei der Umgestaltung voran, wie können wir unseren Schritt beschleunigen, ihn sicherer und unsere Bewegung unumkehrbar machen. Deshalb sehe ich in der Polemik, in dem Aufeinanderprallen verschiedener Standpunkte absolut nichts Dramatisches. Das ist ganz normal.

Unter den Schriftstellern sind im Gefolge der Offenheit in der Tat gruppenspezifische Voreingenommenheit und Intoleranz zutage getreten. Zu einem bestimmten Zeitpunkt waren ihre Gemüter aufs äußerste erhitzt. Wir haben ihnen den Standpunkt des Zentralkomitees mitgeteilt: Es wäre höchst bedauerlich, wenn es anstelle einer Konsolidierung unter den Geistesschaffenden zu Zank und Streit käme, und die Beteiligten würden Offenheit und Demokratie ausnutzen, um persönliche Rechnungen zu begleichen, Revanche für Kränkungen in der Vergangenheit zu nehmen und sich für Kritik zu rächen. Das Schlimmste wäre, wenn die künstlerische Intelligenz sich in revolutionären Zeiten mit Nichtigkeiten verzettelte, ihren persönlichen Ambitionen freien Lauf ließe und ihre Kraft nicht für schöpferische Arbeit einsetzte, sondern in fruchtlosen Streitereien verschwendete. Das Zentralkomitee appellierte an die Schriftsteller, sich über persönliche Emotionen, gewisse Gewohnheiten und Klischees zu erheben: Überwinden Sie sie, denken Sie an das Volk und an die Gesellschaft! Möge das Verantwortungsbewußtsein der Intelligenz auch darin zum Ausdruck kommen, daß ihre Berufsverbände sich in erster Linie um die geistige Entwicklung der Gesellschaft sorgen!

Die Intelligenz verfügt über ein großes Potential an staatsbürgerlicher Haltung, und sie hat nicht wenig an Bürde von unserer Umgestaltung gern auf sich genommen. Unsere schöpferische Intelligenz hat gemeinsam mit der Partei die Veränderungen in Angriff genommen. Immer stärker zeigt sich ihre staatsbürgerliche Haltung. Wir sind an diesem Engagement interessiert und schätzen, wie sie sich seit April 1985 engagiert hat, wir schätzen ihren Enthusiasmus und ihr Bemühen, zur Umgestaltung der Gesellschaft beizutragen. Wir hoffen, daß die Intelligenz künftig einen noch größeren Beitrag leisten wird. Sie ist auf dem Wege zu einem neuen Niveau des Denkens und des Verantwortungsbewußtseins. Ihre Zielsetzungen stimmen mit dem politischen Kurs der KPdSU, mit den Interessen des Volkes überein.

II. Die neue Wirtschafts- und Sozialpolitik in Aktion

Welchen Verlauf hat die Umgestaltung in der Wirtschaft genommen?

Hierzu ist offen zu sagen, daß alle unsere Bemühungen, die Struktur der Volkswirtschaft zu verändern, sie auf die intensive Entwicklung umzustellen und den wissenschaftlich-technischen Fortschritt zu beschleunigen, begannen, uns auf die Notwendigkeit einer tiefgreifenden Reform des Wirtschaftsmechanismus und der Umgestaltung des gesamten Leitungssystems der Wirtschaft hinzuweisen.

Der Sozialismus und das ihm zugrunde liegende gesellschaftliche Eigentum bergen unbegrenzte Möglichkeiten für den ökonomischen Fortschritt in sich. Dazu gilt es jedoch, in jedem Fall die effektivsten Formen des sozialistischen Eigentums und der Wirtschaftsorganisation zu finden. Entscheidend ist dabei, daß der Mensch nicht nur in Worten hört, sondern in der Tat erfährt, daß er Herr der Produktion ist. Andernfalls ist der Werktätige, sind die Kollektive nicht an den Ergebnissen ihrer Arbeit interessiert und können es auch nicht sein.

Lenins Gedanke, daß die wirksamsten und zeitgemäßesten Formen gefunden werden müssen, um das gesellschaftliche Eigentum mit dem persönlichen Interesse zu verknüpfen, bildet auch die Grundlage all unserer Bemühungen, unserer Konzeption für eine grundlegende Reform der Wirtschaftsleitung.

Die Wirtschaftsreform. Das Juni-Plenum (1987) des Zentralkomitees der KPdSU

Zur Durchsetzung dieser tiefgreifenden Wirtschaftsreform war es wichtig, eine Wiederholung früherer Fehler zu vermeiden, die in den fünfziger, sechziger und siebziger Jahren Versuche scheitern ließen, das System der Wirtschaftsleitung zu verändern. Das waren Versuche, die auf halbem Wege steckenblieben und sich als inkonsequent erwiesen, da der Akzent nur auf einige Probleme gelegt wurde, während andere außer acht blieben. Offen gesagt, waren die ins Auge gefaßten Lösungen nicht durchgreifend, halbherzig und gingen bisweilen am Kern der Sache vorbei.

Die von uns erarbeitete und auf dem Juni-Plenum vorgelegte Konzeption der Wirtschaftsreform trägt meines Erachtens umfassenden und komplexen Charakter und sieht für jeden Aspekt des Problems tiefgreifende, grundlegende Veränderungen vor. Dazu gehören die Überleitung der Betriebe auf die vollständige wirtschaftliche Rechnungsführung, die einschneidende Umgestaltung der zentralen Wirtschaftsleitung, die grundlegende Veränderung der Planung, die Reform der Preisgestaltung, des Finanz- und Kreditmechanismus sowie die Umgestaltung der Außenwirtschaftsbeziehungen. Dazu gehören neue Organisationsformen der Leitung, die weitestgehende Entwicklung demokratischer Grundlagen der Leitungstätigkeit und die breite Einführung von Prinzipien der Selbstverwaltung.

Doch hat jeder komplizierte Prozeß seine eigene innere Logik, die die Wechselbeziehung zwischen bestimmten Maßnahmen und bestimmten konkreten Schritten widerspiegelt. Uns stellte sich zwangsläufig die Frage, wo zu beginnen sei, wo der Ausgangspunkt für die Umgestaltung der Leitung liege.

Auf den ersten Blick schien es folgerichtig, mit der Umgestaltung unserer Planwirtschaft in den zentralen Einrichtungen zu beginnen, Funktionen und Struktur zunächst der zentralen Wirtschaftsorgane und anschließend der mittleren Leitungsebene zu bestimmen, um uns schließlich den Struktureinheiten an der Basis, den Betrieben und Vereinigungen, zuzuwenden. Vom Standpunkt der abstrakten Logik mag das vielleicht richtig anmuten, doch die Praxis und die vorliegenden Erfahrungen zwangen uns zu einem anderen Weg, zu einer anderen Logik des Handelns: Wir mußten bei den grundlegenden Struktureinheiten der Wirtschaft, den Betrieben und Vereinigungen, anfangen. In erster Linie galt es, für sie das effektivste Modell der Wirtschaftsführung zu ermitteln, das günstigste ökonomische Umfeld zu schaffen, ihre Rechte zu erweitern und zu verankern und, darauf aufbauend, die Tätigkeit aller übergeordneten wirtschaftsleitenden Organe von Grund auf zu verändern.

Als wir diese Reihenfolge der Umgestaltung festlegten, ließen wir uns davon leiten, daß gerade hier die wichtigsten ökonomischen Prozesse ablaufen, daß hier die materiellen Werte geschaffen werden und wissenschaftlich-technische Ideen materielle Gestalt annehmen. Namentlich im Arbeitskollektiv entwickeln sich wesentliche reale ökonomische und soziale Beziehungen, verflechten sich die persönlichen, kollektiven und gesellschaftlichen Interessen der Menschen. Das sozialpolitische Klima des ganzen Landes wird im

Grunde weitgehend durch die Lage in den Arbeitskollektiven bestimmt.

Berücksichtigt wurden auch die Erfahrungen der Vergangenheit, in der wiederholte Versuche, eine Reform der obersten Leitungsebene ohne die Unterstützung »von unten« durchzuführen, scheiterten, da sie bei den Vertretern des Leitungsapparats, die nicht auf ihre vielen Privilegien und Rechte verzichten wollten, auf hartnäckigen Widerstand stießen. Auf solchen Widerstand trafen wir auch in letzter Zeit, und das kommt auch heute noch vor. Wie in der gesamten Umgestaltung gilt es auch hierbei, die von oben ausgehenden Impulse mit einer Bewegung »von unten« zu verknüpfen, das heißt der Umgestaltung selbst einen zutiefst demokratischen Charakter zu verleihen.

Worin liegt der größte Mangel des alten Wirtschaftsmechanismus in den Betrieben?

Vor allem in den zu schwachen inneren Triebkräften für die Eigenentwicklung. In der Tat erhielt der Betrieb über das System der Plankennziffern die Aufgaben und die Ressourcen, praktisch wurde jeder Aufwand gedeckt, der Absatz der Erzeugnisse war im Grunde garantiert und – was die Hauptsache war – die Einkommen der Beschäftigten waren kaum von den Endergebnissen der vom Kollektiv geleisteten Arbeit, von der Vertragserfüllung, der Erzeugnisqualität und vom Gewinn abhängig. Dieser Mechanismus begünstigte, ob wir das nun wollen oder nicht, mittelmäßige, wenn nicht gar schlechte Arbeit. Wie aber kann eine Wirtschaft vorankommen, wenn sie den zurückbleibenden Betrieben Treibhausbedingungen bietet, die führenden aber bestraft?

Natürlich können wir so nicht weitermachen, der neue Wirtschaftsmechanismus muß alles an den rechten Platz rükken. Er muß zu einem starken Hebel, einer Triebkraft für gute, von Unternehmungsgeist getragene und initiativreiche Arbeit werden. Vom realen gesellschaftlichen Bedarf ausgehend, muß der Betrieb künftig den Produktions- und Absatzplan selbst festlegen. Grundlage dieses Plans werden nicht unzählige von übergeordneten Instanzen festgelegte, ins einzelne gehende Planauflagen sein, sondern direkte Aufträge von Staatsorganen, von Betrieben mit wirtschaftlicher Rechnungsführung und von Handelseinrichtungen für konkrete Erzeugnisse in einer ganz bestimmten Stückzahl und Qualität. Für die Betriebe müssen solche Bedingungen geschaffen werden, daß zwischen ihnen ein ökonomischer Wettbewerb um die beste Deckung der Verbrauchernachfrage beginnt und die Einkünfte der Werktätigen eng an die Endergebnisse der Produktion, an den Gewinn, gebunden sind.

All diese Prinzipien der Wirtschaftsführung und ihre konkreten Formen haben dem Entwurf des Gesetzes über den staatlichen Betrieb (Vereinigung) zugrunde gelegen, das dem Volk zur Erörterung unterbreitet wurde. In den Arbeitskollektiven, auf Belegschafts- und Gewerkschaftsversammlungen und auch in den Massenmedien fand dazu eine rege Aussprache statt. Dieses Dokument berührte im Grunde das ganze Volk. Die Menschen spürten, daß ihr Rat gefragt ist. Die eingegangenen Vorschläge, Korrekturen und Ergänzungen wurden von einer eigens aus Regierungsvertretern, Wissenschaftlern und Mitarbeitern zentraler Staatsorgane gebildeten Gruppe geprüft. In Auswertung der Volksaussprache fanden alle klugen Anregungen Eingang in das Gesetz, so daß es wesentlich verbessert werden konnte.

Die große Mehrzahl dieser Korrekturen zielte auf eine Erweiterung der Rechte des Kollektivs. In der Aussprache war allgemein gefordert worden, dem Druck der aus Trägheit resultierenden Gewohnheiten nicht nachzugeben, sondern vielmehr unbeirrt vorwärtszuschreiten. Das neue Gesetz, so hieß es, dürfe nicht mit einem Staketenzaun von zahllosen Durchführungsbestimmungen umgeben werden, die es seines Wesens berauben und die Umgestaltung bremsen könnten. Das neue Gesetz über den Betrieb wurde vom Obersten Sowjet der UdSSR verabschiedet und tritt am 1. Januar 1988 in Kraft.

In der Presse fand man freilich auch Vorschläge, die über den Rahmen unseres Gesellschaftssystems hinausgehen. So wurde die Auffassung geäußert, man solle ganz von der Planwirtschaft abgehen und die Möglichkeit einer Arbeitslosigkeit einräumen. Das können wir jedoch nicht zulassen, denn wir sind angetreten, den Sozialismus zu stärken, nicht aber ihn durch ein anderes System zu ersetzen. Was uns aus dem Westen, aus dem anderen Wirtschaftssystem, zur Übernahme empfohlen wird, ist für uns unannehmbar. Wir sind der Überzeugung, daß der Sozialismus viel mehr kann als der Kapitalismus, wenn sein Potential tatsächlich ausgeschöpft, seine Grundprinzipien beachtet, die Interessen des Menschen voll berücksichtigt und die Vorzüge der Planwirtschaft voll entfaltet werden.

Dem Gesetz über den Betrieb messen wir innerhalb der Wirtschaftsreform grundlegende Bedeutung bei. Alle anderen Maßnahmen und Schritte stimmen wir auf dieses Gesetz ab und prüfen, ob sie dem Gesetz entsprechen und seine Anwendung in der Praxis fördern.

In Vorbereitung auf das Plenum hatte das Politbüro im Verlauf mehrerer Monate kontinuierlich die Ergebnisse einer allseitigen, streng objektiven Analyse der Tätigkeit des Ministerrates der UdSSR, des Staatlichen Plankomitees der UdSSR, des Staatlichen Komitees der UdSSR für Materialversorgung, des Ministeriums der Finanzen, der Staatsbank, der anderen wirtschaftsleitenden Ministerien und Staatsorgane sowie der Zweigleitungsorgane geprüft. Die Entwürfe von Beschlüssen zu den Richtungen der Tätigkeit der zentralen Organe wurden so abgefaßt, daß deren Arbeit (und ihre offiziellen Funktionen) in strikter Übereinstimmung mit dem Gesetz über den staatlichen Betrieb stehen und ihm in keiner Weise zuwiderlaufen. Auf dem Plenum wurden sie erörtert und, nachdem sie den letzten Schliff erhalten hatten, angenommen und in Kraft gesetzt.

Das Juni-Plenum des Zentralkomitees der KPdSU und seine Beschlüsse waren sozusagen der Abschluß der Arbeiten an einem zeitgemäßen *Modell* der sozialistischen Wirtschaft, das der gegenwärtigen Entwicklungsetappe unseres Landes entspricht.

Das Plenum und die nachfolgende Tagung des Obersten Sowjets der UdSSR entwickelten und bestätigten den Kurs auf die aktive Einbeziehung des Menschen in die Prozesse in Wirtschaft und Produktion, auf die Herstellung einer organischen Verbindung zwischen den Interessen des Staates und denen der Persönlichkeit und auf die Entwicklung des sowjetischen Werktätigen zum wirklich engagierten Herrn der Wirtschaft.

Natürlich müssen wir noch manches verbessern und vielleicht sogar verändern. Im realen Leben der Gesellschaft ist es niemals so, daß ein System der Wirtschaftsleitung vollständig außer Kraft gesetzt wird und mit einem Schlage durch ein anderes, wenn auch besseres, ersetzt wird, als handele es sich dabei um irgendein mechanisches Aggregat. Wir müssen einen dynamischen und flexiblen Mechanismus in Gang setzen, der kleinste Veränderungen in der Produktion genau zu erfassen, sich ständig zu erneuern, Fortgeschrittenes aufzunehmen und Veraltetes über Bord zu werfen vermag. Das Leben wird Verbesserungen und Korrekturen vornehmen. Die größte Gefahr dabei wäre Stillstand, wäre die Annahme, daß, wenn einmal die Entscheidung gefallen ist und Beschlüsse gefaßt sind, diese für alle Zeiten unverändert gültig seien.

Mit der Aufstellung des Programms für die tiefgreifende Wirtschaftsreform haben wir eine breite Front eröffnet, an der wir nunmehr in allen Richtungen die Beschleunigung und Vertiefung der Umgestaltung in Angriff nehmen. Die bisher gefaßten Beschlüsse schaffen die notwendigen organisatorischen und ökonomischen Voraussetzungen, um die Aufgaben des laufenden Planjahrfünfts und des langfristigen Perspektivplans bis zum Jahre 2000 zu erfüllen. Nun kommt es darauf an, den neuen Wirtschaftsmechanismus klug und ohne Verzögerung beherrschen zu lernen.

In der Umgestaltung der Wirtschaft und der Leitung ist jetzt vielleicht der entscheidende Augenblick gekommen. Die Etappe der konstruktiven Arbeit hat begonnen. Nun gilt es, alle Vorhaben in die Tat umzusetzen. Die Besonderheit des gegenwärtigen Zeitpunkts besteht darin, daß sich das Schwergewicht der Bemühungen in den Bereich der praktischen Tätigkeit verlagert hat.

Zur vollständigen wirtschaftlichen Rechnungsführung!

Der Sinn dessen, was wir überall erreichen wollen, besteht, wie gesagt, darin, vorwiegend administrative durch vorwiegend ökonomische Methoden zu ersetzen. Die Frage, ob zur vollständigen wirtschaftlichen Rechnungsführung überzugehen sei oder nicht, steht für die sowjetische Führung nicht.

In der Tat gibt es objektive Hindernisse, darunter zumindest zwei sehr ernsthafte. Zum einen müssen wir unter den Bedingungen eines bestätigten Fünfjahrplans handeln, dem wir folglich Rechnung tragen müssen. Diese Besonderheit prägt den Übergangsprozeß sehr nachhaltig. Wie also vorgehen: Sollten wir uns weiter auf die Erfüllung des Fünfjahrplans orientieren oder ihn unterlaufen? Hierauf konnte es nur eine Antwort geben: Die Aufgaben des Fünfjahrplans sind zu erfüllen! Und das ist ein höchst anspruchsvoller Fünfjahrplan. Im Bereich des wissenschaftlich-technischen Fortschritts ist bedeutender Vorlauf zu schaffen. Weitreichende Strukturveränderungen sind zu vollziehen. Viele soziale Probleme müssen gelöst werden. Gleichzeitig aber sind gerade während dieses Planjahrfünfts zahlreiche Neuerungen durchzusetzen. Für die Betriebsdirektoren ist das eine schwere Zeit, auf ihnen lasten aufgelaufene Probleme, und gleichzeitig müssen sie zur Eigenfinanzierung übergehen.

Ein anderes Hindernis resultiert daraus, daß einige wichtige Bestandteile des neuen Leitungsmechanismus noch nicht ausgearbeitet sind und sich auch nicht mit einem Schlage einführen lassen. Die Ausarbeitung der Reform der Preisbildung und des Finanz- und Kreditmechanismus wird zwei bis drei Jahre in Anspruch nehmen, der Übergang zum Großhandel bei Produktionsmitteln fünf bis sechs Jahre. Hinsichtlich der Festlegung der genauen Funktionen der Ministerien, der Umgestaltung der territorialen Leitung und des Abbaus des Verwaltungsapparates ist noch vieles zu entscheiden.

So wird es eine höchst schwierige Übergangsphase geben, in deren Verlauf der alte Mechanismus neben dem neu zu schaffenden weiterbesteht. Doch werden wir die vollständige wirtschaftliche Rechnungsführung ohne Verzug einführen. Diesen Weg werden wir mit Nachdruck beschreiten und dabei unsere Erfahrungen sammeln. Wir werden alles testen und analysieren.

Wenn ich mit Vertretern der Produktion oder auch mit Ministern zusammenkomme, sage ich: Nur keine Furcht, wir müssen suchen und probieren. Das Volk hat soviel Verstand und Verantwortungsgefühl, daß wir kühn und entschlossen handeln können und müssen. Was ist schon dabei, wenn wir uns irren? Lieber rechtzeitig Fehler korrigieren als untätig auf bessere Zeiten warten.

Eine neue Auffassung vom Zentralismus
Im Zuge der Umgestaltung bricht sich ein neues Verständnis des demokratischen Zentralismus Bahn. Es kommt darauf an, das richtige Wechselverhältnis zwischen seinen beiden Seiten im Auge zu behalten und zu beachten, daß die Akzente in den verschiedenen Etappen jeweils richtig gesetzt werden.

Heute ist es so, daß viele fordern, den Zentralismus zu stärken. Bilanzen, Proportionen, Übereinstimmung zwischen den Geldeinnahmen der Bevölkerung und der Warenmasse sowie dem Umfang der Dienstleistungen, Strukturpolitik, Staatsfinanzen und Verteidigung – all das erfordert ein Fundament starker Zentralisierung. Alle Republiken, all unsere Völker müssen spüren, daß sie in der Tat gleiche Bedingungen und gleiche Entwicklungsmöglichkeiten haben. Das ist das Unterpfand für die Stabilität der sowjetischen Gesellschaft. Deshalb wollen wir die Rolle der zentralen Organe nicht schmälern, da wir uns sonst um die Vorzüge der Planwirtschaft bringen würden.

Zugleich darf man nicht übersehen, daß die zentralen Organe mit Kleinkram überhäuft sind. Wir werden sie von der operativen Arbeit entlasten, weil sie sonst die strategischen Fragen aus dem Auge verlieren.

Vieles, was wir auf den Plenartagungen im Januar und im Juni zu Recht kritisiert haben, ist in erster Linie auf Unzulänglichkeiten in der Arbeit der zentralen Organe zurückzuführen: Dort vermochte man nicht, gefährliche Tendenzen rechtzeitig zu erkennen, Lösungen für neue Probleme zu finden usw. Ich wiederhole: Die gesamte Reorganisation des zentralen Staatsapparates und seiner Funktionen wird in strikter Übereinstimmung mit dem Gesetz über den staatlichen Betrieb erfolgen. Zentralismus hat unter den Bedingungen der Umgestaltung nichts mit bürokratischer Reglementierung des vielschichtigen Lebens der Kollektive in Produktion, Forschung und Entwicklung gemein. Die Abgrenzung der Funktionen zwischen den zentralen und örtlichen Organen steht uns noch bevor, wir müssen den Inhalt der Arbeit der Ministerien und ihre eigentliche Aufgabenstellung verändern.

Wir nehmen Kurs auf weitere Demokratisierung der Planung. Das bedeutet, daß die Konzipierung der Pläne nicht formal, sondern tatsächlich in den Betrieben, in den Arbeitskollektiven beginnt. Sie werden die Produktion ihrer Erzeugnisse selbständig planen, wobei sie von den gesellschaftlichen Bedürfnissen ausgehen, die in den Kontrollziffern, den staatlichen Aufträgen und den Wirtschafts- und Handelsbeziehungen mit den Verbrauchern zum Ausdruck kommen.

Das Staatliche Plankomitee der UdSSR muß künftig völlig auf kleinliche Reglementierung und Eingriffe in die laufende Arbeit der Ministerien und anderer Staatsorgane verzichten, das gleiche trifft für letztere gegenüber den Betrieben zu. Die Tätigkeit der Betriebe (Lohnfonds, Gewinnverwendung, Haushaltsabführungen usw.) wird durch langfristige ökonomische Normative gesteuert, das heißt, im Grunde wird das eine Selbstregulierung sein.

Vorgesehen ist auch, in allen Planungsstadien mehr Offenheit walten zu lassen und sozialökonomische, wissenschaftlich-technische und ökologische Probleme von gesamtstaatlicher wie regionaler Bedeutung öffentlich zu erörtern. Um zu optimalen Lösungen zu gelangen, wird prinzipiell die Planung auf der Grundlage mehrerer Varianten eingeführt.

Im Unterschied zur früheren Praxis werden die zentralen Organe nur mit Hilfe einer begrenzten Zahl von Kennziffern — Erfüllung der staatlichen Aufträge, Gewinn, Arbeitsproduktivität, zusammenfassende Kriterien des wissenschaftlich-technischen Fortschritts und der Entwicklung im sozialen Bereich — die Betriebe kontrollieren. Eines der wichtigsten Kriterien für die Tätigkeit der Betriebe wird die Erfüllung der vertraglichen Verpflichtungen und der staatlichen Aufträge für die wichtigsten Arten von Erzeugnissen, Arbeiten und Dienstleistungen sein. Mit zunehmender Sättigung des Marktes werden sich Zahl und Umfang der staatlichen Aufträge zugunsten der Direktbeziehungen zwischen Herstellern und Verbrauchern nach und nach verringern. Wenn die entsprechenden Erfahrungen vorliegen, sollen die staatlichen Aufträge im Ausschreibungsverfahren vergeben werden, wobei die Prinzipien des Wettbewerbs, das heißt der sozialistischen Konkurrenz, anzuwenden sind.

Das System der materiell-technischen Versorgung wird grundlegend verändert. Hauptrichtung dieser Veränderungen ist der Übergang von der sogenannten Bereitstellung materieller Fonds, also der zentralen Zuweisung von Ressourcen, zum Großhandel mit derartigen Produktionsmitteln.

Kurzum, die Vorzüge der Planung werden zunehmend im Einklang mit den stimulierenden Faktoren des sozialistischen Marktes wirken. Doch wird all das im Rahmen der sozialistischen Prinzipien der Wirtschaftstätigkeit und ihrer Ziele geschehen.

Die Erweiterung der Rechte und der wirtschaftlichen Selbständigkeit der Betriebe sowie die neuen Funktionen der zentralen wie der zweiggebundenen wirtschaftsleitenden Organe gebieten grundlegende Veränderungen in der Struktur dieser Organe.

Früher wurden zur Lösung bestimmter Aufgaben, mit denen die Leitung gestärkt werden sollte, häufig neue Struktureinheiten gebildet, so daß der Leitungsapparat sich gewaltig aufblähte, unbeweglicher wurde und bürokratische Züge annahm.

Wir sehen, daß das Tempo der Umgestaltung in der Wirtschaft in hohem Maße durch den aufgeblähten und zu wenig effektiven Leitungsapparat gebremst wird. Deshalb gehen wir daran, diesen Apparat beträchtlich zu reduzieren, falls notwendig, auch seine Struktur zu vereinfachen und die Fachministerien zu vergrößern. Einige Erfahrungen haben wir schon gesammelt. So wurden bei uns die Landwirtschaft und die Verarbeitung ihrer Erzeugnisse von sieben Ministerien und anderen Staatsorganen auf Unionsebene geleitet. All diese Instanzen haben wir zum Staatlichen Agrar-Industrie-Komitee zusammengefaßt und dabei das Verwaltungspersonal nahezu um die Hälfte verringert. In einem anderen Falle haben wir Ministerien vergrößert und zusammengelegt. So werden wir auch künftig vorgehen und uns jeweils von den konkreten Gegebenheiten leiten lassen.

Heute ist bereits allen klar, daß bei den gegenwärtigen Größenordnungen der Wirtschaft selbst der qualifizierteste Apparat eines Ministeriums oder anderer Staatsorgane nicht fähig ist, ausnahmslos alle Fragen zu lösen, daß er den Arbeitskollektiven das Denken und die Initiative nicht abnehmen kann. Der Prozeß der Umverteilung der Rechte zwischen zentralen Leitungsorganen und Betrieben verläuft jedoch nicht reibungslos. Die Ministerien und auch die Minister selbst trennen sich nur ungern von der Gewohnheit, operative Detailfragen zu entscheiden. Das hat sich über Jahre hinweg eingebürgert, und das ist ja auch wesentlich leichter und einfacher. Die Übertragung eines Teils der Rechte von den zentralen Organen an die Basis ist überhaupt ein schmerzlich ablaufender Prozeß, obwohl, ich wiederhole, alle, die Minister wie die Mitarbeiter des Verwaltungsapparates, einsehen, daß es notwendig ist. Vom Verstand her begreifen sie, daß ein solcher Schritt nur der Sache zugute kommt, in der Praxis aber werden ressortegoistische oder einfach auch nur Gruppeninteressen häufig über die Interessen der Gesellschaft, des Volkes, gestellt.

Erwähnt sei auch eine weitere Richtung bei der Verbesserung der Wirtschaftsführung. Die Erfahrungen belegen, daß an den Nahtstellen der einzelnen Zweige keine geringen Effektivitätsreserven schlummern. Sich der Hoffnung hingeben, das Staatliche Plankomitee könne die Wechselbeziehungen zwischen den Zweigen in allen Verästelungen durcharbeiten und eine optimale Variante ermitteln, hieße jedoch, sich in Illusionen zu wiegen. Um so weniger können das die Ministerien. Aus all diesen Gründen sahen wir uns veranlaßt, Leitungsorgane für große Volkswirtschaftskomplexe zu bilden. Wie Sie sehen, stehen im Leitungssystem große Veränderungen ins Haus. Wir werden entschlossen handeln, zugleich aber ausgewogen und nicht übereilt.

In der technischen Ausstattung Weltspitze erreichen
Zusammen mit der Umgestaltung der Planung und der Wirtschaftstätigkeit sowie mit der Erweiterung der Rechte der Betriebe haben wir uns eingehend mit den Problemen des wissenschaftlich-technischen Fortschritts befaßt. Die Zweige, die diesen Fortschritt bestimmen, erhalten zusätzliche finanzielle und materielle Unterstützung. Dazu haben wir ein landesweites Zielprogramm erarbeitet und Mittel dafür bereitgestellt.

Im zwölften Planjahrfünft wird der größere Teil der Grundfonds im Maschinenbau erneuert. Dafür stehen fast doppelt soviel Mittel zur Verfügung wie in den vorangegangenen fünf Jahren.

Eine Analyse der in der Industrie geleisteten Arbeit hat Fehler in der Investitionspolitik zutage gefördert. Lange Jahre wurde auf den Bau immer neuer Betriebe gesetzt. Die Errichtung von neuen Werkhallen und Verwaltungsgebäuden verschlang enorme Mittel, das technische Niveau der vorhandenen Betriebe blieb hingegen unverändert. Würden alle vorhandenen Ausrüstungen in zwei oder drei Schichten gut ausgelastet, ließen sich die Aufgaben des zwölften Planjahrfünfts natürlich auch damit erfüllen. Doch die veraltenden Fonds werden uns so oder so zurückwerfen, weil damit keine modernen Erzeugnisse hergestellt werden können. Wir müssen die alten Maschinen aussondern. Deshalb nehmen wir einschneidende Veränderungen in der Struktur- und Investitionspolitik vor.

Ich habe 1983 die Moskauer SIL-Automobilwerke besucht. Damals bereitete man sich dort intensiv auf die Rekonstruktion dieses Werkes, eines der ersten Betriebe des sowjetischen Kraftfahrzeugbaus, vor. 1985 war ich wieder dort und wollte wissen, wie die Rekonstruktion läuft. Dabei zeigte sich, daß man sich am technischen Mittelmaß orientiert und Ausrüstungen eingesetzt hatte, die fünf bis sieben Jahre alt waren. Daher konnte mit wesentlichen technologischen Fortschritten nicht gerechnet werden. Zudem hätte man zusätzliche Arbeitskräfte gebraucht. Wenn wir uns auf die Technik von gestern orientieren, können wir keine nennenswerte Intensivierung der Produktion erreichen, sondern konservieren lediglich den Rückstand. Wie sich herausstellte, hatte das Kollektiv auch eine andere, mehr auf die Zukunft orientierte Variante, die aber keine Unterstützung erhielt, so daß die Arbeit daran eingestellt wurde. Wir unterstützten die Belegschaft in ihrer Forderung, den Rekonstruktionsplan für die SIL-Werke noch einmal zu prüfen. Daraufhin wurde ein neuer Plan aufgestellt, der mit Erfolg in die Tat umgesetzt wird. Die SIL-Werke werden zu einem wirklich modernen Betrieb.

Überhaupt ist ganz offensichtlich, daß größere Veränderungen in Technologie und Technik vorübergehend Starthilfe brauchen. Wie heißt es doch so schön: »Moskau wurde auch nicht an einem Tag erbaut.« Würden wir die Aufgabe stellen, alle Probleme sofort zu lösen, dann wären wir gezwungen, die Modernisierung der Produktion mit der alten, moralisch verschlissenen Technik durchzuführen. Das hieße im Grunde, auf der Stelle zu treten.

Wir analysierten unseren Bestand an Technik, prüften, ob sie dem Weltniveau entspricht. Dabei ergab sich, daß nur der kleinere Teil der hergestellten Technik diesem Niveau gerecht wird. Die Schlußfolgerung lag auf der Hand: Sich lieber jetzt allen Schwierigkeiten stellen, um zur neuen Technik zu kommen und dann durch Ankurbelung des Maschinenbaus den Durchbruch zu modernsten Technologien zu erzielen, als für lange Jahre den technischen Rückstand konservieren. »Dann« heißt beileibe nicht in ferner Zukunft. Nein, die Modernisierung des sowjetischen Maschinenbaus erfolgt parallel zu den außerordentlichen Bemühungen, das wissenschaftliche Potential zur Wirkung zu bringen. Das ist unsere aktuellste und vordringlichste Aufgabe, ich möchte sagen, sie hat höchste Priorität. Auf dem Gebiet des wissenschaftlich-technischen Fortschritts sind wir vor allem deshalb in die jetzige Situation geraten, weil wir die sowjetische Wissenschaft und Technik unterschätzt und uns zu sehr auf die Beziehungen zum Ausland verlassen haben.

Mir scheint, wir haben die Entspannungspolitik zu rosig gesehen, ich würde sagen, wir waren allzu vertrauensselig. Viele glaubten, sie sei unumkehrbar und eröffne unbegrenzte Möglichkeiten, besonders für den Ausbau der Handels- und Wirtschaftsbeziehungen mit dem Westen. Wir haben sogar einige Forschungs- und Entwicklungsprojekte eingestellt, weil wir auf internationale Arbeitsteilung hofften und glaubten, es sei vorteilhafter, manche technischen Neuerungen zu kaufen, statt sie selbst zu entwickeln. Was aber geschah in Wirklichkeit? Für unsere Naivität wurden wir hart gestraft. Es brach eine Zeit der Embargos, Boykotte, Verbote, Restriktionen, Einschüchterung unserer Handelspartner usw. an. Manche Politiker im Westen frohlockten sogar schon in aller Öffentlichkeit über den bevorstehenden Zusammenbruch der sowjetischen Wirtschaft. Doch sie hatten sich auch diesmal zu früh gefreut.

Wir haben die notwendigen Lehren daraus gezogen und im eigenen Lande die erforderlichen Entwicklungsarbeiten und die Herstellung von Erzeugnissen, die ursprünglich gekauft werden sollten, in die Wege geleitet, so daß letztlich westliche Firmen den Schaden davontragen. Übrigens bin ich der Auffassung, daß dieser ganze Rummel um Verbote und Restriktionen nicht nur gegen die UdSSR, sondern weitgehend gegen Konkurrenzfirmen in anderen kapitalistischen Ländern gerichtet ist.

Alles in allem haben uns die USA mit ihren Sanktionen, Embargos und anderen Verboten zu vielen Erkenntnissen verholfen. So hat das Schlechte auch seine guten Seiten. Wir haben Lehren aus der Haltung der USA und verschiedener anderer Länder des Westens gezogen, die sich weigerten, moderne Technologien an die Sowjetunion zu verkaufen. Vielleicht erleben wir bei uns jetzt deshalb einen regelrechten Boom in Informatik und Computertechnik, aber auch in anderen Bereichen des wissenschaftlich-technischen Fortschritts.

Wir haben den festen Entschluß gefaßt, mit der, wie unsere Wirtschaftsfachleute sagen, »Importseuche« Schluß zu machen. Dazu aktivieren wir das enorme Potential unserer Wissenschaft und unseres Maschinenbaus.

Ist es nicht widersinnig, daß viele Forschungsergebnisse sowjetischer Wissenschaftler im Westen rascher in die Produktion übergeleitet wurden als im eigenen Land, so zum Beispiel die Rotorfließreihen. Auch in einem anderen Falle haben wir den Zug verpaßt. Das Stranggußverfahren für Stahl haben wir als erste erfunden. Doch mit welchem Ergebnis? In manchen Ländern werden bis zu achtzig Prozent des Stahls nach unserem Verfahren geschmolzen, bei uns dagegen viel weniger. Der Weg von der wissenschaftlichen Entdeckung bis zur Überleitung in die Produktion ist bei uns zu lang. Deshalb bereichern sich ausländische Industrielle mit Geschäftssinn an unseren Ideen. Natürlich gefällt uns das nicht. Die Lage wird sich ändern, das ist ganz klar. In letzter Zeit hat es dazu erste Ansätze gegeben. Der Austausch muß auf Gegenseitigkeit beruhen.

Viel wird getan, um den wissenschaftlich-technischen Fortschritt zu beschleunigen. Wir führen Zielprogramme ein, orientieren die Arbeitskollektive, die Zweigforschung und die Wirtschaftswissenschaft auf die schöpferische Suche und haben bereits über zwanzig zweigübergreifende wissenschaftlich-technische Komplexe gebildet, die von führenden Wissenschaftlern geleitet werden. Die vorrangige Entwicklung des sowjetischen Maschinenbaus ist, wie gesagt, ein dringendes Gebot der Zeit. Das Juni-Plenum (1986) des Zentralkomitees der KPdSU hat ein Programm zur grundlegenden Rekonstruktion des Maschinenbaus vorgelegt. Es steht die in der Geschichte der sowjetischen Industrie beispiellose Aufgabe, in den Parametern der wichtigsten Maschinen, Ausrüstungen und Geräte in den nächsten sechs bis sieben Jahren Weltniveau zu erreichen. Den Schwerpunkt wird die Rekonstruktion im Werkzeugmaschinen- und Gerätebau sowie in der Elektronik und Elektrotechnik bilden. In der Metallurgie und der chemischen Industrie ist eine umfassende Modernisierung im Gange.

Wunschdenken ist etwas ganz Gefährliches. Dennoch – es vollziehen sich vielversprechende Wandlungen. Vor kurzem war ich in Selenograd bei Moskau, wo ein Teil der Forschungseinrichtungen und Betriebe der Elektronikindustrie konzentriert ist. Wissenschaftler und Fachleute machten mir die erfreuliche Mitteilung, daß wir in einigen entscheidenden Positionen den USA nicht etwa nachstehen oder mit ihnen gleichgezogen haben, sondern ihnen schon voraus sind. Die technologische Arroganz des Westens hat uns demnach zum Nutzen gereicht. Nun steht die Überleitung in die Produktion bevor, eine nicht minder schwierige Aufgabe.

Lebenswichtige Grundlagen der Umgestaltung
Heute stellen sich bei der Umgestaltung der Wirtschaft ungemein vielfältige Probleme und Aufgaben, die zum Teil eine Hinterlassenschaft der Vergangenheit sind, teilweise aber auch ohne Aufschub in Angriff zu nehmen sind oder gerade erst spruchreif werden. Selbst auf die Gefahr hin, mich zu wiederholen, möchte ich vor dem Leser das bunte Mosaik der Umgestaltung ausbreiten und ihn auffordern, einen Blick in das Kaleidoskop unseres Alltags zu werfen, um zu erfahren, wie wir die Fundamente für unsere Zukunft legen. Wir bereiten die Massen auf durchgreifende Veränderungen vor. Dazu müssen wirtschaftliche wie psychologische Voraussetzungen geschaffen werden, denn es ist gar nicht leicht, sich von Altgewohntem zu lösen und die unter konkreten historischen Bedingungen entstandenen Vorstellungen von den Formen des gesellschaftlichen Lebens zu überwinden.

Bis heute kann man von unseren Gralshütern der »reinen Lehre« harte Beschuldigungen hören oder lesen. Sie prangern mit erhobenem Zeigefinger Unordnung, Mißstände, Fehler und Mängel an. Doch sobald irgend jemand etwas ganz Vernünftiges, aber Unkonventionelles unternimmt, schreien diese Pseudosozialisten lauthals: Das ist ein Anschlag auf die Grundlagen des Sozialismus! Auch das ist eine Realität der Umgestaltung. Mit solchen Streitern für den »reinen«, in der Abstraktion idealen und überirdischen Sozialismus gilt es, geduldig zu diskutieren; ihnen ist zu beweisen, daß das Leben anders ist.

Lenin hat nie geglaubt, zum Sozialismus führe ein gerader Weg. Er verstand es, Losungen zu ändern, wenn es das Leben erforderte, er war niemals der Sklave einmal gefaßter Beschlüsse. So scheute er nicht davor zurück, mehr private Erwerbstätigkeit zuzulassen, als der Staat, der staatliche Sektor, schwach war. Heute aber, wo wir viel stärker sind, beschleicht manchen im Zuge der Umgestaltung angesichts der Maßnahmen zur Entwicklung des Genossenschaftswesens, der individuellen Erwerbstätigkeit, der Arbeit nach dem Vertragssystem und der Eigenfinanzierung Furcht: Erschüttern wir damit nicht die »Grundpfeiler«, ziehen wir so nicht Privatunternehmer heran? Graben wir nicht den Kolchosen das Wasser ab, wenn wir verschiedene Formen von Leistungsverträgen einführen? Wenn aber in den Geschäften vieles fehlt, was dann? Das wäre ein Grund, Alarm zu schlagen, statt Panik zu machen und zu schreien: »Hilfe, der Sozialismus ist in Gefahr!«

Unseres Erachtens ist die Verbindung von persönlichen Interessen und Sozialismus auch heute das Hauptproblem. Natürlich sind persönliche Interessen im weitesten Sinne gemeint, nicht nur die materiellen Interessen. Wir brauchen keinen »reinen«, doktrinären, konstruierten Sozialismus, sondern einen realen Sozialismus, einen Sozialismus im Sinne Lenins. Lenin hat sich zu diesem Thema sehr klar geäußert: Da die Großindustrie uns gehört und wir die Macht ausüben, brauchen wir uns vor nichts zu fürchten. Gestützt auf diese Kraft, können wir planmäßig die sozialistischen Umgestaltungen verwirklichen. Das ist wirkliche sozialistische Arbeit. Diese Aussagen waren damals richtig und sind es heute um so mehr, da unsere Gesellschaft ökonomisch und politisch stark ist. Lenin sah die Dinge stets so, wie sie wirklich waren, und ließ sich von den Interessen der Werktätigen leiten.

Ich bin fest überzeugt, daß die effektivsten Formen der Produktionsorganisation auf der Grundlage der vollständigen wirtschaftlichen Rechnungsführung im Agrar-Industrie-Komplex rasch Fuß fassen werden. Zum einen blicken unsere Kolchose hier auf eine lange Tradition zurück. Zum anderen hat die Landbevölkerung Unternehmungsgeist und Geschäftssinn. All dies erlaubt es, Fragen der wirtschaftlichen Rechnungsführung, der Eigenerwirtschaftung der Mittel und der Eigenfinanzierung flexibler und operativer zu lösen.

Der kollektive Leistungsvertrag hat sich, was Arbeitsorganisation und -vergütung in der Landwirtschaft anbelangt, gut bewährt. Nun gehen wir zum familiengebundenen Leistungsvertrag über, und die ersten Ergebnisse sind ermutigend.

Anfang August 1987 habe ich im Rayon Ramenskoje bei Moskau mit Mitgliedern einer Arbeitsgruppe gesprochen, die schon fünf Jahre auf Vertragsbasis nach einer Intensivtechnologie arbeitet. Sie züchten Saatkartoffeln und haben ihrem Sowchos im vergangenen Jahr zu fünft einen großen Gewinn gebracht. Wenn die Menschen selbst die Verantwortung für alles übernehmen, geschehen erstaunliche Dinge. Es kommen ganz andere Ergebnisse zustande, bisweilen sind die Leute nicht wiederzuerkennen. Die Sache verändert sich und die Einstellung zu ihr auch.

Der Mensch will in unserer Gesellschaft an allen Angelegenheiten teilhaben, und das ist gut so. Er weist es zurück, wenn man ihn in eine Lage bringt, wo seine Meinung und sein Standpunkt nicht gefragt sind, wo man in ihm einfach nur eine Arbeitskraft sieht, nicht aber den Menschen, den Staatsbürger in ihm schätzt. Der kollektive Leistungsvertrag dagegen und der mit ihm einhergehende Demokratismus bestärken die Menschen in dem Gefühl, Staatsbürger und Hausherr zu sein.

In vielen landwirtschaftlichen Gebieten gibt es heute große Kolchose und Sowchose mit starken Brigaden, Abteilungen und Anlagen. Ihre technische Ausstattung kann sich sehen lassen, sie wenden in immer größerem Umfang industriemäßige Technologien an, doch sind sie nicht fest genug mit dem Grund und Boden verwachsen. Das wirkt sich auf die Endergebnisse aus. Jetzt gilt es, innerhalb dieser Kolchose und Sowchose mit Hilfe des kollektiven und familiengebundenen Leistungsvertrages und des Pachtvertrages für eine festere, direkte Verbindung zu den Interessen des Menschen Sorge zu tragen. Dann verknüpfen wir die Vorzüge der großen Kollektivwirtschaften, die Anwendung industriemäßiger Methoden mit den persönlichen Interessen des Menschen. Genau darauf kommt es an. So läßt sich die Lebensmittelversorgung in zwei bis drei Jahren wesentlich verbessern.

Werden die persönlichen Interessen verletzt, ist das Ergebnis gleich Null, und die Gesellschaft trägt den Schaden davon. Deshalb müssen wir für einen Ausgleich der Interessen sorgen, und dazu gelangen wir mit dem neuen Wirtschaftsmechanismus, mit Hilfe der verschiedenen Formen der Demokratie, in einem von Offenheit getragenen Klima, durch die Einbeziehung der Bürger in alle Umgestaltungsprozesse.

Das erste, was es zu gewährleisten gilt, ist ein Klima, das der Umgestaltung förderlich ist und den Menschen zu aktiver und verantwortungsbewußter Mitwirkung an den gesellschaftlichen Angelegenheiten anregt.

Das ist ein Klima, in dem Offenheit herrscht und alle, auch die schwierigsten Fragen mit dem Volk beraten werden, um sie gemeinsam mit ihm zu lösen. Dazu bedarf es der realen Mitwirkung der Massen an der Leitung. Deshalb sagen wir auch, daß die weitere Demokratisierung das Fundament der Umgestaltung ist. Solche Formen wie die Wahl der Leiter oder Räte der Arbeitskollektive auf Brigade-, Abteilungs- und Betriebsebene haben zu Recht bereits Anwendung gefunden. Am Beispiel der nach Leistungsverträgen arbeitenden Kollektive und Familienfarmen wird ersichtlich, wie sehr die Menschen in unserem Lande daran interessiert waren, ihrer Rolle als Hausherren gerecht zu werden. Sie wollen nicht einfach nur mehr verdienen — obwohl sie auch diesen verständlichen Wunsch haben —, sie wollen ihr Geld ehrlich verdienen, es nicht dem Staat aus der Tasche ziehen, sondern eben verdienen. Ist dieser Wunsch etwa nicht sozialistisch? Er ist durchaus sozialistisch, deshalb darf es keinerlei Einschränkungen geben: Alles, was der Mensch verdient, muß er bekommen. Zugleich müssen wir verhindern, daß jemand großzügige Vergütungen einstreicht, ohne daß er sie verdient hat.

Die Sozialpolitik der Umgestaltung
Wir gehen davon aus, daß nur eine gerechte Sozialpolitik, wie sie verkündet wurde, den Erfolg der gesamten Umgestaltung sichern kann. Es gilt, das Lebensniveau der Bevölkerung zu heben, das Wohnungsproblem rascher zu lösen, mehr Lebensmittel herzustellen, die Erzeugnisqualität zu verbessern, das Dienstleistungs- und das Gesundheitswesen zu entwickeln, eine Reform des Hoch- und Fachschulwesens durchzuführen und viele andere soziale Fragen zu lösen.

Besonderes Augenmerk auf dem Juni-Plenum (1987) des Zentralkomitees, das sich mit laufenden und langfristigen Fragen beschäftigte, galt der Erhöhung der Produktion von Lebensmitteln und Konsumgütern und der Erweiterung des Wohnungsbaus.

Weitreichende Maßnahmen werden durchgesetzt. Wir steigern das Tempo beim Wohnungsbau. Das ist bei uns eine Aufgabe des ganzen Volkes, in die wir zusätzliche Investitionen lenken. Wir müssen den Menschen helfen, zu bauen und sich gut einzurichten, und zwar auf dem Lande wie in der Stadt.

Wir müssen erreichen, daß die Menschen haben, was sie zum Leben brauchen. Lösen wir diese Probleme, stabilisieren sich auch die Arbeitskollektive. Die Menschen schätzen weniger, wie schnell ihr Einkommen wächst, sondern wie sich die Stadt oder das Dorf, die Lebensbedingungen, die Produktion und der Charakter und Inhalt der Arbeit selbst verändern.

In der gegenwärtigen Situation ist besonders untragbar, daß Leiter sich passiv verhalten und die heute schon bestehenden Möglichkeiten zur Lösung sozialer Aufgaben nicht nutzen. Hier macht sich einerseits die alte Gewohnheit bemerkbar, diese Probleme nach dem sogenannten Restprinzip zu behandeln, das heißt, für soziale Zwecke nur die Mittel zu bewilligen, die nach Deckung des Produktionsbedarfs verblieben sind, andererseits wirkt die eingebürgerte Psychologie der Abhängigkeit nach. Wirtschaftliche Rechnungsführung und Eigenfinanzierung setzen all dem Grenzen. Der Wirtschaftsmechanismus als solcher zwingt dazu, engagiert, klug und mit Unternehmungsgeist, kurzum als Hausherr, zu handeln.

Unsere Leistungen im Bildungswesen sind allgemein bekannt, sie können sich auch im Vergleich zu den am weitesten entwickelten Ländern sehr wohl sehen lassen. Dennoch führen wir eine Reform des Hoch- und Fachschulwesens durch. Worauf ist das zurückzuführen? Vor allem auf die neuen Anforderungen, die die heutige Gesellschaft an den Menschen stellen muß. Zudem haben die Stagnationserscheinungen der Gesellschaft auch um unser Bildungswesen keinen Bogen gemacht: Auch hier kam es zu Selbstzufriedenheit, gab man sich mit dem Erreichten zufrieden, und das wirkte sich sofort auf die gesamte Situation aus.

Das Hauptziel bei der grundlegenden Reform des Hoch- und Fachschulwesens besteht darin, die Jugendlichen entsprechend den Forderungen des wissenschaftlich-technischen Fortschritts auf ihre künftige Arbeit vorzubereiten und sie von zweitrangigen Dingen zu entlasten, die wenig effektiv sind, aber zu Überbeanspruchung führen. Von Grund auf wird die humanwissenschaftliche Ausbildung der Studierenden verbessert, die der Erziehung und der Aneignung des Kulturguts dienen muß. An den Hoch- und Fachschulen sollen vor allem kreative Lehr- und Erziehungsmethoden gefördert werden, Eigenverantwortung und Selbständigkeit der Kollektive an den Bildungseinrichtungen sollen sich entwikkeln. Die neuen Aufgaben gebieten eine Veränderung der materiellen Basis des Bildungswesens und vor allem ein höheres Niveau in der Tätigkeit der Lehrkräfte. Künftig werden für die Weiterbildung materielle Anreize geschaffen.

Gegenwärtig findet eine Volksaussprache über die Hauptrichtungen zur Vervollkommnung des sowjetischen Gesundheitswesens statt. Im Anschluß daran wird dieses Dokument im Zentralkomitee der KPdSU und in der Regierung und danach im Obersten Sowjet der UdSSR erörtert. Zur Verwirklichung dieses komplexen Programms sind beträchtliche Mittel und umfangreiche Arbeit erforderlich. Für die erste Etappe, die verbleibenden Jahre des zwölften Planjahrfünfts und das dreizehnte Planjahrfünft, stehen die entsprechenden finanziellen Mittel und materiellen Ressourcen bereit.

Die Intensivierung der gesellschaftlichen Produktion ist Anlaß, in einem neuen Licht die Probleme einer effektiven Beschäftigung zu sehen und eine Umgruppierung der Arbeitskräfte vorzunehmen.

Zugleich müssen wir eingehender untersuchen, wie der Grundsatz der sozialen Gerechtigkeit in der Gesellschaft verwirklicht wird. Eine der sehr schwerwiegenden Deformationen in den vergangenen Jahrzehnten war die weit verbreitete Gleichmacherei. Auf dieser Basis entwickelten sich Schmarotzertum, Konsumdenken und Spießbürgermentalität nach dem Motto: Das alles geht mich nichts an, soll sich doch die Obrigkeit den Kopf zerbrechen.

Auf dem XXVII. Parteitag wurde die Frage der sozialen Gerechtigkeit so gestellt: Im Sozialismus beruht sie auf der Arbeit. Allein die Arbeit bestimmt den realen Platz eines Menschen in der Gesellschaft und seinen sozialen Status, und deshalb ist jedwede Gleichmacherei fehl am Platze.

Gleichmacherische Haltungen treten selbst jetzt noch hier und da zutage. Manche Bürger haben den Aufruf zu sozialer Gerechtigkeit so aufgefaßt, daß »alle gleichzustellen« seien.

Doch in der Gesellschaft wird nachhaltig die Forderung erhoben, das Prinzip des Sozialismus strikt in die Tat umzusetzen.

Anders gesagt, für uns ist vor allem wichtig, was ein Mensch persönlich für unser Land leistet. Hochproduktive Arbeit in der Produktion ist ebenso zu fördern wie das Talent des Schriftstellers, des Wissenschaftlers oder jedes anderen ehrlichen und arbeitsamen Menschen. Wir wollen dazu völlige Klarheit: Sozialismus heißt nicht Gleichmacherei. Im Sozialismus können Leben und Konsumtion nicht nach dem Prinzip »Jeder nach seinen Fähigkeiten, jedem nach seinen Bedürfnissen« geregelt werden. Das wird erst im Kommunismus der Fall sein. Im Sozialismus gilt ein anderes Kriterium für die Verteilung der gesellschaftlichen Güter: »Jeder nach seinen Fähigkeiten, jedem nach seiner Leistung.« Es gibt keine Ausbeutung des Menschen durch den Menschen, keine Unterteilung in arm und reich, in Bettler und Millionäre. Alle Völker sind gleich, allen Menschen ist ein Arbeitsplatz gesichert, Schule und Studium sowie die medizinische Betreuung sind unentgeltlich, im Alter wird für den Menschen gesorgt. So stellt sich die soziale Gerechtigkeit im Sozialismus dar.

Heute, da in der Gesellschaft die Frage der sozialen Gerechtigkeit sehr aktuell ist, wird häufig um Privilegien und Vergünstigungen für Einzelpersonen oder Personengruppen gestritten. Bei uns gibt es verschiedene, vom Staat festgelegte Vergünstigungen, die nach Umfang und Qualität der gesellschaftlich nützlichen Arbeit gewährt werden, einige davon in der Produktion, andere in Wissenschaft und Kultur. Besonderes Augenmerk gilt beispielsweise bedeutenden Wissenschaftlern, Akademiemitgliedern und Schriftstellern. Menschen, die einen außerordentlichen Beitrag zum Aufbau des Sozialismus geleistet haben, werden Ehrentitel verliehen. Helden der Sozialistischen Arbeit, Verdiente Wissenschaftler und auch Verdiente Kultur- und Kunstschaffende kommen in den Genuß zusätzlicher Vergütungen. Es gibt Vergünstigungen für Beschäftigte bestimmter Zweige und

Regionen (vor allem im Hohen Norden und in entlegenen Landesteilen), für Militärangehörige, Diplomaten usw. Diese Praxis halte ich für gerecht, da sie im Interesse der ganzen Gesellschaft liegt. Und sie richtet sich ja nach Bedeutung und Größe des Beitrags, den der einzelne leistet. Wenn aber Privilegien auftauchen, die nicht der Staat, sondern irgend jemand unter Mißbrauch seiner Dienststellung sozusagen für sich selbst »festgelegt« hat, dann sind sie für uns unannehmbar, dann schreiten wir dagegen ein.

Ein weiterer Aspekt dieser Frage: Viele unserer Organisationen, Institutionen und Betriebe verfügen über Dienstleistungseinrichtungen. Praktisch bieten fast alle Großbetriebe Gemeinschaftsverpflegung an. In den meisten Fällen beteiligen sich die Betriebe, und zwar Betriebsleitung und Gewerkschaftskomitee gemeinsam, an den Kosten der Einrichtungen für Gemeinschaftsverpflegung, wodurch der Preis für das Essen für den einzelnen niedriger wird.

Im Lande gibt es ein weitgespanntes Netz von betrieblichen medizinischen Einrichtungen, die die Werktätigen betreuen. Dazu gehören nicht nur Polikliniken, sondern auch Erholungsheime und Prophylaxeeinrichtungen in Betriebsnähe oder aber in Erholungsgebieten und Kurorten. Viele Betriebe haben Betriebsverkaufsstellen, Bestelldienste, Schneidereien usw., sie verfügen sozusagen über einen eigenen Dienstleistungsbereich.

Solche Einrichtungen gibt es nicht nur in Betrieben. Die Akademie der Wissenschaften, der Schriftstellerverband und manch andere Organisation haben ebenfalls eigene Sanatorien, Erholungsheime und Datschensiedlungen. Über ähnliche Möglichkeiten verfügen auch die Gewerkschaften, die übrigens die reichste Organisation des Landes sind, und die Partei- und Staatsorgane. Das hat sich historisch so entwickelt.

Natürlich können solche Dienstleistungen auch Probleme aufwerfen. Das kommt in der Tat vor, besonders dort, wo die Qualität der Dienstleistungen für die Gesamtbevölkerung im betreffenden Territorium den Leistungen in den genannten

Organisationen und Einrichtungen stark nachsteht. Derartige Erscheinungen werden von den Werktätigen selbstverständlich zu Recht kritisiert. Diese Probleme müssen bei der Verwirklichung der ins Auge gefaßten Programme ausgeräumt werden.

Den Kampf gegen Trunksucht und Alkoholmißbrauch werden wir mit allem Nachdruck fortsetzen. Die Wurzeln dieses sozialen Übels reichen weit in die Jahrhunderte zurück, diese Erscheinung hat sich zu einer Gewohnheit entwickelt, die gar nicht so leicht zu bekämpfen ist. Doch die Gesellschaft ist reif für eine einschneidende Wende. Trunksucht und Alkoholmißbrauch haben besonders in den letzten zwanzig Jahren wesentlich zugenommen und sind zu einer Gefahr für die Zukunft der Nation geworden. Die Werktätigen weisen uns immer wieder auf die Notwendigkeit hin, noch nachdrücklicher gegen dieses Übel vorzugehen. Mancher fordert sogar die Verhängung eines landesweiten Alkoholverbots. Uns ist jedoch klar, daß ein solches Verbot nicht zweckmäßig wäre. Dazu sagen wir: Wenn ihr das wollt, verhängt ein Alkoholverbot für die eigene Familie, für eine Ortschaft oder gar für einen Rayon. In Tausenden Dörfern und Ortschaften haben die Werktätigen auf Versammlungen beschlossen, den Verkauf und den Konsum von alkoholischen Getränken einzustellen. Der Kampf geht weiter. In den letzten zwei Jahren ist der Alkoholkonsum pro Kopf der Bevölkerung auf die Hälfte zurückgegangen. Dafür hat die Schwarzbrennerei zugenommen. Allein mit administrativen Maßnahmen läßt sich das Problem nicht lösen. Der sicherste Weg, sich von einem Übel wie dem Alkoholmißbrauch zu befreien, sind ein besseres Freizeitangebot, mehr Körperkultur, Sport und kulturelle Massenarbeit, ist die weitere Demokratisierung des gesamten gesellschaftlichen Lebens.

III. Auf dem Weg der Demokratisierung

Unsere wichtigste Reserve
Eine vorrangige, wenn nicht die wichtigste politische Aufgabe der Umgestaltung besteht darin, in den sowjetischen Menschen Verantwortungsbewußtsein für die Geschicke des Landes, persönliches Engagement und Interesse an den gesellschaftlichen Belangen neu zu wecken und zu stärken. Es muß uns Anlaß zur Sorge sein, wenn immer noch Elemente einer gewissen Entfremdung zu spüren sind, die aus der Lokkerung der Bande zwischen Staats- und Wirtschaftsorganen einerseits und den Kollektiven, den einfachen Werktätigen andererseits sowie aus der Unterbewertung der Rolle, die sie in der Entwicklung der sozialistischen Gesellschaft spielen, resultieren.

Der Faktor Mensch im weitesten Sinne ist unsere wichtigste Reserve, und der Weg, sie zu erschließen, ist die weitere Demokratisierung.

Wir werden sie mit all unseren Möglichkeiten aktivieren, indem wir vor allem die soziale Zielsetzung unserer Pläne verstärken. Ich möchte nur hinzufügen, daß wir uns um ein ausgewogenes Verhältnis zwischen der Wirtschaft und dem sozialen Bereich bemühen. Wird dieser Bereich im Interesse schnellen Wirtschaftswachstums vernachlässigt, so geht das Interesse an den Ergebnissen der Arbeit verloren. Das wirkt sich auf die Arbeitsproduktivität aus und untergräbt die Wirtschaft. Anderseits darf der soziale Bereich auch nicht so ausgebaut werden, daß es zu Lasten der Basis geht, denn das würde die Voraussetzung für eine dynamische Entwicklung der Gesellschaft untergraben. Folglich müssen wir ein optimales Maß finden, das der Forderung nach harmonischer sozialer und wirtschaftlicher Entwicklung gerecht wird. Das Verhältnis zwischen diesen beiden Bereichen ist nicht konstant, nicht statisch, es verändert sich. Heute steht die Sozialpolitik im Vordergrund.

Von größter Bedeutung ist der moralische Aspekt. Wenn es uns nicht gelingt, in unseren Arbeitskollektiven und in der gesamten Gesellschaft die sozialistischen Werte neu zu beleben und eine sozialistische Atmosphäre zu schaffen, werden wir die Umgestaltung nicht bewältigen. Wir können zwar eine richtige Politik und wirksame Mechanismen ihrer Umsetzung anbieten, doch werden wir nichts erreichen, wenn in der Gesellschaft nicht ein gesünderes Klima durch die feste Verankerung der sittlichen Werte des Sozialismus entsteht. Dazu zählen vor allem soziale Gerechtigkeit, Verteilung nach Arbeitsleistung, gleiche Disziplin, gleiche Gesetze und gleiche Ordnung für alle und gleiche Forderungen an alle.

Wir werden den Faktor Mensch auch durch die Verbesserung des Leitungssystems und des Wirtschaftsmechanismus aktivieren. Was bedeutet in diesem Zusammenhang wirtschaftliche Rechnungsführung? Sie bringt dem Kollektiv nicht nur Rechte, sondern auch Verantwortung. Wenn wir sagen: So, wie du arbeitest, wirst du leben, übertragen wir den Bürgern die Verantwortung für ihr eigenes Schicksal. Das weckt im Kollektiv natürlich den Wunsch, über den Betrieb und den Arbeitsprozeß, von dessen Ergebnis seine Einkünfte, sein Leben abhängen, tatsächlich auch mitzubestimmen. Hier haben wir es erneut mit zwei Seiten ein und desselben Prozesses zu tun. Die wirtschaftliche Rechnungsführung ist, anders ausgedrückt, nicht von der Selbstverwaltung, der Selbständigkeit der Arbeitskollektive zu trennen.

Neu bedacht haben wir auch das Wechselverhältnis von Einzelleitung und Mitentscheidung der Arbeitskollektive über die Produktionsaufgaben. Das ist heute eine aktuelle Frage. Wenn die Werktätigen auf Brigade-, Abteilungs-, Betriebs- und Kombinatsebene nicht an der Leitung teilhaben, wozu entsprechende Mechanismen existieren müssen, kommen wir nicht voran. Darüber hinaus muß das Kollektiv das Recht haben, seinen Leiter selbst zu wählen. Dieser erhält dann – im Namen des Kollektivs – das Recht auf Einzelleitung und vertritt den Willen des Kollektivs.

Die Wahl von leitenden Wirtschaftskadern ist unmittelbare Demokratie in der Produktion. Manchen hat das in der ersten Zeit erschreckt und zu der Frage bewogen: Wozu haben wir uns da verstiegen, wie soll das enden? Wer so denkt, vergißt die Hauptsache, daß nämlich jeder Mensch seinen gesunden Verstand besitzt. Hier und da mögen sich Gruppeninteressen und Vetternwirtschaft bemerkbar machen, im Grunde aber wollen alle, daß die Brigade, die Abteilung, der Betrieb, der Kolchos oder Sowchos einen zuverlässigen, klugen Leiter mit Führungsqualitäten besitzt, der Perspektiven für eine Verbesserung der Produktion und der Lebensbedingungen eröffnet. Die Menschen verstehen das. Sie brauchen keine lieben und guten, sondern fähige und besonnene, zugleich aber auch fordernde Leiter, die vertretbare Anforderungen stellen.

Die Menschen wollen, daß Werkdirektoren, Abteilungsleiter und Meister die Einstellung zu ihnen ändern. Sie erwarten ein moralisches Vorbild, und das vor allem von ihren Leitern. Dafür gibt es viele Beispiele. Wo ein guter Leiter wirkt, stellen sich auch Erfolge ein. Er versteht es, sich um die Menschen zu kümmern. Mit ihm spricht jeder gern, und wenn er Anweisungen gibt, braucht er die Stimme nicht zu heben. Auf den ersten Blick wirkt er schlicht, doch er versteht alles und kann alles erklären. Und darauf kommt es heute an! Wenn die Menschen begreifen, weshalb sich diese oder jene Bedürfnisse nicht mit einem Schlage vollständig befriedigen lassen, sind sie auch bereit, Geduld aufzubringen.

Wir wollen den Faktor Mensch auch durch mehr Demokratie, durch bessere ideologische Arbeit und Herstellung eines gesunden moralischen Klimas in der Gesellschaft aktivieren. Noch längst hat nicht jeder die Tragweite der Stunde, den Umbruchcharakter unserer Zeit erkannt. Es wird noch viel Mühe bereiten, diejenigen für die Umgestaltung zu gewinnen, die sich abwartend verhalten oder mit der gegenwärtigen Situation vollauf zufrieden sind.

Das Knäuel schablonenhafter Vorstellungen läßt sich nicht in einem Anlauf entwirren. In Jahren eingebürgerte Denk- und Verhaltensweisen lassen sich mit keinem noch so furchtgebietenden Dekret aus der Welt schaffen. Leider haben wir noch immer nicht ganz die überholten Formen im Umgang mit den Menschen abgelegt, die aus ideologischen Kampagnen und schwülstiger Phrasendrescherei resultieren. Dazu bedarf es langer, harter Auseinandersetzungen, erbitterten Kampfes gegen Bürokratie, Hang zum Monumentalen, Vorliebe für abstrakte Losungen und Rückfälle in pompöse Effekthascherei. Wir dürfen uns auf keinen Fall der Illusion hingeben, alles stehe zum besten, wir müssen verhindern, daß Bürokratie und Formalismus die lebensspendenden Initiativen der Bevölkerung ersticken.

Wenn ich mich mit Menschen auf der Straße oder an ihrem Arbeitsplatz unterhalte, höre ich ständig: »Bei uns sind alle für die Umgestaltung.« Ich bin sicher, daß das ehrlich und aufrichtig gemeint ist, und dennoch entgegne ich jedesmal, daß es heute vor allem darauf ankommt, weniger von der Umgestaltung zu reden, sondern mehr für sie zu tun. Wir brauchen mehr Ordnung, mehr Gewissenhaftigkeit, mehr Achtung füreinander und mehr Ehrlichkeit. Wir müssen guten Gewissens leben. Gut, daß unsere Menschen das begreifen, mehr noch, daß sie es mit Herz und Verstand billigen. Das ist sehr wichtig. Wir haben eine Politik, wir haben eine Regierung, die darum ringt, diese Politik durchzusetzen, und ein Volk, das diese Politik unterstützt. Das ist das A und O. Alles übrige wird sich finden, die Umgestaltung wird vorankommen und Früchte tragen. Am meisten hat mich bei meinen persönlichen Begegnungen mit den sowjetischen Menschen beeindruckt, daß das Volk ein sehr feines Gespür für den politischen und moralischen Sinn der Umgestaltung hat.

Gesetzlichkeit – ein unverzichtbarer Bestandteil der Demokratie

Von den umfassenden, prinzipiellen Positionen der Umgestaltung und ihres Kernstücks, der Demokratisierung, aus sehen wir auch die Wahrung einer dauerhaften Gesetzlichkeit und die Vervollkommnung der Gesetzgebung. Es kann keine Gesetzlichkeit ohne Demokratie geben. Demokratie wiederum kann nur existieren und sich entwickeln, wenn sie auf Gesetzlichkeit beruht, denn sie ist dazu da, die Gesellschaft vor Machtmißbrauch zu schützen und die Rechte und Freiheiten der Bürger, Organisationen und Kollektive zu garantieren.

Das ist unsere feste Überzeugung, und wir wissen aus eigener Erfahrung, was geschieht, wenn man von dieser Position abweicht.

Schon als die Sowjetmacht ihre ersten Schritte tat, legten Lenin und die Partei größten Wert auf die Herstellung und Festigung der Gesetzlichkeit. Das ist verständlich, denn das geboten die politischen Realitäten der im Entstehen begriffenen neuen Gesellschaft. Die Konsolidierung der neuen Macht, die Abschaffung des Privateigentums an den Produktionsmitteln, die Nationalisierung des Grund und Bodens, die Kontrolle der Werktätigen über die Produktion und die Verteidigung der Interessen der Arbeiter und Bauern gegen Angriffe der Konterrevolution mußten begründet und in Gesetzesform gebracht werden. Andernfalls hätte dem revolutionären Prozeß ein Chaos gedroht, hätte man das Errungene nicht sichern, das normale Funktionieren der Sowjetmacht nicht garantieren und den neuen gesellschaftlichen Verhältnissen nicht zum Durchbruch verhelfen können.

Diese Aufgaben wurden mit Dekreten gelöst. Von Anfang an erklärten sie Gesetzlichkeit zu einem Grundprinzip des staatlichen Lebens und stellten die Aufgabe, Millionen Werktätige in die Leitung des Landes einzubeziehen, sie, wie Lenin sagte, zu lehren, für ihr Recht zu kämpfen. Dieser Gedanke zieht sich wie ein roter Faden durch die erste sowjetische Verfassung von 1918 und den auf ihrer Grundlage vom Gesamtrussischen Sowjetkongreß gefaßten Beschluß »Über die strikte Einhaltung der Gesetze«.

Nach dem Ende des Bürgerkrieges wurde die gesetzgeberische Arbeit weiter verstärkt. Sie diente dazu, die sozialistischen Umgestaltungen gesetzlich festzuschreiben. Die Gesetzgebung und die Tätigkeit der Organe, die über die Einhaltung der Gesetze wachten und Recht sprachen, entwikkelten sich zu einem sehr wichtigen Instrument des Staatsaufbaus, zur Regelung dessen, was durch wirtschaftliche, soziale, kulturelle und sonstige Tätigkeit entstanden war. Dabei ließ man sich von Lenins Forderung nach einheitlicher Gesetzlichkeit im ganzen Land leiten, »auch nicht *den Schatten* eines Abweichens von unseren Gesetzen zu dulden ...«[1].

Zugleich darf aber die Zeit, die wir als Periode des Personenkults bezeichnen, nicht unerwähnt bleiben. Der Personenkult wirkte sich auf die Gesetze, auf ihre Zielsetzung und insbesondere auf ihre Einhaltung aus. Übermäßige Zentralisierung, Kommandieren von oben nach unten und Vorherrschen administrativer Weisungen und Verbote minderten die Rolle des Gesetzes. Es kam zu Willkür und zügellosen Gesetzesverletzungen, die weder mit den Grundsätzen des Sozialismus noch mit den Normen der Verfassung von 1936 irgend etwas gemein hatten. Die Verantwortung dafür trug die Führung des Landes, trugen Stalin und seine nächste Umgebung. Es gibt keinerlei Rechtfertigung für Versuche, dieses rechtswidrige Vorgehen mit irgendeiner politischen Notwendigkeit, mit der Zuspitzung der internationalen Lage oder einer angeblichen Verschärfung des Klassenkampfes in der Sowjetunion bemänteln zu wollen. Die Mißachtung der Gesetze führte zu den tragischen Ereignissen, die wir bis heute weder vergessen noch verzeihen können. Der XX. Parteitag der KPdSU hat dies aufs strengste verurteilt.

Das schlug sich in der Gesetzgebung nieder. Die demokratischen Grundsätze wurden wiederhergestellt, die Rechtsordnung wurde gefestigt, die gesetzlichen Bestimmungen wurden kodifiziert.

Volksaussprachen zu Gesetzesvorlagen und anderen besonders wichtigen Fragen wurden zur Praxis. In den vergangenen 25 Jahren beteiligten sich Millionen an der Erörterung von etwa dreißig wichtigen Entwürfen von Unionsgesetzen.

---

1 W. I. Lenin: Über die Aufgaben des Volkskommissariats für Justiz unter den Bedingungen der Neuen Ökonomischen Politik. Brief an D. I. Kurski, 20. Februar 1922. In: 5. russische Ausgabe der Werke, Bd. 44, S. 399/400.

Sie gaben ihr Urteil darüber ab und unterbreiteten Änderungs- und Ergänzungsvorschläge.

Aber in der folgenden Phase der Stagnation ließ die Disziplin bei der Einhaltung der Gesetze wieder nach. Erneut gab es Willkür und Gesetzesverletzungen, auch von Leitern. Die Gerichte, die Staatsanwaltschaft und die anderen Organe, die die öffentliche Ordnung hätten schützen und gegen Übergriffe kämpfen müssen, paßten sich den Verhältnissen an, gerieten in Abhängigkeiten und gaben Grundpositionen im Kampf gegen Gesetzesverletzungen preis. Immer häufiger kam es zu Fällen von Korruption innerhalb der Rechtspflegeorgane selbst.

Jetzt, da wir die Umgestaltung in Angriff genommen haben, wollen wir entschieden mit den negativen Erscheinungen der Vergangenheit Schluß machen und der Entwicklung der sozialistischen Demokratie neuen Auftrieb verleihen. Wir haben erkannt, daß auch in unserer Gesetzgebung, bei der Vervollkommnung der sozialistischen Gesetzlichkeit insgesamt tiefgreifende Veränderungen notwendig sind. Das erfordern auch die grundlegenden Veränderungen im Leitungsmechanismus der Wirtschaft und der sozialen Entwicklung. Das ist ein organischer Bestandteil der Demokratisierung in allen Lebensbereichen der Gesellschaft. Die von uns im Bereich von Recht und Gesetz ins Auge gefaßten Maßnahmen bilden einen Grundpfeiler des Umgestaltungsprozesses. Diese Arbeit leisten wir im Einklang mit den Reformen in der Wirtschaft, im sozialen Bereich und in der Kultur und tragen dabei den Wünschen der Werktätigen und den Ergebnissen der Meinungsforschung Rechnung.

Die Umgestaltung verlangt einen höheren Grad der Organisiertheit der Gesellschaft und bewußte Disziplin der Bürger. Ich möchte es so ausdrücken: Je weiter die Umgestaltung vorankommt, desto strikter und konsequenter müssen die Grundsätze des Sozialismus in die Tat umgesetzt werden und die in der Verfassung und in unseren Gesetzen verankerten Regeln des sozialistischen Zusammenlebens befolgt werden.

Die Umgestaltung stellt auch höhere Ansprüche an den Inhalt der gesetzgeberischen Akte selbst. Das Gesetz muß entschieden über die Interessen der Gesellschaft wachen und untersagen, was den Interessen des ganzen Volkes schaden könnte. Das ist ein Axiom. Das Gesetz legt zwar diesen strengen Rahmen fest, muß aber zugleich der Initiative der Bürger, der Kollektive der Werktätigen und ihrer Organisationen den notwendigen Spielraum lassen. Aktivität und Initiative im gesetzlichen Rahmen müssen nach Kräften unterstützt und gefördert werden. Der Versuch, alle Rechte der Betriebe in den verschiedensten Vorschriften zusammenzufassen, hat uns beispielsweise unvertretbare Verluste gebracht. In der Praxis führte das dazu, daß jede Initiative, die über diese Vorschriften hinausging, als unannehmbar galt. Die Erfahrung zeigt aber, daß wir keine generelle juristische Regelung für die vielfältigen Erscheinungen des gesellschaftlichen Lebens brauchen, sondern gesundes Augenmaß in dieser Sache. Und man sollte unablässig dafür sorgen, das Engagement der Werktätigen, der Arbeitskollektive zu unterstützen und alle Formen der Volksinitiative besser freizusetzen. Wir werden uns streng an den Grundsatz halten, daß alles erlaubt ist, was nicht gegen das Gesetz verstößt.

Im Zuge der Umgestaltung ist schon eine ganze Reihe von Gesetzesakten verabschiedet worden, unter anderem das Gesetz über den staatlichen Betrieb (Vereinigung), Gesetze über ein neues Leitungssystem für den Agrar-Industrie-Komplex, über die Schulreform, über die individuelle Erwerbstätigkeit, über den Kampf gegen nichterarbeitete Einkünfte sowie über die Bekämpfung des Alkohol- und Drogenmißbrauchs. Es wurden Gesetze erlassen, die eine Verbesserung des Gesundheitsschutzes für die Bevölkerung, des Umweltschutzes und verstärkte Fürsorge für Mutter und Kind vorsehen.

Besonderen Wert legen wir auf größere Garantien für die Rechte und Freiheiten des sowjetischen Menschen. Erlasse des Präsidiums des Obersten Sowjets der UdSSR stellen die Unterdrückung von Kritik unter Strafe und regeln die Wiedergutmachung von Schäden, die Bürgern aus ungesetzlichen Handlungen von Staatsorganen, gesellschaftlichen Organisationen und Amtspersonen erwachsen. Ein weiteres Gesetz regelt das Verfahren der Klage vor Gericht gegen unrechtmäßige Handlungen von Amtspersonen, die die Rechte des Bürgers schmälern.

Die Praxis der Volksaussprache zu wichtigen Staatsangelegenheiten hat nunmehr ihre rechtliche Verankerung in einem Gesetz gefunden, das der Oberste Sowjet der UdSSR im Juni 1987 verabschiedete.

Gleichzeitig ist uns wohl bewußt, daß die Umgestaltung auch künftig immer neue Schritte im Bereich der Gesetzgebung und der Rechtsordnung erforderlich machen wird. Auf der Tagesordnung steht die generelle Kodifizierung der Gesetzgebung. Sie muß solchen aktuellen Aufgaben wie der Erhöhung der Effektivität der Wirtschaft, der Durchsetzung einer starken Sozialpolitik und der Erschließung des Potentials aller Institutionen der sozialistischen Demokratie gerecht werden, oder, um es auf einen Nenner zu bringen, sie muß der *Selbstverwaltung des Volkes* freie Bahn schaffen.

Wesentliche Veränderungen stehen in der Wahlgesetzgebung bevor. Die bei der Wahlvorbereitung im Juni 1987 dazu durchgeführten Experimente helfen uns, die Methoden zur Lösung dieses recht schwierigen Problems genauer festzulegen. Gegenwärtig sind gesetzliche Regelungen in Arbeit, um das System der Leitung der Volkswirtschaft umzugestalten und die Rolle der örtlichen Staats- und Verwaltungsorgane zu erhöhen. Eine sehr aufwendige Arbeit, wenn man bedenkt, daß bei uns im Bereich der Wirtschaft etwa 30 000 gesamtstaatliche Normative in Kraft sind. Viele von ihnen müssen von Grund auf verändert, häufig schlicht und einfach außer Kraft gesetzt werden, Tausende sind nach Verabschiedung des Gesetzes über den staatlichen Betrieb bereits außer Kraft gesetzt worden.

Die Gewerkschaften und der Komsomol haben nach ihren jüngsten Kongressen Vorschläge zur Ausarbeitung von Entwürfen eines Jugend- und eines Gewerkschaftsgesetzes unterbreitet. In Vorbereitung sind ein neues Arbeitsgesetzbuch und Entwürfe von Gesetzen über das Genossenschaftswesen, über die Erweiterung der Entscheidungsbefugnis von Belegschaftsversammlungen, über die Höhe der Renten für Arbeiter, Angestellte und Kolchosbauern sowie über Kriterien der Erzeugnisqualität.

Auch die Veränderung des Strafrechts wird uns viel Mühe bereiten. Es muß dem gegenwärtigen Reifegrad der sowjetischen Gesellschaft entsprechen. Die Weiterentwicklung dieses wichtigen Bestandteils unserer Gesetzgebung und Rechtspflege wird im Zuge der weitreichenden Veränderungen erfolgen, die die Umgestaltung und die Ausprägung der Demokratie mit sich bringen.

Besonders wichtig ist, die Rolle des Gerichts als gewähltes Organ, das in engem Kontakt zur Bevölkerung steht, zu erhöhen, die Unabhängigkeit der Richter zu gewährleisten und die demokratischen Grundsätze der Prozeßordnung – Objektivität, Streitbarkeit und Öffentlichkeit – zu gewähren. Dem dienen auch die in jüngster Zeit ergriffenen Maßnahmen zur Verstärkung der staatsanwaltschaftlichen Überwachung über die Einhaltung und einheitliche Anwendung der Gesetze, zur Erweiterung der Funktionen des Staatlichen Vertragsgerichts, das für Streitfälle auf wirtschaftsrechtlichem Gebiet zuständig ist, zur Einrichtung von Rechtsabteilungen in der Volkswirtschaft und zu verschiedenen Formen der Rechtserziehung der Bürger.

Kurzum, uns steht noch eine große Arbeit bevor, um die Rechtsgrundlagen des Sozialismus zu festigen. Recht und Gesetz sind nicht einfach Begleiterscheinungen der Vertiefung unserer Demokratie und der Beschleunigung des gesellschaftlichen Fortschritts, sondern zuverlässige Arbeitsinstrumente der Umgestaltung, eine sichere Garantie dafür, daß sie nicht rückgängig gemacht werden kann.

Die Umgestaltung und die Sowjets
Gegenwärtig, in der Phase der Umgestaltung und unter den Bedingungen der Entfaltung der Demokratie, steht die Frage, wie die politische Führung durch die Partei mit der Rolle der Staatsorgane, der Gewerkschaften und der anderen gesellschaftlichen Organisationen in Einklang zu bringen ist, auf neue Art.

Nehmen wir unsere Sowjets. Die Umgestaltung zwingt uns, sich darüber klarzuwerden, welche Rolle sie bei den in Angriff genommenen Veränderungen spielen sollen. Von wirklicher Durchsetzung der Demokratie in der Gesellschaft kann gar keine Rede sein, wenn die Sowjets nicht in diesen Prozeß eingebunden sind, wenn sich in ihrer eigenen Stellung und Tätigkeit nicht Veränderungen ganz neuer Art vollziehen.

Die Sowjets in Rußland sind eine einzigartige Erscheinung in der Geschichte der Weltpolitik. Sie haben ihren Ursprung unmittelbar im werktätigen Volk. Im Westen werden sicherlich nur wenige wissen, daß die Idee der Sowjets schon 1905, lange vor der Oktoberrevolution, entstand und daß sie schon damals ihre ersten organisatorischen Erfahrungen sammelten. Nach der Februarrevolution von 1917, die den Zarismus gestürzt hatte, begannen sich die Sowjets zu gesamtrussischen Machtorganen zu entwickeln, auch wenn dieser Macht durch die Doppelherrschaft (sie existierten parallel zur Provisorischen Regierung) Grenzen gesetzt waren, sie nur eine »halbe Macht« war. Und natürlich wurden sie zur politischen Basis der neuen Republik, die im Oktober 1917 entstand. Unser Staat selbst erhielt den Namen Sowjetrepublik.

Ohne die Sowjets hätten wir im Bürgerkrieg nicht gesiegt. Ohne die Sowjets hätten wir die Volksmassen des Riesenlandes, die vielen Millionen Menschen, allen voran die Arbeiter und Bauern, nicht zusammenschließen können. Ohne die Sowjets wäre die Neue Ökonomische Politik im Sande verlaufen. Die Stärke der Sowjets bestand darin, daß sie, von den Massen selbst hervorgebracht, die Interessen der Werktätigen unmittelbar vertreten und verteidigt haben. Das Besondere, das Geheimnis ihrer blitzartigen Verbreitung, die mit geradezu elementarer Gewalt das ganze Land erfaßte, lag darin, daß sie selbst die Beschlüsse ausarbeiteten und sie auch selbst in die Tat umsetzten, und zwar vor den Augen des ganzen Volkes, unter offener Kontrolle derjenigen, die von diesen Entscheidungen betroffen waren. Das ist eine einzigartige, höchst wirksame Form, direkte und repräsentative Demokratie miteinander zu verknüpfen.

Als aber das Leitungssystem entstand, in dem alles administriert und kommandiert wurde, traten die Sowjets in den Hintergrund. Viele Fragen wurden an ihnen vorbei, ohne ihre Mitsprache entschieden. Manche Fragen blieben aber auch ganz ungelöst und uferten zu Problemen aus, was sich auf die Autorität der Sowjets auswirkte. Von diesem Zeitpunkt an wurde die Entwicklung der sozialistischen Demokratie gebremst. Es gab Anzeichen, daß sich die Werktätigen von ihrem Verfassungsrecht, direkt über die Staatsangelegenheiten mitzuentscheiden, entfremdeten. Der Grundsatz der sozialistischen Revolution, daß die Macht nicht nur für die Werktätigen da ist, sondern auch von ihnen selbst ausgeübt wird, wurde ernsthaft verletzt.

Wir müssen offen einräumen, daß unter diesen Umständen auch viele Leitungskader in der Wirtschaft den berechtigten Forderungen und Empfehlungen der Sowjets nicht die gebotene Beachtung schenkten. Scheinbar war allen klar – und niemand bestritt das offiziell –, daß die örtlichen Sowjets in allen Fragen der Entwicklung ihres Territoriums und in allem, was die Befriedigung der tagtäglichen Bedürfnisse der Bevölkerung anging, volle Verantwortung und Entscheidungsbefugnisse hatten. Jedoch gestatteten ihnen die realen Möglichkeiten, die sie im Vergleich zu den wirtschaftsleitenden Organen besaßen, nicht, diese Funktionen auch auszuüben. Die Direktoren und die Leitungen vieler Betriebe, besonders von Großbetrieben, maßten sich das Recht an, die berechtigten nachdrücklichen Forderungen der Sowjets – ob es nun um Wohnungen, soziale und kulturelle Einrichtungen oder Anlagen zur Reinerhaltung von Luft und Wasser, den Ausbau des öffentlichen Verkehrsnetzes, die Erschließung des betreffenden Territoriums ging – zu mißachten.

Man kann nicht sagen, daß all das den Werktätigen und den Parteiorganen gleichgültig gewesen wäre. Es hat auch Versuche gegeben, die Dinge zurechtzurücken, die Lage zu verändern. Doch das geschah nur halbherzig und inkonsequent, was weniger auf objektive als vielmehr auf subjektive Umstände zurückzuführen war. In den vergangenen fünfzehn Jahren wurden vierzehn Beschlüsse zur Verbesserung der Arbeit der Sowjets gefaßt. Diese Beschlüsse waren gar nicht schlecht, doch sind wir trotzdem nicht vorangekommen, weil die ganze durch den »Bremsmechanismus« verursachte wirtschaftliche, politische und ideologische Situation sich einer höheren Aktivität der Sowjets, die ja Organe weitreichender Demokratie und Offenheit verkörpern, mit aller Macht widersetzte.

Heute sehen wir sehr wohl, daß wir das Potential der Sowjets noch längst nicht zum Wohle des Volkes ausgeschöpft haben, weil Leitungs- und Verwaltungsmethoden, die auf Gängelei und Druck beruhen, weite Verbreitung fanden und in vielen Bereichen der gesellschaftlichen und staatlichen Tätigkeit bürokratische Methoden die Oberhand gewannen. Der schwindende Einfluß der Sowjets leistete der Ersetzung von Funktionen und Aufgaben der Staats- und Verwaltungsorgane durch Parteiorgane Vorschub.

Daß Parteiorgane Funktionen der Sowjets übernehmen, wirkte sich wiederum auf die Parteiarbeit selbst, auf die eigentliche politische Arbeit aus. Die Parteifunktionäre setzten ihre Energie allzusehr für rein wirtschaftliche Belange, für Leitungsarbeit ein. Die Kader suchte man dementsprechend unter Fachleuten aus, die aber mitunter nicht geschickt und erfahren genug waren, um wirkliche Führer der Massen zu sein. Kurzum, es kam zur Verzerrung der gesamten Funktionsweise des demokratischen Organismus, der seine Entstehung unserer sozialistischen Revolution verdankte.

Somit stellte sich uns im Verlauf der Umgestaltung die sehr wichtige Aufgabe, die Sowjets als politische Machtorgane, als Träger und starken Faktor der sozialistischen Demokratie wieder voll zur Geltung zu bringen. Gegenwärtig stellen wir Ansehen und Befugnisse der Sowjets in vollem Umfang wieder her und schaffen die Voraussetzungen dafür, daß sie eine wertvolle, aktive und schöpferische Arbeit für die Umgestaltung leisten können.

Das Januar-Plenum hat die Parteikomitees aufgerufen, strikten Kurs auf die Erhöhung der Rolle der Sowjets zu nehmen und sich nicht in ihre Angelegenheiten einzumischen oder gar Funktionen der Organe der Sowjetmacht zu übernehmen. Ebenso wichtig ist es, daß die Vorsitzenden und die Mitarbeiter der Sowjets all ihre Kräfte einsetzen, die Trägheit und ihre Gewohnheit abzulegen, sich stets und ständig rückzuversichern und Anweisungen abzuwarten. Die neuen Rechtsdokumente zur Rolle der Sowjets in der Phase der Umgestaltung fördern die Stärkung der demokratischen Prinzipien in ihrer Tätigkeit und in der Tätigkeit ihrer Exekutivorgane. Die Hauptsache in ihrer Arbeit muß die enge Verbindung mit dem Volk sein. Die neuen Beschlüsse ermöglichen es den Sowjets, ihre Arbeit so zu gestalten, daß sie sich als wirkliche Organe der Volksmacht erweisen. Sie sind mit weitreichenden Befugnissen zur Koordinierung und Kontrolle der Tätigkeit aller Betriebe und Einrichtungen in ihrem Zuständigkeitsbereich ausgestattet.

Doch das sind nur die ersten Schritte zur Wiederherstellung des revolutionären, demokratischen Charakters der Sowjets. Die bevorstehende Unionsparteikonferenz wird sich mit der Vervollkommnung des Wahlsystems und der Tätigkeit der Sowjets aller Ebenen befassen. An Vorschlägen dazu wird schon gearbeitet. Sie zu bewerten ist noch zu früh, doch sei auf ihre wichtigste Besonderheit verwiesen: Sie haben eine Verstärkung der sowjetischen Demokratie zum Ziel.

Die neue Rolle der Gewerkschaften
Die derzeitige Lage im Lande und die Aufgaben, die wir uns gestellt haben, zwingen uns, auch die Rolle der Gewerkschaften im gesellschaftlichen Leben neu zu durchdenken.

Hierzu ist zunächst zu bemerken, daß die Gewerkschaften bei uns eine große Kraft sind. Kein einziges Gesetz auf dem Gebiet des Arbeitsrechts kommt ohne Mitwirkung des Zentralrats der Sowjetischen Gewerkschaften zustande. In bezug auf die Arbeitsgesetzgebung, ihre Einhaltung und den Schutz der Rechte der Werktätigen haben die Gewerkschaften das letzte Wort zu sprechen. Wenn irgendein Leiter einen Mitarbeiter entläßt, ohne zuvor die Meinung der Gewerkschaft eingeholt zu haben, hebt das Gericht die Entscheidung automatisch auf, ohne sich auch nur mit ihrem Inhalt bekannt zu machen, und zwar allein deshalb, weil die Meinung der Gewerkschaft nicht berücksichtigt wurde. Kein einziger Plan, ob Jahresplan oder Fünfjahrplan, wird dem Obersten Sowjet ohne Zustimmung der Gewerkschaft vorgelegt, und auch im Stadium der Planvorbereitung wirken die Gewerkschaften auf allen Ebenen mit.

Die Sozialversicherung, die Betreuung der Werktätigen in Sanatorien und Kureinrichtungen, Tourismus, Körperkultur und Sport, Feriengestaltung und medizinische Betreuung der Kinder — all das liegt in der Hand der Gewerkschaften. Sie üben folglich reale Macht aus. Doch leider hat ihre Aktivität in den letzten Jahren nachgelassen. In mehreren Punkten haben sie ihnen vorbehaltene Rechte an die Betriebsleitungen abgetreten und andere Rechte nicht wirksam wahrgenommen.

Nachdem wir mit der Umgestaltung begonnen hatten, erkannten wir, daß wir mit der Arbeit der Gewerkschaften nicht zufrieden sein können. Als ich im Kubangebiet war, habe ich führenden Gewerkschaftsfunktionären vorgeworfen, daß sie häufig vor der Betriebsleitung katzbuckeln und oft sogar nach deren Pfeife tanzen. Wäre es nicht endlich an der Zeit, daß auch sie eine prinzipienfeste Haltung beziehen und sich mit Nachdruck für die Werktätigen einsetzen?

Die neue Rolle der Gewerkschaften bei der Umgestaltung sehe ich vor allem darin, daß sie sich bemühen müssen, bei Wirtschaftsbeschlüssen die soziale Zielsetzung zu verstärken und ein Gegengewicht zu technokratischen Übergriffen, die in den letzten Jahren weite Verbreitung fanden, zu schaffen. Das heißt, daß die Gewerkschaften aktiver an der Ausarbeitung der Abschnitte in den Volkswirtschaftsplänen, die die sozialen Probleme betreffen, mitwirken und gegebenenfalls Alternativvorschläge vorlegen und vertreten müssen.

Die Gewerkschaftskomitees müssen echte und nicht bequeme Partner der Betriebsleitung sein. Mit den erschreckenden Arbeitsbedingungen in manchen Betrieben, der mangelhaften medizinischen Betreuung, den unzulänglichen Aufenthaltsräumen und dergleichen haben sich die Gewerkschaftsorganisationen anscheinend abgefunden. Dabei haben die sowjetischen Gewerkschaften doch das Recht zu kontrollieren, wie die Betriebsleitung die Arbeitsverträge einhält. Sie haben das Recht, die Leitung zu kritisieren, und sogar das Recht, die Absetzung des Direktors zu fordern und durchzusetzen, wenn er gegen die legitimen Interessen der Werktätigen verstößt.

Es wäre falsch anzunehmen, daß die Werktätigen im Sozialismus keinen Schutz brauchten. Sie sollten sogar noch mehr und besser vertreten werden, denn der Sozialismus ist die Gesellschaftsordnung der Werktätigen. Daraus resultiert auch die enorme Verantwortung der Gewerkschaften im Sozialismus. Die ganze sowjetische Gesellschaft ist zutiefst daran interessiert, daß die Gewerkschaften aktiver werden.

Die Jugend und die Umgestaltung
Unsere Jugend verkörpert ein bedeutendes Potential für die Umgestaltung, denn gerade sie wird in der erneuerten Gesellschaft leben und arbeiten. Natürlich ist es von größter Bedeutung, wie sie arbeitet, lernt und ihre Freizeit verbringt. Die Jugendlichen beginnen eben erst ihren Lebensweg und suchen nach ihrem Platz im Leben. Das ist ein schwieriger Abschnitt für den Menschen. Er gründet eine Familie, er-

wirbt berufliches Können, findet zu einem politischen Standpunkt und zu einer Haltung als Staatsbürger. Dabei wird seine Persönlichkeit geprägt. Deshalb muß der Jugend, dem Komsomol größte Aufmerksamkeit geschenkt werden.

Wir haben vereinbart, so vorzugehen: Keine Frage, die wichtige Probleme der Jugend berührt, darf entschieden werden, ohne daß der Komsomol seine Meinung gesagt hat. Das heißt nicht, daß wir dem Komsomol nach dem Mund reden, um seine Gunst buhlen. Nein! Wir müssen ihm nur entschieden mehr Verantwortung übertragen. Nichts hat eine so nachhaltige Wirkung auf die Entwicklung der heranwachsenden Generation, auf ihre Fähigkeit, Gegenwart und Zukunft des Landes in die eigene Hand zu nehmen, wie Vertrauen, wie die Einbeziehung der Jugend in den realen politischen und wirtschaftlichen Prozeß. Der Jugend gönnerhaft auf die Schulter zu klopfen, auf sie herabzusehen oder ihr zu schmeicheln, das taugt alles nichts. Nein, wir müssen dem Komsomol und der Jugend die Möglichkeit bieten, sich selbst wirklich zu entfalten, müssen die Jugendlichen von kleinlicher Bevormundung und Beaufsichtigung befreien und sie erziehen, indem wir ihnen die Verantwortung für reale Aufgaben übertragen und ihnen Vertrauen schenken.

Das Januar-Plenum des Zentralkomitees hat die Parteikader aufgefordert, der Arbeit, der ideologischen und moralischen Haltung der Jugendlichen mehr Aufmerksamkeit zu widmen. Im Umgang mit jungen Menschen können schulmeisterlicher Ton und bürokratische Methoden nicht geduldet werden. Mit einer solchen Haltung darf man sich auf keinen Fall abfinden, egal ob sie auf Mangel an Vertrauen in die Reife der jungen Leute oder auf übertriebene Vorsicht zurückzuführen ist, oder auf den Wunsch, den Kindern den Lebensweg zu erleichtern. Im Leben und in der Tätigkeit der Jugend gibt es heute zwei wichtige Richtungen. Erstens muß sie sich das ganze Arsenal der Mittel der Volksmacht und der Selbstverwaltung aneignen, ihre jugendliche Tatkraft bei der Durchsetzung der Demokratisierung einsetzen und sich im sozialen Bereich voll engagieren. Ohne die Jugend ist die Beschleunigung, ist schlechthin jeder Fortschritt unmöglich. Die Aufgabe besteht darin, daß sich jeder junge Mensch für alle Belange und Anliegen des Landes verantwortlich fühlt. Zweitens muß die junge Generation bereit sein, an der grundlegenden Modernisierung unserer Wirtschaft mitzuwirken, vor allem indem sie es lernt, Computer, neue Technologien und moderne Werkstoffe zu beherrschen. Von der Jugend erwarten wir eine Erneuerung, eine Bereicherung des intellektuellen Potentials der Gesellschaft.

Die Jugend hat vielfältige und komplizierte soziale Probleme. Oft rufen Leiter die Jugendlichen zu Hilfe, beispielsweise bei Bauvorhaben, vergessen sie aber völlig, wenn über soziale Fragen entschieden wird. Diese Handlungsweise lehnen wir ab. Wir unterstützen den Gedanken, ein Jugendgesetz zu verabschieden, in dem die spezifischen Probleme, Rechte und Pflichten der Mädchen und Jungen dargelegt werden, ohne das zu wiederholen, was für alle Bürger der Sowjetunion zutrifft. Das Jugendgesetz wird das Zusammenwirken des Komsomol mit den Staatsorganen, den Gewerkschaften und anderen Organisationen in Fragen der Ausbildung, der Arbeit, der Lebensbedingungen und der Freizeitgestaltung der Jugendlichen konkret regeln und den Ministerien und anderen zentralen Staatsorganen bei der Lösung von Problemen, die die Jugend betreffen, größere Verantwortung auferlegen.

Ein großes Echo hat in der UdSSR der Komsomolkongreß im Jahre 1987 gefunden. Er hat gezeigt, daß sich der Komsomol seiner Verantwortung gegenüber dem Volk und dem Land bewußt ist und daß die Jugend den heißen Wunsch hat, sich noch tatkräftiger in den gesellschaftlichen Erneuerungsprozeß einzuschalten. Erfreulich war auch, daß die Atmosphäre auf dem Kongreß selbst von hohen Ansprüchen geprägt war. Ich glaube, ich habe mir nie zuvor so sehr gewünscht, an einer Diskussion teilzunehmen wie auf diesem Kongreß. Dort herrschte ein lebhafter Kontakt zwischen den aufgeschlossenen Teilnehmern, deren Tatendrang förmlich mitriß.

Allen Anzeichen nach unterstützt unsere Jugend die im Lande eingeleiteten revolutionären Veränderungen aus ganzem Herzen und ist bereit, mit ihrem jugendlichen Elan und ihrer Begeisterung an ihnen mitzuwirken.

Über die Frauen und die Familie
Heute braucht unser Land die noch aktivere Mitwirkung der Frauen an der Leitung von Wirtschaft und Kultur, am gesellschaftlichen Leben. Diesem Ziel dienen die Frauenräte, die jetzt im ganzen Lande gebildet werden.

Auf dem Januar-Plenum wurde auch die Forderung erhoben, mehr Frauen als Leiter einzusetzen, um so mehr, als im Gesundheitswesen, in der Volksbildung, in Kultur und Wissenschaft Millionen Frauen tätig sind. Viele Frauen arbeiten in der Leichtindustrie, im Handel und im Dienstleistungsbereich.

Bekanntlich wird der soziale und politische Entwicklungsstand einer Gesellschaft am Grad der Emanzipation der Frau gemessen.

Der Sowjetstaat hat nachdrücklich und unerbittlich mit jedweder Diskriminierung der Frau, wie sie für das zaristische Rußland bezeichnend war, Schluß gemacht. Er hat sie in der Gesellschaft dem Mann voll und ganz gleichgestellt und dafür gesetzliche Garantien geschaffen. Wir sind stolz auf das, was die Sowjetmacht der Frau gebracht hat: gleiches Recht auf Arbeit wie der Mann, gleichen Lohn für gleiche Arbeit und sozialen Schutz. Die Frau hat alle Möglichkeiten, Bildung zu erwerben, im Beruf voranzukommen und sich gesellschaftlich und politisch zu betätigen. Ohne den aktiven Beitrag und den hohen persönlichen Einsatz der Frauen hätten wir die neue Gesellschaft nicht errichten können und im Krieg gegen den Faschismus nicht standgehalten.

Aber im harten Arbeitsalltag scheinen wir die besonderen Rechte und Bedürfnisse der Frau aus den Augen verloren zu haben, die ihrer Rolle als Mutter und Hausfrau und ihrer unersetzlichen Funktion bei der Erziehung der Kinder entspringen. Einer Frau, die auf der Baustelle, im Betrieb, im Dienstleistungsbereich oder in der Forschung tätig ist und in ihrer Arbeit aufgeht, fehlt es heute einfach an Zeit für alltägliche Belange, für den Haushalt, für die Erziehung der Kinder oder einfach nur für gemütliche Stunden im Kreise der Familie. Viele Probleme sowohl im Verhalten der Kinder und Jugendlichen als auch in Fragen der gesellschaftlichen Moral und Kultur und sogar in der Produktion sind darauf zurückzuführen, daß die Familienbande sich gelockert haben und familiäre Pflichten geringer bewertet werden.

Diese paradoxe Situation ist entstanden, obwohl wir uns von dem aufrichtigen und politisch voll gerechtfertigten Bestreben leiten ließen, die Frau in jeder Hinsicht dem Manne gleichzustellen. Doch dieses Versäumnis, das scheinbar aus den Vorzügen der Gesellschaft hervorgegangen ist, haben wir im Zuge der Umgestaltung zu korrigieren begonnen. Deshalb wird bei uns jetzt in der Presse, in den gesellschaftlichen Organisationen, ja überall, am Arbeitsplatz wie zu Hause, leidenschaftlich die Frage diskutiert, wie die Frau zu ihrer echt weiblichen Aufgabe zurückfinden kann.

Ein weiteres Problem ist bei uns der Einsatz von Frauen zu körperlich schweren Arbeiten, die sich ungünstig auf ihre Gesundheit auswirken. Das ist eine Folgeerscheinung des Krieges, der sehr viele Männer das Leben kostete, und des akuten Arbeitskräftemangels, der überall, in allen Bereichen der Produktion herrschte. Auch die Lösung dieses Problems haben wir ernsthaft in Angriff genommen.

Die Wiederherstellung einer gesunden Atmosphäre in der Familie, die Hebung ihrer Rolle im Leben und in der Entwicklung der Gesellschaft ist für uns gegenwärtig eine höchst aktuelle soziale Aufgabe, auch im Kampf gegen den Alkoholmißbrauch. Wir setzen große Hoffnungen in das Engagement und die Initiative der Frauenräte. Sie haben ihre Arbeit aufgenommen und können viel bewirken, denn keine andere Organisation kommt in so enge Berührung mit den persönlichen Lebensumständen und Sorgen der Frauen.

Die weitere Demokratisierung der Gesellschaft als Kernstück und Garant der Umgestaltung ist ohne eine größere

Rolle der Frau, ohne aktive Mitwirkung der Frau in der ihr eigenen Weise, ohne ihren Beitrag zu all unseren Veränderungen undenkbar. Ich bin überzeugt, daß die Frau in unserer Gesellschaft künftig eine immer größere Rolle spielen wird.

**Die Union der sozialistischen Nationen –
ein einzigartiges Gebilde**

Wir leben in einem Vielvölkerstaat. Das ist ein Faktor seiner Stärke, nicht aber der Schwäche, der Desintegration. Das zaristische Rußland wurde Völkergefängnis genannt. Die Revolution und der Sozialismus haben Schluß gemacht mit nationaler Unterdrückung und Ungleichheit, sie haben allen Nationen und Völkerschaften wirtschaftlichen und geistigen Fortschritt gebracht. Ehemals rückständige Völker besitzen heute eine entwickelte Industrie und eine moderne Sozialstruktur, sie haben ein hohes kulturelles Niveau erreicht, obwohl manche von ihnen früher nicht einmal eine eigene Schriftsprache hatten. Wer unvoreingenommen ist, muß einfach einräumen, daß unsere Partei in diesem Bereich eine gewaltige Veränderung bewirkt hat. Die Ergebnisse dieser Arbeit haben die sowjetische Gesellschaft, ja die Zivilisation der Welt bereichert.

Alle Nationen und Völkerschaften, die in unserem Lande leben, haben zum Werden und Wachsen ihres sozialistischen Vaterlandes beigetragen, sie haben Seite an Seite seine Freiheit und Unabhängigkeit und seine revolutionären Errungenschaften gegen den Ansturm der Feinde verteidigt. Wäre in unserem Lande die nationale Frage nicht grundsätzlich gelöst, gäbe es die Sowjetunion nicht, wie sie heute im sozialen Bereich, in Kultur, Wirtschaft und Verteidigung dasteht. Unser Staat hätte sich nicht behaupten können, wäre es nicht zur faktischen Angleichung des Entwicklungsstandes der Republiken gekommen, hätte sich nicht eine Gemeinschaft herausgebildet, die auf Brüderlichkeit, Zusammenarbeit, Achtung und gegenseitiger Hilfe beruht.

All das besagt aber nicht, daß in den nationalen Prozessen

keine Probleme auftreten. Widersprüche sind jeder Entwicklung eigen, und sie entstehen auch hier. Leider haben wir in der Vergangenheit im wesentlichen nur die in der Tat großen Erfolge bei der Lösung der nationalen Frage konstatiert und die Lage in Festreden gewürdigt. Aber wir haben es schließlich mit dem realen Leben in all seiner Vielfalt und mit allen seinen Schwierigkeiten zu tun.

Die Dialektik sieht so aus: Mit zunehmender Bildung und Kultur, im Zuge der Modernisierung der Wirtschaft bringt jedes Volk seine eigene Intelligenz hervor, nimmt auch das nationale Selbstbewußtsein zu und entwickelt sich ein ganz natürliches Interesse für die eigenen geschichtlichen Wurzeln. Das ist bemerkenswert. Und genau das haben einst die Revolutionäre unterschiedlicher Nationalität gewollt, die unserer Revolution den Boden bereiteten und den Aufbau der neuen Gesellschaft auf den Trümmern des Zarenreichs in Angriff nahmen. Dabei läßt es sich mitunter nicht vermeiden, daß manche Menschen zum Nationalismus neigen. Es kommt zu nationaler Borniertheit, nationaler Rivalität und nationalem Dünkel.

Doch geht es nicht allein darum, sondern um die Veränderungen, die sich in der Gesellschaft vollziehen, vor allem um die Tatsache, daß eine Generation die andere ablöst und daß jede neue Generation im multinationalen Staat ihre eigene Schule des Lebens durchlaufen muß. Das geht nicht immer reibungslos vonstatten. Der Sozialismus, der jedem Volk eine ungehinderte Entwicklung ermöglicht, besitzt alle Voraussetzungen, die nationalen Probleme im Sinne der Gleichheit und der Zusammenarbeit der Völker zu lösen. Wichtig ist dabei, sich von den sozialistischen Grundsätzen leiten zu lassen und zu bedenken, daß die neu herangewachsenen Generationen häufig nicht einmal wissen, auf welchen Wegen ihre Völker den heutigen erstaunlichen Entwicklungsstand erreicht haben. Keiner hat ihnen in der gebührenden Weise erklärt, wie viele Jahre und auf welche Art der Internationalismus für sie gearbeitet hat.

Angesichts des nationalen Haders, den es selbst in den am

weitesten entwickelten Ländern der Welt gibt, ist die UdSSR ein einzigartiges Beispiel in der Geschichte der menschlichen Zivilisation. Das sind die Früchte der von Lenin begründeten Nationalitätenpolitik. Doch wie schwer war der Anfang, wie unvorstellbar schwer waren die ersten Schritte beim Aufbau unseres multinationalen Staates. Eine herausragende Rolle bei der Lösung der nationalen Frage hat die russische Nation gespielt. In Verwirklichung der Leninschen Nationalitätenpolitik haben viele Völker des Landes in historisch kurzer Zeit sozusagen eine Art Renaissance und Aufklärung erlebt. Und wenn manch einer darauf mit nationalem Dünkel reagiert, sich absondert und versucht, »Seines« als absoluten Wert hinzustellen, so ist das ungerecht, und man kann damit nicht einverstanden sein. Solche Erscheinungen sind in der sowjetischen Gesellschaft stets Gegenstand reger und eindringlicher Debatten.

Jede Nationalkultur ist ein Schatz, gar nicht auszudenken, wenn er verlorenginge. Doch das gesunde Interesse für alles Wertvolle, das es in jeder Nationalkultur gibt, darf nicht in Versuche ausarten, sich vom objektiven Prozeß der Wechselwirkung und Annäherung der Nationalkulturen abzuschirmen.

Eine Gefahr besteht auch dann, wenn bei Vertretern der einen Nationalität Mißachtung gegenüber Angehörigen einer anderen Nationalität anklingt. Ich habe viele Jahre meines Lebens in Nordkaukasien verbracht, wo Angehörige der verschiedensten Nationalitäten zusammenleben. Dort findet man in jeder Stadt, jedem Ort, jedem Aul Menschen unterschiedlicher Nationalitäten, und so ist es in der gesamten Region. In der Geschichte Kaukasiens gab es immer wieder schwere Zeiten, doch in den Jahren der Sowjetmacht hat sich die Lage von Grund auf gewandelt. Mir liegt es fern, ein Idealbild zu zeichnen, aber dennoch sind die Beziehungen zwischen den Nationalitäten, die in diesem Gebiet leben, geprägt von gegenseitigem Respekt, Zusammenarbeit, Annäherung und Zusammenhalt. Aus eigener Erfahrung weiß ich, daß die Bergvölker für Freundschaft sehr empfänglich sind, zugleich aber auf die leiseste Arroganz ihnen gegenüber höchst empfindlich reagieren. Im Autonomen Gebiet der Karatschaier und Tscherkessen, das zur Region Stawropol gehört, leben, wie ich weiß, Karatschaier, Tscherkessen, Russen, Abasiner, Nogaier, Osseten, Griechen und Vertreter anderer Nationalitäten einträchtig Seite an Seite. Gleichheit und ein gerechtes Herangehen an die Lösung aller Probleme liegen dem zugrunde. Wurden diese Grundsätze irgendwann verletzt, mußte dafür ein hoher Preis gezahlt werden. In diesem kleinen autonomen Gebiet werden die Kulturen aller Völkerschaften bewahrt und entwickelt. Ihre Traditionen werden gepflegt, und ihre Literatur erscheint in den Sprachen aller hier lebenden Völker. Das trennt sie nicht, sondern bringt sie vielmehr einander näher. Es reicht nicht aus, die Gleichberechtigung der Völker zu verkünden, es muß gesichert sein, daß alle Völker ein erfülltes Leben führen können.

Ich möchte wiederholen: Wenn in diesem höchst sensiblen Bereich der zwischenmenschlichen Beziehungen negative Erscheinungen auftreten, dann geschieht das nicht von ungefähr, sondern resultiert insbesondere aus Bürokratismus, aus der Mißachtung legitimer Rechte. Von Zeit zu Zeit entbrennen bei uns Debatten zur Entwicklung der Nationalsprachen. Was läßt sich dazu sagen? Selbst das kleinste Volk hat ein Recht auf seine eigene Sprache, denn sie gehört zur menschlichen Kultur in all ihrer Vielfalt, wie sie uns mit all ihrer Sprachenfülle, ihrer Kleidung, ihren Sitten und Gebräuchen und ihrem äußeren Erscheinungsbild überliefert wurde. Das ist unser aller Reichtum. Darf man etwa achtlos an ihm vorübergehen und zulassen, daß er eingeschränkt wird?

Doch gleichzeitig kommt man in unserem riesigen Vielvölkerstaat nicht ohne eine Mittlersprache aus, zu der natürlich das Russische geworden ist. Alle brauchen diese Sprache. Die Geschichte selbst hat es so gewollt, daß sich der objektive Kommunikationsprozeß auf der Grundlage der Sprache der größten Nation entwickelt. So sind Vertreter vieler Nationen in die USA ausgewandert, doch das Englische ist ihre gemeinsame Sprache geworden. Offensichtlich war das eine natürliche Auswahl. Man kann sich vorstellen, was wäre, wenn jede in die USA eingewanderte Volksgruppe ihre eigene Sprache spräche und vom Englischen nichts wissen wollte! Ebenso verhält es sich in unserem Land, um so mehr, als das russische Volk mit seiner ganzen Geschichte den Beweis angetreten hat, daß es ein enormes Potential an Internationalismus, Achtung und Sympathie für alle Völker besitzt. Das Leben hat gezeigt, daß wir, von Fremdsprachen abgesehen, zwei Sprachen erlernen müssen: die Muttersprache und als Mittlersprache Russisch.

Jegliche Versuche, Leidenschaften aus nationalen Erwägungen zu schüren, sind nur dazu angetan, die Suche nach vernünftigen Lösungen zu erschweren. Wir beabsichtigen nicht, uns dieser Frage und anderen auftretenden Problemen zu verschließen, sondern werden sie im Rahmen des demokratischen Prozesses so lösen, daß unsere internationalistische Völkergemeinschaft erstarkt.

Lenin hat gelehrt, in der nationalen Frage mit äußerster Vorsicht und Feingefühl vorzugehen. In diesen Dingen kann und darf es keine Schablonen geben. Eines ist klar: Wenn die Grundinteressen der Nationen übereinstimmen, wenn die Beziehungen zwischen ihnen auf dem Prinzip der uneingeschränkten Gleichheit beruhen – und genau das ist in der sowjetischen Gesellschaft der Fall –, dann lassen sich selbst in schwierigen Situationen alle auftretenden Probleme und Mißverständnisse klären. Natürlich gibt es im Westen, ja sogar im Osten, viele, die die Freundschaft und Einigkeit der Völker der UdSSR gern untergraben und schwächen möchten. Doch das steht auf einem anderen Blatt. Darüber wachen die sowjetischen Gesetze, die die Errungenschaften der Leninschen Nationalitätenpolitik schützen.

Von diesen Positionen aus werden wir entschlossen und prinzipienfest handeln. Das Nationalempfinden der Menschen gilt es zu achten, man darf es nicht ignorieren, doch mit ihm zu spekulieren ist politisch verantwortungslos, wenn nicht gar ein Verbrechen. Zu den Traditionen unserer Partei gehört die prinzipielle Auseinandersetzung mit jedweden Erscheinungsformen von nationaler Borniertheit und Chauvinismus, lokaler Engstirnigkeit, Zionismus und Antisemitismus, in welches Gewand sie auch immer gekleidet sein mögen. All unsere Erfahrungen besagen: Nur konsequenter Internationalismus und internationalistische Erziehung können ein erfolgreiches Gegengewicht gegen nationalistische Tendenzen sein.

Wenn ich durch die Republiken und nationalen Gebiete der Sowjetunion fahre und dort mit den Menschen zusammentreffe, überzeuge ich mich jedesmal aufs neue davon, daß sie es schätzen und stolz darauf sind, daß ihre Völker einer großen internationalen Familie angehören, daß sie untrennbarer Bestandteil eines riesigen Landes, einer Großmacht sind, die eine so maßgebliche Rolle für den Fortschritt der Menschheit spielt. Das ist *sowjetischer* Patriotismus. Wir werden die Union, den Bruderbund freier Völker in einem freien Land, auch weiterhin festigen.

Ansehen und Vertrauen

Die Umgestaltung hat alle Schichten der Gesellschaft erfaßt, ist in die Tiefe vorgedrungen und hat Breitenwirkung erzielt. Sie entwickelt sich, löst dabei Probleme und überwindet Schwierigkeiten. Initiative und Ideen der Umgestaltung gehen von der KPdSU aus, die zugleich ihr Organisator und Führer und sozusagen der Garant dafür ist, daß die Umgestaltung der Stärkung des Sozialismus und den Interessen der Werktätigen dient. Unsere Partei trägt in der Tat historische Verantwortung. Lenin hat 1917 gesagt: Wir haben die Revolution begonnen, wir müssen sie auch zu Ende führen. Ebenso verhält es sich mit der Umgestaltung: Die Partei wird sie zu Ende führen. Das Ansehen der Partei und das in sie gesetzte Vertrauen nehmen zu. Obwohl wir uns noch in der Übergangsphase von einem qualitativen Zustand in den anderen befinden, sind die Parteiorgane bemüht, möglichst keine Funktionen der wirtschaftsleitenden Organe und Verwaltungseinrichtungen mehr zu übernehmen. Das ist allerdings nicht leicht, scheint es sich doch bewährt zu haben, daß die Partei Druck ausübt und so die Planerfüllung sichert. Doch die Partei hat eine andere Aufgabe, sie muß vor allem die Prozesse theoretisch analysieren, in der Entwicklung der Widersprüche rechtzeitig die kritischen Punkte erfassen, Korrekturen an der Strategie und Taktik vornehmen, die Politik ausarbeiten und die Methoden und Formen ihrer Umsetzung festlegen, die Kader auswählen und einsetzen und die Umgestaltung organisatorisch und ideologisch absichern. All das kann ihr niemand abnehmen.

Mit Leitungsfragen und wirtschaftlichen Problemen müssen sich die Staatsorgane und die anderen zuständigen Einrichtungen befassen. Das gebietet die geschichtliche Praxis, das hat sich nicht irgend jemand einfach ausgedacht. Die Partei muß ihre Aufgabe erfüllen wie alle anderen die ihren. Wo das nicht der Fall ist, werden die Führungsrolle der Partei, ihre ideologische Arbeit und ihre Kaderarbeit geschwächt.

Unsere Gesellschaft hat sich geschichtlich so entwickelt, daß alles, was in der Partei geschieht, im Leben unseres Landes seinen Niederschlag findet. Eine offizielle Opposition gibt es in der Sowjetunion nicht. Um so größere Verantwortung trägt die KPdSU als regierende Partei. Deshalb sehen wir es als höchst wichtige Aufgabe an, die innerparteiliche Demokratie weiterzuentwickeln, die Prinzipien der Kollektivität in der Arbeit zu stärken und auch in der Partei mehr Offenheit walten zu lassen. Das Zentralkomitee fordert von denen, die in Leitungsfunktionen gewählt wurden, daß sie bescheiden, redlich und ehrlich sind, daß sie Speichelleckerei und Liebedienerei nicht dulden. In der Partei darf es keine Personen geben, die außerhalb der Kritik stehen, ebenso wie es niemand geben darf, der nicht das Recht hat, Kritik zu üben.

Uns war klar, daß die Umgestaltung zunächst in den Köpfen, in den Denk- und Verhaltensweisen und in Organisation, Stil und Methoden der Arbeit einsetzen mußte, daß wir bei den Menschen, vor allem bei den Leitungskadern, beginnen mußten.

Wir haben mit Nachdruck Kurs darauf genommen, Menschen mit Initiative und Tatkraft zu unterstützen, die sich Gedanken machen, die es verstehen, die Lage selbstkritisch zu beurteilen, sich von Formalismus und Routinedenken in der Arbeit freizumachen und neue, ungewöhnliche Lösungen zu finden, die fähig und willens sind, kühn voranzugehen und den Erfolg zu suchen. Die Umgestaltung bietet ihnen viel Raum für schöpferisches Wirken.

Doch ist es natürlich weder notwendig noch möglich, ausnahmslos alle Kader zu ersetzen. Selbstverständlich kann es auf höchster und auf mittlerer Ebene und auch in den Betrieben Umsetzungen geben, brauchen wir den Zustrom neuer, frischer Kräfte. Und genau das geschieht zur Zeit. Zudem macht sich noch ein ganz natürlicher Prozeß bemerkbar: Manch einer hat das Rentenalter erreicht, daran ist nichts verwunderlich. Ein anderer hat einfach nicht mehr die Kraft, neue Aufgaben zu übernehmen. Auch das ist verständlich, und man sollte diese Situation nicht dramatisieren.

Jede Zeit hat ihre eigenen Ansprüche, ihre Bahnbrecher und ihre Methoden. Wer sich zu ändern und in der politischen, organisatorischen und ideologischen Arbeit neue Wege zu gehen vermag, der wird es auch schaffen und die Unterstützung der Werktätigen und der Parteiorganisationen finden. Der größte Teil unserer Kader ist dazu bereit, auch wenn es dabei Unterschiede geben mag: Der eine versteht die neuen Forderungen schneller, ein anderer denkt vielleicht noch einmal darüber nach. Grundsätzlich gehen wir davon aus, daß die meisten unserer Kader den Aufgaben der Umgestaltung gewachsen sind. Gleichzeitig könnten wir es nicht hinnehmen, wenn alles so weiterginge wie früher, ohne Beschleunigung, ohne größeres Tempo vorzulegen.

Die Umgestaltung verlangt Sachverstand und genaue Fachkenntnisse. Ohne eine dem neuesten Stand entsprechende vielseitige Ausbildung, ohne gründliche Kenntnisse auf den Gebieten der Produktion, der Wissenschaft und

Technik, der Leitung der Arbeitsorganisation und -stimulierung, der Soziologie und Psychologie kommt man heute nicht mehr aus. Überhaupt müssen wir das intellektuelle Potential des Landes maximal wirksam werden lassen und seine schöpferische Leistung beträchtlich vergrößern.

Einmal mehr möchte ich die Bedeutung der theoretischen Arbeit der Partei betonen. In dieser Hinsicht ist bereits viel geschehen. Doch auch hierbei streben wir eine Vertiefung der demokratischen Prinzipien an, wollen wir Monopole irgendeiner Person oder Gruppe vermeiden. Das Zentralkomitee der KPdSU will alle schöpferischen Kräfte von Partei und Gesellschaft in diese Arbeit einbeziehen. Wenn es so weit kommt, daß alle Initiativen nur von der Zentrale oder, was noch schlimmer wäre, nur von einer Person oder Personengruppe ausgehen, dann gleiten wir, ehe wir uns versehen, in verknöcherte Denkschablonen ab. Das wäre der Todesstoß für die Umgestaltung, ja für die Entwicklung der ganzen Gesellschaft. Lehren dieser Art hat es in der Geschichte der KPdSU gegeben, bittere, bedrückende Lehren. Die Rolle der Gesellschaftswissenschaft, der schöpferischen Kräfte in der Partei darf sich nicht darauf beschränken, Kommentare zu diesen oder jenen Beschlüssen oder zu Reden von Genossen abzugeben, die eine hohe Funktion bekleiden. Wir haben uns für einen anderen Weg entschieden: Wir werden im Sinne Lenins, gemäß den Leninschen Traditionen, handeln!

IV. Der Westen und die Umgestaltung

Uns interessiert jederzeit, wie die Umgestaltung im Ausland, besonders im Westen, aufgenommen wird. Das geschieht nicht aus Neugier, sondern weil es zu unseren Pflichten als Politiker gehört. Wir stellen fest, daß die Umgestaltungsprozesse nicht nur als solche, nicht nur weil es um das Schicksal einer großen Nation geht, zunehmendes Interesse finden. Unsere Umgestaltung wird zu Recht als ein Ereignis von großer internationaler Tragweite verstanden. »Was in der Sowjetunion geschieht, geht die ganze Welt an«, schrieb eine bundesdeutsche Zeitung.

Als erstes muß ich feststellen, daß bei den allermeisten Menschen in allen Ländern der Welt echtes Interesse für unsere Umgestaltung vorhanden ist und einhergeht mit Optimismus und besten Wünschen für den Erfolg der vom sowjetischen Volk eingeleiteten Veränderungen. Von unserer Umgestaltung erhofft man in aller Welt viel, man erwartet voller Zuversicht, daß sie sich positiv auf die ganze Entwicklung in der Welt, auf die internationalen Beziehungen insgesamt auswirken möge.

In den offiziellen Kreisen und in den meisten Massenmedien des Westens glaubte anfangs kaum jemand, daß die von uns im April 1985 verkündeten Veränderungen real erreichbar seien. Es fehlte auch nicht an bissigen Kommentaren. Nun, so hieß es, habe eine Mannschaft die andere abgelöst und lege eilig neue Konzepte und Programme vor. Die Russen seien ein gefühlsbetontes Volk, bei ihnen sei es üblich, daß neue Leiter alle Sünden auf ihre Vorgänger schieben, aber es würde wohl alles beim alten bleiben. Nach einiger Zeit würden die Kritik wieder verstummen und die neuen Initiativen in Vergessenheit geraten.

Lange konnte sich diese Position jedoch nicht behaupten. Es wurde allzu deutlich, daß die Umgestaltung eine historische Realität ist, daß der Prozeß im Gange ist. Nach dem Januar-Plenum des Zentralkomitees der KPdSU 1987 ließ sich die Tatsache, daß unser Land in der Tat kühne und weitreichende Veränderungen in Angriff genommen hatte, nicht länger leugnen.

Noch offensichtlicher klangen die neuen Töne in den Kommentaren zum Juni-Plenum des Zentralkomitees der KPdSU an. Man begann einzugestehen, daß Ausmaß und Tiefe der in der Wirtschaftsführung beabsichtigten Reformen die Prognosen der meisten Sowjetologen weit übertrafen. Wir sehen, daß viele Leute im Westen nicht mit einer so offenen und substantiellen Aussprache, mit so weitreichenden konstruktiven Maßnahmen gerechnet hatten. Das Attribut

»halbherzig«, mit dem man unsere Schritte bis zum Juni versehen hat, ist anscheinend aus der Mode gekommen, wenn von den Beschlüssen des Plenums des Zentralkomitees und der Tagung des Obersten Sowjets der UdSSR vom Juni die Rede ist. Wir haben die Grenzen jenes »Kreidekreises«, den westliche Interpreten um unsere Möglichkeiten und Absichten gezogen hatten, weit überschritten. Dabei fehlte es selbst kurz vor dem Plenum nicht an Behauptungen, der Schwung von »Gorbatschows Reformkampagne« ließe nach.

Jetzt beginnt man von einer »zweiten Revolution« und davon zu sprechen, daß die Umgestaltung unumkehrbar sei, daß sie auf der neugeschaffenen wirtschaftlichen und rechtlichen Grundlage einen »neuen Aufschwung« erlebe. Im großen und ganzen ist also klargeworden, daß das Juni-Plenum eine Phase auf dem Weg der Umgestaltung markiert. Um so aktueller wurde die Frage nach der Haltung ihr gegenüber. Von allen Seiten werden wir wegen des Tempos der Umgestaltung kritisiert. »Von links« wegen des zu geringen, »von rechts« wegen des zu hohen Schrittmaßes. Doch alle stimmen wohl zumindest darin überein, daß die sowjetische Führung es mit den Reformen ernst meint.

Westliche Beobachter sind beunruhigt ob der Folgen, die für die Sowjetunion und die ganze Welt eintreten, wenn die Umgestaltung nicht zum Stillstand kommt. Sie fragen sich, was für den Westen vorteilhafter wäre: ihr Erfolg oder ihr Scheitern?

Die Antworten auf diese Fragen bewegen sich verständlicherweise in einem äußerst breiten Spektrum. Viele seriöse Experten räumen ein, daß sich die wirtschaftliche und soziale Entwicklung der sowjetischen Gesellschaft wesentlich beschleunigen läßt, und betonen, daß Erfolge positive Auswirkungen auf das internationale Geschehen haben werden. Die Weltgemeinschaft kann, wie sie ganz richtig meinen, nur gewinnen, wenn der materielle Wohlstand der sowjetischen Menschen wächst und die Demokratie sich weiterentwickelt. Allein die Größenordnung der im Sowjetland in Angriff genommenen Wirtschafts- und Sozialprogramme ist ein Beleg, sozusagen eine materielle Garantie seines außenpolitischen Friedenskurses. Hieraus ergeben sich auch praktische Empfehlungen an die führenden Repräsentanten der Westmächte: Sie sollten die Umgestaltung nicht fürchten, sie nicht zum Gegenstand psychologischer Kriegführung machen, sondern sie vielmehr mit Hilfe des Mechanismus der Wirtschaftsbeziehungen und durch Zusammenarbeit auf kulturellem und humanitärem Gebiet fördern, sie sollten die Initiativen der Sowjetunion in Fragen der Abrüstung und der Herstellung eines gesunden internationalen Klimas ernst nehmen und Vereinbarungen zu diesem Thema treffen.

Von den vielen anderen, unseres Erachtens anfechtbaren Bewertungen und Projekten einmal abgesehen, halten wir diesen Standpunkt insgesamt für realistisch und begrüßen seine im großen und ganzen konstruktive Tendenz. Er entspricht den zur Verbesserung der internationalen Beziehungen anstehenden Aufgaben und bringt die Stimmung einer breiten Öffentlichkeit zum Ausdruck.

Weitblick beweisen jene Politiker, die meinen, der Westen begehe einen historischen Fehler, wenn er die positiven Signale aus Moskau unbeachtet lasse und sich nicht von seinem falschen Sowjetunionbild, von seinen selbsterfundenen Lügenmärchen löse.

Doch in westlichen Massenmedien und in dortigen politischen Debatten wird die Werbetrommel sehr rege auch für einen anderen, völlig entgegengesetzten Standpunkt gerührt. Man läßt nicht ab von Versuchen, unsere Politik und unsere Absichten zu diskreditieren. So werden jede Menge pessimistische Prophezeiungen und Befürchtungen zur Dynamik der Innen- und Außenpolitik laut. Das beweist einmal mehr, wie zählebig die Nachwirkungen des kalten Krieges sind und welch tiefe Wurzeln – durch die eigennützigen Interessen bestimmter Kreise genährt – der Antisowjetismus geschlagen hat. Würde sich das Ganze auf theoretische Debatten und propagandistische Übungen beschränken, könnte man darüber hinweggehen. Das Leben selbst wird letztlich zeigen, wer die Wahrheit auf seiner Seite hat. Doch immerhin folgt daraus, daß die Umgestaltung als Schreckgespenst dargestellt wird, weil sie zu einer Stärkung des militärischen und ökonomischen Potentials der Sowjetunion und damit auch zu einer Zunahme der »sowjetischen Bedrohung« führe. Da dem so sei, müsse man in den Beziehungen zur Sowjetunion alles für das Scheitern der Umgestaltung tun und nach dem Grundsatz der eingefleischten Sowjetfeinde »Je schlimmer für die UdSSR, desto besser für den Westen« dafür sorgen, daß sie gebremst und sabotiert wird.

Die extrem rechten Kreise machen kein Hehl aus ihrer Feindseligkeit gegenüber der Umgestaltung, weil sie ihre Hoffnung darauf zunichte macht, der Sozialismus habe der »freien Welt« nichts Attraktives entgegenzusetzen. Für diese Leute ist der Verzicht auf das Uraltdogma von der »sozialen Starrheit« der sowjetischen Gesellschaft gleichbedeutend mit einer ideologischen Katastrophe. Dann müßten ja die ganze antisowjetische Doktrin und die aus ihr resultierenden politischen Leitsätze revidiert werden, würde sich das Hirngespinst von der »sowjetischen Bedrohung« in Luft auflösen, die angeblich daraus resultiert, daß die Sowjetunion mit ihren inneren Schwierigkeiten nicht fertig werde und sich daher in Expansion flüchte.

Man versucht sogar, die Offenheit und das Ringen um mehr Demokratie in Mißkredit zu bringen. Beispielsweise werden Lügenmeldungen über die UdSSR verbreitet, und das auch noch unter Berufung auf die sowjetische Presse. Später stellt sich heraus, daß in sowjetischen Publikationen nichts dergleichen gestanden hat. Man will uns provozieren, die Offenheit einzuschränken, sie zu zügeln und vom Bemühen um mehr Demokratie abzulassen, man will sozusagen Verärgerung über die Massenmedien erzeugen. Auch dabei verfolgt man das Ziel, die Umgestaltungsprozesse, die ohne Offenheit und Demokratie undenkbar sind, zu untergraben.

Es mehren sich auch Versuche, in unseren Bürgern Zweifel an der Richtigkeit des politischen Kurses auf Umgestaltung zu wecken; man will sie mit Schwierigkeiten einschüchtern und unrealistische Hoffnungen wecken. So hofft man, im Volk Mißtrauen gegen die Führung zu säen, einzelne Leitungskader gegen andere aufzuwiegeln und Partei und Gesellschaft zu spalten.

Manche Politiker und Massenmedien, besonders in den USA, versuchen, die Umgestaltung in unserem Lande als unter dem Druck des Westens stehende »Liberalisierung« hinzustellen. Natürlich muß man es den westlichen Propagandamachern lassen: Sie beherrschen das Demokratiespiel in Worten meisterlich. Wir aber werden an den demokratischen Charakter der westlichen Gesellschaften erst glauben, wenn dort die Arbeiter und Angestellten auf Belegschaftsversammlungen frei die Betriebs- und Werkbesitzer, die Bankdirektoren usw. zu wählen beginnen, wenn die Massenmedien regelmäßig Kritik an Konzernen, Banken und ihren Eigentümern zu üben und über die realen Prozesse in den Ländern des Westens zu berichten beginnen, statt sich endlosen, nutzlosen Schlagabtausch mit den Politikern zu liefern.

Manche Kritiker unserer Reform verweisen darauf, daß im Zuge der Umgestaltung ungesunde Erscheinungen nicht zu vermeiden sind. Man sagt uns Inflation, Arbeitslosigkeit, Preisanstieg und eine zunehmende soziale Differenzierung voraus, das heißt genau das, woran der Westen so »reich« ist. Oder man versucht uns hartnäckig einzuschärfen, das Zentralkomitee stoße im Partei- und Staatsapparat auf stärkste Opposition, beziehungsweise man setzt in Umlauf, die Armee leiste Widerstand und auch das Komitee für Staatssicherheit habe noch nicht sein letztes Wort gesprochen. Sie ziehen alle Register.

Doch muß ich unseren Gegnern eine betrübliche Mitteilung machen: Heute sind sich die Mitglieder des Politbüros und des Zentralkomitees einig wie nie zuvor, und niemand vermag, diese Einigkeit ins Wanken zu bringen. In der Armee, im Komitee für Staatssicherheit und in jeder anderen Institution gilt die Partei als höchste Autorität, spricht sie das entscheidene politische Wort. Die Umgestaltung hat die Positionen der Partei höchstens weiter gefestigt, hat ihrer politischen und moralischen Rolle in Staat und Gesellschaft eine neue Qualität verliehen.

Der Gerechtigkeit halber sei übrigens bemerkt, daß seriöse westliche Beobachter die sozialistischen Züge unserer Veränderungen sehr wohl erkennen und sehen, daß sie der Stärkung des Sozialismus dienen. Wer die Öffentlichkeit im Westen mit der Umgestaltung in Angst und Schrecken versetzen will, fürchtet in der Tat ihren Erfolg, und das nur deshalb, weil sie die Möglichkeit beschneidet, das Schreckgespenst der »sowjetischen Bedrohung« heraufzubeschwören, die abstoßende Karikatur eines »Feindbildes« unterzuschieben, statt eine realistische Schilderung von unserem Land zu geben, das sinnlose Wettrüsten mit diesen demagogischen Parolen fortzusetzen und sich an ihm gesundzustoßen.

Und in der Tat, wie sollen sie, wenn unsere Entwicklungspläne von Erfolg gekrönt sein werden, den Leuten weismachen, der Sozialismus sei ein nicht lebensfähiges System, das seine Bürger weder zu ernähren noch zu kleiden vermag? Das ganze Konzept, mit dem unser Land als »Reich des Bösen« abgestempelt, die Oktoberrevolution als historischer Fehler dargestellt und unser nachfolgender Weg als »Zickzackpfad der Geschichte« ausgegeben wurde, bräche in sich zusammen. Solch eine Umgestaltung ist manch einem fürwahr nicht recht.

»Allzu eilig versucht man heute, die Reformen in der UdSSR zu verleumden und in Verruf zu bringen«, schreibt das BRD-Nachrichtenmagazin »Stern«, »und zwar mit der Behauptung, daß sie in Wirklichkeit nur den Kommunismus konsolidierten und dem Kreml allein daran gelegen sei, das System leistungsfähiger zu machen. Ja, bei Gott, wenn der Kampf gegen Korruption und schlechte Wirtschaftsführung das kommunistische System konsolidiert, dann wäre nach dieser Logik die Demokratie der beste Nährboden des Marxismus-Leninismus!« Ich möchte diesem beredten Zitat noch einige Worte hinzufügen: Wenn sich der Sozialismus wirklich grundsätzlich nicht mit Demokratie und ökonomischer Effektivität vereinbaren ließe, wie das seine Gegner behaupten, dann hätten sie doch gar keinen Anlaß, um ihr Schicksal und ihre Profite besorgt zu sein.

Und wenn wir uns selbst so kritisieren, wie das kein anderer jemals getan hat, und zwar nirgendwo, weder im Westen noch im Osten, dann tun wir das, weil wir stark sind und um unsere Zukunft nicht bangen. Wir, das Volk wie die Partei, ertragen diese Kritik. Wenn aber unsere Reformen das erwartete Ergebnis gebracht haben werden, müssen sich die Kritiker des Sozialismus ebenfalls »ändern«.

Wir haben sie in Verlegenheit gebracht, weil wir unsere Mängel selbst am besten kennen, offener und mit mehr Sachkenntnis darüber sprechen und schreiben als sie. Allmählich werden die Menschen im Westen aufhören, all den Unsinn über die Sowjetunion zu glauben, der bei ihnen nach wie vor verbreitet wird. Natürlich trägt das alles nicht gerade dazu bei, das Vertrauen in die Politik der westlichen Länder zu stärken.

In Gesprächen mit Amerikanern oder Vertretern anderer Staaten des Westens stelle ich ganz offen die Frage, ob sie Interesse daran haben, daß die Sowjetunion die Möglichkeit erhält, durch Kürzung der Militärausgaben mehr Mittel für die wirtschaftliche und soziale Entwicklung auszugeben, oder ob dem Westen nicht vielmehr daran gelegen ist, die Sowjetunion durch das Wettrüsten wirtschaftlich ausbluten zu lassen, die in unserem Lande in Angriff genommene enorme Arbeit zu hintertreiben und die sowjetische Führung zu zwingen, immer mehr Mittel für unproduktive Aufwendungen, für Rüstungszwecke, einzusetzen. Hofft man etwa, die Sowjetunion dazu bewegen zu können, sich ganz auf ihre inneren Probleme zu konzentrieren, um selbst ungehindert in der Welt schalten und walten zu können?

Diese Frage hat noch einen anderen Aspekt. Wer hofft, die Sowjetunion totrüsten zu können, schätzt seine eigene wirtschaftliche Lage allzu selbstgefällig ein. Wie reich die USA auch sein mögen, sie können es sich dennoch nicht leisten, Jahr für Jahr etwa 300 Milliarden Dollar für die Rüstung zu verschleudern. Mit den Rüstungsausgaben schnellt auch das Haushaltsdefizit in die Höhe. Angesichts seiner Ausmaße kann man sagen, daß die Rüstungsausgaben der USA schon heute zu zwei Dritteln kreditiert sind. Die Staatsverschuldung der USA besteht genaugenommen aus Schulden des Pentagon, für die viele Generationen von Amerikanern werden aufkommen müssen. Diese Spirale kann sich nicht endlos drehen. Doch das ist Sache der Amerikaner selbst.

Mitunter habe ich sogar den Eindruck, daß manche amerikanischen Politiker, die stets und ständig das kapitalistische System lobpreisen und die Werbetrommel für ihre Demokratie rühren, trotzdem nicht so recht von ihnen überzeugt sind und den friedlichen Wettbewerb mit der UdSSR fürchten. Deshalb bringen sie auch die Kriegsmaschinerie auf Touren, heizen die Spannungen an usw. Beobachter werden, wenn sie diese Zeilen lesen, möglicherweise schreiben: Leider versteht Gorbatschow nicht viel von westlicher Demokratie. Aber glauben Sie mir, das eine oder andere verstehe ich schon davon, zumindest genug, um unerschütterlich an sozialistische Demokratie, an sozialistischen Humanismus zu glauben!

Wir werden die Probleme, die wir selbst sehr deutlich beim Namen nennen, bewältigen und die gesteckten Ziele erreichen. Dabei gilt es, auch den Charakter unseres Volkes zu berücksichtigen. Sind sein Engagement und seine patriotischen Gefühle einmal geweckt, dann scheut es keine Mühe, setzt durch, was es sich in den Kopf gesetzt hat, und vermag wahre Wunder zu vollbringen. Die Sowjetunion ist ein riesiges Land, das ungemein reich an Naturschätzen ist und über hochqualifizierte Kader und eine bedeutende Wissenschaft verfügt. Die meisten Arbeiter haben den Abschluß der zehnten Klasse erworben. Man sollte uns also nicht vorschnell auf den »Müllhaufen der Geschichte« werfen. In der Sowjetunion kann man darüber nur lächeln.

Im April 1987 habe ich in einem Gespräch mit einer Delegation des Repräsentantenhauses des USA-Kongresses gesagt, daß die Verwirklichung unserer Erneuerungspläne weder für das amerikanische Volk noch für irgendein Land auch nur die geringste politische, wirtschaftliche oder sonstige Gefahr darstelle. Das gleiche hatte ich im Kreml gegenüber den Teilnehmern des Forums »Für eine Welt ohne Kernwaffen, für das Überleben der Menschheit« gesagt: »Wir wollen verstanden werden. Und wir hoffen, daß die gesamte Weltgemeinschaft endlich begreift, daß daraus, daß wir unser Land besser gestalten wollen, niemandem Schlechtes erwächst. Die ganze Welt kann davon nur profitieren.«

Weder die Sowjetunion noch die Umgestaltung stellen für irgend jemanden eine Bedrohung dar, es sei denn durch ihre Beispielwirkung. Doch immer wieder unterstellt man uns die Absicht, in der ganzen Welt den Kommunismus einführen zu wollen. Was für ein Unsinn! Es mag ja noch angehen, wenn so etwas von Schreibern behauptet wird, denen es einerlei ist, womit sie ihr Geld verdienen. Doch solche Äußerungen sind bis heute öffentlich von Staatsmännern, die doch schließlich Verantwortung tragen, zu vernehmen. Ich war völlig überrascht, als ich dergleichen zwei Jahre nach Beginn der Umgestaltung aus dem Munde eines von mir geschätzten Politikers hörte. Ich versuchte, den Grund dafür herauszubekommen. Wir kennen die Doktrinen von Truman, Eisenhower und Reagan, doch gab es und gibt es keinerlei sowjetische Erklärungen zur »Verbreitung der kommunistischen Herrschaft«. Lenin hat einst gesagt, daß wir, das heißt der sozialistische Staat, die Entwicklung in der Welt hauptsächlich durch die Erfolge unserer Wirtschaft beeinflussen werden.

Der Erfolg der Umgestaltung wird den Beweis erbringen, daß der Sozialismus nicht nur der historischen Aufgabe gewachsen ist, im wissenschaftlich-technischen Fortschritt die Weltspitze zu erreichen. Der Sozialismus wird diese Aufgabe auch mit einem Höchstmaß an sozialer und moralischer Wirkung, mit demokratischen Methoden, zum Wohle des Menschen und durch sein Mittun, durch seinen Verstand, sein Können, seine Begabung, sein Gewissen und Verantwortungsbewußtsein gegenüber den anderen Menschen lösen.

Der Erfolg der Umgestaltung wird die engstirnigen Klasseninteressen und den Egoismus der Kräfte entlarven, die heute im Westen das Sagen haben und in den Militarismus, das Wettrüsten und die »Feindsuche« in aller Welt vernarrt sind.

Der Erfolg der Umgestaltung wird den Entwicklungsländern helfen, Wege zu politischer und sozialer Modernisierung zu finden, ohne Zugeständnisse an den Neokolonialismus machen zu müssen und ohne sich vom Kapitalismus verheizen zu lassen.

Der Erfolg der Umgestaltung wird das schlagende Argument in der historischen Auseinandersetzung darum sein, welches System den Interessen der Menschen besser gerecht wird. Das Bild der Sowjetunion wird, wenn die unter extremen Bedingungen entstandenen negativen Flecken entfernt sind, neue Anziehungskraft erlangen und zur lebendigen Verkörperung der dem sozialistischen System grundsätzlich eigenen Vorzüge werden. Die Ideale des Sozialismus werden neuen Auftrieb erhalten.

Ich konnte mich wiederholt davon überzeugen, daß meine westlichen Gesprächspartner das sehr wohl verstehen. Ein bekannter Politiker, der alles andere als Kommunist ist, sagte: »Wenn Sie erreichen, was Sie sich vorgenommen haben, wird das gewaltige, im wahrsten Sinne des Wortes weltweite Folgen haben.«

Viele unserer Probleme sind für den ausländischen Leser sicherlich schwer zu verstehen. Das ist ganz natürlich. Jedes Volk, jedes Land hat seine eigenen Lebensgewohnheiten, seine Gesetze und Sitten, seine Hoffnungen, Irrwege und Ideale. Diese Vielfalt ist etwas Wunderbares. Man sollte sie entwickeln, statt zu versuchen, alle über einen Kamm zu scheren. Mich stoßen beispielsweise die Versuche mancher Politiker ab, anderen vorzuschreiben, wie sie leben und welche Politik sie betreiben sollen. Dabei lassen sie sich von der anmaßenden Überzeugung leiten, die Lebensgewohnheiten und die Politik des eigenen Landes seien das Musterbeispiel, das Eichmaß für Freiheit, Demokratie, wirtschaftliche Leistung, sozialen Standard usw. Ich meine, es wäre viel demokratischer, einzuräumen, daß die Völker anderer Länder damit vielleicht nicht einverstanden sind. Man kann in unserer komplizierten und unruhigen Welt nicht alles mit der eigenen Elle messen. Nicht nur Versuche militärischen Diktats, sondern auch politisch-moralischer und ökonomischer Druck sind heute nicht mehr gefragt. Sie sind gefährlich, versetzen die Weltöffentlichkeit in Unruhe und erschweren somit Fortschritte auf dem Weg zu Frieden und Zusammenarbeit.

Wer die Umgestaltung richtig versteht, besitzt den Schlüssel zum Verständnis des außenpolitischen Kurses der Sowjetunion. Die Wahrheit über die Umgestaltung liegt im Interesse des Weltfriedens und der internationalen Sicherheit. Wenn wir den Westen zu einer verantwortungsbewußten, ehrlichen und unvoreingenommenen Analyse unserer Arbeit auffordern, lassen wir uns nicht allein von unseren eigenen Interessen leiten. Die Unfähigkeit oder mangelnde Bereitschaft, das Wesen der Umgestaltung zu begreifen, führt entweder zu Mißverständnissen, was unsere außenpolitischen Absichten betrifft, oder ist ein erneuter Versuch, das Mißtrauen zwischen den Ländern und Völkern aufrechtzuerhalten und zu vertiefen.

Der untrennbare Zusammenhang von Außen- und Innenpolitik eines jeden Staates ist in Umbruchphasen besonders eng und für die Praxis bedeutungsvoll. Ein innerer Kurswechsel zieht unweigerlich auch eine neue Sicht der außenpolitischen Problematik nach sich. Deshalb tritt heute, da wir die Umgestaltung verwirklichen, anschaulicher und konkreter als je zuvor die inhaltliche Übereinstimmung unserer Tätigkeit im Lande mit der internationalen Politik zutage. Die neue Konzeption der sowjetischen Außenpolitik, ihre programmatischen Ziele und praktischen Schritte sind unmittelbarer Ausdruck der Philosophie, des Programms und der Praxis der Umgestaltung.

Der Umgestaltungsprozeß in unserem Land eröffnet neue Möglichkeiten für die internationale Zusammenarbeit. Objektive Beobachter sagen für die Zukunft einen größeren Anteil der Sowjetunion an der Weltwirtschaft und regere außenwirtschaftliche und wissenschaftlich-technische Beziehungen voraus, auch auf der Ebene der internationalen Wirtschaftsorganisationen.

Wir erklären offen und so, daß es jeder hören kann: Wir brauchen dauerhaften Frieden, um uns auf die Entwicklung unserer Gesellschaft zu konzentrieren, um die Aufgaben zur Verbesserung des Lebens der sowjetischen Menschen zu lösen. Unsere Pläne sind langfristiger, grundsätzlicher Natur. Deshalb sollten alle, auch unsere westlichen Partner und Konkurrenten, begreifen, daß unsere internationale Politik, die auf eine Welt ohne Kernwaffen und ohne Gewalt, auf zivilisierte Formen zwischenstaatlicher Beziehungen zielt, in ihren grundsätzlichen Prinzipien ebenso fundamental wie verläßlich ist.

Zweiter Teil
Das neue Denken und die Welt

Kapitel III
Wie wir die Welt von heute sehen

Wo stehen wir?
Wir haben die Umgestaltung vor dem Hintergrund wachsender internationaler Spannungen in Angriff genommen. Der Entspannungsprozeß der siebziger Jahre war praktisch vorbei. Unsere Friedensappelle fanden in den herrschenden Kreisen des Westens keinen Widerhall. Die sowjetische Außenpolitik trat auf der Stelle. Das Wettrüsten nahm neue Dimensionen an. Die Kriegsgefahr erhöhte sich.

Wollte man Antwort geben, wie eine Wendung zum Besseren herbeizuführen sei, mußte man sich fragen: Woran liegt das? Wo ist die Welt in ihrer Entwicklung angekommen? Dazu war das ganze Bild, das die Welt bot, nüchtern und realistisch zu betrachten, mußte man von den üblichen Schablonen wegkommen. Man mußte mit neuen Augen sehen, wie man so sagt.

Wie steht es um unser aller Welt, die Welt der jetzigen Generationen des Menschengeschlechts? Sie hat viele Gesichter und Farben, sie ist dynamisch, von widerstreitenden Tendenzen und krassen Widersprüchen gekennzeichnet. Es ist eine Welt grundlegender sozialer Wandlungen, einer alles umfassenden wissenschaftlich-technischen Revolution, einer Verschärfung der globalen Probleme – in der Wirtschaft, auf dem Rohstoffsektor usw. – und radikaler Veränderungen im Bereich der Information. Eine Welt, in der ungeahnte Möglichkeiten für Entwicklung und Fortschritt, entsetzliche Armut, Rückständigkeit und mittelalterliche Zustände nebeneinander bestehen. Eine Welt mit weit ausladenden »Spannungsfeldern«.

Früher war alles einfach. Es gab ein paar Mächte, sie grenzten ihre Interessen gegeneinander ab, glichen sie aus, wenn es ihnen gelang, und führten Krieg, wenn es nicht mehr anders ging. Auf dem Ausgleich der Interessen dieser wenigen Mächte basierten die internationalen Beziehungen. Hier hatte der eine seinen Herrschaftsbereich, da der andere und dort ein dritter. Wie sieht es heute aus, was hat sich in den vierzig Jahren nach dem Krieg getan?

Auf der politischen Weltkarte gibt es die bedeutende Gruppe der sozialistischen Länder, die in ihrer nicht allzu langen Geschichte in ihrer fortschrittlichen Entwicklung weit vorangekommen sind. Es gibt den großen Block der kapitalistischen Industriestaaten mit ihren Interessen, ihrer Geschichte, ihren Sorgen und Problemen, und es gibt das riesige Areal der Länder der »dritten Welt«, das in den letzten dreißig bis vierzig Jahren entstanden ist, als asiatische, afrikanische und lateinamerikanische Länder zu Dutzenden ihre politische Unabhängigkeit errangen.

Es dürfte klar sein, daß jede Staatengruppe, jedes Land seine eigenen Interessen hat. Nach der elementaren Logik müßten sich alle diese Interessen in der Weltpolitik vernünftig widerspiegeln. Aber gerade das ist nicht der Fall. Ich habe meinen Gesprächspartnern in kapitalistischen Ländern so manches Mal gesagt: Wollen wir doch die Realitäten sehen und berücksichtigen — es gibt die Welt des Kapitalismus und die Welt des Sozialismus, und es gibt die riesige Welt der Entwicklungsländer. Milliarden Menschen leben da. Probleme hat jeder. Aber in den Entwicklungsländern sind es hundertmal mehr. Dem muß man Rechnung tragen. Diese Länder haben ihre eigenen nationalen Interessen. Jahrzehntelang waren sie Kolonien und kämpften unbeirrt um ihre Befreiung, sie haben ihre Unabhängigkeit errungen, wollen ihren Völkern ein besseres Leben bieten, über ihre Ressourcen frei verfügen und sich eine unabhängige Wirtschaft und Kultur aufbauen.

Kann man auf normale und gerechte internationale Beziehungen hoffen, wenn man, sagen wir, nur von den Interessen der Sowjetunion oder der Vereinigten Staaten, Großbritanniens oder Japans ausgeht? Gewiß nicht! Die Interessen müssen ausgewogen sein. Das fehlt bisher. Bislang werden die Reichen noch reicher und die Armen noch ärmer. In der »dritten Welt« vollziehen sich Prozesse, die das gesamte System der internationalen Beziehungen bis in seine Grundfesten erschüttern können.

Niemand kommt heute mehr an der Welt des Sozialismus, der Welt der Entwicklungsländer oder der Welt des entwickelten Kapitalismus vorbei. Dabei steht mancher auf dem, mit Verlaub gesagt, Standpunkt, der Sozialismus sei ein Betriebsunfall der Geschichte und gehöre längst auf den Müllhaufen. Dann werde auch die »dritte Welt« gezähmt werden. Alles komme wieder ins Lot – man könne dann weiter auf Kosten anderer herrlich und in Freude leben. Aber ein Rückfall in die Vergangenheit kann keine Antwort auf die Herausforderungen der Zukunft sein, sondern bedeutet Abenteurertum, das sich auf Angst und eigene Unsicherheit gründet.

Wir haben die Realität der farbenreichen, vielschichtigen Welt nicht nur von neuem studiert, haben nicht nur die Interessenunterschiede der einzelnen Staaten bewertet, sondern auch den Kernpunkt erkannt: die wachsende Tendenz zur gegenseitigen Abhängigkeit der Staaten in der Weltgemeinschaft. Darin liegt die Dialektik der heutigen Entwicklung. Mühevoll, in gewissem Maße tastend, bildet sich im Kampf der Gegensätze eine widersprüchliche, sozial und politisch vielgestaltige, aber gegenseitig abhängige, in vieler Hinsicht ganzheitliche Welt heraus.

Eine andere, ebenso offenkundige Realität unserer Zeit ist, daß sogenannte globale Probleme entstehen und sich zuspitzen, die gleichfalls für die Geschicke der Zivilisation lebenswichtig werden. Ich denke da an die Erhaltung der Natur, an den kritischen Zustand der Umwelt, der Luft und der Meere, an die herkömmlichen Ressourcen der Erde, die uns, wie sich herausgestellt hat, nicht unbegrenzt zur Verfügung stehen. Ich denke an alte und neue unheilvolle Krankheiten und an die Sorge der ganzen Menschheit, wie man Hunger und

Not in weiten Teilen der Erde ein Ende machen kann. Ich denke an vernünftige gemeinsame Arbeiten bei der Erforschung des Weltraums und der Weltmeere, an die Anwendung des erworbenen Wissens zum Wohle der ganzen Menschheit.

Ich könnte viel darüber sagen, was wir in unserem Lande, auf nationaler Ebene tun, um zur Lösung dieser Probleme beizutragen. In gewisser Weise habe ich sie gestreift, als ich von unserer Umgestaltung sprach. Was an uns liegt, werden wir tun.

Doch auf sich allein gestellt, sieht sich die Sowjetunion außerstande, alle diese Probleme zu bewältigen. Wir scheuen uns nicht, das zu wiederholen, wenn wir zu internationaler Zusammenarbeit aufrufen. Wir lassen falsch verstandene »Prestige«-Erwägungen fallen und sagen mit allem Verantwortungsbewußtsein, daß wir alle in der heutigen Welt immer mehr voneinander abhängen, daß wir einander brauchen. Da wir wissen, daß uns, im großen Maßstab gesehen, in dieser Welt ein und dasselbe Schicksal miteinander verbindet, daß wir auf einem gemeinsamen Planeten leben, seine Ressourcen einsetzen, diese Ressourcen austauschen und erkennen, daß sie nicht unbegrenzt sind, daß man sie hüten muß, daß man die Natur, die Umwelt bewahren muß, ist das für uns alle Realität. Immer deutlicher wird, daß wir effektive, auf Gleichberechtigung gegründete internationale Verfahrensregeln und Mechanismen brauchen, die eine Gewähr bieten, daß man mit den Ressourcen unserer Erde als Gemeingut der Menschheit vernünftig umgeht.

Und hier entdecken wir unsere gegenseitige Abhängigkeit, entdecken wir die Ganzheit der Welt, das dringende Gebot für die Menschheit, ihre Anstrengungen zu vereinen, will sie sich selbst erhalten, soll es ihr heute, morgen und immerfort gut gehen.

Schließlich gibt es eine weitere Realität, die wir uns bewußtmachen müssen. Mit dem Eintritt ins Nuklearzeitalter, da die Kernenergie militärisch einsetzbar wurde, hat die Menschheit ihre Unsterblichkeit verloren. Es gab Kriege, schreckliche Kriege. Sie rafften Millionen und aber Millionen Menschenleben hinweg, ließen, wo einst Städte und Dörfer standen, Schutt und Asche zurück, löschten ganze Völker mit ihrer Kultur aus. Doch der Fortbestand des Menschengeschlechts war nicht in Frage gestellt. Würde heute ein Kernwaffenkrieg ausbrechen, so löschte er alles Leben auf der Erde aus.

Selbst was logisch nicht faßbar ist, ist technisch möglich geworden: Die Menschheit ist imstande, sich mehrfach zu vernichten. Die Kernwaffenarsenale sind so bestückt, daß auf jeden Erdenbewohner eine Sprengladung kommt, die in seinem Umkreis ein riesiges Territorium verheeren kann. Heute führt ein einziges strategisches U-Boot ein Vernichtungspotential an Bord, das dem mehrerer zweiter Weltkriege gleichkommt. Und von diesen U-Booten gibt es viele Dutzend!

Das Wettrüsten ist ebensowenig gewinnbar wie ein Kernwaffenkrieg. Wenn dieses Wettrüsten auf der Erde fortgesetzt und gar auf den Weltraum ausgedehnt wird, dann wird das ohnehin fieberhafte Tempo der Anhäufung und Perfektionierung der Kernwaffen weiter forciert. In der Welt kann eine Situation eintreten, die nicht mehr von den Politikern bestimmt wird. Sie ist dem Zufall preisgegeben. Wir alle sehen uns der Notwendigkeit gegenüber, zu lernen, in dieser Welt friedlich miteinander zu leben, ein neues politisches Denken zu entwickeln, denn heute herrschen ganz andere Bedingungen als noch vor drei oder vier Jahrzehnten.

Es ist an der Zeit, die Außenpolitik nicht mehr von Großmachtpositionen aus zu betrachten. Weder der Sowjetunion noch den Vereinigten Staaten wird es gelingen, jemandem ihren Willen aufzuzwingen. Man kann für einige Zeit andere unterdrücken, in die Knie zwingen, bestechen, ihren Widerstand brechen, aber nur für einige Zeit. In der auf lange Sicht angelegten Politik, in der großen Politik wird es niemandem gelingen, sich andere zu unterwerfen. Bleibt also nur eines — auf Gleichheit beruhende Beziehungen. Das muß uns allen bewußt werden. Neben den Realitäten, von denen ich schon gesprochen habe — Kernwaffen, Ökologie, wissenschaftlich-technische Revolution, Informatik —, macht auch das es uns zur Pflicht, einander und ausnahmslos alle zu achten.

So stellt sich unsere Welt dar: kompliziert, aber nicht hoffnungslos. Wir meinen, daß sich alles bewältigen läßt, nur muß jeder seine Rolle in dieser Welt überdenken und sich verantwortungsbewußt verhalten.

Das neue politische Denken

In den seit April 1985 vergangenen zweieinhalb Jahren haben wir beim Begreifen der Weltlage und der Wege, die eine Wende zum Besseren bewirken können, eine weite Strecke zurückgelegt. Auf die praktischen Schritte, die wir für eine durchgreifende Gesundung der internationalen Atmosphäre unternommen haben, will ich noch zu sprechen kommen. Zunächst aber zum Wesentlichsten.

Als wir auf unserem XXVII. Parteitag die Konzeption von der widersprüchlichen, aber durch enge Wechselbeziehungen und gegenseitige Abhängigkeit gekennzeichneten, im Grunde ganzheitlichen Welt darlegten, begannen wir auch, auf dieser Grundlage unsere Außenpolitik aufzubauen. Gewiß, wir werden uns weiterhin unterscheiden, was die Wahl der Gesellschaftsordnung, die ideologischen und religiösen Überzeugungen, was die Lebensweise betrifft. Die Unterschiede bleiben natürlich bestehen. Aber sollten wir deshalb aufeinander schießen? Wäre es nicht richtiger, um der allgemeinmenschlichen Interessen, um des Lebens auf der Erde willen alles Trennende beiseite zu lassen? Wir haben unsere Entscheidung getroffen und setzen das neue politische Denken in bindende Erklärungen, konkrete Taten und Handlungen um.

Die Völker sind der Spannungen und der Konfrontation müde. Die Bemühungen, die Welt sicherer und zuverlässiger zu machen, beeindrucken sie. Es gilt, eine Welt aufzubauen, in der sich jeder seine philosophischen, politischen und ideologischen Ansichten und seine Lebensweise bewahren kann.

Wir betrachten das Geschehen mit wachen Augen. Wir sehen, daß die Klischees zählebig sind, daß das alte Denken tief verwurzelt ist, von dem der Militarismus wie auch jegliches Großmachtgebaren leben, nach dem man die anderen Länder weiterhin lediglich als Objekt der eigenen Politik und sonstigen Tätigkeit sieht und man ihnen das Recht abspricht, ihre eigene Entscheidung zu treffen und eine eigenständige Außenpolitik zu verfolgen.

Wir sind keinesfalls für eine Lösung der Probleme in den verschiedenen Teilen der Welt mit Hilfe irgendwelcher ultraradikaler Methoden; obgleich hier und da sicher auch diese notwendig sind. Wir wollen in den internationalen Beziehungen nicht so vorgehen, daß die Konfrontation verstärkt wird. Zum Beispiel akzeptieren wir den Charakter der gegenwärtigen Beziehungen zwischen dem Westen und den Entwicklungsländern nicht, aber wir rufen nicht dazu auf, sie abzubrechen. Wir finden, sie müßten verändert, vom Neokolonialismus befreit werden, der sich vom alten Kolonialismus nur durch einen raffinierteren Ausbeutungsmechanismus unterscheidet. Bedingungen müssen geschaffen werden, unter denen die Entwicklungsländer über ihre Ressourcen verfügen können – die Naturschätze und die Menschen. Und das soll nicht irgend jemandem dienlich sein, sondern ihnen selbst.

Der Weg zur Normalisierung der internationalen Beziehungen – in der Wirtschaft, im Informationssektor und in der Ökologie – muß über weitreichende Internationalisierung führen. Der Westen scheint im Rahmen der »Sieben« und der »Fünf« sozusagen unter sich, im »häuslichen Kreise«, handeln zu wollen. Darauf sind offenbar auch die Versuche zurückzuführen, die Organisation der Vereinten Nationen in Mißkredit zu bringen. So wird behauptet, sie verliere ihr Gesicht, sei im Niedergang begriffen. Und das heute, wo sich in der Welt so viel verändert, wo es eine Fülle an unterschiedlichsten Interessen zahlreicher Staaten gibt und die Bemühungen um einen Ausgleich dieser Interessen das oberste Anliegen sind. Unter diesen Bedingungen spielt die Organisation der Vereinten Nationen mit ihren Erfahrungen bei der Anbahnung internationaler Zusammenarbeit eine größere Rolle denn je.

Gewiß, das Engagement der UNO war nicht immer von Erfolg gekrönt. Doch ich halte gerade diese Organisation für das geeignetste Forum zur Suche nach einem Ausgleich der Interessen der Staaten, ohne den es in der Welt keine Stabilität geben wird.

Mir ist klar, daß sich nicht alles von heute auf morgen wandeln kann. Mir ist klar, daß es weiterhin so sein wird, daß wir und der Westen an konkrete Situationen unterschiedlich herangehen werden. Aber das ändert nichts daran, daß heute die Völker der Welt, wie ich schon gesagt habe, einer Seilschaft am Felshang gleichen. Entweder steigen sie gemeinsam weiter zum Gipfel, oder sie stürzen gemeinsam in den Abgrund. Damit das nicht geschieht, müssen sich die Politiker über eng verstandene Interessen erheben und sich die ganze Dramatik der gegenwärtigen Situation bewußtmachen. Darum ist es so dringend geboten, die ganze internationale Lage und alle Faktoren, aus denen sie sich zusammensetzt, neu zu durchdenken.

In der Welt von heute darf man die Politik nicht auf Betrachtungsweisen von 1947, der Truman-Doktrin und Churchills Fulton-Rede, aufbauen. Man muß auf neue Art denken und handeln. Die Geschichte eilt weiter, sie läßt uns keine Zeit zum Zaudern. Morgen kann es schon zu spät sein. Ein Übermorgen wird es womöglich überhaupt nicht mehr geben.

Das Grundprinzip, das Ausgangsprinzip des neuen politischen Denkens ist ganz einfach: *Ein Kernwaffenkrieg kann nicht das Mittel sein, um politische, wirtschaftliche, ideologische oder wie auch immer geartete Ziele zu erreichen.* Das ist eine wahrhaft revolutionäre Erkenntnis, denn sie bedeutet den radikalen Bruch mit den althergebrachten Vorstellungen von Krieg und Frieden. Gerade die politische Funktion des Krieges mußte ja immer dafür herhalten, ihn zu rechtfertigen, ihm einen »rationalen« Sinn zu geben. Ein Kernwaffenkrieg ist sinnlos und irrational. In einem globalen Kernwaffenkrieg würde es weder Sieger und Besiegte geben, vielmehr würde die Weltzivilisation unweigerlich untergehen. Das ist eigentlich nicht einmal Krieg im herkömmlichen Sinne, sondern Selbstmord.

Im übrigen hat sich die Militärtechnik in einer Weise entwickelt, daß jetzt auch ein nichtnuklearer Krieg in seinen verheerenden Auswirkungen mit einem Kernwaffenkrieg vergleichbar wird. Deshalb treffen die Einschätzungen, zu denen wir in bezug auf den Kernwaffenkrieg gelangt sind, auch auf die »Variante« eines Konflikts der Großmächte mit konventionellen Waffen zu.

Daraus ergibt sich eine völlig neue Situation. Das Denken und Handeln, das auf Gewaltanwendung in der Weltpolitik beruht, ist im Laufe von Jahrhunderten, ja Jahrtausenden entstanden. Es hatte sich als scheinbar unumstößliches Axiom durchgesetzt. Jetzt ist ihm jede vernünftige Grundlage entzogen. Der seinerzeit klassische Satz von Clausewitz: Der Krieg ist die Fortsetzung der Politik, nur mit anderen Mitteln, ist hoffnungslos veraltet. Er ist historisch überlebt. Zum erstenmal in der Geschichte ist es lebensnotwendig geworden, die internationale Politik auf allgemeinmenschliche ethisch-moralische Normen zu gründen, die zwischenstaatlichen Beziehungen zu humanisieren.

Aus der Unmöglichkeit, die internationalen Widersprüche militärisch, mit Kernwaffen zu lösen, folgt eine neue Dialektik von Stärke und Sicherheit. Sicherheit läßt sich heute nicht mit militärischen Mitteln gewährleisten – weder mit Waffengewalt noch mit Abschreckung, noch mit unentwegter Perfektionierung von »Schild« und »Schwert«. Die neuen Versuche, militärische Überlegenheit zu erlangen, nehmen sich lächerlich und dumm aus. Jetzt will man über den Weltraum zu Überlegenheit gelangen. Das ist ein erschütternder Anachronismus, den die Vormachtrolle der militaristischen Kreise in der Politik fortbestehen läßt. Vom Standpunkt der Sicherheit wird das Wettrüsten zur Absurdität, denn es führt logisch zur Destabilisierung der internationalen Beziehungen und letzten Endes zu einem Kernwaffenkonflikt. Es entzieht anderen Bereichen kolossale Ressourcen und verringert die Sicherheit, höhlt sie aus. Das Wettrüsten ist von Natur aus ein Feind des Friedens. Der einzige Weg zur Sicherheit führt über politische Lösungen, über Abrüstung. Wahre, gleiche Sicherheit wird in unserem Zeitalter nur vom strategischen Gleichgewicht auf immer niedrigerem Niveau garantiert, aus dem die Kernwaffen und die anderen Massenvernichtungswaffen gänzlich ausgeklammert werden müssen.

Manchen mag das schrecken. Wohin dann mit dem Militär-Industrie-Komplex? Er gibt doch so vielen Menschen Lohn und Brot? Diese Frage hat Nobelpreisträger Leontief in einer seiner jüngsten Arbeiten eigens analysiert und nachgewiesen, daß die Argumente der Militaristen ökonomisch unhaltbar sind. Ich will meine Meinung sagen: Jeder Arbeitsplatz im Militär-Industrie-Komplex kostet doppelt bis dreimal soviel wie in der Zivilindustrie, das heißt, in der letzteren könnten drei Arbeitsplätze entstehen. Das zum ersten. Zweitens sind schon heute Sektoren der Rüstungswirtschaft mit zivilen Sektoren verbunden. Also ist ein Vorlauf gegeben, und sie könnten ihre Potenzen in größerem Maße für friedliche Zwecke einsetzen. Drittens könnten die UdSSR und die USA über große Gemeinschaftsprogramme nachdenken, wir könnten unsere Ressourcen und unser wissenschaftliches, geistiges Potential zusammenlegen, um die vielfältigsten Aufgaben zum Wohle der Menschheit zu lösen.

Das neue politische Denken verlangt, daß ein weiteres simples Axiom anerkannt wird: Die Sicherheit ist unteilbar. Sie kann nur für alle gleich sein, oder es gibt sie überhaupt nicht. Ihre einzige solide Basis ist die Anerkennung der Interessen aller Völker und Staaten, ihrer Gleichheit im internationalen Leben. Die eigene Sicherheit muß mit ebensolcher Sicherheit für alle Mitglieder der Weltgemeinschaft einhergehen. Liegt es zum Beispiel vielleicht im Interesse der USA, daß die UdSSR in eine Situation gerät, in der sie annehmen muß, weniger sicher zu sein als die USA? Und bringt uns vielleicht die umgekehrte Situation Vorteil? Ich möchte mit allem Nachdruck sagen, daß wir das nicht wollen. Also müssen die Gegner Partner werden und gemeinsam nach einem Weg zur allgemeinen Sicherheit suchen. Wir erkennen in vielen Ländern und in verschiedenen Schichten der Gesellschaft Anzeichen dafür, daß das neue Denken Einzug hält. Das ist nur natürlich. Denn dies ist der Weg von Vereinbarungen zum beiderseitigen Vorteil und zu gegenseitigen Kompromissen auf der Basis des gemeinsamen höchsten Interesses — eine nukleare Katastrophe zu verhindern. Die eigene Sicherheit darf also nicht auf Kosten anderer gehen.

Das neue politische Denken diktiert ebenso kategorisch, welcherart die Militärdoktrinen sein müssen. Sie müssen streng defensiv sein. Und das ist mit solch neuen oder verhältnismäßig neuen Begriffen verbunden wie ausreichende Verteidigungsfähigkeit, einen Angriff ausschließende Verteidigung, Beseitigung von Ungleichgewichten und Asymmetrien bei den verschiedenen Teilstreitkräften, Auseinanderrücken der Offensivkräfte aus dem unmittelbaren Berührungsraum der beiden Blöcke usw.[1]

[1] Die sozialistischen Länder Europas haben entschlossen diesen Weg eingeschlagen. Am 29. Mai 1987 verabschiedeten sie auf der Tagung des Politischen Beratenden Ausschusses in Berlin das Grundsatzdokument »Über die Militärdoktrin der Teilnehmerstaaten des Warschauer Vertrages«. Es legt den Kern des rein defensiven Charakters dieser Doktrin dar. Wir werden niemals und unter keinen Umständen militärische Handlungen gegen einen beliebigen Staat oder ein Staatenbündnis beginnen, wenn wir nicht selbst einem bewaffneten Überfall ausgesetzt sind, heißt es dort. Wir werden niemals als erste Kernwaffen einsetzen. Wir erheben keinerlei territoriale Ansprüche, weder gegenüber einem europäischen noch außereuropäischen Staat. Die Teilnehmerstaaten des Warschauer Vertrages betrachten keinen Staat und kein Volk als ihren Feind. Sie sind bereit, mit ausnahmslos allen Ländern der Welt die Beziehungen auf der Grundlage der gegenseitigen Berücksichtigung der Sicherheitsinteressen und der friedlichen Koexistenz zu gestalten.
Die Länder des Warschauer Vertrages streben nicht danach, über Streitkräfte und Rüstungen zu verfügen, die über das Maß hinausgehen, das für Verteidigungszwecke erforderlich ist. Sie halten streng den Rahmen des für ihre Sicherheit ausreichenden Niveaus ein. Sie haben den NATO-Mitgliedern vorgeschlagen, sich an einen Tisch zu setzen und die Militärdoktrinen beider Bündnisse zu vergleichen und so dahin zu kommen, daß einer die Absichten des anderen besser versteht. Die Antwort war Schweigen.

Prinzipielle Grundlage für die allgemeine Sicherheit ist heutzutage, daß jedem Volk das Recht zugestanden wird, sich den Weg für seine soziale Entwicklung selbst zu wählen, ist der Verzicht auf Einmischung in die inneren Angelegenheiten anderer Staaten, ist die Achtung vor den anderen, verbunden mit objektiver, selbstkritischer Betrachtung der eigenen Gesellschaft. Ein Volk kann entweder den Kapitalismus wählen oder den Sozialismus. Das ist sein souveränes Recht. Die Völker können und sollen sich weder den USA noch der UdSSR fügen. Also ist es notwendig, die politischen Standpunkte von ideologischer Unduldsamkeit freizuhalten.

Ideologische Meinungsverschiedenheiten dürfen nicht in die zwischenstaatlichen Beziehungen hineingetragen, die Außenpolitik darf ihnen nicht untergeordnet werden, denn Ideologien können polar sein, aber das Überleben, die Verhütung eines Krieges ist das höchste Interesse aller.

Abgesehen von der nuklearen Bedrohung, betrachtet das neue politische Denken auch die Lösung aller anderen globalen Probleme, einschließlich der Probleme der wirtschaftlichen Entwicklung und der Ökologie, als organische Bedingung für die Sicherung eines dauerhaften und gerechten Friedens. Auf neue Art denken heißt unter anderem, den direkten Zusammenhang zwischen Abrüstung und Entwicklung zu sehen.

Wir treten dafür ein, daß die Bemühungen, die Abrüstung zu einem Faktor der Entwicklung zu machen, international werden. In meiner Botschaft an die internationale Konferenz zu diesem Problem, die Ende August 1987 in New York stattfand, schrieb ich: »Die Realisierung des fundamentalen Prinzips ›Abrüstung und Entwicklung‹ kann und muß die Menschheit einen und ihr zu einem weltumspannenden Bewußtsein verhelfen.«

Die Deklaration von Delhi über die Prinzipien einer von Kernwaffen und Gewalt freien Welt, im November 1986 während meines Besuchs in Indien vom Premierminister der Republik Indien, Rajiv Gandhi, und mir unterzeichnet, enthält

Worte, die ich gleichfalls hier zitieren möchte: »Im nuklearen Zeitalter muß die Menschheit ein neues politisches Denken, eine neue Konzeption des Friedens entwickeln, die zuverlässige Garantien für das Überleben der Menschheit geben würde. Die Menschen wollen in einer sicheren und gerechteren Welt leben. Die Menschheit ist eines besseren Schicksals würdig, als Geisel des nuklearen Grauens und der Verzweiflung zu sein. Es gilt, die bestehende Situation in der Welt zu verändern und eine Welt aufzubauen, die von Kernwaffen, von Gewalt und Haß, von Angst und Mißtrauen frei ist.«[2]

Es gibt ernsthafte Anzeichen dafür, daß sich das neue Denken herausbildet, daß man sich dessen bewußt wird, wohin die Welt geraten ist. Dieser Prozeß kommt sehr schwer voran. Am schwierigsten ist zu erreichen, daß sich diese Einsicht in den Handlungen und in den Köpfen der Politiker widerspiegelt. Doch ich glaube, daß sich das neue politische Denken den Weg bahnen wird, denn es entspringt den Realitäten unserer Zeit.

Unser Weg zum neuen Denken

Wir maßen uns nicht an, andere zu belehren. Nachdem wir uns so manche Belehrung von anderer Seite haben anhören müssen, sind wir zu der Einsicht gekommen, daß das zu nichts führt. Das Leben ist der beste Lehrmeister des neuen Denkens. Wir selbst sind nach und nach dahin gekommen, haben es uns nach und nach zu eigen gemacht, indem wir unsere gewohnten Vorstellungen zu den Fragen von Krieg und Frieden, zu den Wechselbeziehungen zwischen den beiden Systemen neu durchdachten und uns mit den globalen Problemen auseinandersetzten.

Das war ein langer Weg. Vor gut dreißig Jahren wurde auf dem XX. Parteitag der KPdSU die grundlegende Erkenntnis gewonnen, daß ein neuer Weltkrieg nicht unvermeidliches Schicksal ist, daß er verhütet werden kann. Nicht schlechthin von der Hinauszögerung eines kommenden Konflikts,

2 Neues Deutschland (B), 2. Dezember 1986.

nicht schlechthin von der Verlängerung der »friedlichen Atempause« war die Rede, sondern von der Möglichkeit, diese oder jene internationale Krise friedlich beizulegen. Unsere Partei erklärte, daß es möglich und notwendig ist, die Kriegsgefahr als solche zu beseitigen und den Krieg aus dem Leben der Menschheit zu verbannen. Damals wurde erklärt, daß der Krieg absolut keine unbedingte Voraussetzung für soziale Revolutionen ist. Das Prinzip der friedlichen Koexistenz wurde unter Berücksichtigung der Veränderungen, zu denen der zweite Weltkrieg geführt hatte, weiterentwickelt.

In der Zeit der Entspannung versuchten wir, durch gleichberechtigten internationalen Dialog und Zusammenarbeit diesem Prinzip einen konkreten Inhalt zu geben. Gerade in jenem Zeitraum wurden mehrere wichtige Verträge geschlossen, die eigentlich die »Nachkriegsperiode« in Europa beendeten; die sowjetisch-amerikanischen Beziehungen verbesserten sich, und das wirkte sich auf die gesamte Situation in der Welt aus.

Die Logik der Entspannung gebot, daß man sich immer stärker bewußt wurde: Ein Kernwaffenkrieg ist nicht gewinnbar. Gerade davon ließen wir uns leiten, als wir schon vor fünf Jahren vor aller Welt erklärten: Wir werden niemals gegen irgend jemanden als erste Kernwaffen einsetzen.

Eine einschneidende konzeptionelle Wende ist mit dem April-Plenum des Zentralkomitees der KPdSU im Jahre 1985 und dem XXVII. Parteitag verbunden. Das war dann auch die Hinwendung zum neuen politischen Denken, zu einer neuen Auffassung über das Verhältnis der Klasseninteressen und der allgemeinmenschlichen Interessen in der Welt von heute.

Das neue Denken ist keine Improvisation oder intellektuelle Spielerei. Es ist das Resultat gründlichen Nachdenkens über die Realitäten der Welt von heute, es ergibt sich aus der Erkenntnis, daß eine verantwortungsbewußte Einstellung zur Politik wissenschaftliche Begründung erfordert. Und es bedeutet den Verzicht auf gewisse Postulate, die früher unerschütterlich erschienen. Für mangelnde Objektivität, für konjunkturelle Zugeständnisse um kurzlebiger Ziele willen, für das Abgehen von wissenschaftlich strengen Maßstäben bei der Analyse der Situation haben wir einen hohen Preis zahlen müssen.

Man kann sagen, das neue Denken ist uns nicht in den Schoß gefallen, wir mußten uns in qualvollen Überlegungen darauf zubewegen. Inspiration holen wir uns bei Lenin. Jedesmal, wenn man zu seinen Werken greift und sie mit »neuen Augen« liest, ist man verblüfft von seiner Fähigkeit, zum Kern der Erscheinungen vorzudringen und die höchst komplizierte Dialektik der Weltprozesse zu erkennen. Als Führer der Partei des Proletariats, der dessen revolutionäre Aufgaben theoretisch und politisch begründete, wußte Lenin den Blick weiter, über die Klassengrenzen hinaus zu richten. Mehr als einmal sprach er den Gedanken aus, daß die Interessen der gesamten Menschheit höher stehen als die Klasseninteressen. Wie tiefschürfend und bedeutungsvoll diese Gedanken sind, haben wir erst jetzt ganz begriffen. Von ihnen lebt unsere Philosophie in den internationalen Beziehungen, lebt das neue Denken.

Man mag mir entgegenhalten: Zu allen Zeiten haben sich Philosophen und Theologen mit den »ewigen« allgemeinmenschlichen Werten beschäftigt. Gewiß. Aber damals waren das »Gedankengebilde«, die Utopie, Traum bleiben mußten. Im 20. Jahrhundert, am Ende dieser dramatischen hundert Jahre, muß die Menschheit als lebensnotwendig erkennen, daß das Allgemeinmenschliche als oberstes Gebot unserer Epoche die Priorität hat.

In der Außenpolitik wie in der Innenpolitik stand von alters her das Klasseninteresse im Vordergrund. Selbstverständlich wurde es im allgemeinen offiziell mit etwas anderem bemäntelt, als nationales, staatliches oder blockspezifisches Interesse ausgegeben, mit Berufungen auf das »Gemeinwohl« oder mit religiösen Motiven verschleiert. Zu guter Letzt aber – davon sind nicht nur die Marxisten überzeugt, sondern auch viele andere nüchtern denkende Menschen – wird die Politik jedes Staates oder Staatenbündnisses von den Interessen der dort dominierenden politischen und gesellschaftlichen Kräfte bestimmt. Prallten diese Interessen aufeinander, führten sie im Verlauf der gesamten Geschichte zu bewaffneten Konflikten und Kriegen. So kam es, daß die politische Geschichte der Menschheit weitgehend eine Geschichte von Kriegen ist. Die Fortsetzung dieser Tradition würde heute geradewegs in den nuklearen Abgrund führen. Die ganze Menschheit sitzt in einem Boot, und wir können nur gemeinsam untergehen oder gemeinsam das Ufer erreichen. Daher geht es bei den Abrüstungsverhandlungen nicht darum, auf Sieg zu spielen. Gewinnen sollen alle, sonst verlieren alle.

Das A und O des neuen Denkens ist die Anerkennung, daß die allgemeinmenschlichen Werte, genauer gesagt das Überleben der Menschheit, über alles gehen.

Manchem mag es seltsam vorkommen, daß ausgerechnet die Kommunisten die allgemeinmenschlichen Interessen und Werte so betonen. In der Tat, der Klassenstandpunkt bei der Betrachtung aller Erscheinungen des gesellschaftlichen Lebens ist das Einmaleins des Marxismus. Dieser Standpunkt entspricht auch heute vollauf den Realitäten der Klassengesellschaft, in der die Klasseninteressen im Widerstreit stehen, und den Realitäten des internationalen Lebens, die ebenfalls von diesem Widerstreit geprägt sind. Bis in die allerletzte Zeit war der Klassenkampf der Dreh- und Angelpunkt der gesellschaftlichen Entwicklung, und er bleibt es in den Staaten, die in Klassen gespalten sind. Dementsprechend dominierte auch in der marxistischen Weltanschauung — angewandt auf die Grundfragen des gesellschaftlichen Seins — der Klassenstandpunkt. Der Begriff »Allgemeinmenschliches« bezog sich auf das Endergebnis des Kampfes der Arbeiterklasse, der letzten Klasse, die mit ihrer eigenen Befreiung die ganze Gesellschaft von den Klassenantagonismen befreit.

Heute aber, da es Massenvernichtungswaffen gibt — Waffen also, die alles vernichten können! —, ist der Klassenkonfrontation in der Welt eine objektive Grenze gesetzt: die Gefahr der totalen Vernichtung. Zum erstenmal gibt es ein reales und nicht spekulatives, ein heutiges und nicht in weiter Ferne liegendes allgemeinmenschliches Interesse: die Zivilisation vor der Katastrophe zu bewahren.

Im Geiste des neuen Denkens sind in die Neufassung des Programms der KPdSU, die der XXVII. Parteitag angenommen hat, Änderungen eingearbeitet worden. Insbesondere hielten wir es nicht mehr für möglich, die Definition der friedlichen Koexistenz von Staaten mit unterschiedlicher Gesellschaftsordnung als »spezifische Form des Klassenkampfes« darin zu belassen.

Es wurde angenommen, daß die Widersprüche zwischen den beiden sozialen Systemen zum Weltkrieg führen könnten. Bis 1917 hatte in der Welt ein einziges System bestanden, das kapitalistische, dennoch brach zwischen den Staaten dieses einen Systems ein Weltkrieg aus. Auch andere Kriege hat es gegeben. Im zweiten Weltkrieg kämpften hingegen Länder, die verschiedene Systeme repräsentierten, in einer gemeinsamen Koalition gegen den Faschismus und zerschlugen ihn. Das gemeinsame Interesse aller Völker und Staaten, die der faschistischen Gefahr ausgesetzt waren, stand über ihren sozialpolitischen Unterschieden und bildete die Grundlage für die »systemübergreifende« antifaschistische Koalition. Also können und müssen Staaten, die verschiedenen sozialen Systemen angehören, auch heute, angesichts einer noch schrecklicheren Gefahr, zusammenarbeiten, damit der Frieden erhalten bleibt und die allgemeinmenschlichen, globalen Aufgaben bewältigt werden.

Als wir unsere Philosophie des Friedens entwickelten, haben wir auch den Zusammenhang von Krieg und Revolution neu durchdacht. In der Vergangenheit löste ein Krieg oftmals revolutionäre Erschütterungen aus. Denken wir an die Pariser Kommune, die im Gefolge des Deutsch-Französischen Krieges entstanden war, oder an die russische Revolution von 1905, zu der der Krieg zwischen Rußland und Japan den Anstoß gegeben hatte. Der erste Weltkrieg entfachte eine revolutionäre Sturmflut. Ihre stärkste Woge schlug in unserem

Land hoch, in der Oktoberrevolution. Der zweite Weltkrieg erzeugte in Osteuropa und Asien eine neue Welle von Revolutionen, führte zu einer machtvollen antikolonialen Revolution.

All das erhärtete die marxistisch-leninistische Logik: Der Imperialismus ruft unvermeidlich große militärische Auseinandersetzungen hervor, und diese schaffen gesetzmäßig in einer Reihe von Ländern ein »kritisches Potential« an sozialer Unzufriedenheit, eine revolutionäre Situation. Daher auch die Prognose, die in unserem Land lange Zeit vertreten wurde: Sollte der Imperialismus einen dritten Weltkrieg entfesseln, so würde er zu neuen sozialen Erschütterungen führen, die dem kapitalistischen System ein Ende setzen würden, und das wäre gleichbedeutend mit dem Anbruch eines umfassenden Weltfriedens.

Als sich aber die Bedingungen von Grund auf veränderten, als klar wurde, daß ein Kernwaffenkrieg nur im allgemeinen Untergang enden kann, folgerten wir auch, daß der kausale Zusammenhang zwischen Krieg und Revolution nicht mehr besteht. Die Perspektive des sozialen Fortschritts fiele mit der Verhinderung eines Kernwaffenkrieges zusammen. Auf dem XXVII. Parteitag der KPdSU zogen wir einen klaren Trennungsstrich zwischen dem Thema Revolution und dem Thema Krieg, als wir in der Neufassung des Programms unserer Partei die folgenden zwei Sätze strichen: »Sollten sich die imperialistischen Aggressoren dennoch erdreisten, einen neuen Weltkrieg zu entfesseln, so werden die Völker eine Ordnung, die sie in verheerende Kriege stürzt, nicht länger dulden. Sie werden den Imperialismus hinwegfegen und zu Grabe tragen.«[3] Diese Feststellung, die einen neuen Weltkrieg theoretisch als möglich gelten ließ, wurde fallengelassen, weil sie nicht den Realitäten des Nuklearzeitalters entspricht.

Wirtschaftlicher, politischer und ideologischer Wettbewerb zwischen den kapitalistischen und den sozialistischen

---

3 Programm und Statut der Kommunistischen Partei der Sowjetunion, Berlin 1961, S. 56.

Ländern ist unausbleiblich. Aber man kann und muß ihn als friedlichen Wettstreit austragen, der unbedingt Zusammenarbeit voraussetzt. Das Urteil über die Vorzüge des einen oder anderen Systems muß die Geschichte fällen. Sie ist der oberste Richter. Mag jedes Volk herausfinden, welche Ordnung die bessere, welche Ideologie die bessere ist. Soll der friedliche Wettbewerb darüber entscheiden, soll jedes System seine Fähigkeit beweisen, auf die Interessen und Belange des Menschen einzugehen. Die Staaten und Völker der Erde unterscheiden sich sehr voneinander. Und das ist gut so. Das spornt zum Wettstreit an. Diese Auffassung vereinbart sich mit der Konzeption der friedlichen Koexistenz. Das eben ist dialektische Einheit der Gegensätze.

So weit in großen Zügen die hauptsächlichen Meilensteine auf unserem Weg zu einer neuen Philosophie des Friedens, zur Klarstellung des neuen dialektischen Zusammenhangs von Allgemeinmenschlichem und Klassenmäßigem in der gegenwärtigen Epoche.

Folgt daraus, daß wir aufgehört hätten, die Ursachen für die nukleare Bedrohung und andere globale Probleme vom Klassenstandpunkt aus zu analysieren? Meine klare Antwort darauf ist: Nein! Man darf die Klassenunterschiede der Kräfte, die auf dem Schauplatz des Weltgeschehens agieren, nicht übersehen, man darf den Einfluß des Klassenantagonismus auf die internationalen Beziehungen und auf die Ansätze für die Lösung aller anderen Aufgaben der Menschheit nicht außer acht lassen.

Wir sehen, wie stark in den führenden kapitalistischen Ländern die Positionen des aggressiv und militaristisch gesinnten und handelnden Teils der herrschenden Klasse sind. Sein Bollwerk ist der mächtige Militär-Industrie-Komplex, dessen Interessen direkt in der Natur der kapitalistischen Ordnung wurzeln und der aus der Rüstungsproduktion Riesenprofite zieht, für die der Steuerzahler aufkommen muß. Und damit die Menschen glauben, daß sie ihr Geld keineswegs für nichts und wieder nichts hergeben, muß ihnen glaubhaft gemacht werden, daß es einen »äußeren Feind«

gibt, der generell ihren Wohlstand und die »nationalen Interessen« antasten will. Daher auch die Politik der Stärke, eine Politik ohne Vernunft und Verantwortung. »Stärke, Stärke und nochmals Stärke« – so kann man doch wohl nicht in unserem Nuklearzeitalter vorgehen, da derart viele Waffen angehäuft sind, daß man schon mit einem kleinen Teil davon die Menschheit auslöschen könnte. Das ist Denken im Sinne des kalten Krieges. Aber es wurzelt in den konkreten ökonomischen Interessen der Rüstungsmonopole, in dem politischen Einfluß der Armee, die ihre privilegierte Stellung nicht aufgeben möchte, und in dem Einfluß des Beamtenapparates, der im Dienste des Militarismus steht.

Man mag sich fragen: Weshalb hat dann die Sowjetunion Waffen und eine Armee und vervollkommnet sie? Ich will darauf antworten, denn als Vorsitzender des Verteidigungsrates unseres Landes bin ich bestens im Bilde. Seit der Oktoberrevolution sind wir ständig der Gefahr eines Überfalls auf unser Land ausgesetzt. Man versetze sich in unsere Lage und urteile dann selbst. Ein Bürgerkrieg, an dem auch ausländische Kräfte nicht unbeteiligt waren, Intervention von 14 Staaten, Wirtschaftsblockade und »Cordon sanitaire«, Verweigerung der diplomatischen Anerkennung (USA bis 1933), militärische Provokationen im Osten und schließlich der verheerende und opferreiche Krieg gegen den Faschismus, der vom Westen in unser Land kam. Wir können auch die Pläne der USA-Militärs und des Nationalen Sicherheitsrates für einen Kernwaffenüberfall auf die Sowjetunion nicht einfach so vergessen. Wir fragen auch, warum der Westen als erster einen Militärblock, die NATO, gegründet hat und immer als erster neue Waffensysteme entwickelt. Absolut nicht müßig ist auch die Frage: Warum will die jetzige USA-Administration die Kernwaffenversuche nicht einstellen, und warum verlangt sie von den Amerikanern Riesensummen für das »Sternenkriegs«-Programm? Fällt das etwa alles unter die Friedensbemühungen? Ich wiederhole: Versetzen Sie sich in unsere Lage und sagen Sie dann, wie würden Sie handeln?

Trotz allem sind wir ehrlichen Herzens zur Abrüstung bereit, aber auf der gerechten Grundlage der gleichen Sicherheit, sind wir zur Zusammenarbeit auf breitester Front bereit. Doch eingedenk der bitteren Lehren können wir uns auf keine großen einseitigen Schritte einlassen, denn wir müssen befürchten, daß sie eine Versuchung für die Verfechter »globaler nationaler Interessen« sein könnten. Das Gebot der Stunde sehen wir augenblicklich darin, den Selbsterhaltungsmechanismus der Menschheit in Gang zu setzen und das Potential des Friedens, der Vernunft und des guten Willens vergrößern zu helfen.

Die »Hand Moskaus«

Im Westen ist wohl keine Äußerung eines sowjetischen Staatsmannes so häufig strapaziert worden wie der bekannte, im Zorn hingeworfene Ausspruch Nikita Chruschtschows: »Wir werden euch unterpflügen!« Der ausländische Leser muß dazu wissen: Ende der zwanziger, Anfang der dreißiger Jahre trugen unsere Agrarwissenschaftler heftige Diskussionen untereinander aus, die von manchen (mit Blick auf ihren eigentlichen politischen Hintergrund) mit bitterer Ironie als Streit darum bezeichnet wurden, »wer wen unterpflügen wird«. Wahrscheinlich haben diese Diskussionen Chruschtschow dieses in jeder Hinsicht unglücklich gewählte Bild eingegeben.

Aber man muß diese Äußerung in den Zusammenhang der ganzen Rede Chruschtschows stellen und darf dahinter keinen militärischen Aspekt vermuten. Er meinte den Wettbewerb der beiden Systeme, wollte zeigen, daß der Sozialismus den Vergleich mit dem Kapitalismus nicht scheut, daß dem Sozialismus die Zukunft gehört. Chruschtschow war ein Gefühlsmensch, dem es immer sehr nahe ging, wenn er mit seinen aufrichtigen Bemühungen um eine Verbesserung der internationalen Lage und mit seinen konkreten Vorschlägen gegen eine Wand von Unverständnis und Widerstand anrennen mußte.

Aus eigener Erfahrung kann ich inzwischen sagen: Man

muß schon eine Engelsgeduld aufbringen, wenn man mit dem Westen über Abrüstungsprobleme verhandelt, denn hier sind ökonomische Interessen mit im Spiel. Hinzuzufügen wäre vielleicht: Wenn wir in der Sowjetunion die Politik eines anderen Landes nach einzelnen Äußerungen seiner Spitzenpolitiker beurteilen wollten, dann hätten wir längst schießen müssen. Das aber geschieht nicht. Man sollte also nicht ewig diesen Satz Chruschtschows benutzen und ihn als die Position unseres Staates hinstellen.

Zu der geheimnisvollen Zitatenkiste des Weißen Hauses, in die man immer greift, wenn man sich über Lenins »Doktrin« verbreitet, in der ganzen Welt solle der Kommunismus eingeführt werden und es gäbe Pläne für die Unterwerfung Europas, muß ich sagen: Eine solche »Doktrin« hat es weder bei Marx noch bei Lenin, noch bei einer sowjetischen führenden Persönlichkeit gegeben. Die sogenannten Zitate, mit denen manch hochrangiger Redner operiert, sind das Produkt grober Fälschung, bestenfalls der Unwissenheit.

Zur berüchtigten »Hand Moskaus«. Nach der marxistischen Weltanschauung gehört die Zukunft einer Gesellschaft ohne Ausbeutung des Menschen durch den Menschen, ohne nationale und rassische Unterdrückung. Sie gehört den Prinzipien der sozialen Gerechtigkeit, der Freiheit und der allseitigen Entwicklung der Persönlichkeit. Aber es ist Sache jedes Volkes, selbst zu entscheiden, ob es sich diese Prinzipien zur Richtschnur nehmen, ihnen bei der Umgestaltung seines Lebens folgen will, und wenn ja, dann in welchen Formen und in welchem Tempo.

»... das siegreiche Proletariat kann keinem fremden Volk irgendwelche Beglückung aufzwingen, ohne damit seinen eignen Sieg zu untergraben.«[4] Diese Worte von Engels geben genau wieder, wie wir zu allen Spielarten des »Exports der Revolution« stehen. Denn Revolutionen keimen dort, sagte Lenin, wo Dutzende Millionen Menschen zu dem Schluß kommen, daß sie so nicht weiterleben können. Sie

---

4 Friedrich Engels an Karl Kautsky, 12. September 1882. In: Karl Marx/Friedrich Engels: Werke, Bd. 35, S. 358.

»reifen im Prozeß der historischen Entwicklung heran und brechen aus in einem Moment, der durch das Zusammenwirken einer ganzen Reihe innerer und äußerer Ursachen bedingt ist«[5]. Jegliche Versuche, eine Revolution »auf Bestellung« zu machen, »die Reihenfolge festzulegen«, einen Termin vorzugeben, brandmarkte Lenin als »Scharlatanerie«.

Die Theorie – das, was wir wissenschaftlichen Sozialismus nennen – sagt uns, daß die menschliche Gesellschaft in ihrer Entwicklung bestimmte Etappen durchläuft. Es gab die Urgemeinschaft, danach die Sklavenhaltergesellschaft und die Feudalordnung. Der Feudalismus wurde vom Kapitalismus abgelöst. Und im 20. Jahrhundert entstand die sozialistische Gesellschaft. Wir sind überzeugt, daß all das gesetzmäßige Abschnitte innerhalb einer historischen Stufenfolge sind. Das ist ein zwangsläufiger, weltweit ablaufender Prozeß. Im Westen mögen sie ruhig glauben, daß der Kapitalismus die höchste Errungenschaft der Zivilisation sei. So zu denken ist ihre Sache. Wir sind da anderer Meinung. Die Geschichte wird darüber befinden, wer recht hat.

Revolutionen und Befreiungsbewegungen entstehen auf nationalem Boden. Und zwar dann, wenn Not und Rechtlosigkeit für die Massen unerträglich werden, wenn die nationale Würde mit Füßen getreten wird und man ihnen das Recht auf selbständige Entscheidung streitig macht. Wenn sich die Massen zum Kampf erheben, dann sind ihre Lebensinteressen angetastet worden. Nicht irgendwelche Ambitionen und Intrigen von außen sind hier im Spiel, nicht die »Hand Moskaus«. Im übrigen ist das auch ein ausgeklügeltes und böswilliges Lügenmärchen, das bestimmten Zwecken dient.

Das internationale Potential des neuen Denkens

Wir betrachten das neue Denken ganz und gar nicht als ausgereifte Theorie. Wir glauben nicht, daß wir die Wahrheit gefunden haben und den anderen nichts bleibt, als sich ihr

---

5 W. I. Lenin: Referat auf der Moskauer Gouvernementskonferenz der Betriebskomitees, 23. Juli 1918. In: Werke, Bd. 27, S. 549.

anzuschließen oder sie abzulehnen, das heißt, eine Position zu beziehen, die wir als falsch bezeichnen würden. Nein. Auch für uns selbst bleibt das neue Denken ein Prozeß, in dessen Verlauf wir weiterlernen und ständig neue Kenntnisse sammeln werden. Bekanntlich war Lenin der Meinung, auch 70 Marxe wären nicht genug gewesen, um die Prozesse der Weltwirtschaft in allen Verästelungen zu analysieren. Wieviel komplizierter ist die Welt seitdem geworden! Die Herausbildung des neuen Denkens erfordert regen Austausch nicht nur mit Gleichgesinnten, sondern auch mit Menschen, die andere Ansichten vertreten, die sich von unseren philosophisch und politisch unterscheiden.

Auch sie sind ja Träger geschichtlicher Erfahrungen, der Kultur und der Traditionen ihrer Völker, die heute alle aktive Gestalter der Entwicklung in der Welt sind und ein Recht auf eigene Meinungsbildung und auf wirksame Mitgestaltung der internationalen Politik haben. Ich bin überzeugt, daß die Politiker von heute fähig sein müssen, die geistigen Leistungen anderer Länder und Völker zu verstehen, sonst verstricken sie sich in ihrer Tätigkeit in Provinzialismus und nationale Borniertheit, wenn nicht in noch Schlimmeres.

Deshalb setzen wir uns für einen breiten Dialog, einen Vergleich der Standpunkte, für Streitgespräche und Diskussionen ein. Das regt das Denken an, läßt es nicht verknöchern und nicht in eingefahrenen Geleisen ablaufen. Vor allem aber wird auf diese Weise das neue Denken international bereichert.

Von besonderem Belang sind die Begegnungen von Menschen »aus verschiedenen Welten«, die sich in ihrer Tätigkeit und in ihren Ansichten unterscheiden.

Eint sie die Sorge um die Menschheit, dann hindern Streitgespräche und Vielfalt der gegensätzlichen Argumente sie nicht daran, Einvernehmen zu erzielen und sich über die Hauptsache zu einigen. Sie geben im kleinen ein Beispiel für die ganze Weltgemeinschaft.

Besonders deutlich wird das bei Treffen von Wissenschaftlern, Schriftstellern, Kunst- und Kulturschaffenden. Ihre Sorge um das Schicksal der Welt, die Pflichten des Menschen und seine Möglichkeiten, ihre moralische Ausstrahlungskraft und ihr Schmerz um alles, was noch nicht menschlichen Existenzbedingungen entspricht, sind von Aufrichtigkeit und Sachverstand geprägt. Und das ist in unserem Zeitalter, da die Wissenschaft, das Wissen in die tiefsten Tiefen der Natur und allen Lebens vorstößt und faktisch den Gang der Geschichte bestimmt, von höchstem Wert. Darum möchte ich sogar sagen: Zwangloser, lebhafter Kontakt zwischen Politikern und Vertretern der Wissenschaft und der Kultur ist ein Gebot der Stunde.

Der Kontakt zu diesen Persönlichkeiten bedeutet nicht nur in theoretischer, philosophischer Hinsicht einen Gewinn. Er hat sich zum Beispiel, das muß ich bekennen, auf die politischen Schritte, auf die Entscheidungen ausgewirkt, die in den letzten Jahren zu treffen waren.

Ich erinnere mich noch gut an das Treffen, das ich im November 1985 mit einer Delegation des Kongresses von Nobelpreisträgern hatte. Dazu gehörten George Wald (USA), Teo Knippenberg und Suzanne Gabriel (Niederlande), Alois Englander (Österreich) und Alexander Prochorow (UdSSR). Zugegen waren auch die Akademiemitglieder Anatoli Alexandrow und Jewgeni Welichow. Mit ihnen hatte ich kurz vor meiner Reise nach Genf zu meinem ersten Treffen mit Präsident Reagan gesprochen. Sie überbrachten mir einen Appell dieses Kongresses. Wir führten ein sehr wichtiges Gespräch über die möglichen Folgen des Einsatzes von Kernwaffen, die Bedeutung des Verbots von Kernwaffenversuchen und die Gefahr einer Militarisierung des Weltraums. Wir sprachen davon, daß der Weg zur Sicherheit über Abrüstung eng mit Bemühungen um menschenwürdige Existenzbedingungen verbunden sein muß.

Ich erinnere mich an eine von den Nobelpreisträgern geäußerte Erkenntnis: Mut braucht man heute nicht, um einen Krieg vorzubereiten, sondern um dem Frieden zum Durchbruch zu verhelfen. Dieses Treffen stärkte uns moralisch den

Rücken für unsere Standpunkte, die wir beim Treffen mit dem USA-Präsidenten beziehen wollten.

Ein weiteres Beispiel. Auf dem Moskauer internationalen Forum »Für eine Welt ohne Kernwaffen, für das Überleben der Menschheit« – das in seiner Repräsentanz und der Zahl der Teilnehmer von Weltruf beispiellos war – wurde ich mit Haltungen, Meinungen und Gedanken der internationalen intellektuellen Elite konfrontiert. Das Zusammentreffen hat mich stark beeindruckt. Die Ergebnisse des Kongresses besprach ich mit meinen Genossen im Politbüro. Und wir entschlossen uns zu einem neuen großen Kompromiß: das Paket von Reykjavik aufzuschnüren und die Problematik der Mittelstreckenraketen in Europa herauszulösen.

Noch ein Beispiel. Bekanntlich verlängerte die Sowjetunion mehrfach das einseitige Moratorium für Kernexplosionen. Und ich muß sagen, wir kamen dazu, da die sowjetische Führung die zahlreichen Appelle, die verschiedene Kreise ausländischer Intellektueller an sie gerichtet hatten, eingehend geprüft hatte. Wir nahmen ihre Besorgnis und ihre Argumente sehr ernst, denn uns war klar: Verantwortungsbewußte Politik kann die Meinung der maßgeblichsten Vertreter der Öffentlichkeit nicht übergehen. Ich meine, Politik, die nicht durch tiefes Nachdenken über menschliche Schicksale schöpferisch beeinflußt wird – und das ist die Bestimmung wahrer Intelligenz –, ist Politik ohne jede Moral, die keine Achtung verdient.

Eine tiefe Spur in unseren Überlegungen zum Inhalt des neuen Denkens hinterließ das Forum von Issyk-Kul, zu dem der sowjetische Schriftsteller Tschingis Aitmatow bedeutende Vertreter der Weltkultur eingeladen hatte. Ich bin mit den Teilnehmern zusammengetroffen. Hauptthema unseres Gedankenaustausches waren Humanismus und Politik, sittliche und geistige Prinzipien in der politischen Tätigkeit im Nuklearzeitalter. Ich sagte damals: Aus den früheren Nöten haben die Menschen gelernt, haben wieder Kräfte gesammelt, Mut geschöpft, Lasten, Entbehrungen und Verluste verwunden, sind wieder aufgestanden und vorwärtsgegangen, jeder auf dem Weg, den er für sich gewählt hatte. Was aber geschieht, wenn wir die nukleare Gefahr nicht abwenden können, die unser gemeinsames Haus bedroht? Ich fürchte, es gibt dann keine Möglichkeit mehr, den Fehler zu korrigieren. Eine mehr als schwierige Aufgabe. Darum müssen die geistigen und moralischen Werte der Weltkultur in die praktische Politik eingebracht werden.

Größten Einfluß auf das gesellschaftliche Bewußtsein in der Welt hat binnen kürzester Zeit die internationale Bewegung »Ärzte der Welt für die Verhütung eines Nuklearkrieges« gewonnen. Ihre Begründer sind der amerikanische Professor Bernhard Lown und das sowjetische Akademiemitglied Jewgeni Tschasow. Zehntausende Ärzte aus Amerika, Europa, Asien, Afrika und Australien haben sich ihr bereits angeschlossen. Ich hatte schon früher einmal eine Begegnung mit Professor Lown, diesmal, nach dem turnusmäßigen Kongreß in Moskau, bin ich mit allen führenden Persönlichkeiten der Bewegung zusammengetroffen. Was sie zu sagen haben, darf nicht ignoriert werden. Was sie tun, gebietet höchste Achtung. Denn was immer sie zur Sprache bringen, zeugt von präziser Kenntnis und dem leidenschaftlichen Bemühen, die Menschheit vor der ihr drohenden Gefahr zu warnen.

Im Lichte ihrer Argumente und der streng wissenschaftlichen Daten, über die sie verfügen, dürfte für Politikastertum kein Raum mehr sein. Kein seriöser Politiker hat das Recht, ihre Erkenntnisse unbeachtet zu lassen, sich über ihre Gedanken hinwegzusetzen, mit denen sie das gesellschaftliche Bewußtsein in der Welt auf eine qualitativ neue Stufe heben.

Was die sowjetische Führung angeht, so möchte ich feststellen: Uns interessiert die Meinung (und sogar die Kritik) derer, die die ganze Mannigfaltigkeit der Welt von heute repräsentieren. Im Dialog mit ihnen prüfen wir, welche Möglichkeiten das neue Denken bietet, und wie realistisch unsere Politik ist. Wenn wir in diesem Dialog Verwandtschaft oder gar Übereinstimmung der Ansichten feststellen, dann werten wir das als Beweis, daß unsere neuen Denkansätze in die gleiche Richtung gehen wie die Bemühungen des aufrichtig denkenden Teils der Menschheit.

In der Verstärkung der internationalen Kontakte von Wissenschaftlern, Kulturschaffenden, überhaupt mit allen Geistesschaffenden und in den Initiativen bestimmter Berufsgruppierungen sehen wir den Versuch, die besten Kräfte der Nationen und Völker mitzureißen, ihnen zu helfen, die Welt von heute zu begreifen und sich über deren Zukunft zu äußern, damit das Unheil abgewendet wird, das uns alle miteinander ereilen kann.

Das gilt nicht nur für die Abrüstung und die Entmilitarisierung des Bewußtseins einzelner und der Gesellschaft, sondern auch für allgemeinmenschliche Probleme: die Bedrohung der Umwelt, die Perspektiven der Versorgung mit Energie und Ressourcen, der Gesundheitsschutz, das Bildungswesen, die Ernährung, die Bevölkerungsentwicklung, die aggressive Informationspolitik usw. Sehr viele Berührungspunkte sind da, sehr viel Nützliches zu all diesen Problemen schöpfen wir aus den Kontakten mit Wissenschaftlern, Kulturschaffenden und angesehenen Vertretern der Öffentlichkeit.

Ich möchte sagen, es ist notwendig geworden – und unter den derzeitigen Bedingungen sollte es den Politikern, den Wissenschaftlern und den Kulturschaffenden zu einem natürlichen Bedürfnis werden –, den Dialog zu führen, zusammenzukommen und ständigen Meinungsaustausch zu pflegen.

Unlängst unterhielt ich mich mit dem prominenten lateinamerikanischen Schriftsteller Gabriel García Márquez. Er ist ein tiefgründiger Denker. Sein Gesichtskreis erfaßt die ganze Welt, davon kann man sich überzeugen, wenn man nur eines seiner Bücher liest. In diesem Gespräch zeigte sich, wenn man über die Umgestaltung in der Sowjetunion spricht, kann man sich in jedes internationale und soziale Problem vertiefen. Denn die ganze Welt bedarf der Umgestaltung, das heißt der qualitativen Veränderung, der fortschrittlichen Entwicklung. Auf die Meinung eines solchen

Mannes muß man viel geben. Sie inspiriert, denn sie gibt die Gedanken, Sorgen und Stimmungen von Millionen wieder – Weißen, Schwarzen, Gelben, allen Menschen auf der Erde. Also kann, was wir bei uns eingeleitet haben, auch den anderen Völkern zum Nutzen gereichen.

Für mich als Kommunisten ist der ständige Kontakt zu Vertretern der kommunistischen Bewegung aus anderen Ländern etwas ganz Natürliches. In der letzten Zeit hat sich an der Art dieses Umgangs viel verändert. Wir kommen allmählich weg vom diplomatischen Umgang zwischen den Parteien, der manchmal die Wahrheit beschönigte oder sie überhaupt nur zwischen den Zeilen anklingen ließ.

Die Gegner des Kommunismus mögen denken, was sie wollen, diese Bewegung entstand und existiert für den Menschen, seine Freiheit, die Verteidigung seiner wirklichen Rechte, für Gerechtigkeit auf der Erde. Sie ist zutiefst humanistisch. Darum sind die Gedanken, die Urteile, die Überlegungen und die gegenseitige wohlwollende Kritik unter Gesinnungsfreunden für die Herausbildung und Vertiefung des neuen Denkens und für den richtigen Gebrauch des ganzen Reichtums an internationalen Erfahrungen, die die Interessen und Stimmungen der werktätigen Massen widerspiegeln, in der Politik von unersetzlichem Wert.

Wir begrüßen es, daß in den letzten Jahren zahlreiche ganz unterschiedliche gesellschaftliche Bewegungen – Gewerkschafts-, Frauen-, Jugend-, Antikriegs- und Umweltschutzbewegungen – mehr und direkten Einfluß auf die internationale Politik gewonnen haben. Sie stoßen mit hohem Anspruch und Verantwortungsbewußtsein in Bereiche vor, die einstmals der Diplomatie vorbehalten waren.

Zu Recht möchte man aus erster Hand erfahren, welche Absichten die Staatsmänner hegen, von denen praktisch der Gang der Ereignisse in den Schlüsselbereichen des internationalen Lebens abhängt. Ich hatte eine Begegnung mit einer Delegation des Weltgewerkschaftsbundes, der größten Gewerkschaftszentrale, hinter der Hunderte Millionen Werktätige aus vielen Ländern der Erde stehen. Die Delegation überreichte mir ein Dokument des XI. Weltgewerkschaftskongresses, das einen Appell an mich und den USA-Präsidenten enthält. Für mich liegt die Bedeutung dieses Dokuments darin, daß es den Willen der Arbeiterklasse zum Ausdruck bringt, der das Interesse aller Menschen bekundet: die Durchsetzung des Friedens. Dieses Dokument und das freimütige und inhaltsreiche Gespräch mit den Gewerkschaftsführern haben mir die Gewißheit gegeben, daß die historische Mission der Arbeiterklasse, die über ihre eigenen Interessen den Interessen der gesamten gesellschaftlichen Entwicklung Ausdruck gibt, lebendig ist und auch unter den neuen Bedingungen, gänzlich anderen als zu den Zeiten, da sich die Arbeiterklasse zum erstenmal dieser Mission bewußt wurde, fortbesteht.

Bis ins Innerste bewegt hat mich der Weltkongreß der Frauen, der im Juni 1987 in Moskau stattfand. Ich wurde gebeten, dort das Wort zu ergreifen. Mit Abgesandten aus mehr als 150 Ländern war das ein ungewöhnlich repräsentatives Forum. An den Diskussionsbeiträgen der Delegierten und ihren Äußerungen in den Gesprächen war eindrucksvoll zu spüren, wie sie persönlich am Geschehen in der Welt teilnehmen. Ja, in den Frauen, die von Natur aus dazu bestimmt sind, das Menschengeschlecht zu erhalten und für seinen Fortbestand zu sorgen, findet der Friedensgedanke heute einen seiner uneigennützigsten, opferbereitesten und größten Verfechter. Ich habe von diesem Kongreß viel mitgenommen, sowohl an persönlichen Eindrücken wie an politischen Denkanstößen.

Tag für Tag erhalte ich aus allen Teilen der Welt ...zig Briefe, Appelle und Telegramme – von Politikern, Persönlichkeiten des öffentlichen Lebens, Bürgermeistern, Parlamentariern, Geschäftsleuten, hauptsächlich aber von einfachen Menschen, Eheleuten, Familien; viele Botschaften von Kollektiven, Briefe von Kindern, gemeinschaftlich und von einzelnen geschriebene. Da gibt es ganz ergreifende Dinge: Verse, ganze Poeme, Zeichnungen, kleine selbstgefertigte Souvenirs, Urkunden, Diplome einer Schule oder eines Zirkels, eines Klubs, sogar Gebete werden beigefügt. Aus dieser ganzen Vielfalt menschlicher Gefühle und Gedanken spricht die Besorgnis um die Geschicke des Friedens, die Hoffnung, daß der Menschheit ein besseres Los zuteil werden möge als ein Leben, das von der Gefahr einer nuklearen Katastrophe überschattet ist.

So beschäftigt ich auch bin, ich bemühe mich, die Briefe nach Möglichkeit zu beantworten. Am wertvollsten ist uns in diesen Appellen und Aufrufen das Vertrauen zur Sowjetunion, zu unserer jetzigen Politik. Dieses Vertrauen wissen wir zu schätzen, und wir werden es mit unseren Taten im eigenen Lande und in der Welt rechtfertigen.

Ein solcher Kontakt mit Menschen in aller Welt bestärkt uns in der Gewißheit, daß die Perspektiven der Zivilisation nicht hoffnungslos sind, wenn die besten Köpfe mit ehrlicher Sorge an ihre Gegenwart und Zukunft denken, wenn sie bereit sind, ihr Talent, ihr Wissen, ihre Zeit und die Kraft ihres Gefühls dafür einzusetzen, daß die Welt erhalten bleibt, besser und gerechter wird.

Wenn wir also unsere Politik auf das neue Denken gründen, wollen wir uns ganz und gar nicht in die uns gewohnten Ideen und uns geläufige politische Sprache zurückziehen. Wir haben keineswegs vor, alle zur marxistischen Überzeugung zu führen. In das neue politische Denken können und müssen die Erfahrungen aller Völker einfließen, es muß gegenseitige Bereicherung und Verschmelzung verschiedener Kulturtraditionen gewährleisten.

Für eine ehrliche und offene Außenpolitik
Die sowjetische Führung ist bestrebt, in außenpolitischen Dingen einen neuen Weg zu gehen. Zuallererst muß ich hier den *Dialog* nennen. Anders kann man wohl kaum davon reden, zu gegenseitigem Verständnis zu kommen. Nachdem wir zu den Grundsätzen des neuen Denkens gekommen sind, ist uns der Dialog zum Hauptinstrument dafür geworden, sie in der Praxis der internationalen Beziehungen zu erproben. Mehr noch, mit dem Dialog prüfen wir nach, ob un-

sere Ideen, unsere Initiativen, unser ganzes Verhalten in den internationalen Angelegenheiten realistisch sind. Mit Genugtuung verzeichnen wir, daß dieses Wort, wenn es auch nicht, wie »Perestroika«, russischen Ursprungs ist, in den letzten Jahren im diplomatischen Sprachgebrauch festen Fuß gefaßt hat. Der politische Dialog selbst hat in den internationalen Beziehungen eine unerhört wichtige Rolle übernommen.

In den zweieinhalb Jahren, die ich Generalsekretär des Zentralkomitees der KPdSU bin, hatte ich mindestens 150 Zusammenkünfte und Gespräche mit Staatsoberhäuptern, Regierungschefs, Parlamentspräsidenten und Führern von Parteien — kommunistischen, sozialdemokratischen, liberalen und konservativen —, mit Politikern und Persönlichkeiten des gesellschaftlichen Lebens von unterschiedlichem Rang aus Europa, Amerika, Asien und Afrika.

Auch viele meiner Genossen im sowjetischen Führungsgremium haben sich das zur Norm gemacht. Für uns ist das eine Schule, in der wir viel lernen. Sicherlich ist auch für die meisten unserer Gesprächspartner dieser Dialog nicht ohne Nutzen. Dabei entstehen und festigen sich zivilisierte internationale Beziehungen, die die Welt von heute so sehr braucht.

Was noch? Wir wollen im internationalen Kontakt den Worten ihren eigentlichen, ursprünglichen Sinn zurückgeben. Wenn wir erklärten, daß wir für eine ehrliche und offene Politik sind, dann meinen wir Ehrlichkeit, Anständigkeit und Aufrichtigkeit und halten uns in der Praxis an diese Prinzipien. An sich sind diese Grundsätze nicht neu, sie stammen von Lenin. Neu ist, daß wir bemüht sind, ihnen das Doppeldeutige zu nehmen, das in der Welt von heute so verbreitet ist. Neu ist auch, daß die jetzige Situation sie für alle bindend werden läßt.

Wir haben praktisch alles Widersprüchliche zwischen dem, was wir unseren ausländischen Gesprächspartnern hinter verschlossenen Türen sagen, und dem, was wir öffentlich erklären und tun, beiseite geräumt. Ich bekenne, ich bin nicht für eine solche seltsame Diplomatie, bei der man nach einem Treffen oder dem Austausch von Botschaften nicht weiß, was der Gesprächspartner eigentlich sagen wollte. Ich bin für eine offene Politik, eine Politik des realistischen Handelns. Sie darf keinen doppelten Boden haben, denn eine notwendige Voraussetzung für internationale Stabilität besteht darin, daß die Politik berechenbar ist. Mehr Durchsichtigkeit, mehr Offenheit in außenpolitischen Angelegenheiten, weniger taktische Raffinessen und verbale Spitzfindigkeiten. Heutzutage kann niemand den anderen betrügen. Das sage ich meinen Gesprächspartnern aus dem Westen immer wieder.

Von den Spitzenpolitikern wird heute verlangt, daß sie die Realitäten treffend beurteilen, einen klaren Kopf bewahren und hohes Verantwortungsbewußtsein aufbringen. Das heißt, wir müssen seriöse Politik betreiben, dürfen kein Spiel daraus machen, das wäre Politikastertum.

Ich meine, der neue Stil verlangt, daß wir in den internationalen Beziehungen weit über das eigentliche diplomatische Geschehen hinausgehen. Neben den Regierungen beteiligen sich die Parlamente immer reger an den internationalen Kontakten, und das ist ein gutes Zeichen. Es zeugt von der Tendenz der weiteren Durchsetzung demokratischer Grundsätze in der außenpolitischen Sphäre. Kennzeichnend für unsere Tage ist, wie ich schon sagte, daß die öffentliche Meinung, internationale und nationale gesellschaftliche Organisationen auf breiter Bahn in diese Sphäre Einzug halten. Öffentliche, volksverbundene Diplomatie, die sich direkt an die Völker wendet, wird zum normalen Mittel im zwischenstaatlichen Kontakt.

Methoden der öffentlichen Diplomatie zu gebrauchen ist unsererseits kein Winkelzug. Wir gehen einfach davon aus, daß alle Lasten des Wettrüstens die Volksmassen zu tragen haben, von den möglichen Folgen internationaler Konflikte ganz zu schweigen. Wir möchten, daß die Völker die Positionen der Sowjetunion kennenlernen.

Hier muß auf die akute, aktuelle Frage eingegangen werden, welches Verhältnis zwischen Politik und Propaganda besteht. Wie oft bekamen wir auf unsere außenpolitischen Initiativen hin zu hören: »Das ist Propaganda!« Zugegeben, in unserem Zeitalter der Informationsflut und des großen Interesses für die internationale Problematik sind alle außenpolitischen Vorschläge so oder so von Propaganda begleitet. Sie sollen »Eindruck machen«. Die Spitzenpolitiker der USA zum Beispiel machen für ihre eventuellen Schritte auf dem Schauplatz des internationalen Geschehens Propaganda, lange ehe sie offiziell bekanntgegeben werden, und sie stellen sie immer als »bedeutend«, »historisch«, »umwälzend« usw. dar. Aber die Frage ist doch einzig und allein, welches der wahre Charakter, welches das Ziel der Vorschläge ist: Sollen sie in die Praxis überführt werden, sind sie realistisch, nehmen sie auf die Interessen aller, die sie angehen, Rücksicht, oder sind sie bewußt nur dazu angetan, propagandistisch Schaum zu schlagen? Nun, ich kann mit allem Verantwortungsbewußtsein erklären, daß alle unsere Initiativen sachliche Vorschläge, daß sie, um mit Lenin zu sprechen, Losungen der Tat, nicht Losungen der Propaganda sind.

Reinen Gewissens kann ich hier wiederholen, was ich im August 1985 auf Fragen der Zeitschrift »Time« geantwortet habe. »Wenn man schon in allem, was wir tun, tatsächlich nur Propaganda sieht, warum dann darauf nicht nach dem Prinzip antworten: ›Auge um Auge, Zahn um Zahn?‹ Wir haben die Kernexplosionen eingestellt. Wie wäre es, wenn die Amerikaner versuchten, im Gegenzug das gleiche zu tun, und uns obendrein einen ›propagandistischen Schlag‹ versetzten, indem sie zum Beispiel die Entwicklung einer der neuen strategischen Raketen aussetzen. Und wir würden gleichermaßen ›propagandistisch‹ antworten. Und so weiter und so fort. Wem, fragt man sich, würde das Wetteifern in einer solchen ›Propaganda‹ schaden?«

Zweieinhalb Jahre sind eine kurze Zeitspanne. Aber mit welchem Maß wir die Zeitspanne, von der wir sprechen, auch immer messen, sie ist von hohem innerem Gehalt geprägt. Was ist die Hauptsache? Man mag sagen, das neue politische Denken bräche sich in der Weltpolitik nur mühsam Bahn. Das trifft zu. Man mag sagen, die Zählebigkeit des Alten sei immer noch stärker als die neuen Tendenzen. Auch das stimmt. Dennoch ist die Hauptsache, daß der schwere Anfang bei der Umgestaltung der internationalen Beziehungen gemacht ist. Und wir glauben, daß sich die Welt zum Besseren verändern wird. Sie ist schon dabei.

Kapitel IV
Die Umgestaltung in der UdSSR und die sozialistische Welt

Bei uns gilt der internationalistische Grundsatz, bevor wir im eigenen Lande etwas Wichtiges, Wesentliches in Angriff nehmen, sorgfältig abzuwägen, welche Bedeutung es für den Sozialismus insgesamt haben wird. Ganz zu schweigen davon, daß kein sozialistisches Land ohne das Verständnis, die Solidarität und das gegenseitig vorteilhafte Zusammenwirken mit den Bruderländern und schon gar nicht ohne ihre Hilfe erfolgreich, im gesunden Rhythmus vorankommen kann.

Über den realen Sozialismus
Als wir Kurs auf die Umgestaltung nahmen, gingen wir davon aus, daß sie zwar Sache des sowjetischen Volkes ist und unsere Gesellschaft auf ein qualitativ neues Niveau bringen soll, daß sie aber auch heute wie in Zukunft der Stärkung des Sozialismus insgesamt dient. Das zum einen.

Zum zweiten. Der von uns gewählte Kurs, die Notwendigkeit, erheblich an Tempo zuzulegen, ließen uns die Entwicklung des Zusammenwirkens mit den anderen Ländern des Sozialismus in großen historischen Zusammenhängen betrachten. So gelangten wir zu der Schlußfolgerung – und alle Bruderparteien teilen sie –, daß unsere Zusammenarbeit dynamischer werden muß, auch in diesem Bereich ist eine Art Umgestaltung auf die Tagesordnung gerückt. Unsere Überlegungen und später auch Initiativen beruhen auf folgendem:

In den Jahrzehnten nach dem Krieg ist der Sozialismus zu

einer starken internationalen Gemeinschaft, zu einem gewichtigen Faktor der Weltpolitik geworden. Eine große Gruppe von Ländern gestaltet ihre Wirtschaft auf sozialistische Weise. Die Grundlagen für die sozialistische internationale Arbeitsteilung wurden geschaffen, mit gemeinsamen Betrieben und Einrichtungen sozialistischer Staaten mannigfache Erfahrungen gesammelt. Der Austausch in Wissenschaft und Kultur hat beeindruckende Dimensionen erreicht. Das heißt natürlich nicht, daß es auf dem Weg des Weltsozialismus nur Erfolge gab. Die Länder, die den sozialistischen Weg einschlugen, begannen auf ganz unterschiedlichem Wirtschaftsniveau. Noch heute ist es längst nicht überall gleich. Und das ist eine der Schwierigkeiten bei der Realisierung der Gesamtpotenzen des Sozialismus, bei der Weiterentwicklung der Integrationsmechanismen.

Der Sozialismus hat schwierige Entwicklungsetappen hinter sich. In den ersten Jahrzehnten nach dem Krieg verfügte allein die Sowjetunion über Erfahrungen beim Aufbau der neuen Gesellschaft. Sie hatte sozusagen alles, was geschah, zu verantworten, das Schlechte wie das Gute. Dementsprechend gestalteten sich auch die Wirtschaftsbeziehungen, bei deren Entwicklung man davon ausging, daß die Sowjetunion Roh- und Brennstoffe lieferte und beim Aufbau der Schlüsselindustrien half. Sogar im Bereich des staatlichen Aufbaus nahmen die sozialistischen Bruderländer weitgehend das sowjetische Beispiel an. In gewissem Grade war das unvermeidlich. Mit der Behauptung, ihnen sei das »sowjetische Modell« aufgezwungen worden, interpretiert man dieses objektive Erfordernis jener Zeit falsch. Erfahrungen und Hilfe des ersten sozialistischen Staates waren ein insgesamt günstiger Faktor für den Aufbau der neuen Gesellschaft in anderen Ländern.

Das ging jedoch nicht ohne Verluste ab, die zudem ganz erheblich waren. Viele Erfahrungen der UdSSR hat man übernommen, ohne die Besonderheiten des jeweiligen Landes zu berücksichtigen. Und was noch schlimmer war, dieses schablonenhafte Herangehen wurde von manchen unserer Theoretiker und vor allem Praktiker, die sich geradezu als Hüter der Wahrheit aufspielten, aus ideologischer Sicht »kommentiert«. Ohne zu bedenken, daß die anderen sozialistischen Länder vor ganz neuen Problemen standen und ihre Spezifik haben, waren sie bisweilen deren eigenen Bemühungen gegenüber recht mißtrauisch.

Andererseits entwickelten sich in manchen sozialistischen Ländern Tendenzen einer gewissen Abkapselung, was den Boden für subjektivistische Wertungen und Handlungen bereitete. Ganz zu schweigen davon, daß die sozialistischen Länder von ihrer Entstehung an dem massiven Druck des Imperialismus ausgesetzt waren: in politischer, militärischer, wirtschaftlicher und ideologischer Hinsicht.

All das führte vielfach dazu, daß die objektiven Prozesse und heranreifenden Probleme von der regierenden Partei, von der Führung nicht rechtzeitig erkannt wurden. Die Freunde in der sozialistischen Gemeinschaft schwiegen sich gewöhnlich aus, auch wenn sie Beunruhigendes bemerkten. Vertrauensvolle Offenheit war damals nicht üblich. Sie hätte, wie es heißt, falsch verstanden werden können. Einige sozialistische Länder machten schwerwiegende Krisen in ihrer Entwicklung durch. So beispielsweise Ungarn 1956, die Tschechoslowakei 1968, Polen 1956 und dann noch einmal zu Beginn der achtziger Jahre. Jede dieser Krisen hatte ihre Besonderheit. Auf unterschiedliche Weise wurden sie überwunden. Eine objektive Tatsache aber ist: In keinem sozialistischen Land gab es eine Rückkehr zur alten Ordnung. Ich möchte hervorheben, daß an den Schwierigkeiten, an den Problemen der Entwicklung der sozialistischen Länder keineswegs der Sozialismus schuld ist, meist waren Fehleinschätzungen der regierenden Parteien die Ursache. So manches haben wir natürlich auch dem Westen »zu verdanken«, seinen beständigen und hartnäckigen Versuchen, die Entwicklung der sozialistischen Staaten zu unterwandern und ihnen Steine in den Weg zu legen.

In harten, bisweilen bitteren Prüfungen wurden die Erfahrungen der sozialistischen Umgestaltungen gesammelt. In der praktischen und theoretischen Arbeit der regierenden kommunistischen Parteien bildete sich eine umfassendere und genauere Vorstellung von den Methoden, Formen und Mitteln der sozialistischen Neugestaltung der Gesellschaft heraus. Marx, Engels und Lenin hatten die Prinzipien des Sozialismus theoretisch begründet, ohne ein detailliertes Bild der künftigen Gesellschaft zeichnen zu wollen. Und das wäre auch gar nicht möglich gewesen. Sie entstand und entsteht weiterhin aus dem revolutionären Wirken aller sozialistischen Staaten heraus.

Auch empfindliche Störungen sind in den Beziehungen zwischen den sozialistischen Ländern aufgetreten. Besonders schwer wog die Verletzung der freundschaftlichen Beziehungen zwischen der Sowjetunion und Jugoslawien, der Volksrepublik China sowie Albanien. Bittere Lehren hat es überhaupt zur Genüge gegeben. Die Kommunisten haben daraus gelernt, sie tun es auch heute.

Generell besteht ein Vorzug des Sozialismus in seiner Fähigkeit zu lernen. Probleme lösen zu lernen, die das Leben aufwirft; Krisensituationen verhindern zu lernen, die unser Gegner zu schaffen und auszunutzen versucht; den Versuchen entgegenwirken zu lernen, die sozialistische Welt zu spalten, die Länder gegeneinander auszuspielen. Zu lernen, ein Aufeinanderprallen der Interessen verschiedener sozialistischer Staaten zu vermeiden, und zu lernen, diese aufeinander abzustimmen und gegenseitig annehmbare Lösungen für die kompliziertesten Probleme zu finden.

Womit kann der Weltsozialismus Mitte der achtziger Jahre aufwarten? Heute läßt sich feststellen: Die sozialistische Ordnung hat in einer großen Gruppe von Staaten festen Fuß gefaßt, das Wirtschaftspotential der sozialistischen Länder wächst stetig, ihre geistigen Werte sind zutiefst humanistisch, und in deren Mittelpunkt steht der Mensch.

Da kann aber die Frage auftauchen: Wenn alles so gut ist, warum »drängt« sich die Umgestaltung in die Beziehungen zwischen den sozialistischen Ländern? Eine durchaus berechtigte Frage.

Im großen und ganzen ist die Antwort darauf auch recht einfach. Die Anfangsphase der Herausbildung des Weltsozialismus, seiner Formierung, liegt hinter uns, die in jener Zeit entstandenen Formen der Beziehungen aber haben sich praktisch nicht verändert. Die negativen Entwicklungen in diesen Beziehungen waren nicht mit der nötigen Offenheit deutlich gemacht worden, also auch nicht alle »Bremsmechanismen«, die eine Weiterentwicklung der Beziehungen und den Übergang zu einer neuen, zeitgemäßen Etappe behinderten. Außerdem hat jedes sozialistische Land, jede sozialistische Gesellschaft reiche eigene Erfahrungen in allen Lebensbereichen gesammelt. Sich an die alten Formen der Zusammenarbeit klammern, sich auf sie beschränken hieße, sowohl dem Ansehen als auch den Potenzen des Sozialismus direkt zu schaden.

In der Tat waren die Kontakte zwischen den Führungen der Bruderländer seit Ende der siebziger Jahre zu sehr auf Repräsentation ausgerichtet. Sie wurden weniger vertrauensvoll und sachbezogen.

Inzwischen hat sich vieles verändert. Innerhalb von zweieinhalb Jahren haben wir gemeinsam eine beachtliche Arbeit geleistet. Sie muß und wird fortgeführt werden. Das ganze Spektrum der politischen, wirtschaftlichen und humanitären Beziehungen zwischen den sozialistischen Ländern wird neu gestaltet. Das gebieten nicht Emotionen, sondern die objektiven Erfordernisse der inneren Entwicklung und der gesamten internationalen Situation.

Zu den neuen Beziehungen

Die Rolle der Sowjetunion in der Gemeinschaft ergibt sich unter den Bedingungen der Umgestaltung aus der objektiven Situation unseres Landes. Ob es bei uns gut läuft oder schlecht – unvermeidlich wird sich das auf alle auswirken. Das Niveau der Zusammenarbeit, das wir jetzt anstreben, ist Ergebnis nicht nur der Arbeit im eigenen Lande. Es ist das Ergebnis gemeinsamer Tätigkeit und gemeinsamer Anstrengungen der Bruderländer. Wir haben mehrfach alle Aspekte der Zusammenarbeit mit unseren Freunden und Bündnispartnern beraten.

Wir alle gehen davon aus, daß in der heutigen komplizierten Phase der internationalen Entwicklung der Sozialismus die Dynamik seines politischen und ökonomischen Systems, seine humanistische Lebensweise voll zur Geltung bringen muß. Die Umgestaltung der Beziehungen in der sozialistischen Gemeinschaft entsprechend den Forderungen der Zeit ist schon im Gange. Wir verfallen nicht in Euphorie, wir stehen mit unserer Arbeit noch ganz am Anfang. Doch die Schwerpunkte sind gesetzt.

Worin bestehen sie? Vor allem geht es darum, das gesamte System der Beziehungen zwischen den sozialistischen Ländern uneingeschränkt auf der Grundlage voller Selbständigkeit zu gestalten. Das ist der gemeinsame Standpunkt aller führenden Repräsentanten der Bruderländer. Die Selbständigkeit jeder Partei, ihr Recht, Fragen des eigenen Landes souverän zu entscheiden, und die Verantwortung gegenüber dem eigenen Volk – das sind unumstößliche Prinzipien.

Genauso fest sind wir davon überzeugt, daß Erfolge der Gemeinschaft nur möglich sind, wenn jede Partei und jeder Staat sich nicht allein um die eigenen, sondern auch um die gemeinsamen Interessen kümmert, man den Freunden und Verbündeten mit Achtung begegnet, deren Interessen unbedingt in Betracht zieht und den Erfahrungen der anderen Aufmerksamkeit entgegenbringt.

Im Wissen um diesen Zusammenhang zwischen den innenpolitischen Aufgaben und den Interessen des Weltsozialismus liegt unsere Stärke. Daraus schöpfen wir Zuversicht bei der Lösung der Aufgaben, die uns die Gegenwart gestellt hat.

Herzstück der politischen Zusammenarbeit der sozialistischen Länder ist nach wie vor das Zusammenwirken der regierenden kommunistischen Parteien. In den vergangenen Jahren hat es praktisch kein Bruderland gegeben, mit dessen Führung wir nicht zusammengekommen wären und substantielle Gespräche geführt hätten. Auch die Art der Zusammenarbeit verändert sich. Es bildet sich eine neue, vielleicht die entscheidende Form heraus — die mehrseitigen Arbeitstreffen der führenden Repräsentanten der Bruderländer. Hier kann operativ und kameradschaftlich über den gesamten Komplex von Problemen des sozialistischen Aufbaus, seine inneren und äußeren Aspekte beraten werden.

In der damaligen schwierigen internationalen Situation hatte die Verlängerung des Warschauer Vertrages große Bedeutung; sie war von den Teilnehmerländern einmütig beschlossen worden. Auf den regelmäßig stattfindenden Tagungen des Politischen Beratenden Ausschusses der Vertragsstaaten werden gemeinsam die ideologischen Positionen herausgearbeitet und Initiativen ergriffen, werden sozusagen die »Uhren verglichen«.

Mit anderen Worten, es geht um die organische Verknüpfung der Initiative jedes einzelnen Landes mit der abgestimmten gemeinsamen Linie in den internationalen Angelegenheiten. Die Erfahrungen haben gezeigt, wie wichtig die beiden Elemente dieses Grundsatzes sind. Kein Bruderland — und das beziehen wir uneingeschränkt auch auf uns — wird seine nationalen Aufgaben im internationalen Geschehen losgelöst von dem gemeinsamen Kurs bewältigen können. Ebenso kann die abgestimmte Außenpolitik nur dann effektiv sein, wenn jeder Staat seinen Beitrag zur gemeinsamen Sache leistet und dieser Beitrag voll zur Geltung kommt.

Was die Wirtschaftsbeziehungen betrifft, so gestalten wir sie unter konsequenter Wahrung der Prinzipien des gegenseitigen Vorteils und der gegenseitigen Hilfe. Es hat sich die gemeinsame Einsicht herausgebildet, daß wir alle heute einen deutlichen Schub beim wissenschaftlich-technischen und wirtschaftlichen Fortschritt brauchen. Zu diesem Zweck wurde das gemeinsame Komplexprogramm des wissenschaftlich-technischen Fortschritts erarbeitet und verabschiedet, das bis zum Jahr 2000 eine erhebliche Steigerung der Effektivität der Produktion und eine Erhöhung der Arbeitsproduktivität auf das Zwei- bis Dreifache vorsieht. Eine

Utopie? Nein. Die sozialistische Gemeinschaft verfügt heute über alle notwendigen Voraussetzungen: über ein starkes Produktionspotential, einen soliden wissenschaftlich-technischen Vorlauf, natürliche Ressourcen und Kader. Und das Planungssystem macht es möglich, bedeutsame Ressourcen auf entscheidende Bereiche zu konzentrieren.

Auf den Treffen führender Repräsentanten der RGW-Mitgliedsländer kamen alle zu der Schlußfolgerung, daß innerhalb des sozialistischen Systems alle seine Strukturen wirksamer funktionieren müssen. Natürlich heißt das nicht, daß überall in den sozialistischen Ländern die Prozesse gleichartig ablaufen werden. Jedes Land hat seine Traditionen, seine Besonderheiten, seine Unterschiede in der Funktionsweise der politischen Einrichtungen. Im Prinzip aber sind alle sozialistischen Länder in bestimmter Weise auf der Suche nach Veränderung, nach grundlegenden Umgestaltungen. In welchen Dimensionen, in welcher Form, in welchem Tempo und mit welchen Methoden sie verwirklicht werden, das muß jedes Land, seine Führung und sein Volk allein entscheiden. Da gibt es keine Widersprüche, aber es gibt Besonderheiten.

Als mich Frankreichs Ministerpräsident Jaques Chirac fragte: »Was meinen Sie, wird sich der Geist der Umgestaltung auf alle sozialistischen Staaten Osteuropas auswirken?« habe ich geantwortet, daß es da eine wechselseitige Beeinflussung gibt. Wir übernehmen manches aus den Erfahrungen unserer Freunde – sie wiederum von uns das, was für sie geeignet ist. Kurzum, es ist ein Prozeß des Austausches und der gegenseitigen Bereicherung.

Ich muß gestehen, daß ich den Eindruck hatte, die Frage wurde nicht nur aus Interesse an unseren Angelegenheiten gestellt, sondern in bestimmtem Maße aufgrund des Geredes, manche unserer Freunde seien mit dem Kurs der sowjetischen Führung auf die Umgestaltung »nicht einverstanden«. Was ist dazu zu sagen? Ernsthafte Differenzen haben wir mit unseren Freunden und Bündnispartnern nicht. Wir sprechen gewöhnlich offen und sachlich miteinander.

Außerdem ist meiner Meinung nach zustimmender Beifall für alles, was wir tun, schlimmer als eine engagierte kritische Wertung unserer Taten und unserer Initiativen. Das zum einen. Zum anderen – ich möchte das auch in diesem Zusammenhang wiederholen – glauben wir nicht, die Wahrheit gepachtet zu haben. Die Wahrheit entsteht im gemeinsamen Suchen, bei der gemeinsamen Arbeit.

Doch zurück zur Wirtschaft. Wir sind der Meinung, daß die Hauptreserve, das Hauptinstrument zur Vertiefung unserer Integration in der Entwicklung von direkten Kooperationsbeziehungen zwischen Vereinigungen und Betrieben und in der Spezialisierung besteht. Genau unter diesem Gesichtspunkt gestalten wir unsere Außenwirtschaftstätigkeit um, bauen wir die Hindernisse ab, die es unseren Betrieben schwer machen, passende Partner in den Bruderländern zu finden und selbst über die gemeinsame Arbeit zu beraten. Wir nehmen die Bildung gemeinsamer sozialistischer Firmen in Angriff, darunter solche, die den Bedarf unserer Länder an hochmodernen Erzeugnissen möglichst schnell decken können. Firmen dieser Art werden im Dienstleistungsbereich, im Bau- und Transportwesen entstehen. Die Sowjetunion ist bereit, ihnen umfangreiche Aufträge anzubieten. Wir werden uns außerdem positiv dazu stellen, auch westliche Unternehmer in die Tätigkeit dieser Firmen einzubeziehen.

In den kommenden Jahren wollen wir bei der Integration rascher Fortschritte erzielen. Zu diesem Zweck wird die Arbeit des Rates für Gegenseitige Wirtschaftshilfe wohl immer stärker auf zwei Hauptaufgaben konzentriert werden.

Erstens auf die Abstimmung der Wirtschaftspolitik, die Erarbeitung langfristiger Programme der Zusammenarbeit in den wichtigsten Bereichen, die Verwirklichung wichtiger gemeinsamer wissenschaftlich-technischer Programme und Projekte. Hier ist es überdies möglich und zweckmäßig, mit nichtsozialistischen Ländern und ihren Vereinigungen, in erster Linie der EWG, zusammenzuarbeiten.

Zweitens wird sich der RGW auf die Erarbeitung und Abstimmung der normativen Grundlagen des Integrationsmechanismus, auf die rechtlichen und ökonomischen Voraussetzungen für direkte Kooperationsbeziehungen, die Preisbildung natürlich eingeschlossen, konzentrieren.

Wir wollen erreichen, daß in der Arbeit des RGW weniger administriert wird, es weniger Ausschüsse und Kommissionen der verschiedensten Art gibt, die ökonomischen Hebel, die Initiative, die sozialistische Unternehmungsfreude, die Einbeziehung der Arbeitskollektive in diesen Prozeß mehr beachtet werden. Wir wie auch unsere Freunde sind der Ansicht, daß der RGW davon wegkommen muß, vieles für den Papierkorb zu produzieren, Unmassen von Papier und Schriftstücken zu bearbeiten.

Die Existenz des RGW schmälert in keiner Weise die Unabhängigkeit jedes Staates, sein souveränes Recht, über seine Ressourcen, das Potential seines Landes zu verfügen und alles zum Wohle des eigenen Volkes zu tun. Der RGW ist keine supranationale Organisation. Hier wird nicht mit Stimmenmehrheit entschieden, sondern auf der Grundlage des Konsenses, das heißt nach dem Prinzip der Einstimmigkeit. Wichtig ist nur, daß ein Land, wenn es sich an einem Projekt nicht beteiligen will, kein Interesse daran hat, die anderen nicht behindert. Ist man interessiert, beteiligt man sich, wenn nicht, kann man ja beobachten, wie sich die Sache entwickelt. Jedes Land muß selbst wissen, wie groß seine Bereitschaft zu einer derartigen Zusammenarbeit ist und wie weit es in dieser Hinsicht gehen will. Meiner Meinung nach ist das die einzig richtige Verfahrensweise.

Eine Aufgabe von beeindruckenden Dimensionen haben wir alle zudem im Bereich der Zusammenarbeit auf geistigem Gebiet vor uns. Auch hier stehen Veränderungen bevor. Im Grunde genommen ist jedes sozialistische Land eine Art soziales Labor, in dem verschiedene Formen und Methoden des sozialistischen Aufbauwerkes erprobt werden. Deshalb gewinnen unserer Meinung nach der Erfahrungsaustausch und die Auswertung der beim Aufbau des Sozialismus gesammelten Erfahrungen erheblich an Bedeutung.

Wir sowjetischen Kommunisten orientieren uns, wenn wir

über die Zukunft des Sozialismus nachdenken, an Lenins Gedanken, daß sie aus verschiedenen Versuchen unterschiedlicher Länder hervorgehen wird. Wir nehmen deshalb als ganz selbstverständlich an, daß ein zuverlässiger Maßstab dafür, daß die regierende kommunistische Partei es ernst meint, nicht nur in ihrer Einstellung zu den eigenen Erfahrungen, sondern auch zu den Erfahrungen der Freunde, zu den internationalen Erfahrungen besteht. Was nun den Wert dieser Erfahrungen betrifft, so sind für uns ausschlaggebende Kriterien: die gesellschaftspolitische Praxis, die Ergebnisse der wirtschaftlichen und sozialen Entwicklung, die praktische Stärkung des Sozialismus. Unsere Wissenschaft, unsere Presse und unsere Praktiker analysieren heute unvergleichlich intensiver als früher die Erfahrungen der Bruderländer und wenden sie schöpferisch auf die sowjetischen Verhältnisse an.

Es besteht andererseits größtes Interesse an dem, was bei uns geschieht. Ich erlebe das bei meinen Begegnungen mit den führenden Repräsentanten der sozialistischen Länder und mit einfachen Bürgern im Ausland.

Eine kleine Begebenheit mag das illustrieren. Als ich in der Tschechoslowakei auf der Straße und in Prager Betrieben wie üblich mit den Leuten ins Gespräch kam, sagte man mir: »Das ist richtig, was Sie jetzt machen!« Ein junger Mann meinte: »Machen wir es also so, Michail Sergejewitsch: Die Wahrheit sagen, die Wahrheit lieben und vom anderen Wahrheit fordern.« Und ich habe ergänzt: »Aber auch entsprechend der Wahrheit handeln. Das ist die schwierigste Wissenschaft.« Und weiter meinte ich: »Das Leben ist komplizierter als jede Schulweisheit, und nicht immer glückt alles ohne Anstrengung. Manchmal muß man einen Schritt zurück tun, um dann wieder einen Schritt nach vorn machen zu können. Es ist anstrengend nachzudenken, etwas zu durchdenken und umzudenken, doch man darf sich davor nicht scheuen.«

Insgesamt ist die sowjetische Führung zu folgender Erkenntnis gelangt: Über die Entwicklung der Beziehungen zwischen den Arbeitskollektiven, zwischen den Menschen, über den Erfahrungsaustausch können wir ein neues Niveau der Beziehungen erreichen. Unsere Verbindungen in allen Lebensbereichen werden wirksamer. Unser Start war gut. Größte, ja man kann sagen entscheidende Bedeutung für die Zusammenarbeit der Bruderländer hat das entstandene stabile Netz gegenseitiger Beziehungen in Partei, Staat und Gesellschaft. Kontakte bestehen auf ganz unterschiedlichen Ebenen — beginnend bei Betrieben, Brigaden, Familien, Kinder- und Jugendorganisationen, Universitäten und Schulen, Verbänden Kultur- und Kunstschaffender und persönlichen Kontakten bis hin zu ständigen fachspezifischen Verbindungen zwischen den Leitern zentraler Organe, Regierungsmitgliedern und Sekretären der Zentralkomitees.

Ein paar Worte über die Beziehungen zur Volksrepublik China, wo im Zuge der »vier Modernisierungen« höchst interessante, in vieler Hinsicht produktive Ideen umgesetzt werden. In China sehen wir eine sozialistische Großmacht und unternehmen praktische Schritte, damit sich die sowjetisch-chinesischen Beziehungen im Geist der guten Nachbarschaft und der Zusammenarbeit entwickeln. Eine gewisse Verbesserung, einen gewissen Fortschritt gibt es hier schon. Wir glauben, daß die Zeit der Entfremdung vorbei ist. Wir bieten den chinesischen Genossen an, mit uns gemeinsam die positiven Beziehungen zwischen unseren Ländern und Völkern auszubauen und zu vervielfachen.

Der gegenwärtige Zeitabschnitt in der historischen Entwicklung hat den sozialistischen Staaten die harte Forderung gestellt, deutlich an Tempo zuzulegen, Spitzenpositionen in Wirtschaft, Wissenschaft und Technik zu erreichen und die Attraktivität der sozialistischen Lebensweise überzeugend vorzuführen.

Offen und selbstkritisch haben wir die hinter uns liegende Entwicklung eingeschätzt und unseren Teil der Verantwortung für das, was in der sozialistischen Welt nicht erfolgreich verlief, übernommen. Das Echo ließ nicht auf sich warten. Damit war der Weg für die Umgestaltung der Beziehungen frei, die nun auf ein neues, der Zeit gemäßes Niveau gebracht werden können.

In letzter Zeit haben wir gemeinsam manches erreicht — in Politik, Wirtschaft und Information. Wenn noch nicht alles gelingt, geraten wir nicht in Panik, sondern arbeiten beharrlich, suchen nach neuen Ansätzen. Die Hauptsache ist, daß wir von der Bedeutung der Zusammenarbeit und der Notwendigkeit, sie zu bereichern, überzeugt sind. In der jetzigen Geschichtsetappe, die in der Tat eine Umwälzung darstellt, werden sich die regierenden Parteien der sozialistischen Länder bewußt, welch hohes Maß an nationaler und internationaler Verantwortung sie tragen, suchen sie intensiv nach Reserven zur Beschleunigung der gesellschaftlichen Entwicklung. Die Orientierung auf den wissenschaftlich-technischen Fortschritt, auf das Schöpfertum der Massen und auf den Ausbau der Demokratie ist ein Unterpfand dafür, daß der Sozialismus in der kommenden Zeit entgegen den Prognosen verschiedenster uns nicht wohlgesinnter Leute das ihm innewohnende Potential noch besser ausschöpfen wird.

In das große internationale Haus des Sozialismus halten revolutionäre Veränderungen Einzug. Sie setzen sich immer stärker durch. Das betrifft die sozialistischen Länder, ist aber auch gleichzeitig ein Beitrag zum Fortschritt der Menschheit.

Kapitel V
Die »dritte Welt« in der internationalen Gemeinschaft

Zu den wichtigen Realitäten der Welt und dem internationalen Geschehen von heute gehört, daß mehr als hundert Staaten Asiens, Afrikas und Lateinamerikas den Weg einer selbständigen, unabhängigen Entwicklung gehen. Wir begrüßen dieses herausragende Ereignis des 20. Jahrhunderts. Eine riesige und vielgestaltige Welt ist das, mit eigenen gewichtigen Interessen und komplizierten Problemen. Uns ist klar, daß viel für die Zukunft der Menschheit davon abhängt, wie und auf welche Weise sie sich entwickeln wird.

Ob diese Länder mit ihrer mehrere Millionen zählenden Bevölkerung ihr so reiches Potential zum Wohle des weltweiten Fortschritts erschließen und nutzen können, dafür tragen nicht allein sie Verantwortung.

Wir erleben in der »dritten Welt« zum einen Beispiele eines schnellen, wenngleich nicht gleichmäßigen, nicht problemlosen Wirtschaftswachstums. Viele Länder rücken zu modernen Industriestaaten auf. Einige treten schon als große Mächte auf. Die selbständige, auf der errungenen nationalen Würde basierende Politik der meisten Staaten der »dritten Welt« gewinnt immer größeren Einfluß auf das gesamte internationale Geschehen.

Zum anderen aber ist das Leben der 2,5 Milliarden Menschen in den ehemaligen Kolonien und Halbkolonien nach wie vor in erster Linie von Armut, Elend, von einfach menschenunwürdigen alltäglichen Lebensbedingungen, von Analphabetentum und Unwissenheit, Unterernährung und Hunger, erschütternd hoher Kindersterblichkeit und Epidemien gekennzeichnet. Das ist die bittere Wahrheit. Anfang der achtziger Jahre lag das Pro-Kopf-Einkommen der Bevölkerung dort um 91 Prozent unter dem der entwickelten kapitalistischen Länder. Und diese Kluft wird nicht etwa geringer, sondern vergrößert sich noch.

Dennoch fordern die reichen Staaten des Westens noch immer ihren neokolonialistischen »Tribut«. Allein in den vergangenen zehn Jahren waren die Profite, die die USA-Konzerne aus den Entwicklungsländern herausgepreßt haben, viermal so hoch wie die Mittel, die sie investierten.

Auf den Entwicklungsländern lasten enorme Auslandsschulden. Zusammen mit der Profitmenge, die jährlich weiter aus ihnen herausgeholt wird, kann die wachsende Verschuldung nur eines bedeuten: eingeengte Entwicklungsperspektiven und zwangsläufig weitere Zuspitzung der ohnehin schwerwiegenden sozialen, ökonomischen und sonstigen Probleme.

Mir fällt dabei ein Gespräch mit Präsident Mitterrand ein, dessen Quintessenz folgende war: Es ist klar, daß jedes kapitalistische Unternehmen nach Maximalprofit strebt. Der jeweilige Kapitalist oder Konzern muß aber auch, in erheblichem Maße unter dem Druck der Werktätigen, in Betracht ziehen, daß, soll sein Betrieb effektiv und normal laufen, seinen Beschäftigten solche Löhne und Gehälter garantiert sind, die es ihnen trotz ihrer geringen Höhe ermöglichen, ihre Arbeitsfähigkeit zu regenerieren, gesund zu bleiben, sich zu qualifizieren und Kinder großzuziehen. Der Kapitalist ist gezwungen, das zu tun, weil er begreift, daß er sich damit seinen Profit jetzt und künftig sichert. Der Gesamtkapitalist in Gestalt der westlichen Länder will indessen diese einfache Wahrheit nicht begreifen, wenn es um seine ehemaligen Kolonien geht. Der Gesamtkapitalist hat es in den Wirtschaftsbeziehungen zu Asien, Afrika und Lateinamerika so weit gebracht, daß ganze Völker in ungeheure Schulden verstrickt wurden, zu wirtschaftlicher Stagnation verurteilt sind und nicht einmal ihre elementarsten Bedürfnisse befriedigen können.

Unter den heutigen Bedingungen können diese Länder die Schulden natürlich nicht zurückzahlen. Finden wir nicht eine gerechte Lösung, beschwört das unabsehbare Folgen herauf. Die Verschuldung der Entwicklungsländer ist zu einer Art »sozialer Zeitzünderbombe« geworden. Geht sie in die Luft, kann sich das verheerend auswirken. Hier häuft sich ein Potential sozialen Sprengstoffs von gewaltiger Zerstörungskraft an.

Die Verschuldung der Entwicklungsländer ist eines der ernstesten Probleme in der Welt. Es besteht nicht erst seit heute, doch hat man es bisher entweder vor sich hergeschoben, ignoriert, oder man ist bei allgemeinen Erwägungen stehengeblieben. Die führenden Persönlichkeiten im Westen unterschätzen die drohende Gefahr und sind sich keineswegs der ganzen Tragweite der ökonomischen Erschütterungen bewußt, die hiervon ausgehen können. Sie schlagen deshalb halbherzige Maßnahmen vor und suchen die Situation zu retten, indem sie »schmerzlindernde« Mittel anwenden. Sie sind offenbar nicht willens, ernsthafte, wesentliche Schritte zu unternehmen, um die wirtschaftliche Zusammenarbeit mit den Entwicklungsländern zu normalisieren.

Ein harter Kampf steht bevor, bis eine wirkliche Wende herbeigeführt und die Beziehungen in Richtung einer neuen internationalen Wirtschaftsordnung gelenkt werden können. Das wird ein langer und mühevoller Weg sein, und man wird auf Überraschungen aller Art gefaßt sein müssen. Schließlich erfordert die Umgestaltung der internationalen Beziehungen Berücksichtigung der Interessen aller Länder, den Interessenausgleich. Viele aber sind zu keinerlei Zugeständnissen bereit.

Regionale Konflikte
Die eigentliche Ursache für viele Konflikte in Asien, Afrika und Lateinamerika ist die schwierige Lage in den Entwicklungsländern. Als wir seinerzeit beim Genfer Treffen mit Präsident Reagan darauf zu sprechen kamen, sagte ich, daß wir

vor allem begreifen müssen, wie regionale Konflikte zustande kommen.

Tatsache ist: Obwohl sie sich nach ihrer Art und nach dem Charakter der sich bekämpfenden Kräfte unterscheiden, entspringen sie in der Regel lokalen Ursachen, ergeben sie sich aus inneren oder regionalen Widersprüchen, die ihren Ursprung entweder in der kolonialen Vergangenheit, in neuen sozialen Prozessen, in einer Neuauflage der Eroberungspolitik oder aber in allem zusammen haben.

Krisen und Konflikte sind ein Nährboden für internationalen Terrorismus. Die Sowjetunion lehnt den Terrorismus grundsätzlich ab und ist bereit, konstruktiv mit anderen Staaten zusammenzuarbeiten, um dieses Übel zu beseitigen. Diese Arbeit sollte zielstrebig durch die UNO organisiert werden. Nützlich wäre es, unter ihrer Schirmherrschaft einen Gerichtshof zu schaffen, der internationale Terrorakte untersucht. Im Rahmen bilateraler Kontakte mit westlichen Ländern – und im vergangenen Jahr fand zu dieser Frage ein besonders intensiver Meinungsaustausch mit den USA, Großbritannien, Frankreich, der BRD, Italien, Kanada und Schweden statt – setzen wir uns für wirksame Maßnahmen zur Bekämpfung des Terrorismus ein. Wir sind auch bereit, gesonderte bilaterale Abkommen zu schließen. Ich hoffe, daß sich die Front des gemeinsamen Kampfes gegen den internationalen Terrorismus in den kommenden Jahren verbreitern wird.

Wir müssen uns aber auch darüber im klaren sein, daß man, um den Terrorismus ausrotten zu können, die Ursachen für Konflikte und Terrorismus beseitigen muß. Ich mußte mich mehrfach mit dem Standpunkt führender westlicher Politiker auseinandersetzen, die regionale Konflikte allein als ein Produkt der »Verschwörungen des Kreml« sehen. Doch wie sieht es in Wirklichkeit aus?

Im Nahen Osten herrscht schon jahrzehntelang eine akute Konfliktsituation zwischen Israel und seinen Nachbarn. Wer ist schuld daran? Natürlich Moskau, ausgerechnet Moskau, das unbeirrt seine Stimme gegen die israelische Expansion erhebt und sich für die souveränen Rechte der arabischen Völker, auch des arabischen Volkes von Palästina, einsetzt. Man unterstellt der Sowjetunion Voreingenommenheit gegen Israel, obwohl sie zu den ersten gehörte, die die Bildung des Staates Israel unterstützt hatte.

Über ernste Dinge muß man ernsthaft reden. Der Nahe Osten — das ist ein kompliziertes, verworrenes Knäuel von Problemen, in denen sich die Interessen vieler Länder verflechten. Die Lage ist dort nach wie vor gefährlich. Wir sind der Meinung, daß es für den Osten wie den Westen, ja überhaupt für die ganze Welt wichtig ist, dieses Knäuel zu entwirren. Man findet aber auch einen solchen Standpunkt: Die Probleme des Nahen Osten lassen sich überhaupt nicht lösen. Eine solche Haltung zu verstehen fällt schwer. Man kann sich ihr weder aus politischen noch aus moralischen Erwägungen anschließen. Schließlich wäre die logische Folgerung daraus, daß wir ohnmächtig zusehen müssen, wie es zu neuen Zuspitzungen kommt, wie neue militärische Auseinandersetzungen aufflammen, neues Elend über die Völker dieser Region hereinbricht. Ist es nicht besser, aktiv die Bemühungen derjenigen zu unterstützen, die über eine gerechte politische Regelung aus der Sackgasse im Nahen Osten herauskommen wollen?

Wir begreifen, daß es bei der gegenwärtigen Lage der Dinge schwierig ist, die Interessen der in den Konflikt verwickelten Seiten in Einklang zu bringen. Aber man muß sich darum bemühen, muß versuchen, die Interessen der Araber, die Interessen Israels, seiner Nachbarn und der anderen Staaten auf einen gemeinsamen Nenner zu bringen. Wir wollen durchaus nicht, daß Verlauf und Form der Regelung, daß die Ziele dieses Prozesses die natürlichen Interessen der USA und des Westens beeinträchtigen. Wir streben nicht danach, die USA aus dem Nahen Osten zu verdrängen, das wäre auch ganz unrealistisch. Doch auch die Vereinigten Staaten dürfen sich keine unrealistischen Ziele stellen.

Das Allerwichtigste ist hierbei, daß die Interessen aller Seiten berücksichtigt werden. Und das veranlaßte uns seinerzeit auch, die Einberufung einer Internationalen Nahost-Konferenz anzuregen. Ich habe daran schon in einem Gespräch mit James Carter erinnert. Zehn Jahre brauchten die Amerikaner (obwohl sie sich die Erfahrungen ihrer Vorgänger hätten zunutze machen können), bis sie sich aus eigener Erfahrung davon überzeugt hatten, daß Separatabmachungen nichts einbringen, daß es nicht lohnt, diesen Weg zu gehen. Erst jetzt, nach einer Art »Weiterbildung« scheint man in Washington geneigt, die Situation realistischer einzuschätzen und diese Fragen wieder auf breiterer Grundlage zu erörtern.

Es ist wichtig, daß die Verhandlungen in Gang kommen, daß sie die schon bestehenden zwei- und mehrseitigen Kontakte einbeziehen, daß man sich aktiv für eine gerechte politische Regelung einsetzt. Wenn die Konferenz nicht zum Deckmantel für separate Abmachungen und Alleingänge wird, wenn sie wirklich auf eine Regelung im Nahen Osten zielt und die Interessen der arabischen Länder, die der Palästinenser und Israels eingeschlossen, berücksichtigt, dann sind wir bereit, alle erdenkliche Unterstützung zu leisten, uns an allen Phasen einer solchen Konferenz zu beteiligen, und das konstruktiv.

In diesem Zusammenhang möchte ich betonen, daß wir grundsätzlich keinerlei Feindseligkeiten gegen Israel hegen. Wir erkennen sein legitimes Existenzrecht an. In der gegenwärtigen Situation und angesichts der Aktionen, die Israel unternimmt, können wir jedoch die diplomatischen Beziehungen nicht wiederaufnehmen. Ändert sich jedoch die Situation, sehen wir, daß es möglich wird, im Nahen Osten zu einer Normalisierung und Regelung zu kommen, kann auch dieses Problem geprüft werden. Vorbehalte haben wir in dieser Hinsicht nicht. Was die Kontakte angeht, die zwischen unseren Ländern schon bestehen, so werden wir sie beibehalten.

Nehmen wir einen anderen »wunden Punkt« unseres Erdballs: Mittelamerika. Wo liegt der Kern des Konflikts? In Nikaragua wurde das volksfeindliche Somoza-Regime gestürzt, die Volksrevolution siegte. Und wieder hieß es prompt, die sandinistische Revolution sei das »Werk Moskaus und Kubas«. Da haben wir sie wieder – die Standarderklärung, die abgedroschene ideologische Rechtfertigung für einen nichterklärten Krieg gegen ein kleines Land, dessen einzige »Schuld« darin besteht, daß es auf seine Weise, ohne fremde Beaufsichtigung und fremde Vorschriften leben möchte. Im übrigen weist das, was in Nikaragua geschah, auf etwas hin, was man auch von anderen Ländern erwarten kann. Für uns klingt es reichlich merkwürdig, wenn wir hören, daß Nikaragua die Sicherheit der USA »bedroht«, daß die Einrichtung sowjetischer Militärstützpunkte dort unmittelbar bevorsteht. Die Amerikaner wollen das in Erfahrung gebracht haben, ich selbst aber habe keinen blassen Schimmer davon.

Zu diesem Thema hatte ich eine lebhafte Debatte mit Margaret Thatcher.

Ich sagte, unerträgliche Lebensbedingungen haben die Nikaraguaner zur Revolution getrieben. Geschaffen haben diese Bedingungen die amerikanischen Freunde Großbritanniens, die Mittelamerika, ja ganz Lateinamerika zu einem Hinterhofdasein verdammt haben, skrupellos Ressourcen aus diesen Ländern herauspressen und sich dann wundern, wenn sich ein Volk erhebt. Was in Nikaragua geschah und geschieht, ist Sache der Sandinisten, des nikaraguanischen Volkes. Wir sprachen ohne Umschweife und aufrichtig, und ich fragte Margaret Thatcher: »Sie klagen uns wegen der Solidarität mit Nikaragua an, warum aber halten Sie es für normal, Apartheid und Rassisten zu unterstützen? Ist es Ihnen gleichgültig, wie Sie in den Augen der Weltöffentlichkeit dastehen? Wir fühlen mit den Befreiungsbewegungen, die soziale Gerechtigkeit wollen, während Sie das nicht tun, wie ich es sehe. Hier unterscheiden sich unsere Standpunkte.«

Wenn die Vereinigten Staaten Nikaragua in Ruhe ließen, wäre das wirklich besser für sie selbst, für die Lateinamerikaner, für die ganze Welt.

Brisante Probleme darf man nicht vor sich herschieben,

sie lösen sich nicht von allein. Seit langem schon brodelt es im Süden Afrikas. Die Situation dort ist bedrohlich. Ein Großteil der Bevölkerung der Republik Südafrika (RSA) wendet sich gegen die Apartheid, die internationale Isolation dieses unmoralischen und auf Unterdrückung basierenden Regimes wächst. Doch auch diese Konfliktsituation wird von vielen im Westen als Folge eines »kommunistischen Komplotts« gedeutet, auch hier glaubt man die »Hand Moskaus« zu erkennen, obwohl wir in der RSA überhaupt nicht »präsent sind«, was man von den USA und ihren Partnern nicht sagen kann.

Das gleiche trifft auf die Situation im Persischen Golf zu. Unsere Wertung der Lage im Persischen Golf, der Ursachen für ihre Zuspitzung ist bekannt und in offiziellen Erklärungen ausgeführt. Der UN-Sicherheitsrat hat eine Resolution verabschiedet, die die Einstellung des Feuers und sämtlicher militärischer Aktionen sowie den Rückzug der Truppen Irans und Iraks hinter die international anerkannten Grenzen fordert. Die Sowjetunion stimmte für diese Resolution. Die Vereinigten Staaten aber suchen – entgegen dem Geist dieser Resolution – einen Vorwand, in den iranisch-irakischen Konflikt eingreifen zu können, verstärken ihre militärische Präsenz im Persischen Golf, wiederum unter dem Vorwand, die Interessen des Westens vor der »Gefahr« zu schützen, die angeblich von der Sowjetunion ausgeht. Und sie kündigen an, auch nach Beilegung des Konflikts im Golf zu bleiben.

Genauso wird bei der Einschätzung aller regionalen Konflikte verfahren. Man betrachtet sie samt und sonders unter dem Blickwinkel der sowjetisch-amerikanischen Konfrontation. Wir gewinnen den Eindruck, die Vereinigten Staaten brauchen ständig regionale Konflikte in der Hinterhand, um mit dem Grad der Konfrontation, der Politik der Stärke und antisowjetischer Propaganda operieren zu können. Wir dagegen meinen, daß die regionalen Konflikte nicht in eine Arena der Auseinandersetzung zwischen beiden Systemen, vor allem zwischen der UdSSR und den USA, verwandelt werden darf.

Da wir gerade bei den regionalen Konflikten sind, mag sich der Leser fragen: Wie denkt Gorbatschow eigentlich über das Problem Afghanistan?

Vielleicht weiß nicht jeder, daß Afghanistan das erste Land war, mit dem die Sowjetunion diplomatische Beziehungen aufnahm. Und wir haben mit diesem Land immer — ob mit den Königen oder den Stammesoberhäuptern — gute Beziehungen unterhalten. Natürlich hat Afghanistan aufgrund der extremen Rückständigkeit des Landes eine Vielzahl von Problemen, die hauptsächlich noch aus den Zeiten der britischen Herrschaft herrühren. Deshalb ist es ganz natürlich, daß sich unter den Afghanen Menschen fanden, die dem Volk helfen wollten, sich aus den mittelalterlichen Strukturen zu befreien, Staat und Gesellschaft zu modernisieren und die Entwicklung dynamischer zu gestalten. Doch kaum zeichneten sich in Afghanistan fortschrittliche Veränderungen ab, geriet das Land unter Druck von außen, mischten sich imperialistische Kreise ein. Entsprechend dem zwischen unseren Ländern bestehenden Vertrag wandte sich deshalb die afghanische Führung an die Sowjetunion um Hilfe (sie tat das elfmal, bevor wir uns einverstanden erklärten, ein begrenztes Kontingent sowjetischer Truppen zu entsenden).

Wir möchten, daß die sowjetischen Truppen so schnell als möglich in die Heimat zurückkehren. Im Prinzip ist diese Frage schon entschieden, sie ist aber mit der notwendigen politischen Regelung um Afghanistan verbunden. Wir unterstützen den Kurs der gegenwärtigen afghanischen Führung auf nationale Aussöhnung. Die Sowjetunion möchte Afghanistan auch künftig als unabhängigen, souveränen, nichtpaktgebundenen Staat sehen. Welchen Weg er einschlagen, was für eine Regierung er haben, welche Entwicklungsprogramme man verwirklichen wird, hat das afghanische Volk zu entscheiden, das ist sein souveränes Recht. Daß sich die Amerikaner einmischen, das zögert den Abzug unserer Truppen hinaus, legt der Politik der nationalen Aussöhnung und damit der Regelung des gesamten Afghanistan-Problems Steine in den Weg. Den konterrevolutionären Banden »Stingers« in die Hand zu geben, mit denen sie dann Zivilflugzeuge abschießen, ist indessen einfach unmoralisch und durch nichts zu rechtfertigen.

Das Recht auf einen eigenen Entwicklungsweg
Jedem Volk muß das Recht eingeräumt werden, seinen Entwicklungsweg selbst zu wählen, über sein Schicksal, über sein Territorium, seine Menschen und seine natürlichen Ressourcen selbst zu entscheiden. Bevor nicht alle Politiker in allen Staaten dieser Auffassung sind, werden die internationalen Beziehungen nicht in normale Bahnen gelenkt werden können. Schließlich sind ideologische und soziale Divergenzen und Unterschiede in den politischen Systemen auch Ergebnis einer von den Völkern getroffenen Wahl. Und diese Wahl darf nicht als Vorwand dienen, in den internationalen Beziehungen Ereignisse oder Tendenzen auszulösen, die sich zu Konflikten oder zu militärischer Konfrontation auswachsen können.

Für die führenden Staatsmänner im Westen ist es an der Zeit, sich von der Denkweise und den Vorstellungen aus Kolonialzeiten frei zu machen, sie kommen ohnehin nicht darum herum. Solange der Westen die »dritte Welt« als Einflußsphäre betrachtet, in der er seit Jahrhunderten nach Belieben schaltet und waltet, werden die Spannungsherde bestehenbleiben. Der Widerstand gegen den Imperialismus wird sich verstärken, was neue »Brennpunkte« entstehen läßt.

Unsere Widersacher im Westen haben es nicht gern, wenn wir so mit ihnen sprechen. Sie geraten außer Fassung, ja empören sich, wenn wir die Dinge beim Namen nennen. Unsere Wertungen legen sie auf ihre Weise aus – als Angriff auf die traditionellen Beziehungen der USA und Westeuropas zu den Entwicklungsländern, auf das Lebensniveau der Bevölkerung in den kapitalistischen Staaten.

Viele Male mußte ich erläutern, daß wir keine Ziele verfolgen, die den Interessen des Westens zuwiderlaufen. Wir wissen, welche Bedeutung der Nahe Osten, Asien, Lateinamerika, andere Regionen der »dritten Welt« und auch die RSA im Hinblick auf die wirtschaftlichen Interessen und die Rohstoffversorgung für die USA und Westeuropa haben. Diese Beziehungen zu torpedieren, historisch gewachsene Wirtschaftsbeziehungen zu zerstören liegt nicht in unserer Absicht.

Es ist aber an der Zeit, anzuerkennen, daß die Völker der »dritten Welt« ein Recht darauf haben, nach ihren eigenen Vorstellungen zu leben. Nach langem und schwerem Kampf haben sie politische Unabhängigkeit errungen. Nun wollen sie auch wirtschaftliche Unabhängigkeit erreichen. Die Männer, die an der Spitze dieser Länder stehen — und ich habe mit vielen von ihnen Gespräche geführt —, werden vom Willen und der Unterstützung ihrer Völker getragen, wollen für ihre Völker etwas bewirken, wollen sie zu wahrer Unabhängigkeit, Gleichberechtigung und Zusammenarbeit führen. Schließlich verfügen diese Länder über gewaltige natürliche Ressourcen und ein großes Potential an Arbeitskräften, und daß sie diese Ressourcen im Interesse der eigenen Entwicklung einsetzen wollen, ist nur verständlich. Sie wollen leben wie die Völker der entwickelten Länder und nicht schlechter. Doch sie sind Hunger und Krankheiten ausgesetzt. Ihre Ressourcen fließen in die entwickelten Staaten und kommen durch nichtäquivalenten Austausch dem Nationaleinkommen dieser Staaten zugute. Mit dieser Lage wollen sich die Entwicklungsländer nicht abfinden.

Das ist eine Realität der Welt von heute, die im Westen zwar begriffen, aber nicht von allen berücksichtigt wird. Das aber muß geschehen, denn schließlich geht es hier um Dutzende und aber Dutzende von Staaten.

Je schneller sich alle dieser Realität auf allen Kontinenten bewußt werden, desto rascher werden sich die internationalen Beziehungen normalisieren, desto rascher wird sich die gesamte internationale Lage verbessern. Das ist außerordentlich wichtig, es ist ein Kardinalproblem.

Meiner Ansicht nach ist die Zeit gekommen, auf internationaler Ebene nach Ansätzen zu suchen, um diese Frage auf der Grundlage des Interessenausgleichs zu lösen und organisatorische Formen für eine solche Lösung im Rahmen der internationalen Gemeinschaft zu finden. Das geeignetste Forum dafür ist die UNO. Wir haben diesbezügliche Vorschläge in Arbeit. Ich informierte UNO-Generalsekretär Pérez de Cuéllar darüber, der im Gespräch mit mir seine positive Meinung zur Behandlung dieser Frage in der UNO nicht verbarg.

Die meisten Entwicklungsländer betreiben eine Politik der Nichtpaktgebundenheit. Auf dieser Basis entstand die Bewegung der Nichtpaktgebundenen, der mehr als hundert Staaten angehören, in denen ein gewaltiger Teil der Weltbevölkerung lebt. Diese Bewegung ist heute eine starke Kraft, ein gewichtiger Faktor der internationalen Politik. Diese Bewegung arbeitet, trotz aller dort natürlich auftretenden Schattierungen und Besonderheiten, darauf hin, daß internationale Beziehungen neuen Typs entstehen.

Die Bewegung der Nichtpaktgebundenen verleiht den Bestrebungen der befreiten Völker Ausdruck, dem Streben nach gleichberechtigter Zusammenarbeit, nach Anerkennung ihrer legitimen Rechte und Interessen durch andere, nach Beseitigung von Herrschaftsambitionen, Diktaturversuchen und Hegemonieansprüchen aus dem internationalen Leben. Die Sowjetunion versteht die Ziele der Bewegung der Nichtpaktgebundenen und solidarisiert sich mit dieser Bewegung.

Noch vor kurzem waren viele Mitglieder dieser Bewegung der Ansicht, Abrüstung und Beseitigung der Kernwaffen sei Sache der »Großmächte«, der Vereinigten Staaten und der Sowjetunion, und für die Entwicklungsländer wären sie kaum von Belang.

Auf der VIII. Konferenz von Staats- und Regierungschefs der nichtpaktgebundenen Staaten in Harare aber bewiesen die Nichtpaktgebundenen tiefe Einsicht in den Zusammenhang zwischen Abrüstung und Entwicklung. Und sie legten ihre Haltung offiziell in einer Erklärung dar. In der Tat werden ja, wenn es gelingt, das Wettrüsten zu stoppen und abzurüsten, genügend Ressourcen frei, um den Entwicklungsländern bei der Lösung ihrer akutesten Probleme zu helfen.

Über den Zusammenhang zwischen Abrüstung und Entwicklung habe ich mit UNO-Generalsekretär Pérez de Cuéllar gesprochen. Und wir stimmten darin überein, daß diese Frage größte Aufmerksamkeit durch die UNO verdient. Die Sowjetunion hat der UNO-Konferenz für Abrüstung und Entwicklung konkrete Vorschläge unterbreitet. Leider haben es die Vereinigten Staaten abgelehnt, an dieser Konferenz teilzunehmen.

Heute konstatieren nicht nur die sozialistischen, sondern auch viele kapitalistische Staaten, daß die Bewegung der Nichtpaktgebundenen ein wesentlicher und positiver Faktor in der Weltpolitik ist. Die Sowjetunion begrüßt diese Tatsache und trägt ihr in ihrer Außenpolitik Rechnung.

Problemknoten asiatisch-pazifischer Raum

Die Entwicklung der Zivilisation verläuft im Osten, in Asien und im Pazifikraum, immer kraftvoller. Auch bei uns verlagert sich die Wirtschaft nach Sibirien, in den Fernen Osten. Wir sind also objektiv daran interessiert, die Zusammenarbeit in der asiatisch-pazifischen Region zu intensivieren.

Die Sowjetunion ist nicht nur ein europäisches, sondern auch ein asiatisches Land. Sie setzt sich dafür ein, in der riesigen asiatisch-pazifischen Region, wohin sich im kommenden Jahrhundert voraussichtlich das Zentrum der Weltpolitik verlagern wird, Grundlagen dafür zu schaffen, daß sich die Lage hier verbessert und unter Berücksichtigung der Interessen aller Staaten, auf der Basis des Interessenausgleichs die Beziehungen neu gestaltet werden. Wir sind dagegen, daß diese Region irgend jemandes Einflußsphäre wird. Wir bieten allen wirkliche Gleichberechtigung, Zusammenarbeit und allgemeine Sicherheit an.

In Asien ist die Friedensproblematik wohl kaum weniger akut und brennend als in anderen Teilen der Welt, mancherorts sogar noch zugespitzter. Es ist nur natürlich, daß die Sowjetunion, Indien und andere Staaten aus ernster Sorge heraus in den vergangenen Jahren mehrfach mit entsprechenden Initiativen hervorgetreten sind. Am bekanntesten ist der Vorschlag, den Indischen Ozean zu einer Zone des Friedens zu machen, der die Unterstützung der UNO-Vollversammlung und der Bewegung der Nichtpaktgebundenen fand.

Zu einem wesentlichen Friedensfaktor in Asien, im Pazifik und auf der ganzen Welt wurde die von der UdSSR und der VR China eingegangene Verpflichtung, nicht als erste Kernwaffen einzusetzen.

Als ich im Mai 1985 erstmals als Generalsekretär des ZK der KPdSU mit dem Premierminister der Republik Indien, Rajiv Gandhi, zusammentraf, trug ich ihm den Gedanken vor, ob man nicht, ausgehend von früheren Initiativen und gewissermaßen auch von den Erfahrungen Europas, erwägen sollte, das Problem der Sicherheit in Asien komplex anzugehen und die dahingehenden Bemühungen der asiatischen Staaten zu vereinen.

Dieser Gedanke nahm im Verlauf von Begegnungen mit den führenden Repräsentanten und weiteren Politikern anderer Länder immer mehr Gestalt an. Unwillkürlich verglich ich die Lage in Asien mit der Situation in Europa. Ich kam zu dem Schluß, daß der pazifische Raum angesichts der hier gefährlich rasch voranschreitenden Militarisierung auch ein System von »Sicherungen« in der Art des KSZE-Prozesses in Europa braucht.

Im Politischen Bericht des Zentralkomitees an den XXVII. Parteitag der KPdSU wurde hervorgehoben, daß der asiatisch-pazifische Raum in der sowjetischen Außenpolitik wachsende Bedeutung gewinnt. Wir stellten fest, daß man hier ohne Verzug nach eigenen Lösungen, eigenen Wegen suchen und dabei die Anstrengungen im Interesse einer politischen Regelung der brennenden Probleme zunächst koordinieren und dann vereinen muß, um auf dieser Grundlage der militärischen Konfrontation in verschiedenen Regionen Asiens zumindest die Schärfe zu nehmen und die Lage dort zu stabilisieren. Entsprechende Vorschläge dazu habe ich im Juli 1986 in Wladiwostok entwickelt.[1]

In dieser Stadt schien es mir besonders angebracht, die Fragen der Weltpolitik unter asiatisch-pazifischem Aspekt zu betrachten. Die Lage im Fernen Osten insgesamt, in Asien und auf den angrenzenden ozeanischen Gebieten — dort, wo wir seit undenklichen Zeiten leben und die Meere befahren —, ist für uns von nationalem, von staatlichem Interesse. Hier, in diesem riesigen Raum, der nahezu die Hälfte des Erdballs umfaßt, liegen viele große Staaten, darunter die UdSSR, die USA, Indien, China, Japan, Vietnam, Mexiko, Indonesien. Hier gibt es Staaten, die zu den mittleren zählen, nach europäischen Maßstäben aber doch recht groß sind — Kanada, die Philippinen, Australien und Neuseeland —, und daneben noch Dutzende kleiner und winziger.

Wieviel Wirbel hat es im übrigen um meine Rede in Wladiwostok gegeben! Wieviel Verleumdung, die Sowjetunion wolle sich nun auch den Pazifik vornehmen, wolle »auch dort« ihre Hegemonieansprüche durchsetzen und natürlich vor allem den Interessen der Vereinigten Staaten Grenzen setzen.

Allerdings sind wir es schon gewohnt, daß in derartig »steinzeitlicher« Manier auf unsere Initiativen reagiert wird. Der kleinste Versuch von unserer Seite, gute, ja einfach diplomatische oder Handelsbeziehungen mit einem bestimmten Land einer Region aufzunehmen, wird auf der Stelle als heimtückische Intrige abgetan.

Aber wie liegen die Dinge in der Tat? Ein Jahr nach meiner Reise in den Fernen Osten gab ich der indonesischen Zeitung »Merdeka« ein Interview. Der Chefredakteur, B. M. Diah, hatte den Sinn meiner dortigen Rede völlig richtig erfaßt — als Einladung an alle Länder der Region, die Pro-

---

1 Der Verbreitung und Aufstockung von Kernwaffen in Asien und im Pazifikraum den Weg versperren; Reduzierung der Aktivitäten der Kriegsflotten im Pazifik; Reduzierung der Streitkräfte und der konventionellen Rüstungen in Asien; vertrauensbildende Maßnahmen und Nichtanwendung von Gewalt in der Region.

bleme gemeinsam zu lösen. Doch als er die Länder aufzählte, vergaß er die Vereinigten Staaten. Ich machte ihn darauf aufmerksam und sagte: Wir hoffen auf eine Zusammenarbeit mit den USA! Die Meinung, unsere Aktivität und unser Interesse an dieser Region bedrohten die Interessen anderer, ist einfach absurd. Was in Wladiwostok gesagt wurde, ist Ausdruck unserer gründlich durchdachten Politik. Sie braucht niemanden zu beunruhigen. Wir erklären, daß wir bereit sind, mit den USA ebenso zusammenzuarbeiten wie mit Japan, den ASEAN-Staaten, Indien und den anderen Staaten. Wir fordern alle auf, im Interesse des Friedens und zum allgemeinen Nutzen zusammenzuarbeiten.

In meinen Antworten auf die Fragen des »Merdeka«-Redakteurs untermauerte ich unsere tatsächlichen Absichten in dieser Region mit neuen, konkreten Vorschlägen, deren wichtigster Vorschlag die Beseitigung aller unserer Mittelstreckenraketen im asiatischen Teil der UdSSR ist – selbstverständlich auf der Grundlage einer »globalen Null-Lösung« mit den USA.

Wir akzeptieren und begreifen die Realitäten in diesem gewaltigen Teil der Welt, in dem so viele ganz unterschiedliche Staaten und Völker zusammenleben, und das bestimmt unsere Haltung. Auf diesen Realitäten beruhen unsere Vorstellungen, wie in Asien und im pazifischen Raum internationaler Sicherheit und friedlichem Zusammenwirken zum Durchbruch verholfen werden kann. Wir lassen uns dabei von dem aufrichtigen Bemühen leiten, gemeinsam neue, gerechte Beziehungen in dieser Region aufzubauen.

Ein Jahr später konnten wir – wie ich in dem erwähnten Interview feststellte – eine Reihe positiver Tendenzen verzeichnen. Doch die Schwierigkeiten, die Widersprüche sind nicht weniger geworden, nach wie vor verstärkt sich die Tendenz zur Konfrontation. Das veranlaßte uns, zusätzliche, die Initiativen von Wladiwostok konkretisierende und weiterführende Maßnahmen vorzuschlagen, um die Spannungen in Asien und im pazifischen Raum abzubauen.

Wir setzen uns gründlich mit den Meinungen und Initiativen der Staaten in diesem Teil der Welt auseinander. Schon gibt es originelle, konstruktive Ideen, die in der Gemeinschaft dieser Region in die Diskussion Eingang fanden. Die Besonderheiten in der Weltanschauung der hier lebenden Völker, ihre geschichtlichen und politischen Erfahrungen sowie ihre kulturelle Identität können viel bei der Lösung der Probleme in dieser Region beitragen, was für alle begreiflich und annehmbar ist.

Uns imponiert der wachsende Beitrag, den die ASEAN-Staaten zur Lösung internationaler Angelegenheiten leisten. Wir sind bereit, mit jedem einzelnen Mitgliedsland der ASEAN und der Organisation als Ganzes unsere Beziehungen zu entwickeln, dabei respektieren wir, daß diese Länder gemeinsam und jedes für sich seinen eigenständigen, unabhängigen Beitrag zur Verbesserung der internationalen Lage leistet.

Warum spreche ich über den Wert eines von einzelnen Ländern oder einer Staatengruppe verfolgten unabhängigen Kurses? Nicht weil wir durch Unterstützung eines solchen unabhängigen Kurses jemand anderem schaden wollen, sondern deshalb, weil nur auf der Grundlage eines unabhängigen Kurses begonnen werden kann, die internationalen Beziehungen neu zu gestalten. Bisher waren die internationalen Beziehungen in starkem Maße von den Aktivitäten bestimmter Länder oder Staatengruppen abhängig. Das war einer Verbesserung der Lage in der Welt nicht förderlich. Das lehrt uns die Vergangenheit, und jeder ernsthafte Politiker muß diese Lehre beherzigen. In unserer komplizierten Welt, in einer so komplizierten Region, wie es Asien und der Pazifik sind, kann man neuartige Beziehungen nur durch Zusammenarbeit und Verbindung der Interessen aller Staaten aufbauen. Beziehungen von der Art, wie sie in der Vergangenheit üblich waren, als auf der einen Seite die Länder standen, Metropolen, die Kolonien besaßen, und auf der anderen die, die Kolonien waren, haben sich heute überlebt. Sie müssen einer neuen Art von Beziehungen weichen.

Vielfach kommentiert wurde der Gedanke, in absehbarer

Zukunft eine Pazifik-Konferenz unter Teilnahme aller Anrainerstaaten abzuhalten. Diesen Gedanken habe ich sozusagen als Arbeitshypothese vorgetragen oder, besser gesagt, als Einladung zur Diskussion betrachtet. Auf die KSZE habe ich mich nur deshalb bezogen, weil die internationale Gemeinschaft bislang über keine anderen Erfahrungen dieser Art verfügt. Das soll natürlich nicht heißen, daß das europäische »Modell« einfach auf den asiatisch-pazifischen Raum übertragen werden könnte. Heutzutage hat jedoch jedes internationale Experiment auch allgemeine, globale Züge.

Die »Merdeka« stellte mir unter anderem auch folgende Frage: Wie sehen Sie die Rolle der UdSSR bei der Entwicklung der regionalen wirtschaftlichen Zusammenarbeit? Entsprechend der Konzeption von der beschleunigten sozialökonomischen Entwicklung unseres Landes widmen wir dem Gebiet jenseits des Urals erhöhte Aufmerksamkeit, dessen wirtschaftliches Potential das im europäischen Teil der UdSSR um ein vielfaches übertrifft. An der Erschließung der Reichtümer in diesen Landesteilen könnten sich gemeinsame Firmen und Betriebe beteiligen, die in Kooperation mit Geschäftskreisen aus Ländern der asiatisch-pazifischen Region entstehen.

Zur nuklearen Abrüstung in Asien

Die Sowjetunion hat der Meinung und Besorgnis der asiatischen Länder Rechnung getragen, als sie einen wichtigen Schritt unternahm und einer »globalen doppelten Null-Lösung« bei den Mittelstrecken- und den operativ-taktischen Raketen zustimmte. Wir haben darüber hinaus unsere Bereitschaft bekundet, die Zahl unserer kernwaffentragenden Flugzeuge im asiatischen Teil unseres Landes nicht zu erhöhen, wenn die USA hier keine zusätzlichen Kernwaffen stationieren, die das Territorium der UdSSR erreichen können. Wir glauben, daß all das der nuklearen Abrüstung in Asien voranhelfen wird.

Bei aller Kompliziertheit und Vielfarbigkeit der Situation im asiatisch-pazifischen Raum, bei allen Abstufungen von Licht und Schatten dominiert im Gesamtbild doch die Ablehnung der Kernwaffen. Es besteht die Möglichkeit, schon heute Schritte zu gehen, die zur Beseitigung der Kernwaffen in Asien führen. Ein wichtiger Schritt in diese Richtung wäre zum Beispiel die Schaffung kernwaffenfreier Zonen. Die Sowjetunion hat bekanntlich die entsprechenden Protokolle zum Vertrag von Rarotonga über die Bildung einer derartigen Zone im Südpazifik unterzeichnet. Wir unterstützen die Vorschläge anderer Länder, in Südostasien und auf der Koreanischen Halbinsel kernwaffenfreie Zonen einzurichten. Der nuklearen Abrüstung dienlich wäre auch eine internationale Indik-Konferenz, auf der man darüber diskutieren und entscheiden könnte, diese Region zu einer Zone des Friedens zu erklären.

In Asien wie in Europa gehen wir nach dem gleichen Prinzip, nach der gleichen Methodologie an die nukleare Abrüstung heran. Sie muß unter strenger internationaler Kontrolle erfolgen und Inspektionen vor Ort einschließen. Wir bieten den Vereinigten Staaten nachdrücklich an, Verhandlungen über die Kernwaffen in der asiatisch-pazifischen Region aufzunehmen und dieses Problem auf der Grundlage der Gegenseitigkeit und unter strikter Wahrung der Sicherheitsinteressen aller zu lösen.

So läßt sich in großen Zügen aus unserer Sicht das Problemknäuel der Kernwaffen in Asien entwirren. Die Staaten dieser Region könnten das Problem mit dem Aufbau eines regionalen Sicherheitssystems angehen. Was heißt es eigentlich, in der Region mit ihren zweieinhalb Milliarden Menschen normale Beziehungen und eine günstige Lage zu schaffen? Man kann es mit dem Bau eines Gebäudes vergleichen, an dem jeder einen oder mehrere Steine mauert, so daß Stück um Stück im gemeinsamen Bemühen ein für alle annehmbares System der Zusammenarbeit und des gegenseitigen Verständnisses entsteht. Das ist ein großes, ein anspruchsvolles, aber realistisches Vorhaben.

Die Anstrengungen der Länder zweier Kontinente — Europas und Asiens —, dieses Ziel zu erreichen, könnten zu einem einheitlichen europäisch-asiatischen Prozeß verschmelzen, der dem Aufbau eines umfassenden Systems der internationalen Sicherheit einen starken Impuls verleihen würde.

Die Ereignisse der jüngsten Zeit bestärken uns immer mehr darin, daß es richtig und an der Zeit war, die Fragen der Sicherheit im asiatisch-pazifischen Raum aufzuwerfen. Man ist heute sehr daran interessiert, Wege zur Zusammenarbeit auf regionaler Ebene und innerhalb des Kontinents zu finden. Unsere bilateralen Beziehungen zu Ländern der asiatisch-pazifischen Region sind intensiver geworden.

Die sowjetisch-indischen Beziehungen

Indien, südlicher Nachbar der UdSSR, ist ein Land mit 800 Millionen Menschen, eine Großmacht, die in der Bewegung der Nichtpaktgebundenen großen Einfluß hat und internationales Ansehen genießt. Es ist ein bedeutsamer Friedensfaktor in Asien und in der ganzen Welt.

Die sowjetisch-indischen Beziehungen nehmen schon seit langem eine kontinuierliche Aufwärtsentwicklung. Indiens Premierminister Rajiv Gandhi und ich sind wiederholt sowohl in Moskau wie auch in Delhi zusammengetroffen. Mein Indien-Besuch im Jahre 1986 hat sich mir tief eingeprägt. Damals wurde die inzwischen berühmte Deklaration von Delhi angenommen.

Daß dieses Dokument überall Interesse gefunden hat, ist nur verständlich. Die Deklaration von Delhi ist etwas Außerordentliches. Sie bietet ein ganz neues Beispiel politischer und philosophischer Haltung zu zwischenstaatlichen Beziehungen. Die philosophische und moralische Grundlage der Deklaration von Delhi weist aus, daß im nuklear-kosmischen Zeitalter den allgemeinmenschlichen Werten Priorität zukommt. Auch wenn dieses Dokument von zwei Ländern erarbeitet wurde, geht seine Bedeutung doch weit über den bilateralen und den regionalen Rahmen hinaus.

Schon daß es zur Deklaration von Delhi kam, zeigt, von welch einzigartigem Charakter die sowjetisch-indischen Beziehungen sind. Unsere Länder haben unterschiedliche soziale Systeme, was uns aber nicht an einer Zusammenarbeit hindert, die zu gegenseitiger geistiger Bereicherung, zu weitgehend übereinstimmenden Ansichten in grundlegenden Fragen der Gegenwart führt. Zu dieser Gemeinsamkeit der Ansichten ist ein jedes unserer Länder jeweils auf seinem Wege und aus eigenen Beweggründen gelangt.

Die Beziehungen zwischen Indien und der UdSSR kann man in vieler Hinsicht als beispielhaft bezeichnen. Das gilt für ihre Intensität und Vielfalt auf politischem, ökonomischem, wissenschaftlich-technischem und kulturellem Gebiet ebenso wie für die große Achtung und Sympathie, die die Völker beider Länder füreinander empfinden, und die »Tonart« dieser Beziehungen, die von gegenseitigem Vertrauen und starkem Verlangen beider Seiten nach Freundschaft geprägt sind.

Weshalb konnten sich zwischen Indien und der Sowjetunion, Staaten mit unterschiedlichen sozialen und politischen Systemen, Beziehungen von so hohem Niveau entwickeln? Weil beide Seiten ihre Politik – nicht verbal, sondern ganz praktisch – nach den Grundsätzen der Souveränität, der Gleichberechtigung, der Nichteinmischung in die inneren Angelegenheiten und der Zusammenarbeit gestalten und jedem Volk die Freiheit zugestehen, seine politische Ordnung und die Formen seiner gesellschaftlichen Entwicklung selbst zu wählen.

Und aus ebendiesem Grunde sagen wir voller Stolz, daß die Sowjetunion und Indien ein Beispiel für zwischenstaatliche Beziehungen bieten, das auch für andere attraktiv werden kann. Wir sehen darin die Ansätze für eine internationale Ordnung, in der friedliche Koexistenz und wohlwollende gegenseitig vorteilhafte Zusammenarbeit zur allgemeingültigen Norm werden.

An einem komplizierten Wendepunkt

In den vergangenen eineinhalb bis zwei Jahren hatte ich viele Begegnungen und ausführliche Gespräche mit afrikanischen Politikern. Ich traf mit Robert Mugabe, Mengistu Haile

Mariam, José Eduardo dos Santos, Oliver Tambo, Moussa Traore, Mathieu Kérékou, Chadli Bendjedid und anderen zusammen, mit einigen von ihnen sogar mehrfach. Im Gespräch mit diesen bedeutenden Politikern gewann ich den Eindruck, daß der afrikanische Kontinent eine neue, sehr entscheidende und intensive Entwicklungsetappe durchläuft. Er ist in Bewegung, eine große Wende geht vor sich. Aber es gibt auch viele brisante, komplizierte Probleme.

Wir betrachten dabei Afrika natürlich nicht als einen Kontinent, auf dem alle Prozesse identisch, nach dem gleichen Muster ablaufen. Wie überall in der Welt, hat auch in Afrika jedes Land unverwechselbare Züge und verfolgt einen eigenständigen politischen Kurs. Und auch die führenden Männer Afrikas sind ganz unterschiedliche Menschen mit ihren Besonderheiten. Manche lenken die Geschicke ihres Landes schon relativ lange und sind in der ganzen Welt bekannt. Andere sind gerade erst in den Blickpunkt des afrikanischen und internationalen Geschehens getreten und sammeln Erfahrungen in ihrer Tätigkeit.

Wir verstehen, wie schwierig die Aufgaben sind, die heute von den fortschrittlichen afrikanischen Regierungen gelöst werden müssen. Es ist nun einmal eine Tatsache, daß ihre Länder historisch bedingte Bindungen an die ehemaligen Metropolen haben und dazu von ihnen auch ökonomisch abhängig sind. Doch trotz aller Versuche des Imperialismus, seine Positionen mit ökonomischen, finanziellen und sogar mit militärischen Mitteln zu behaupten, sind sie fest entschlossen, ihren Kurs auf Stabilisierung der nationalen Errungenschaften unbeirrt weiterzuführen.

Die Sowjetunion ist mit diesen Bemühungen und dieser Politik der afrikanischen Länder solidarisch, geht es dabei doch um die Unantastbarkeit der politischen Souveränität und der wirtschaftlichen Selbständigkeit, auf denen allein internationale Beziehungen in der Welt von heute fußen können. Jedes afrikanische Land hat das legitime Recht darauf, seinen Entwicklungsweg selbst zu wählen. Und wir verurteilen ganz entschieden jegliche Versuche, sich in ihre inneren

Angelegenheiten einzumischen. Unser Land hat den nationalen Befreiungskampf der afrikanischen Völker, auch im Süden Afrikas, wo der Rassismus eine seiner letzten Bastionen hat, immer unterstützt und wird das auch künftig tun.

Bei einer Begegnung mit Oliver Tambo, dem Präsidenten des Afrikanischen Nationalkongresses, sagte ich: »Wir stehen auf Ihrer Seite im Kampf gegen das Apartheidregime und seine Helfershelfer, im Kampf für einen demokratischen Staat, für einen unabhängigen Entwicklungsweg und dafür, daß Menschen aller Rassen und Nationalitäten gleichberechtigt zusammenleben können.« Es ist bezeichnend, daß in der RSA immer mehr Weiße die Apartheid zu verurteilen beginnen, Kontakte zum ANC suchen und ihre Unterstützung für dessen Ziele bekunden. Das bestätigt nur, daß die Apartheid keine Zukunft hat.

Freundschaftliche Beziehungen verbinden uns mit den Frontstaaten im Süden Afrikas. Wir unterstützen ihre gerechte Sache und verurteilen entschieden die feindseligen Aktionen von seiten der RSA.

Die Sowjetunion verfolgt im Süden Afrikas keine besonderen Interessen. Wir wollen nur eines – daß die Völker und Länder dieser Region endlich die Fragen ihrer Entwicklung, ihre inneren und äußeren Angelegenheiten in Frieden und einer von Stabilität geprägten Situation souverän entscheiden können.

Lateinamerika: Zeit großer Veränderungen

Von den gleichen allgemeingültigen Prinzipien lassen wir uns auch in den Beziehungen zu den Ländern Lateinamerikas leiten. Das ist ein Kontinent mit spezifischen geschichtlichen Traditionen und gewaltigen Potenzen. Die lateinamerikanischen Völker haben einen starken Drang nach einer besseren Zukunft, sie wollen ihre Wünsche und Hoffnungen allen Widerständen zum Trotz verwirklichen. Der Weg zur Freiheit ist immer ein schwieriger Weg. Doch wir sind sicher, daß sich Lateinamerika weiter in Richtung Fortschritt entwickeln wird.

Rechtsgerichtete Kreise und mit ihnen die Propaganda der USA stellen unser Interesse für Lateinamerika so hin, als wollten wir dort eine Serie »sozialistischer Revolutionen« durchführen. Purer Unsinn! Das vereinbart sich in keiner Weise mit der von uns jahrzehntelang geübten Praxis. Das widerspricht unserer Theorie, unseren Grundsätzen, unserer gesamten außenpolitischen Konzeption.

Ich habe Präsident Reagan gesagt: Jahrzehntelang haben die USA Lateinamerika als ihren Hinterhof betrachtet und sich dort entsprechend benommen. Die Völker finden sich damit nicht länger ab. Wie sie ihre Wünsche und Hoffnungen verwirklichen wollen – auf friedlichem oder nichtfriedlichem Wege –, das liegt bei ihnen. Sie selbst, sage ich weiter, haben doch mit der riesigen Verschuldung der Länder dieses Kontinents eine Bombe in Lateinamerika gelegt. Darüber sollte man nachdenken.

Vielleicht begreifen das die herrschenden Kreise in den USA. Zugeben aber wollen sie es nicht, denn dann müßten sie ihre Politik ändern, und alle würden sehen, daß die berüchtigte »Hand Moskaus« eine einzige große Lüge ist.

Wir bringen in der Tat dem Kampf der lateinamerikanischen Länder für Unabhängigkeit in allen Bereichen, für die Befreiung von allen Fesseln des Neokolonialismus Sympathie entgegen. Und wir machen daraus kein Hehl. Wir schätzen die aktive Außenpolitik Mexikos, Argentiniens und ihr verantwortungsvolles Herangehen an die Probleme der Abrüstung und der internationalen Sicherheit, ihren Anteil an der Sechs-Staaten-Initiative hoch ein. Unsere Unterstützung gilt den Friedensbemühungen der Contadora-Gruppe, den Initiativen der Staatsoberhäupter mittelamerikanischer Staaten, dem Guatemala-Abkommen. Wir begrüßen den in vielen Ländern Lateinamerikas einsetzenden Demokratisierungsprozeß. Mit Verständnis beggenen wir der zunehmenden Konsolidierung der Länder des Kontinents, die der Wahrung und Festigung der nationalen Souveränität dient.

Darüber hinaus möchte ich auch an dieser Stelle betonen,

daß wir keinerlei Vorteile in dieser Region suchen. Wir brauchen weder ihre Rohstoffe noch billige Arbeitskräfte. Wir haben nicht vor, USA-feindliche Stimmungen für uns auszunutzen oder sie gar anzuheizen. Wir wollen auch die traditionellen Beziehungen zwischen Lateinamerika und den USA nicht untergraben. Das wäre reines Abenteurertum und keine Politik. Wir aber sind Realisten und keine Abenteurer. Wenn jedoch das Volk eines Landes dafür kämpft, Freiheit und Unabhängigkeit zu erringen, wird es immer unsere Sympathie haben. Darüber sollte man sich im klaren sein.

Zusammenarbeit statt Konfrontation
Ich bin überzeugt, daß die Menschheit eine Entwicklungsetappe erreicht hat, da alle voneinander abhängig sind. Man darf kein Land vom anderen, kein Volk vom anderen trennen und sie erst recht nicht in Gegensatz zueinander bringen. Im kommunistischen Sprachgebrauch heißt das Internationalismus, es deckt sich aber mit der Durchsetzung allgemeinmenschlicher Werte.

Letzten Endes werden auch die herrschenden Kreise des Westens gezwungen sein, den Interessen der Völker der »dritten Welt« Rechnung zu tragen. Den amerikanischen Politiker Gary Hart habe ich einmal gefragt, ob Amerika den Entwicklungsländern keine andere Politik als die heutige anzubieten hat. Die USA können viel dafür tun, daß zwischen den Staaten neue Beziehungen zustande kommen, und sie verlieren dabei ökonomisch nichts, im Gegenteil, sie gewinnen sogar. Warum weigern sich die Vereinigten Staaten dann, so zu verfahren, warum wollen sie den Ast absägen, auf dem sie sitzen?

Von der Haltung der USA, des Westens generell hängt sehr viel ab. Vor allem hängt davon ab, ob wir die Knäuel von Problemen in der Welt von heute entwirren und den Entwicklungsmöglichkeiten freie Bahn geben können. Wenn wir neue Beziehungen aufbauen wollen, die auf Gleichberechtigung und Berücksichtigung der Interessen aller basieren, wozu brauchen wir dann eine Kriegsmaschinerie, die doch als Werkzeug einer expansionistischen Außenpolitik geschaffen wurde?

Sicherlich, diese Maschinerie ist im Verlaufe von Jahrhunderten geschaffen worden, und sie zu beseitigen ist gar nicht so einfach. Doch inzwischen sind wir an dem Punkt angekommen, wo das einfach unumgänglich geworden ist, insbesondere deshalb, weil Milliarden Menschen in Asien, Afrika, Lateinamerika menschlich leben wollen. Ich bin überzeugt, daß die Vereinigten Staaten und die Sowjetunion sehr viel bei der Suche nach Wegen für den Aufbau neuer Beziehungen in der Welt tun können.

Wir appellieren an die amerikanische Führung, mit uns gemeinsam nach Lösungswegen für die Probleme der »dritten Welt« zu suchen. Es gibt für ihre Bewältigung andere Methoden als den Zwang. Was wir vorschlagen, ist durchaus realistisch. Die Vereinigten Staaten müssen eine Möglichkeit finden, ihr Potential, ihr Kapital, alles, was jetzt für militärische Zwecke verwandt wird, für andere Ziele einzusetzen, für die Lösung der ökonomischen und sozialen Probleme unserer heutigen Welt. Ich bin überzeugt, daß dies möglich ist und daß die USA auch andere westliche Länder dafür gewinnen können. Und, ich wiederhole, sie verlieren dabei nichts, sondern gewinnen nur.

Kapitel VI
Europa in der sowjetischen Außenpolitik

Eine persönliche Bemerkung sei mir gestattet. Meine erste Westeuropa-Reise als Generalsekretär des Zentralkomitees der KPdSU unternahm ich im Oktober 1985 nach Frankreich. Ungefähr ein Jahr zuvor, im Dezember 1984, hatte ich als Leiter einer Delegation des Obersten Sowjets der UdSSR Großbritannien besucht. Diese beiden Reisen regten mich dazu an, über vieles nachzudenken, vor allem über Rolle und Stellung Europas in der Welt.

François Mitterrand sprach damals einen Gedanken aus, der mir wichtig erschien. »Warum sollte man nicht die Möglichkeit erwägen, nach und nach... den Weg einer umfassender angelegten europäischen Politik zu gehen?« fragte er. Ein Jahr später, diesmal in Moskau, sagte er: »Europa muß wieder zum Handlungsträger seiner eigenen Geschichte werden, damit es vollauf als Faktor des Gleichgewichts und der Stabilität in den internationalen Beziehungen gelten kann.« In diese Richtung gingen auch meine Überlegungen. Die unmittelbaren Kontakte mit Spitzenpolitikern zweier führender westeuropäischer Staaten, mit Parlamentariern, Repräsentanten politischer Parteien und Geschäftsleuten verhalfen mir zu einem besseren, genaueren Verständnis der Situation in Europa.

Auf dem XXVII. Parteitag der KPdSU wurde Europa als eines der Hauptgebiete unserer internationalen Politik gekennzeichnet. Wir wünschen uns, daß man die Haltung der sowjetischen Führung zu Westeuropa richtig versteht.

Vor dem Parteitag und danach hatte ich Treffen und Gespräche mit vielen namhaften westeuropäischen Persönlichkeiten, die unterschiedlichen politischen Lagern angehören. Diese Kontakte bestätigen: Die westeuropäischen Staaten sind gleichfalls daran interessiert, die Beziehungen zur Sowjetunion auszubauen. Unser Land hat in ihrer Außenpolitik beträchtlichen Stellenwert.

Weshalb messen wir Europa eine derartige Bedeutung bei?

Das Erbe der Geschichte
Manch einer im Westen möchte die Sowjetunion aus Europa »ausklammern«. Immer wieder wird scheinbar unabsichtlich Europa mit Westeuropa gleichgesetzt.

Aber derlei Winkelzüge können an den geographischen und geschichtlichen Realitäten nichts ändern. Die Beziehungen Rußlands zu den anderen europäischen Völkern und Staaten – in Handel, Kultur und Politik – reichen weit in die Jahrhunderte zurück. Wir sind Europäer. Mit Europa war die Alte Rus durch das Christentum verbunden. Im Jahre 1988 begehen wir die Tausendjahrfeier der Übernahme des Christentums durch unsere Vorfahren. Die Geschichte Rußlands ist organischer Bestandteil der großen europäischen Geschichte. Russen, Ukrainer, Belorussen, Moldawier, Litauer, Letten, Esten, Karelier und andere Völker unseres Landes haben keinen geringen Anteil an der Entwicklung der europäischen Zivilisation. Und sie begreifen sich zu Recht als deren legitime Erben.

Unsere gesamteuropäische Geschichte ist kompliziert und lehrreich, bedeutend und tragisch; sie verdient, daß man sie studiert und Lehren aus ihr zieht.

Seit alters waren Kriege Meilensteine in der Geschichte Europas. Im 20. Jahrhundert löste dieser Kontinent zwei Weltkriege aus, die blutigsten und verheerendsten, die die Menschheit je erleben mußte. Unser Land brachte im Befreiungskampf gegen den Hitlerfaschismus die größten Opfer: In jenem furchtbaren Krieg kamen über 20 Millionen sowjetische Menschen ums Leben.

Daran erinnern wir nicht etwa, weil wir die Rolle der anderen europäischen Völker im Kampf gegen den Faschismus schmälern wollen. Die sowjetischen Menschen achten den Beitrag aller Länder der Antihitlerkoalition und der Teilnehmer der Widerstandsbewegung zur Zerschlagung der faschistischen Teufelsbrut. Aber wir können uns niemals mit der Meinung einverstanden erklären, die Sowjetunion habe »erst« 1941 in den Kampf gegen Nazideutschland eingegriffen, vorher hätten die anderen »auf sich allein gestellt« gegen Hitler gekämpft.

Als Margaret Thatcher mir gegenüber diese Meinung äußerte, hielt ich ihr entgegen, daß die Sowjetunion gegen den Faschismus seit 1933 politisch und mit der Waffe seit 1936 gekämpft habe, als sie der republikanischen Regierung Spaniens zu Hilfe kam. Was den Nichtangriffspakt mit Deutschland betrifft (dessen Sinn von unseren Gegnern fortwährend entstellt wird), so wäre es dazu – wie zu vielem anderen auch – nicht gekommen, wenn sich die herrschenden Kreise Großbritanniens und Frankreichs damals zu einem Zusammengehen mit der Sowjetunion gegen den Aggressor bereit gefunden hätten.

Und wer ließ die Nazis über die Tschechoslowakei herfallen? Chamberlain erklärte bei seiner Rückkehr aus München, er bringe dem britischen Volk den Frieden. In Wirklichkeit aber kam es ganz anders, er hatte ihm den Krieg gebracht. Und das vor allem, weil die herrschenden Kreise Großbritanniens nur das eine im Sinn hatten: Wie ist Hitler gen Osten, gegen die Sowjetunion zu lenken, wie ist der Kommunismus zu zerschmettern?

Ich will nicht vereinfachen: Auch die Länder Osteuropas übernahmen kein leichtes Erbe. Nehmen wir zum Beispiel die Beziehungen zwischen Rußland und Polen – jahrhundertelang wurden sie durch den Kampf zwischen den herrschenden Klassen beider Länder erschwert. Könige und Zaren hetzten Polen gegen Russen, Russen gegen Polen. Und Kriege, Gewalt und Eroberungen vergifteten die Seelen der Völker, weckten Feindseligkeiten auf beiden Seiten.

Der Sozialismus brachte in der jahrhundertelangen Geschichte dieses Teils der Welt eine einschneidende Wende. Mit der Zerschlagung des Faschismus und dem Sieg der sozialistischen Revolutionen in den osteuropäischen Ländern bildete sich auf dem Kontinent eine neue Situation heraus, es entstand eine mächtige Kraft, die sich das Ziel setzte, die endlose Kette von bewaffneten Konflikten zu sprengen. Und heute leben die Völker Europas schon das fünfte Jahrzehnt ohne Krieg.

Zugleich bleibt aber Europa weiterhin Schauplatz scharfer ideologischer, politischer und militärischer Konfrontationen. Manche führen die Spaltung Europas auf Jalta und Potsdam zurück, stellen die historischen Abkommen in Frage, die dort geschlossen wurden. Damit wird alles auf den Kopf gestellt.

Jalta und Potsdam legten das Fundament für die Nachkriegsordnung in Europa. Ihre Lebenskraft schöpfen diese Abkommen daraus, daß sie ihrem Wesen nach antifaschistisch und demokratisch waren. Sie sahen vor, Hitlers »Neuordnung« zu zerstören, die ganze Völker und Staaten um ihre Unabhängigkeit, um die Hoffnung auf Freiheit und Selbständigkeit gebracht hatte.

Die Logik des alten politischen Denkens führte zur Teilung Europas in zwei gegeneinander gerichtete Militärblöcke. Im Westen gibt es die Version, die Kommunisten hätten Europa gespalten. Und die Fulton-Rede Churchills? Und die Truman-Doktrin? Eingeleitet wurde die politische Spaltung Europas von jenen, die die Antihitlerkoalition zerstörten und den kalten Krieg gegen die sozialistischen Länder inszenierten, die den NATO-Block als Instrument der politisch-militärischen Konfrontation in Europa schufen. Nochmals soll daran erinnert werden, daß der Warschauer Vertrag *nach* der Gründung der NATO unterzeichnet wurde.

Durch Verschulden der NATO wurde Europa abermals vor den Karren der Militaristen gespannt, diesmal vor einen Karren, der mit Kernsprengköpfen vollgepackt ist. Heute muß die Rechnung für die Vertiefung der Spaltung Europas zuallererst jenen präsentiert werden, die Europa zu einem Schauplatz atomarer Konfrontation gemacht haben, jenen, die zur Revision der Grenzen zwischen den europäischen Staaten, zur Aushöhlung der politischen und territorialen Realitäten aufrufen.

Wir haben mehr als einmal vorgeschlagen, die Militärblöcke oder für den Anfang zumindest die Militärorganisationen der beiden Bündnisse aufzulösen. Da man darauf nicht eingeht, müssen wir diesem Fakt Rechnung tragen. Doch wir meinen, daß selbst bei Fortbestand der Blöcke der Weg zu einer besseren Welt, zu internationalen Beziehungen gebahnt werden muß, die irgendwann einmal zur Auflösung aller Militärgruppierungen führen werden.

Europa erlebte nach dem Kriege viele dramatische Situationen und Wendepunkte. Doch wie auch immer, die europäischen Länder trafen entsprechend den konkreten Bedingungen und ihren Möglichkeiten ihre Entscheidung: Die einen blieben kapitalistisch, die anderen steuerten den Sozialismus an. Eine wirklich europäische Politik, einen ganz Europa umfassenden Prozeß kann man nur gestalten, wenn man diese Realität anerkennt und respektiert.

Wir können die weitverbreitete Ansicht, Europa sei zu einer Konfrontation zwischen den Blöcken und zur Vorbereitung eines Krieges zwischen ihnen verdammt, nicht hinnehmen. Daß sich die sozialistischen Länder mit einer solchen Perspektive nicht abfinden, bewies ihre Initiative, die ganz Europa, die USA und Kanada nach Helsinki führte. Die KSZE-Schlußakte wies reale Wege zur Einheit des Kontinents in Frieden und Gleichberechtigung.

Doch der Impuls, der von der denkwürdigen Konferenz in der finnischen Hauptstadt ausging, begann allmählich durch die Neuauflage eines kalten Krieges an Kraft einzubüßen. Über die Ursachen ist viel geredet worden, nicht darauf soll jetzt eingegangen werden. Selbstkritisch sei nur so viel vermerkt: An der Schwelle zu den achtziger Jahren wurde bei uns eine Schwächung der ökonomischen Positionen des Sozialismus zugelassen. In dieser Zeit zeigte sich erneut, gewissermaßen in der Form eines negativen Beweises, daß eben dem Sozialismus die Hauptrolle dabei zukommt, die Gegner der Entspannung zu zügeln und die Beziehungen zwischen allen europäischen Staaten zu normalisieren. Der Sozialismus braucht nur eine kleine Schwäche zu zeigen, schon werden der Militarismus und die Politik der Stärke wieder aktiviert, werden erneut Großmachtansprüche geltend gemacht.

Jetzt haben die Sowjetunion und die sozialistische Gemeinschaft wieder die Initiative übernommen. Indem wir den Sozialismus stärken, verleihen wir dem KSZE-Prozeß mehr Gewicht und Lebenskraft. Man sollte endlich den einfachen Gedanken begreifen: Die gegenwärtigen Hindernisse lassen sich nicht beseitigen, indem der Westen dem Osten oder der Osten dem Westen seine Verhältnisse aufzwingt. Wir müssen mit vereinter Kraft weg von der Konfrontation und der militärischen Rivalität und hin zu friedlicher Koexistenz und beiderseitig vorteilhafter Zusammenarbeit. Nur so kann unser Kontinent eins sein.

Europa ist unser gemeinsames Haus
Dieses Bild fiel mir einmal während eines Gespräches ein. Ich kam scheinbar zufällig darauf, hatte aber in Gedanken schon lange nach dieser Formulierung gesucht. Sie war nicht aus dem Augenblick heraus geboren, sondern Ergebnis langer Überlegungen und speziell der Treffen mit vielen europäischen Politikern.

Nachdem ich mich auf das neue politische Denken eingestellt hatte, konnte ich die wie eine Flickendecke bunt zusammengewürfelte politische Karte Europas nicht mehr in alter Weise betrachten. Kriege hatte es mehr als genug geführt, Tränen waren reichlich geflossen. Es reicht jetzt! Wenn ich mir dieses leidgeprüfte Stück Erde ansah und über die gemeinsamen Wurzeln dieser so mannigfaltigen, aber im Grunde einheitlichen europäischen Zivilisation nachsann, spürte ich immer deutlicher die Bedingtheit und Zeitweiligkeit der Zerreißung in Blöcke, den Archaismus des »eisernen Vorhangs«. So muß mir wohl der Gedanke vom gemeinsamen europäischen Haus in den Sinn gekommen sein. Und im richtigen Augenblick hatte ich diesen Ausdruck denn auch auf der Zunge.

Dann machte er sozusagen seinen Weg allein, drang schnell in die Zeitungen. Vorwürfe blieben nicht aus – er sei zu abstrakt, sei nichtssagend. Da beschloß ich, meine Ansichten zu diesem Problem umfassender darzulegen. Eine passende Gelegenheit bot sich bei meinem Besuch in der Tschechoslowakei, wo der geographische Mittelpunkt Europas liegt. Das brachte das »europäische Thema« in meine Rede in Prag.

Europa ist tatsächlich unser gemeinsames Haus, wo die Geschicke Dutzender Länder und Völker durch Geographie und Geschichte eng miteinander verwoben sind. Natürlich hat jedes seine eigenen Probleme, möchte sein eigenes Leben leben und seine Traditionen pflegen.

Daher kann man die Metapher weiterspinnen und sagen: Ein gemeinsames Haus, aber jede Familie hat ihre eigene Wohnung, und das Haus hat verschiedene Aufgänge. Doch es erhalten, vor Brand oder anderem Unglück bewahren, es besser und sicherer machen, es in Ordnung halten, wie es sich gebührt, können die Europäer nur gemeinsam, nach vernünftigen Normen des Zusammenlebens.

Mancher mag das für nichts weiter als ein schönes Phantasiegebilde halten. Aber das ist keine Phantasie, sondern das Ergebnis gründlicher Analyse der Situation auf unserem Kontinent. Wenn die Welt neue Beziehungen braucht, dann gilt das für Europa ganz besonders. Die Völker Europas haben sie sich, man kann sagen, erlitten und verdient.

In dem Begriff »gesamteuropäisches Haus« steckt vor allem die Anerkennung einer bestimmten Ganzheitlichkeit, obwohl es sich um Staaten handelt, die verschiedenen sozialen Systemen und gegensätzlichen politisch-militärischen Bündnissen angehören. Der Begriff vereint in sich *Notwendiges und Mögliches.*

**Die Notwendigkeit: dringende Gebote
gesamteuropäischer Politik**

Mehrere objektive Gegebenheiten wären zu nennen, die eine gesamteuropäische Politik erforderlich machen.

1. Bei hoher Bevölkerungsdichte und Urbanisierung ist Europa mit Waffen – Kernwaffen und anderen – vollgestopft. Es ein »Pulverfaß« zu nennen ist heute schon zuwenig. Hier stehen sich die mächtigsten Militärgruppierungen, mit modernster Technik ausgerüstet, die weiter perfektioniert wird, einander gegenüber. Hier sind Kernsprengköpfe zu Tausenden konzentriert, wo bereits ein paar Dutzend ausreichen würden, um aus Europa ein Feuermeer zu machen.

2. Für Europa ist heute nicht nur ein Kernwaffenkrieg, sondern schon ein »konventioneller« Krieg todbringend. Nicht nur, weil die »herkömmlichen« Waffen um ein vielfaches verheerender sind als die des zweiten Weltkrieges, sondern auch, weil es auf seinem Territorium an die 200 Blöcke in Kernkraftwerken und viele leistungsstarke Chemiewerke gibt. Würden diese Objekte bei »konventionellen« Kampfhandlungen getroffen werden, würde unser Kontinent unbewohnbar werden.

3. Europa ist eine der am stärksten industrialisierten Regionen der Welt. Industrialisierung und Verkehrswesen haben auf unserem Kontinent einen solchen Stand erreicht, daß die Gefährdung für die Umwelt hier schon dem kritischen Punkt nahe ist. Das Problem hat die nationalen Grenzen längst überschritten und gesamteuropäische Dimensionen angenommen.

4. In beiden Teilen Europas vollziehen sich sehr intensiv Integrationsprozesse. Es ist an der Zeit, über die Zukunft nachzudenken. Werden sie auch weiter auf die Spaltung Europas hinwirken, oder kann man sie zum Wohle des östlichen wie des westlichen Teils, im Interesse übrigens auch der übrigen Welt verknüpfen? Die Erfordernisse der wirtschaftlichen Entwicklung in beiden Teilen Europas und der wissenschaftlich-technische Fortschritt drängen zur Suche nach Formen für eine Kooperation zum gegenseitigen Vor-

teil. Nicht »europäische Autarkie« ist gefragt, sondern wie das europäische Gesamtpotential zum Wohle der hier lebenden Völker und in den Beziehungen zur übrigen Welt besser zu nutzen ist.

5. Zwischen den beiden Teilen Europas bestehen nicht wenige Ost-West-Probleme eigener Art, aber an der Lösung des ganz akuten Nord-Süd-Problems sind sie gemeinsam interessiert. Das bedeutet natürlich nicht, daß die osteuropäischen Länder die Verantwortung für die frühere Kolonialpolitik der westeuropäischen Mächte mitzutragen hätten. Doch jetzt geht es um etwas anderes: Würde man die Geschicke der Völker in den Entwicklungsländern ignorieren, sich über das höchst akute Problem hinwegsetzen, die Kluft zwischen den entwickelten Staaten und den Entwicklungsländern zu überbrücken, so hätte das für Europa wie für die ganze Welt katastrophale Folgen.[1] Sowohl die westeuropäischen Staaten als auch die Sowjetunion und die anderen sozialistischen Staaten haben weitreichende Verbindungen zur »dritten Welt« und könnten ihre Bemühungen vereinen, um deren Entwicklung zu fördern.

Das sind im wesentlichen die dringenden Gebote gesamteuropäischer Politik, die von den Interessen und den Erfordernissen Europas als einer bestimmten Ganzheit geprägt werden.

Die Möglichkeiten Europas

Jetzt zu den Möglichkeiten und Voraussetzungen für das Handeln der Europäer als Bewohner eines »gemeinsamen Hauses«.

1. Die europäischen Völker haben in zwei Weltkriegen härteste und bitterste Erfahrungen sammeln müssen. Wenn sie an ihre Geschichte denken, wird ihnen stärker als irgend jemandem sonst bewußt, daß es nicht zu einem neuen Krieg

---

1 In dieser Hinsicht teilen wir Geist und Tendenz der Berichte der Brandt-Kommission zum Nord-Süd-Problem und des Berichts der Sozialistischen Internationale, »Globale Herausforderung« überschrieben, der unter der Leitung von Willy Brandt und Michael Manley entstand.

kommen darf. Nicht von ungefähr entstand hier eine von den Massen getragene Antikriegsbewegung, die große Autorität besitzt und die alle sozialen Schichten erfaßt.

2. Europas politische Traditionen sind sehr reich im Hinblick auf die Kultur der Gestaltung der Außenpolitik. Die Vorstellungen des europäischen Staatenkomplexes voneinander sind genauer als in irgendeiner anderen Region. Die politische »Bekanntschaft« ist weitläufiger, älter und darum enger.

3. Nirgends sonst hat ein ganzer Kontinent[2] ein so umfassendes System von bi- und multilateralen Verhandlungen, Konsultationen, Verträgen und Kontakten auf faktisch allen Ebenen entwickelt wie Europa. Nie zuvor gab es in der Geschichte der internationalen Beziehungen solch eine Errungenschaft wie den KSZE-Prozeß. Ermutigende Ergebnisse brachte die Stockholmer Konferenz. Dann übernahm Wien den Staffelstab, und von dort erhoffen wir uns einen weiteren Schritt voran in der Entwicklung des KSZE-Prozesses. Die Zeichnungen für den Bau des »gesamteuropäischen Hauses« sind somit praktisch fertig.

4. Ungeheuer groß ist das ökonomische und wissenschaftlich-technische Potential Europas. Es ist aber zersplittert. Zwischen dem westlichen und dem östlichen Teil des Kontinents sind die Abstoßungskräfte größer als die Anziehungskräfte. Doch der Stand der Dinge in der Wirtschaft im Westen wie im Osten und auch die sich abzeichnenden Aussichten sind derart, daß es möglich wird, einen Modus zu finden, wie sich die ökonomischen Prozesse in beiden Teilen Europas – zum Nutzen aller – miteinander verbinden lassen.

Das ist der einzig vernünftige Weg für die Weiterentwicklung der materiellen Zivilisation Europas.

5. Europa »vom Atlantik bis zum Ural« ist auch kulturgeschichtlich ein Ganzes, das von dem gemeinsamen Erbe der Renaissance und der Aufklärung, den großen philosophischen und sozialen Lehren des 19. und 20. Jahrhunderts ge-

---

2 Es gibt auch den lateinamerikanischen Staatenkomplex, aber er hat andere geschichtliche Voraussetzungen, hat Besonderheiten anderer Natur.

tragen wird. Das sind starke Magneten, die es den Politikern erleichtern, in den zwischenstaatlichen Beziehungen Wege zu gegenseitigem Verstehen und zur Zusammenarbeit zu finden.

Das europäische Kulturerbe bietet außerordentlich viele Ansätze für eine Politik des Friedens und der guten Nachbarschaft. Kurzum, in Europa fällt das neue, rettende Denken auf einen weitaus günstigeren Boden als überall sonst, wo sich die beiden Gesellschaftssysteme berühren.

Ich will nicht verhehlen, daß es uns freut, daß namhafte Politiker und Persönlichkeiten des öffentlichen Lebens nicht nur in Ost-, sondern auch in Westeuropa, unter ihnen solche, die unseren politischen Ansichten sehr fern stehen, dem Gedanken an das »gemeinsame europäische Haus« Verständnis entgegenbringen. So erklärte BRD-Außenminister Genscher die Bereitschaft, »die Konzeption vom gemeinsamen europäischen Haus zu akzeptieren und mit der Sowjetunion zusammenzuarbeiten, damit es wirklich zum gemeinsamen Haus wird«. Im gleichen Sinne äußerten sich in Gesprächen mit mir Bundespräsident Richard von Weizsäcker, der italienische Außenminister Andreotti und andere Persönlichkeiten. Also ist die Einsicht, daß die europäische Kultur uns allen gehört, alle Länder des Kontinents in ihren Geschicken miteinander verbunden und voneinander abhängig sind, daß Zusammenarbeit für sie lebensnotwendig ist, noch nicht verlorengegangen.

Aber es gibt Ideologen und Politiker, die weiterhin Mißtrauen gegen die Sowjetunion säen. In den meisten westeuropäischen Ländern mangelt es nach dem Vorbild der USA nicht an hysterischen Artikeln, und wie immer tut sich die französische rechtsgerichtete Presse besonders hervor. Sie versetzt schon die Aussicht, die Lage in Europa könnte sich verbessern, förmlich in Panik. Nehmen wir zum Beispiel die französische Wochenzeitschrift »L'Express«. Am 6. März 1987 dichtete sie uns an, wir wollten Europa unserer Herrschaft unterwerfen. Der Artikel unter der marktschreierischen Überschrift »Gorbatschow und Europa« ist nach dem

Muster des allseits bekannten Märchens von Rotkäppchen und dem Wolf aufgebaut.

Ich fragte mich: Ist der europäische Leser, sind die europäischen Völker wirklich so naiv, solchen Schmierereien zu glauben? Wir bauen auf den gesunden Menschenverstand der Europäer, daß sie schließlich und endlich lernen werden, zwischen Wahrheit und Erfindung zu unterscheiden. Nach den veröffentlichten Ergebnissen von Meinungsumfragen zu urteilen, weiß die Mehrheit in Westeuropa die offene Europapolitik der UdSSR, mit der den ewigen Streitereien auf dem Kontinent ein Ende gesetzt werden soll, gebührend zu würdigen.

Zwei deutsche Staaten

Wenn wir unsere Gedanken zur Konzeption vom gemeinsamen europäischen Haus darlegen, müssen wir auch auf unsere Einstellung zu der Situation zu sprechen kommen, die im Ergebnis des zweiten Weltkrieges im Herzen Europas entstanden ist, wo jetzt zwei deutsche Staaten existieren – die DDR und die BRD. Ich hatte dazu ein sehr ausführliches Gespräch mit Bundespräsident Richard von Weizsäcker.

Er sagte, in der BRD finde das Motto vom »gemeinsamen europäischen Haus« ein offenes Ohr. Wie verstehen Sie das in der BRD, wollte ich wissen. Ich darf den kurzen Dialog, der sich anschloß, hier wiedergeben.

Richard von Weizsäcker: »Das ist eine Richtschnur, die hilft, uns vorzustellen, wie die Ordnung in diesem gesamteuropäischen Haus aussehen soll, insbesondere, inwieweit die Wohnungen darin gegenseitigen Besuchen offenstehen werden.«

Michail Gorbatschow: »Alles richtig. Nur mag es nicht jedem gefallen, wenn man ihn zu nächtlicher Stunde besucht.«

Richard von Weizsäcker: »Uns gefällt es auch nicht gerade, wenn sich durch das gemeinsame Wohnzimmer ein tiefer Graben zieht.«

Damit meint er die Tatsache, daß die BRD und die DDR

durch eine internationale Grenze getrennt sind, die gleiche Grenze, die auch durch Berlin verläuft. Sie ist eine im Ergebnis des zweiten Weltkrieges historisch entstandene Realität.

Man kann endlos spekulieren, wie Deutschland heute aussähe, wenn das Potsdamer Abkommen in seinem ganzen Umfang erfüllt worden wäre. Eine andere Basis für die Einheit als Potsdam gab es nicht. Doch nicht nur die damaligen amerikanischen, britischen und französischen Spitzenpolitiker sabotierten die Vereinbarung mit uns. Gegen Potsdam zogen auch die Parteigänger der Politik der Stärke in der BRD zu Felde. Für sie war Potsdam ein »Alptraum«. Das Ergebnis sehen wir ja.

Uns muß natürlich aufhorchen lassen, wenn wir zu hören bekommen, die »deutsche Frage« sei offen, mit den »Ostgebieten« sei es gar nicht so klar, Jalta und Potsdam seien »nicht rechtmäßig«. Derlei wird in der BRD bekanntlich nicht selten geäußert. Unumwunden sei gesagt: Die Erklärungen zur Wiederherstellung der »deutschen Einheit« sind ganz und gar keine »Realpolitik«, wenn wir einen deutschen Ausdruck dafür benutzen wollen. Sie haben der BRD in vierzig Jahren nichts eingebracht. Wer die Illusion nährt, man könne zu »Deutschland in den Grenzen von 1937« zurückkehren, untergräbt bei den Nachbarn und den anderen Völkern das Vertrauen zur BRD.

Ronald Reagan und andere führende Persönlichkeiten im Westen mögen dazu sagen, was sie wollen, in Wirklichkeit haben sie der BRD in der sogenannten deutschen Frage nichts Reales vorzuschlagen. Was hier geschichtlich entstanden ist, muß jetzt auch zur Geschichte gehören, darunter die Frage der deutschen Nation und die Formen für die staatliche Existenz der Deutschen.

Wichtig ist zur Zeit der politische Aspekt. Es gibt zwei deutsche Staaten mit unterschiedlicher politischer und sozialer Ordnung. Sie haben ihre eigenen Werte. Beide haben sie Lehren aus der Geschichte gezogen, und beide können sie das Ihre zu den Angelegenheiten Europas und der ganzen Welt beitragen. Was in hundert Jahren sein wird, darüber entscheidet die Geschichte. Zunächst muß man von den Realitäten ausgehen und darf sich nicht gefährlichen Spekulationen hingeben.

Ich erlaube mir eine Abschweifung, eine Erinnerung, die ich von Weizsäcker gegenüber äußerte. 1975, als sich der Sieg über den Faschismus zum dreißigsten Male jährte, weilte ich in der BRD. An einer Tankstelle bei Frankfurt am Main kam ich mit dem Besitzer ins Gespräch. Er sagte: »Stalin hat erklärt: Die Hitler kommen und gehen, aber das deutsche Volk bleibt. Doch nach Kriegsende kam die Sowjetunion und teilte das deutsche Volk.«

Eine Diskussion entspann sich. Ich erinnerte an die Pläne für die Zerstückelung des deutschen Staates, die Churchill und USA-Politiker schon während des Krieges entworfen hatten. Wir waren gegen diese Pläne, wollten einen einheitlichen, souveränen, demokratischen deutschen Staat. Ich erinnerte auch daran, daß die Westmächte die Bildung eines Separatstaates in Westdeutschland unterstützten und die DDR erst später entstanden ist. Auch nach Jalta und Potsdam waren wir dafür, auf den Grundlagen der Entnazifizierung, Demokratisierung und Entmilitarisierung Deutschlands einen einheitlichen, souveränen und vor allem friedliebenden deutschen Staat aufzubauen. Doch im Westen fanden sich Kräfte, die die Dinge dahin brachten, wo sie heute sind. Nicht die Sowjetunion ist also an der Spaltung Deutschlands schuld, die Schuldigen sind anderwärts zu suchen. Heute nun bestehen zwei deutsche Staaten, deren Realität in völkerrechtlichen Verträgen anerkannt wird. Nur davon darf sich ein Realpolitiker leiten lassen.

Das also war unser Gespräch.

Die Sowjetunion bezog selbst nach diesem schrecklichen Krieg hierin eine grundsätzliche Haltung. Der Realitätssinn hatte uns nicht verlassen. Wir verwechselten das deutsche Volk nicht mit dem Naziregime. Nicht ihm lasteten wir die Leiden an, die die Hitleraggression über uns gebracht hatte.

In den Beziehungen zur BRD berücksichtigen wir das Potential, die Möglichkeiten, den Stellenwert dieses Staates in

Europa und in der Welt sowie seine politische Rolle. Die Geschichte macht es uns zur Pflicht, angemessen miteinander umzugehen. Der Aufbau Europas ist undenkbar ohne die aktive Zusammenarbeit unserer beiden Staaten. Solide Beziehungen zwischen der BRD und der UdSSR wären von wahrhaft historischer Bedeutung. Beide Staaten können in der europäischen und der weltweiten Entwicklung eine große Rolle spielen und dabei selbstverständlich in ihren Systemen und ihren Bündnissen verbleiben. Die Sowjetunion ist an stabiler Sicherheit für die BRD interessiert. Wäre die BRD nicht stabil, so könnte man nicht in Europa und folglich auch nicht in der Welt mit Stabilität rechnen. Stabile Beziehungen zwischen der BRD und der UdSSR aber werden die Lage in Europa erheblich zum Besseren wandeln.

Europa und die Abrüstung
Alles was in Reykjavik gesagt wurde, hat direkt und unmittelbar Bezug zu Europa. Wir vergessen bei unseren Kontakten mit den USA niemals die Interessen Europas.

Nach Reykjavik kam ich mit den Regierungschefs mehrerer westeuropäischer NATO-Länder zusammen: mit Poul Schlüter aus Dänemark, Ruud Lubbers aus den Niederlanden, Frau Gro Harlem Brundtland aus Norwegen, Steingrimur Hermannsson aus Island und den italienischen Spitzenpolitikern Amintore Fanfani und Giulio Andreotti. Wir sprachen viel über das Thema »Europa und die Abrüstung«.

Ich hörte sehr viel Interessantes von meinen Gesprächspartnern. Ihre Argumente und Gedanken haben wir später in der sowjetischen Führung gründlich durchdacht. Was wir für berechtigt hielten, haben wir in unserer Politik beachtet, speziell die Euroraketen. Um sie wie überhaupt um die NATO-Konzeption der »nuklearen Abschreckung« wurde aber auch gestritten, besonders heftig mit Margaret Thatcher und Jacques Chirac. Ich äußerte ihnen gegenüber mein Erstaunen über die Panik, die Reykjavik in manchen westlichen Hauptstädten auslöste. Aus den dortigen Verhandlungsergebnissen war doch beim besten Willen keine Gefahr für die Sicherheit Westeuropas abzulesen, wie es manchem scheinen wollte. Derlei Schlüsse und Urteile sind die Frucht eines anachronistischen Denkens aus der Zeit des kalten Krieges.

Mitunter fragt man ausländische Persönlichkeiten im Gespräch ganz direkt: Glauben Sie, daß die Sowjetunion Ihr Land oder überhaupt Westeuropa überfallen will? Fast alle antworten: Nein, das glauben wir nicht. Einige machten jedoch im gleichen Atemzug die Einschränkung: Allein die ungeheure militärische Stärke der UdSSR sei »objektiv« eine potentielle Bedrohung. Nun ja, diesen Gedankengang kann man noch verstehen. Weit weniger begreiflich ist es, wenn jemand das nationale Prestige und die nationale Größe vom Kernwaffenbesitz abhängig macht, obwohl er weiß, daß seine Waffen, sollte ein Nuklearkrieg ausbrechen, das Feuer nur auf ihn selbst ziehen würden. Eine andere reale Bedeutung können sie nicht haben.

Wenn es um die Abrüstung als notwendiges und tragendes Element für das gesamteuropäische Haus geht, wenden wir uns natürlich zuallererst an die europäischen Kernwaffenmächte, an Großbritannien und Frankreich. Mit ihrem Einverständnis, bei den jetzigen Abrüstungsverhandlungen deren Kernwaffenpotential nicht zu berücksichtigen, hat die Sowjetunion größtes Vertrauen zu Westeuropa bekundet. Das hauptsächliche Motiv für diesen unseren Schritt besteht darin, daß wir nicht einmal in Gedanken, geschweige denn in unseren strategischen Plänen einen Krieg mit Großbritannien oder Frankreich und viel weniger noch mit den europäischen Staaten, die keine Nuklearwaffen besitzen, für möglich halten.

Wenn wir auf unsere Vorschläge Spekulationen zu hören bekamen, ob Moskau nicht Betrug im Sinn habe, ob es nicht die NATO spalten, die Wachsamkeit einschläfern und dann Westeuropa unter seinen Stiefel bringen wolle, wenn man uns wieder mit dem Gedanken kam, ein kernwaffenfreies Europa sei schädlich und gefährlich, dann erwiderte ich allen diesen Leuten öffentlich: Meine Herren, wovor fürchten Sie sich eigentlich? Es kann doch unmöglich so schwer sein, sich zu realistischen Urteilen über die wahrhaft historischen Prozesse durchzuringen, die sich in der Sowjetunion und in der übrigen sozialistischen Welt vollziehen. Der objektive, unlösliche Zusammenhang zwischen diesen Vorgängen und den wirklich guten Absichten in der Außenpolitik kann Ihnen doch unmöglich verschlossen bleiben.

Es ist doch endlich an der Zeit, die Ammenmärchen von der Aggressivität der Sowjetunion fallenzulassen. Unser Land wird niemals und unter keinen Umständen militärische Handlungen gegen Westeuropa beginnen, wenn wir und unsere Verbündeten nicht selbst zum Objekt eines Überfalls der NATO werden! Niemals, das wiederhole ich!

Möge Westeuropa sich schneller von der ihnen suggerierten Angst vor der Sowjetunion frei machen. Möge es doch darüber nachdenken, daß die Beseitigung der Kernwaffen in Europa nicht nur für den Westen, sondern auch für uns eine neue Situation brächte. Wir können nicht vergessen, daß Invasionen gegen unser Land im vornuklearen Zeitalter aus westlicher Richtung kamen, und das nicht nur einmal. Und spricht es nicht für sich, daß bei NATO-Manövern immer wieder der Fall von Angriffshandlungen durchgespielt wird?

Wir halten es für einen Faktor von großer politischer Bedeutung, daß Griechenland, die Niederlande, Spanien, Italien, Schweden, Finnland und viele andere europäische Länder sich für die Lösung der Euroraketenproblematik ausgesprochen haben.

Im Westen wird von Ungleichheit, Ungleichgewicht gesprochen. Gewiß, in Europa gibt es auf beiden Seiten bei einzelnen Arten von Waffen und bei den Teilstreitkräften Ungleichgewichte und Asymmetrien, die historisch, geographisch und durch andere Faktoren bedingt sind. Wir sind dafür, die bei einigen Elementen entstandene Ungleichheit zu beseitigen, aber das soll nicht dadurch geschehen, daß der in Rückstand Geratene nachrüstet, sondern daß derjenige, der vorne liegt, reduziert.

Hier harren viele konkrete Fragen ihrer Lösung: Reduzierung und schließlich Beseitigung der taktischen Kernwaffen bei gleichzeitiger radikaler Reduzierung der Streitkräfte und konventionellen Waffen, Abzug der Angriffswaffen aus der unmittelbaren Berührungszone, damit ein Überraschungsangriff ausgeschlossen wird, Veränderung der gesamten Struktur der Streitkräfte mit dem Ziel, ihnen ausschließlich defensiven Charakter zu geben. Ich sprach darüber unter anderem auf der Kundgebung in Prag. Ausführliche Vorschläge dazu enthält das Budapester Programm der Länder des Warschauer Vertrages.

Ein großer Akt der Vertrauensbildung im Geiste des neuen Denkens war, daß die Länder des Warschauer Vertrages im Mai 1987 auf der Tagung des Politischen Beratenden Ausschusses in Berlin ihre Militärdoktrin verkündeten. Sie ist in allen ihren Komponenten ausschließlich auf Verteidigung ausgerichtet.

Der Festigung der europäischen Sicherheit dienlich wären auch solche Maßnahmen wie die Schaffung von kernwaffen- und chemiewaffenfreien Zonen. Wir unterstützen den Vorschlag der Regierungen der DDR und der ČSSR an die Regierung der BRD, in Mitteleuropa einen kernwaffenfreien Korridor einzurichten. Bekanntlich hat auch die Sozialdemokratische Partei Deutschlands zur Ausarbeitung dieser Idee beigetragen. Wir sind bereit, den kernwaffenfreien Status dieser Zone zu garantieren und zu respektieren. Den Kompromißplan Polens zur Reduzierung der Rüstungen und zur Vertrauensbildung in Mitteleuropa halten wir für zeitgemäß und aussichtsreich.

Wir sind der Meinung, daß die Rüstungen auf ein vernünftiges Maß reduziert werden müssen, das heißt auf ein Maß, das für die Lösung allein von Verteidigungsaufgaben notwendig ist. Es ist an der Zeit, daß beide Militärbündnisse in ihren strategischen Konzeptionen notwendige Korrekturen in Richtung auf Verteidigung vornehmen. Im »europäischen Haus« ist jeder Wohnungsinhaber berechtigt, sich vor Einbrechern zu schützen, aber so, daß dabei die Nachbarwohnungen nicht zerstört werden.

Gesamteuropäische Zusammenarbeit

Das »gesamteuropäische Haus« muß auf einem materiellen Fundament errichtet werden — auf sachlicher Zusammenarbeit in den verschiedensten Bereichen. Wir in der Sowjetunion sind dazu bereit, unter anderem zur Suche nach neuen Formen der Kooperation und Zusammenarbeit, einschließlich der Gründung gemeinsamer gemischter Betriebe, der Ausführung von Gemeinschaftsprojekten in Drittländern usw.

Wenn wir von weitreichender wissenschaftlich-technischer Zusammenarbeit sprechen, verstehen wir uns keineswegs als Bittsteller, die nichts dagegenzusetzen haben. Leider werden gerade in dieser Richtung die meisten künstlichen Barrieren errichtet. Man beruft sich darauf, daß es um »sensible Technologien« von irgendwelcher strategischer Bedeutung gehe. Mit »sensibler Technologie« ist zuallererst die Elektronik gemeint. Aber heute gibt es praktisch keinen Bereich in der industriellen Produktion, in dem nicht Elektronik angewandt würde.

Nicht das militaristische »Sternenkriegs«-Programm kann Westeuropa einen technologischen Schub bringen. Nicht die Militarisierung des Weltraums führt zum technologischen Fortschritt. Das ist nichts als Demagogie, die sich auf den Technologieimperialismus gründet. Viele Wege führen zur friedlichen Zusammenarbeit in Wissenschaft und Technik, viele Objekte bieten sich dafür an. Bei der Erforschung des Kometen Halley mit der Raumflugsonde Vega sind schon Erfahrungen in Gemeinschaftsarbeit gesammelt worden. Bei diesem Projekt gelang es, neue Konstruktionswerkstoffe zu gewinnen, Entdeckungen in der Funkelektronik, bei den Steuerungssystemen, in der Mathematik, der Optik usw. zu machen. Als aussichtsreich stellt sich das Projekt eines »Weltlabors« dar, ein Gedanke von Giulio Andreotti. Dieses grundsätzlich neue internationale Forschungsprojekt nimmt offenbar schon reale Gestalt an.

Auf der Tagesordnung steht die gemeinsame Nutzbarmachung der thermonuklearen Energie. Die wissenschaftliche

Grundlage dafür schufen Wissenschaftler aus mehreren Ländern, indem sie sich auf Ideen stützten, die aus der sowjetischen Wissenschaft stammen. Selbstverständlich könnte sich auch die USA-Wissenschaft dieser Arbeit anschließen. Vor uns liegen auch solche Möglichkeiten wie die gemeinsame Erforschung und Erschließung des Weltraums, der Planeten unseres Sonnensystems, die Untersuchung von Problemen der Supraleitfähigkeit und der Biotechnik.

Natürlich würde all das auch die für alle vorteilhafte Abhängigkeit der europäischen Staaten voneinander verstärken. Aber sie wäre für beide Seiten ein Gewinn, würde das Verantwortungsbewußtsein und die Zurückhaltung vergrößern.

Viel kann im Geiste der Zusammenarbeit auf dem weiten Feld geleistet werden, das sich »humanitär« nennt. Ein gewichtiger Meilenstein auf diesem Wege könnte eine internationale Konferenz zur Zusammenarbeit im humanitären Bereich sein, die die Sowjetunion in Moskau abzuhalten vorschlägt. Bei dieser Gelegenheit könnten alle Aspekte dieses Problems, die den Osten wie den Westen angehen, das vielschichtige Problem der Menschenrechte eingeschlossen, debattiert werden. Das würde dem KSZE-Prozeß einen neuen starken Impuls geben.

Hier geschah nun etwas Interessantes. Sobald wir uns bereit fanden, ernsthaft und sachlich über Menschenrechte zu sprechen und gegenseitig ganz offen zu vergleichen, wie denn nun die Menschen bei uns und in den Ländern des Kapitals wirklich leben, schien man dort wohl nervös zu werden und versuchte beharrlich, dieses Thema auf individuelle Einzelfälle zu beschränken und sich so einer Diskussion aller sonstigen Fragen zu entziehen.

Ich habe öffentlich und in Gesprächen mit ausländischen Persönlichkeiten und mit Delegationen gesagt, daß wir bereit sind, im Geiste der Humanität auch spezielle Fälle zu diskutieren, aber wir sind auch entschlossen, offen und in großem Rahmen über die ganze Problematik zu sprechen.

Zusammenfassend kann man sagen, daß Beziehungen der

friedlichen Zusammenarbeit und des friedlichen Wettbewerbs zwischen den Staaten des Ostens und des Westens beiden Seiten zum Nutzen gereichen können und das auch tatsächlich tun. Einen großen Beitrag können dazu die kleinen und mittleren europäischen Länder leisten. Darüber sprachen wir auch mit dem ehemaligen isländischen Ministerpräsidenten Hermannsson, mit dem Ministerpräsidenten der Niederlande Lubbers, mit dem schwedischen Ministerpräsidenten Carlsson und anderen Staatsmännern.

Ansätze des neuen Denkens in Europa
Mir scheint, in letzter Zeit, besonders nach Reykjavik, empfindet Westeuropa stärker die Notwendigkeit, einen Beitrag zur Gesundung der Lage auf dem Kontinent zu leisten. Uns imponiert, daß die Europäer schon viel für eine bessere Atmosphäre in der Welt tun.

Ich glaube, ich verrate kein großes Geheimnis, wenn ich eine Episode wiedergebe, die ich von Amintore Fanfani hörte. Er erzählte von einem seiner Gespräche mit dem weltbekannten Filmregisseur Eduardo de Filippo. Sie sprachen über die komplizierte internationale Lage, und de Filippo soll gefragt haben: »Was also bleibt uns zu tun?« Fanfani entgegnete ihm: »Auf Gott vertrauen.« Darauf de Filippo: »Dann wollen wir Menschen so handeln, daß wir Gott keine Hindernisse in den Weg legen.«

Diese Einsicht, daß alle für die Geschicke der Welt verantwortlich sind, ist heute also besonders notwendig und wertvoll. Man muß den westeuropäischen Politikern, die sich bewußt sind, daß alle Europäer mit vereinter Kraft die in Reykjavik gelegten Fundamente hüten müssen, Anerkennung zollen.

In Westeuropa beobachten wir heute die ersten Ansätze neuen Denkens in den internationalen Angelegenheiten. In den herrschenden Kreisen vollziehen sich bestimmte Veränderungen. Viele sozialistische und sozialdemokratische Parteien Westeuropas erarbeiten sich neue Standpunkte in der Verteidigungspolitik und in der Sicherheitsfrage. An ihrer

Spitze sehen wir erfahrene Politiker mit Weitblick für die Weltprobleme.

Unmittelbar bevor ich im Jahr 1985 Frankreich besuchte, baten mich französische Journalisten, unsere Beziehungen zu den sozialdemokratischen Regierungen Europas zu charakterisieren. Ich sagte, daß wir in den Fragen von Krieg und Frieden in den letzten Jahren rege mit den Sozialdemokraten zusammenarbeiten. Unter meinen Begegnungen und Unterredungen mit ausländischen Persönlichkeiten nehmen die Gespräche mit Delegationen sozialistischer und sozialdemokratischer Parteien einen recht großen Raum ein.

Ich empfing den Konsultativrat der Sozialistischen Internationale unter Kalevi Sorsa, ich kam mit Willy Brandt, Egon Bahr, Filipe Gonzales und anderen sozialdemokratischen Führern zusammen. Jedesmal konnten wir feststellen, daß sich unsere Ansichten zu aktuellen Fragen der internationalen Sicherheit und der Abrüstung nahe kamen oder übereinstimmten. Sehr bedaure ich, Olof Palme nicht kennengelernt zu haben, dessen tragischer Tod uns tief erschüttert hat. Der von Olof Palme stammende und von der internationalen Palme-Kommission weiterentwickelte Gedanke der »Sicherheit für alle« deckt sich weitgehend mit unserer Konzeption der umfassenden Sicherheit.

Aus dem Dialog, der sich zwischen Kommunisten und Sozialdemokraten angebahnt hat, darf keineswegs abgeleitet werden, daß die ideologischen Meinungsverschiedenheiten beseitigt oder irgendwie verwischt werden. Allerdings glaube ich nicht, daß wir uns vorwerfen müssen, einer der Gesprächspartner habe sein Gesicht verloren oder sei vom Partner vereinnahmt worden. Diese Gefahr besteht, wie die Erfahrungen lehren, nicht.

Wir unterhalten gute Beziehungen und nützliche Kontakte zu den Sozialdemokraten der BRD, Finnlands, Schwedens und Dänemarks, zur britischen Labour Party, zu den spanischen Sozialisten usw. Wir halten dies für sehr wertvoll. Generell sind wir zur Zusammenarbeit mit allen Kräften bereit, die daran interessiert sind, die gefährlichen Tendenzen in der Entwicklung der Weltlage zu durchbrechen.

Dennoch bin ich der Ansicht, daß Europa einen weit größeren Beitrag zu Frieden und Sicherheit leisten könnte. Vielen westeuropäischen Spitzenpolitikern mangelt es an politischem Willen, vielleicht auch an den Möglichkeiten. Aber das Leben wird sie so oder so zwingen, realistisch zu beurteilen, was um sie herum vor sich geht.

Europa und die USA
Bedauerlich, daß die Regierungen der NATO-Länder, auch jene, die sich verbal von den gefährlichen Extremen der USA-Politik abgrenzen, letzten Endes dem Druck nachgeben und damit Verantwortung für die Verschärfung des Wettrüstens und der internationalen Spannung auf sich laden.

Hier ein konkretes Beispiel. Im April 1986 bombardierte die USA-Luftwaffe Tripolis, Banghāzī und andere Ziele in Libyen. Das war ein Akt direkter Aggression unter einem Vorwand, der in einer zivilisierten Gesellschaft keiner Kritik standhält. Die USA-Flugzeuge starteten von Stützpunkten in England und durchflogen den westeuropäischen Luftraum. Und was tat Westeuropa? Die Regierungen der NATO-Länder ließen es im Grunde eigentlich stillschweigend geschehen und entschlossen sich nicht dazu, diese Aktion der USA zu verhindern. Ich sagte damals zu dem schwedischen Ministerpräsidenten, mit dem ich mich, wenige Stunden nachdem die Nachricht von dem Luftüberfall eingegangen war, unterhielt, diese Position erinnere mich an die Politik der »Beschwichtigung« des Aggressors kurz vor dem zweiten Weltkrieg. Wenn es den USA-Militärs nun urplötzlich »einfällt«, einem Mitgliedsland der Organisation des Warschauer Vertrages mit Bombenangriffen einen Denkzettel zu geben? Was dann? Wird man wieder »den Kopf in den Sand stecken«? Das ist doch aber Krieg! In unserem Nuklearzeitalter steigt die Verantwortung aller unermeßlich.

Bei den alten Griechen gibt es die Sage vom Raub der Europa. Ganz überraschend taten sich Parallelen dieser

Fabel zur Gegenwart auf. Selbstverständlich bleibt Europa als geographische Gegebenheit an seinem Platz. Aber zeitweise gewinnt man den Eindruck, die westeuropäischen Staaten seien ihrer eigenständigen Politik »beraubt« worden, man habe sie über den Ozean entführt. Ferner hat man den Eindruck, daß unter dem Vorwand, die Sicherheit zu verteidigen, die nationalen Interessen preisgegeben werden.

Ernste Gefahr droht der europäischen Kultur. Diese Gefahr geht von der »Massenkultur« aus, die von jenseits des Ozeans hereingetragen wird. Wir verstehen in dieser Hinsicht die Beunruhigung der westeuropäischen Intelligenz. Man kann wirklich nur mit Verwunderung ansehen, wie die hohe, von Geist und Humanität durchdrungene europäische Kultur durch primitiven Trubel und Maßlosigkeit, Gewalt und Pornographie, durch eine Flut billiger Sinnlichkeit und seichter Gedanken verdrängt wird.

Wenn wir hervorheben, wie bedeutungsvoll die selbständige Stellung Europas ist, wird uns oft entgegengehalten, wir wollten Westeuropa und die USA entzweien. Das war noch nie unsere Absicht. Wir sind weit davon entfernt, die historischen Bindungen zwischen Westeuropa und den USA ignorieren oder herabsetzen zu wollen. Es ist doch absurd, in der Europapolitik der Sowjetunion den Ausdruck irgendeines »Antiamerikanismus« sehen zu wollen. Wir haben keinen diplomatischen Seiltanz vor und wollen kein Chaos in den internationalen Beziehungen auslösen. Das ist mit dem obersten Ziel unserer Außenpolitik, zu einem stabilen und dauerhaften Frieden beizutragen, der sich auf gegenseitiges Vertrauen und Zusammenarbeit der Staaten gründet, nicht zu vereinbaren.

Unsere Vorstellung vom »gesamteuropäischen Haus« bedeutet durchaus nicht, seine Türen vor irgend jemandem zuzuschlagen. Allerdings – und das ist wahr – möchten wir auch nicht, daß jemand die Türen zum europäischen Haus eintritt und sich in einer Wohnung, die ihm nicht gehört, an das obere Ende des Tisches setzt. Aber das muß die Sorge des Wohnungsinhabers sein. Seinerzeit werteten es die sozialistischen Länder positiv, daß die USA und Kanada den KSZE-Prozeß mittrugen.

Die Verantwortung Europas
Wir sprechen also, ohne damit die Rolle der anderen Kontinente, anderer Völker auch nur im geringsten schmälern zu wollen, von der besonderen Verantwortung Europas.

Wenn der europäische Prozeß von Erfolg gekrönt wäre, könnte der Kontinent einen noch größeren Beitrag zum Fortschritt in der ganzen übrigen Welt leisten. Europa darf sich der Teilnahme an der Lösung solcher Probleme wie des Hungers, der Verschuldung und der Unterentwicklung sowie an der Beseitigung bewaffneter Konflikte nicht entziehen.

Ohne Zweifel sind ausnahmslos alle europäischen Völker dafür, daß sich auf ihrem Kontinent eine Atmosphäre der guten Nachbarschaft, des Vertrauens, der Koexistenz und der Zusammenarbeit durchsetzt. Das wäre im wahrsten Sinne ein Triumph des neuen politischen Denkens. Europa kann mit gutem Beispiel vorangehen. Die Welt steht augenblicklich am Scheidewege, und es hängt zum großen Teil von der politischen Haltung Europas ab, in welche Richtung sie gehen wird.

Weder in der Weltpolitik noch in der internationalen Entwicklung ist Europa mit seinen ungeheuren Möglichkeiten und Erfahrungen zu ersetzen. Europa kann und muß eine konstruktive, vorwärtsweisende und nützliche Rolle spielen.

Kapitel VII
**Abrüstungsprobleme
und die sowjetisch-amerikanischen
Beziehungen**

Schon während meines Studiums an der Moskauer Universität interessierte ich mich für die Geschichte der Vereinigten Staaten, las viele amerikanische Autoren und verfolgte ständig den Stand unserer Beziehungen. In diesen Beziehungen gab es krasse Extreme: von der Allianz im zweiten Weltkrieg zum kalten Krieg in den vierziger und fünfziger Jahren, vom Entspannungsprozeß in den siebziger Jahren zur drastischen Zuspitzung in den achtziger Jahren.

In die Zeit zwischen dem April-Plenum (1985) des Zentralkomitees der KPdSU, das für uns einen Wendepunkt darstellt, und dem Erscheinen dieses Buches fallen viele Ereignisse, von denen einige direkt mit den sowjetisch-amerikanischen Beziehungen zu tun haben.

Heute stehen wir im Dialog mit den USA. Von Zeit zu Zeit tauschen wir Briefe mit dem USA-Präsidenten aus. In den Verhandlungen erörtern unsere Vertreter Probleme von wahrhaft großer Tragweite.

In den letzten ein, zwei Jahren sind wir uns im Bereich der wissenschaftlichen und kulturellen Zusammenarbeit einen Schritt nähergekommen. Auf verschiedenen Ebenen werden jetzt Fragen diskutiert, in denen man sich früher gegenseitig nur Schuld vorhielt. Sogar in der Informationstätigkeit, aus der die Propagierung von Gewalt und Feindschaft sowie die Einmischung in innere Angelegenheiten verschwinden müssen, zeichnen sich Kontakte ab.

»Bricht das Eis« also, treten die Beziehungen in eine ruhigere und konstruktivere Phase ein? Man wünschte sich, daß der Prozeß anhält. Aber man verstieße gegen die Wahrheit, wollte man behaupten, daß spürbare Ergebnisse erreicht worden seien. Will man eine wirkliche Verbesserung der sowjetisch-amerikanischen Beziehungen herbeiführen, muß man ihren Stand reell einschätzen. Zwar sind Veränderungen zum Besseren spürbar, aber sie treten äußerst langsam ein, die alten unhaltbaren Standpunkte sind manchmal stärker als die Lebensnotwendigkeit, die sowjetisch-amerikanischen Beziehungen zu erneuern.

Die wissenschaftlich-technische Revolution und die Informatik haben heute die Menschen einander näher gebracht. Diese Vorgänge können genutzt werden, damit einer den anderen besser verstehen lernt. Aber man kann sie auch dazu ausnutzen, die Menschen auseinanderzubringen. Bisher hat dies schon großen Schaden gebracht. Jetzt aber ist die Welt an einem Punkt angekommen – und ich beziehe das sowohl auf die USA als auch auf die UdSSR –, wo es an der Zeit ist zu überlegen, wie man miteinander weiterleben will. Würde man unverändert weitermachen wie bisher, ließe sich schwer voraussagen, wo wir in zehn, fünfzehn oder zwanzig Jahren stehen werden. Mir scheint, die Besorgnis um die Zukunft unserer Länder, um die Zukunft der gesamten Zivilisation nimmt zu. Sie wächst im sowjetischen Volk ebenso wie im amerikanischen Volk.

Daß das amerikanische Volk der Sowjetunion aggressiv gegenüberstehe – das mag mir sagen, wer will, dem werde ich niemals zustimmen. Dem kann ich nicht zustimmen. Sicherlich gibt es Leute, denen Spannung, Konfrontation oder erbitterte Rivalität zwischen unseren Ländern recht sind. Vielleicht bringt es diesem und jenem etwas ein. Den großen, weitreichenden Interessen unserer Völker entspricht diese Situation jedoch nicht.

Wir machen uns Gedanken, was zu geschehen hat, damit sich die Beziehungen dennoch verbessern. Und sie müssen sich verbessern. In dieser Hinsicht sind wir seit Mitte der siebziger Jahre überhaupt nicht vorangekommen. Vieles, was damals aufgebaut, erreicht war, ist sogar zunichte gemacht worden. Wir sind nicht vorangekommen, im Gegenteil. Wir sagen, die Amerikaner sind schuld. Die amerikanische Seite sagt, die Sowjetunion ist schuld. Sicherlich muß man sich über die Ursachen dessen, was geschehen ist, klarwerden, denn man muß Lehren daraus ziehen, auch aus der Vergangenheit unserer Beziehungen. Das ist eine ernst zu nehmende Wissenschaft, eine Wissenschaft mit hoher Verantwortung, sofern man sich natürlich der Wahrheit verpflichtet fühlt. Dennoch muß man im Augenblick mehr darüber nachdenken, wie wir künftig in dieser Welt miteinander leben und zusammenarbeiten wollen.

Ich hatte viele Treffen mit amerikanischen Politikern und Persönlichkeiten des öffentlichen Lebens. Manchmal belastet das meinen Arbeitskalender sehr, doch bemühe ich mich immer, Zeit für derartige Begegnungen zu finden. Meine Aufgabe sehe ich dabei nicht nur darin, unsere Politik, unsere Sicht von der Welt deutlich zu machen, sondern auch die Geisteshaltung der Amerikaner zu ergründen, sie besser zu begreifen und mich besser in sie hineinzuversetzen, mir ein besseres Bild von den amerikanischen Problemen und den Besonderheiten der politischen Prozesse in den USA zu machen. Anders geht es nicht. Wissenschaftliche Politik muß auf der strikten Achtung der Realität beruhen. Wir werden nicht zu harmonischeren Beziehungen zwischen der UdSSR und den USA gelangen, wenn wir uns weiter von ideologischen Vorurteilen beherrschen lassen.

Die Kommunikation zwischen uns ist ungenügend, es mangelt an Verständnis füreinander, sogar an Achtung. Gewisse Kräfte haben eine Menge dazu beigetragen. Viele falsche Vorstellungen haben sich angesammelt, die die Zusammenarbeit hemmen, sich ihrer Entwicklung in den Weg stellen.

Die Nachkriegsgeschichte der sowjetisch-amerikanischen Beziehungen ist nicht Gegenstand dieses Buches. Doch ruft man sich die Ereignisse selbst der jüngsten Vergangenheit ins Gedächtnis zurück, erkennt man, wie nachteilig sich Voreingenommenheit und Ablehnung des Neuen ausgewirkt haben. Als ich zu Beginn des Sommers 1987 mit dem ehemaligen USA-Präsidenten James Carter zusammenkam, sagte ich ihm aufrichtig, daß wir absolut nicht alle Geschehnisse in seiner Amtszeit negativ bewerten. Es gab auch Positives. Ich denke unter anderem an den SALT-II-Vertrag, der, auch ohne ratifiziert worden zu sein, trotz der derzeitigen Linie der USA-Administration großen Nutzen bringt. Der Geist dieses Vertrages ist lebendig. Zugleich darf man nicht übersehen, daß viele Möglichkeiten verschenkt wurden. Wir waren und sind auch jetzt der Meinung, daß an der Schwelle der achtziger Jahre wichtige Vereinbarungen auf Gebieten wie Satellitenabwehrwaffen, Waffenhandel, Einschränkung der militärischen Aktivitäten im Indischen Ozean und Nahostregelung zum Greifen nahe waren. Vor zehn Jahren! Wieviel Zeit ist verschenkt worden, wieviel Mittel für das Wettrüsten und wieviel Menschenleben hat das gekostet!

Was erwarten wir von den Vereinigten Staaten von Amerika?

Ende August 1985 antwortete ich auf Fragen der USA-Zeitschrift »Time«: »Unsere Länder können es sich einfach nicht erlauben, die Dinge bis zur Konfrontation zu treiben. Darin liegt das wirkliche Interesse sowohl des sowjetischen als auch des amerikanischen Volkes. Und das muß in der Sprache der realen Politik ausgedrückt werden. Notwendig ist, dem Wettrüsten Einhalt zu gebieten, sich mit der Abrüstung zu befassen und die sowjetisch-amerikanischen Beziehungen in normale Bahnen zu führen. Ehrlich gesagt, es ist an der Zeit, die Beziehungen zwischen den beiden großen Völkern ihrer historischen Rolle entsprechend zu gestalten. Denn von unseren Beziehungen hängt wirklich das Schicksal der Welt, das Schicksal der Weltzivilisation ab. Wir sind bereit, in dieser Richtung zu wirken.«

Wir müssen lernen, in der Welt, wie sie ist, zu leben, in einer Welt, in der es die Interessen der Sowjetunion, der USA, Großbritanniens, Frankreichs, der BRD gibt. Aber da sind auch die Interessen Chinas, Indiens, Australiens, Pakistans, Tansanias, Angolas, Argentiniens und anderer Staaten;

ihre Interessen haben Polen, Vietnam, Kuba und jedes einzelne Land. Wollte man das nicht gelten lassen, so würde man den Völkern das Recht absprechen, frei ihre Wahl zu treffen, das Recht, ihre Gesellschaft nach eigenem Ermessen aufzubauen. Selbst wenn ein Volk falsch gewählt hat, muß es den Ausweg selbst finden. Das ist sein Recht.

Darüber sprach ich mit vielen Amerikanern, unter anderem im Frühjahr 1987 mit George Shultz in Moskau. Das Gespräch behandelte viele Themen, ich führte es aber immer wieder auf den einen Gedanken zurück: Wollen wir doch versuchen, in der real existierenden Welt zu leben, wollen wir doch die Interessen beider Länder berücksichtigen. Das geht aber nur, wenn auch die Interessen der anderen Mitglieder der Weltgemeinschaft Berücksichtigung finden. Internationale Beziehungen kommen nicht zustande, wenn man einzig von den Interessen der UdSSR und der USA ausgeht. Es muß ein Gleichgewicht herrschen.

In jeder geschichtlichen Etappe stellt sich diese Aufgabe auf neue Weise. Die Interessen und auch das Gleichgewicht wandeln sich. Gefragt ist auch ein neues Herangehen. Ich wiederhole: Es wäre gefährlich und schädlich, ausgangs des 20. Jahrhunderts die Politik auf Standpunkte zu gründen, die aus der Fulton-Rede Churchills und der Truman-Doktrin herrühren. Es ist längst an der Zeit, die Umgestaltung der sowjetisch-amerikanischen Beziehungen ernsthaft in Angriff zu nehmen. Akzeptiert man das, muß man die Gewohnheit ablegen, Befehle geben zu wollen. Niemand, nicht die Sowjetunion, nicht die Vereinigten Staaten und nicht die anderen Länder, darf die Welt oder Teile der Welt als Ausbeutungsobjekt betrachten, daran ändert auch die Parole von den »nationalen Interessen« nichts.

Mit Versuchen, die Beziehungen auf Diktat, Gewalt und Befehlen aufzubauen, ist schon jetzt schwer etwas auszurichten. Mit der Zeit wird das überhaupt unmöglich werden. Die neuen Realitäten zu erfassen ist ein schwieriger Prozeß. Das braucht Zeit und das Bemühen aller. Aber einmal eingeleitet, wird dieser Prozeß voranschreiten. Wir müssen lernen, einander zuzuhören und einander zu verstehen. Wir sind für ein Zusammenwirken mit den USA, für ein konstruktives Zusammenwirken, sagte ich George Shultz, niemand wird der UdSSR und den USA ihre Verantwortung abnehmen.

Ich erinnere mich an eine Unterhaltung mit dem ehemaligen Präsidenten der Vereinigten Staaten von Amerika, Richard Nixon. Er sprach von den, wie ich hoffen möchte, nicht prophetischen Worten Winston Churchills, daß auf den leuchtenden Flügeln der Wissenschaft der Erde die Steinzeit zurückgebracht werden könne, und hob hervor, daß es an mir, dem Generalsekretär des Zentralkomitees der KPdSU, und an Präsident Reagan sowie an den Nachfolgern sei, die historische Entscheidung für eine friedliche Zukunft zu treffen.

Ich erzählte Richard Nixon von einem Film über eine Wolgareise amerikanischer Touristen, den ich einmal gesehen hatte. Sowjetbürger und Amerikaner waren zusammen auf der Leinwand zu sehen. Wer da Amerikaner und wer Russe war, ließ sich schwer feststellen. Die Leute unterhielten sich angeregt, man spürte, daß sie freundschaftlich miteinander sprachen und einander verstanden. Das ist es, was den Politikern noch abgeht.

Wie gut, daß nicht nur Politiker sprechen, sondern auch unmittelbare Vertreter der Völker. Das ist sehr wichtig. Ich würde das begrüßen. Mögen sowjetische Menschen und Amerikaner öfter zusammenkommen, mögen sie selbst ein Bild vom anderen gewinnen. Der Kontakt, das direkte Gespräch von Menschen – das ist eine großartige Sache. Ohne das, ohne umfangreichen Kontakt und gegenseitiges Verstehen der Völker wird auch die Politik nicht viele Früchte tragen.

Ich wies Richard Nixon darauf hin, daß die gefährlichste Realität in der Welt von heute das kolossale Waffenarsenal, darunter auch das Kernwaffenarsenal, gerade unserer beiden Länder ist. Ich sagte ihm: Wenn wir in unserer Politik zueinander und gegenüber der übrigen Welt von falschen Voraussetzungen ausgehen, kann es zur schlimmsten Konfrontation mit den verhängnisvollsten Auswirkungen für die UdSSR wie für die USA und für die ganze Welt kommen.

Ich wiederhole heute gern, was ich damals sagte: In der sowjetischen Gesellschaft, nicht nur in der Führung, besteht die feste Absicht, nach Wegen zur Normalisierung der sowjetisch-amerikanischen Beziehungen zu suchen, Berührungspunkte zu finden und auszubauen, damit wir letztlich zu freundschaftlichen Beziehungen kommen. Auch wenn dieses Ziel bislang allzu hoch gesteckt scheinen mag, sind wir dennoch überzeugt, daß man sich eben so entscheiden muß, denn sonst wäre nicht auszudenken, wohin wir geraten.

Zum Besseren oder zum Schlechteren, einen Konjunktiv kennt die Politik nicht. Geschichte läßt sich nicht proben. Man kann sie nicht von vorn beginnen. Um so wichtiger ist es indes, ihren Verlauf und ihre Lehren zu begreifen.

Die USA – »glänzende Stadt auf dem Hügel«?
Wir begegnen nur allzuoft verdrehten Auffassungen über unser Land, abgedroschenen antisowjetischen Klischees. Daher wissen wir nur allzu gut, wie unheilvoll eine bewußte oder unbewußte Lüge sein kann, als daß wir die USA ausschließlich in Schwarzweißmalerei sehen wollen.

Ich weiß, die amerikanische Propaganda, eben die Propaganda, sucht Amerika als die »glänzende Stadt auf dem Hügel« hinzustellen.

Amerika hat eine große Geschichte. Wer wollte der amerikanischen Revolution ihre Bedeutung für den sozialen Fortschritt der Menschheit, wer wollte Amerika seine Leistungen im wissenschaftlich-technischen Bereich, auf dem Gebiet der Literatur, Architektur oder Kunst absprechen? Amerika hat all das aufzuweisen. Aber es gibt im heutigen Amerika akute soziale und andere Probleme, auf die die amerikanische Gesellschaft bisher keine Antwort fand oder, schlimmer noch, sie da und dort und in einer Weise sucht, daß es für andere schlimme Folgen haben kann.

Die USA verfügen über ein leistungsstarkes Produktionspotential, materiellen Reichtum, aber Millionen leben im

Elend. Darüber muß man doch nachdenken. Der nahezu missionarische Eifer, Rechte und Freiheiten des Menschen zu predigen und die Mißachtung dessen, wenn es darum geht, ebendiese elementaren Rechte im eigenen Hause zu gewähren – auch darüber muß man nachdenken. Endloses Gerede von der Freiheit des Menschen und Versuche, anderen die eigene Lebensweise aufzuzwingen; massive Propaganda für einen Kult von Stärke und Gewalt. Wie soll man das verstehen? Berauschung an Macht, an militärischer Stärke, ständig steigende Rüstungsausgaben und Löcher im Staatshaushalt, innere und jetzt auch äußere Verschuldung. Wofür? Was veranlaßt die USA dazu? Diese und viele andere Fragen legen wir uns vor, wenn wir die amerikanische Wirklichkeit zu ergründen suchen, wenn wir die Triebfedern für die Politik der USA erkennen möchten.

Ich sage es offen: Was wir von den Vereinigten Staaten von Amerika wissen, macht sie uns nicht zur »glänzenden Stadt auf dem Hügel«. Ebenso bestimmt kann ich sagen, daß wir die USA auch nicht als »Reich des Bösen« ansehen. Wie in jedem Lande, gibt es auch in der amerikanischen Wirklichkeit Licht und Schatten. Wir sehen die USA so, wie sie tatsächlich sind, wir sehen die ganze Vielfalt der Meinungen und Urteile in der amerikanischen Gesellschaft und über die amerikanische Gesellschaft.

Die sowjetische Führung betrachtet die USA nicht einseitig, sondern erkennt klar das ganze Spektrum: die ihren Geschäften nachgehenden, mit ihren Sorgen behafteten, alles in allem friedlich gesinnten Millionen schaffender Menschen, die realistisch denkenden Politiker, die einflußreichen konservativen und daneben die reaktionären Kreise, die mit dem Militär-Industrie-Komplex liiert und an den Profiten aus der Waffenproduktion beteiligt sind; das gesunde, normale Interesse für uns und den recht verbreiteten, blind machenden Antisowjetismus und Antikommunismus.

Nach unserem Dafürhalten ist das politische System, ist die Gesellschaftsordnung der USA Angelegenheit des amerikanischen Volkes selbst. An ihm ist es, darüber zu entscheiden, wie sein Land regiert, wie seine Führung, seine Regierung gewählt werden soll. Wir respektieren dieses souveräne Recht. Was käme dabei heraus, wenn wir die Wahl des amerikanischen Volkes in Zweifel ziehen wollten? Die Politik muß sich auf Realitäten, auf die Einsicht gründen, daß jedes Volk berechtigt ist, seine Lebensweise, sein Regierungssystem selbständig zu wählen.

Die Vereinigten Staaten sind eine Macht, mit der wir leben und mit der wir unsere Beziehungen gestalten müssen. Das ist eine Realität. Bei aller Widersprüchlichkeit unserer Beziehungen liegt auf der Hand, daß wir für die Sicherung des Friedens ohne die USA nichts erreichen und die USA ohne uns auch nichts ausrichten werden. Hier können wir nicht ohne die Amerikaner und sie nicht ohne uns auskommen. Darum brauchen wir Kontakte, brauchen wir den Dialog, müssen wir nach Wegen zur Verbesserung der Beziehungen suchen.

Wir wissen und begreifen sehr wohl, daß es in den USA die Regierung, das Weiße Haus, und den Kongreß gibt. Und wir wollen sowohl mit der Regierung als auch mit dem Kongreß zusammenarbeiten. Augenblicklich vertiefen wir unsere Vorstellungen von den politischen Vorgängen in den USA. Wir sehen unter anderem den Unterschied zwischen den Ansichten des Verteidigungsministers, eines Zivilisten, und den professionellen Militärs in den USA. Für den ersten werden Geschäft und Rüstungsaufträge groß geschrieben, während sich die realistisch denkenden Berufsmilitärs sehr wohl darüber im klaren sind, was sie in Händen haben und was das für die ganze Welt bedeuten kann. Diese Einsicht spricht für Realitätssinn und Verantwortungsbewußtsein der Militärs. Es kommt sehr darauf an, daß sie die Situation richtig begreifen.

Ich möchte hinzufügen, daß wir nicht beabsichtigen, uns in unseren Beziehungen zu den USA nach der gerade herrschenden politischen Situation in den Vereinigten Staaten zu richten. Heute sind dort die Republikaner am Ruder, morgen werden es die Demokraten oder wiederum die Republikaner sein. Ein großer Unterschied besteht da nicht. Aber es gibt die Interessen der USA als Staat. Und wir werden Beziehungen zu der Regierung unterhalten, die an der Macht ist. Die amerikanischen Angelegenheiten sollen die amerikanischen, unsere sollen die unseren bleiben. Das ist unsere grundsätzliche Einstellung.

Das »Feindbild«

Wir brauchen Amerika ganz bestimmt nicht als »Feindbild«, weder für den inneren Gebrauch noch für unsere außenpolitischen Interessen.

Einen fiktiven beziehungsweise realen Feind braucht man, wenn man auf Aufrechterhaltung der Spannung, auf Konfrontation mit weitreichenden und, das möchte ich hinzusetzen, nicht berechenbaren Auswirkungen aus ist. Wir aber orientieren uns auf etwas anderes.

Bei uns in der Sowjetunion wird nicht Haß auf die Amerikaner, nicht Verachtung der USA propagiert. Dem werden Sie bei uns weder in der Politik noch im Schulunterricht, noch sonstwo begegnen. Wir kritisieren die Politik, mit der wir nicht einverstanden sind. Aber das ist etwas anderes. Das besagt keinesfalls, daß wir dem amerikanischen Volk keine Achtung entgegenbrächten.

Im Sommer 1987 hatte ich eine Begegnung mit einer Gruppe von Russischlehrern aus den USA, die zu einem zweimonatigen Praktikum in Leningrad weilten. Wir führten ein nützliches, ein aufrichtiges und herzliches Gespräch. Hier ein kurzer Ausschnitt aus dem Stenogramm.

Michail Gorbatschow: »Sind Sie in diesen Tagen auch nur ein einziges Mal auf Verachtung der Amerikaner gestoßen?«

D. Padula: »Nein. Allerdings hat mich einmal jemand auf der Straße gefragt, wann es Frieden gäbe. Ich hoffe, bald, sagte ich ihm.«

Michail Gorbatschow: »Das ist eine sehr interessante Mitteilung. Ich bin überzeugt, Freunde, Sie werden nirgends auf Verachtung gegenüber den Amerikanern stoßen, wo immer Sie sich in der Sowjetunion auch aufhalten mögen. Nirgendwo. Sie können auch unsere Presse lesen. Sie werden dort Kritik, Analysen, Urteile, Wertungen der Politik der Regierung, der Erklärungen und Handlungen bestimmter Gruppen finden, aber nirgends Verachtung der USA und der Amerikaner. Also wenn ›die Roten kommen‹, dann kommen sie gemeinsam mit Ihnen auf der Straße der ganzen Menschheit.«

Aber in den Vereinigten Staaten scheint mancher die Sowjetunion als Feindbild zu »brauchen«. Wie sonst sollte man gewisse Filme, amerikanische Hetzsendungen aus München, die Flut von Artikeln und Sendungen verstehen, die voller Beleidigungen und Haß auf das Sowjetvolk sind? Und das nun schon seit den frühen vierziger Jahren, wenn nicht schon länger.

Ich bin weit davon entfernt, jeden Schritt zu idealisieren, den die sowjetische Außenpolitik in den letzten Jahrzehnten getan hat. Es wurden auch Fehler begangen. Aber sehr oft resultierten sie aus einer Überreaktion auf amerikanisches Vorgehen, auf eine Politik, die ihre Verfechter als »Zurückrollen des Kommunismus« bezeichnet haben.

Wir reagieren empfindlich, und, ich will es nicht verhehlen, wir werden hellhörig, wenn man in Gestalt der Sowjetunion ein »Feindbild« suggerieren will. Um so mehr, als es sich nicht bloß um ideologische Pflichtübungen im Sinne der üblichen Märchen von einer »sowjetischen militärischen Bedrohung«, dem »Arm Moskaus«, den »Ränken des Kreml« und die ausschließlich negative Darstellung unserer inneren Angelegenheiten handelt. Von der Absurdität solcher Behauptungen will ich gar nicht sprechen, man darf aber auch nicht übersehen, daß in der Politik alles seinen Zweck hat. Somit handelt es sich um politische Praktiken, hinter denen bestimmte Absichten und Pläne stehen. Von jeglichem Chauvinismus müssen sich unsere beiden Länder frei machen, besonders wenn man die Stärke bedenkt, über die sie beide verfügen. Der Chauvinismus kann Elemente in die Politik hineintragen, die nicht geduldet werden können.

Es ist eine bittere, tragische Tatsache, daß es lange Zeit

mit den sowjetisch-amerikanischen Beziehungen abwärtsging. Kurze Zeitspannen, in denen sie sich verbesserten, wichen langanhaltenden Phasen, in denen Spannung und Feindschaft geschürt wurden. Ich bin gewiß, daß zur Zeit aller Grund besteht, die Lage zu korrigieren, und manches scheint dabei schon zu gelingen. Wir sind bereit, Veränderungen zum Besseren nach Kräften zu fördern.

Wer braucht das Wettrüsten und wozu?
Wenn man sich die Frage vorlegt, was die sowjetisch-amerikanischen Beziehungen belastet, kommt man zu dem Schluß: zuallererst das Wettrüsten. Ich habe nicht vor, seine Geschichte zu schildern. Ich will nur nochmals betonen, daß in beinahe allen Etappen die Sowjetunion es war, die nachzog. Anfang der siebziger Jahre hatten wir eine annähernde militärstrategische Parität erreicht. Allerdings auf einem, offen gesagt, erschreckenden Niveau. Die Sowjetunion wie die USA verfügen jetzt über die Potenzen, einander mehrfach zu vernichten.

Angesichts des strategischen Patts wäre es doch wohl logisch, dem Wettrüsten Einhalt zu gebieten und zur Abrüstung überzugehen. Doch es ist anders. Die ohnehin prallvollen Arsenale werden durch weitere raffinierte Waffenarten aufgestockt, bei der Entwicklung von Militärtechnik werden neue Richtungen eingeschlagen. Tonangebend bei diesem gefährlichen, um nicht zu sagen verhängnisvollen Treiben sind die USA.

Ich verrate kein Geheimnis, wenn ich sage, daß die Sowjetunion alles Erforderliche unternimmt, um ihre Verteidigung auf dem gebührenden modernen Stand zu halten. Dazu sind wir unserem eigenen Volk und unseren Verbündeten gegenüber verpflichtet. Indessen möchte ich mit allem Nachdruck unterstreichen, daß wir das nicht aus freien Stücken, sondern gezwungenermaßen tun.

Bei den Amerikanern gibt es Zweifel am Abrüstungswillen der Sowjetunion. Aber aus der Geschichte ist bekannt, daß wir unser Wort halten können und eingegangene Verpflichtungen erfüllen. Von den Vereinigten Staaten kann man das leider nicht sagen. Die Regierung manipuliert die öffentliche Meinung, sucht sie mit der sowjetischen Bedrohung zu schrecken, und sie tut das mit besonderem Eifer, wenn ein neuer Militärhaushalt im Kongreß durchgepeitscht werden soll. Uns stellt sich die Frage: Wozu geschieht das alles, was bezwecken die USA?

Es liegt auf der Hand, daß in der Welt, in der wir leben, in der Welt der Kernwaffen, jeder Versuch, die Probleme zwischen der UdSSR und den USA mit Kernwaffen zu lösen, einem Selbstmord gleichkäme. Das ist eine Tatsache, und ich kann mir nicht vorstellen, daß sich die Politiker der USA dessen nicht bewußt sind.

Damit nicht genug, ist jetzt eine wirklich paradoxe Situation eingetreten. Selbst wenn heute ein Land ständig rüstet, die Rüstungen aufstockt, während das andere nichts tut, bringt ihm das keinen Gewinn. Die schwache Seite braucht bloß alle ihre Kernsprengsätze zu zünden, sogar auf eigenem Territorium, und dann ist das für sie Selbstmord und langsamer Mord am Gegner. Deshalb jagt derjenige, der nach militärischer Überlegenheit trachtet, einem Trugbild nach. In der realen Politik kann er damit nichts anfangen.

Auch von einer anderen Illusion trennen sich die USA nur sehr ungern. Ich meine die moralisch verwerflichen Pläne, die Sowjetunion totrüsten zu wollen, uns mehr und mehr ins Wettrüsten zu treiben und uns auf diese Weise daran zu hindern, unsere konstruktiven Pläne zu verwirklichen.

Ich möchte den Leser an die Erfahrungen der Nachkriegsjahrzehnte erinnern. Die Sowjetunion befand sich nach dem zweiten Weltkrieg in einem äußerst schlimmen Zustand. Gewiß, wir hatten im Kampf gegen den Faschismus gesiegt, zusammen mit den USA und den anderen Alliierten der Antihitlerkoalition. Aber während auf die USA keine einzige feindliche Bombe abgeworfen und auf amerikanischem Boden kein einziger feindlicher Schuß gefallen war, hatten auf weiten Teilen unseres Landes erbitterte Kämpfe getobt. Unsere Verluste an Menschen und Material waren gewaltig. Dennoch konnten wir die Zerstörungen beseitigen, unser Wirtschaftspotential vergrößern und zielbewußt die Verteidigungsaufgaben bewältigen. Sollte das keine Lehre für die Zukunft sein?

Staaten dürfen ihre Politik nicht auf falschen Vorstellungen aufbauen. Wir wissen, daß in den USA und im Westen überhaupt die Meinung herrscht, reale Gefahr gehe von der Sowjetunion nicht etwa deshalb aus, weil sie Kernwaffen besitzt. Man urteilt folgendermaßen – an anderer Stelle sprach ich schon davon: Die Sowjets wissen sehr wohl, daß ihnen der Gegenschlag sicher ist, wenn sie die USA überfallen. Gleichermaßen sind sich die USA dessen sehr bewußt, daß ein Angriff auf die UdSSR einen Gegenschlag zur Folge hätte. Deshalb kann nur ein Wahnwitziger einen Kernwaffenkrieg entfesseln. Eine wirkliche Bedrohung entsteht nach Ansicht dieser Leute für die USA, für die westliche Welt, wenn die Sowjetunion ihre Pläne für die Beschleunigung der sozialökonomischen Entwicklung verwirklicht und ihre neuen wirtschaftlichen und politischen Möglichkeiten demonstriert. Darum soll die Sowjetunion totgerüstet werden.

Wir raten den Amerikanern ehrlichen Herzens: Versucht, diese Einstellung zu unserem Lande aufzugeben! Darauf zu hoffen, daß man Vorteile irgendwelcher Art aus der Technologie und modernen Technik ziehen könnte, mit der man Übergewicht über unser Land erlangt, ist sinnlos. Wer annimmt, die Sowjetunion stecke in einer »ausweglosen Lage« und man müsse sie nur stärker unter Druck setzen, um alles zu erreichen, worauf es den USA ankommt, dem unterläuft ein schwerer Irrtum. Aus diesen Plänen wird nichts. In der realen Politik darf man nicht in Wunschdenken verfallen. Wenn die Sowjetunion allen Herausforderungen begegnen konnte, als sie weit schwächer als heute war, dann muß man doch schon blind sein, um nicht zu sehen, daß unsere Möglichkeiten, eine starke Verteidigung aufrechtzuerhalten und gleichzeitig die sozialen und anderen Aufgaben zu lösen, um ein vielfaches gestiegen sind.

Ich wiederhole, die Außenpolitik der USA fußt zumindest auf zwei Irrtümern. Der erste ist der Glaube, das Wirtschaftssystem der Sowjetunion stehe vor dem Zusammenbruch, und es werde ihr nicht gelingen, die Umgestaltung in den Griff zu bekommen. Der zweite ist das Kalkül, der Westen sei technisch und technologisch und letztlich militärisch überlegen. Von diesen Illusionen lebt der Kurs, den Sozialismus totzurüsten, um ihm dann Bedingungen diktieren zu können. So sieht der Plan aus, und er ist naiv.

Ich will es ganz unumwunden aussprechen: Dem Westen mangelt es in seiner gegenwärtigen Politik an Verantwortungsbewußtsein und neuem Denken. Wenn dem nicht Einhalt geboten wird, wenn der Einstieg in die Abrüstung nicht geschafft wird, kann das zu einer Höllenfahrt werden, die geradewegs in die Katastrophe führt.

Heute brauchen die UdSSR wie die USA mehr denn je eine verantwortungsbewußte Politik. Wir haben im politischen, wirtschaftlichen und sozialen Bereich unsere eigenen Probleme, und die Amerikaner haben die ihren. Es gibt viel zu tun. Indessen entstehen in verschiedenen »Denkfabriken« strategische Pläne, deren Urheber, Taschenspielern gleich, mit den Geschicken von Millionen Menschen spielen. In ihren Empfehlungen gehen die »Denkfabriken« davon aus, daß die Sowjetunion für die USA und für die Welt überhaupt die größte Bedrohung darstelle. Ich sagte schon: Das steinzeitliche Denken muß aufgegeben werden. Mir ist klar, es gibt Politiker und Diplomaten, die jahrzehntelang dieser Politik und diesem Denken verhaftet waren. Aber ist der Zug für sie nicht abgefahren? Im Nuklearzeitalter ist neues Denken gefragt. Vor allem brauchen es die USA und die Sowjetunion in ihren Beziehungen.

Wir sind Realisten und gehen deshalb davon aus, daß in der internationalen Politik die staatlichen Interessen aller, auch der kleinsten Länder, eine Rolle spielen. Man muß endlich begreifen, daß die Zeiten vorüber sind oder zumindest zu Ende gehen, da die Großmächte das Weltgeschehen so bestimmen konnten, wie es ihnen beliebte.

Weiter zu den Realitäten. Ideologischen Streit aus den zwischenstaatlichen Beziehungen ausschließen

Ich bin fest davon überzeugt, daß es längst an der Zeit ist, den Gegebenheiten um uns herum ins Auge zu sehen, die Erfahrungen der Vergangenheit zu analysieren und mutig einzuschätzen, wo wir stehen. Wenn ein Land ein anderes für das »absolut Böse« hält und sich selbst als das »absolut Gute« hinstellt, dann geraten die Beziehungen in eine Sackgasse. Ich meine jetzt nicht das antikommunistische Gerede, wenngleich es großen Schaden anrichtet. Ich spreche von dem Unvermögen oder der fehlenden Bereitschaft, zu erkennen, daß das Menschengeschlecht eine Gemeinschaft ist, daß es ein gemeinsames Schicksal hat. Ich spreche von der Notwendigkeit zu lernen, auf dieser Erde vernünftig, zivilisiert miteinander zu leben.

Die auf Konfrontation gerichteten Beziehungen zwischen der UdSSR und den USA sind den heutigen Generationen aus der Vergangenheit hinterlassen worden. Aber sind wir ausweglos dazu verdammt, diese Feindschaft weiterzutragen?

Natürlich leben wir schon lange Jahre in Frieden. Aber zufriedenstellend kann man die jetzige internationale Situation nicht nennen. Das Wettrüsten, besonders bei Kernwaffen, geht weiter. Die regionalen Konflikte ebben nicht ab. Das Risiko eines Krieges nimmt zu. Der Ausweg liegt in der Humanisierung der internationalen Beziehungen. Das ist ein schwieriges Problem. Wir sehen die Dinge so: Man muß über die ideologischen Meinungsverschiedenheiten hinwegsehen, soll jeder seine eigene Entscheidung treffen, der Rechnung getragen werden muß. Dazu aber bedarf es des neuen politischen Denkens, das von der Einsicht in die wechselseitige Abhängigkeit aller ausgeht und sich auf den Gedanken gründet, daß die Zivilisation überleben muß. Schaffen wir es, uns über die Kriterien für dieses Denken zu einigen, werden wir für die Probleme, vor denen die Weltgemeinschaft steht, die entsprechenden Lösungen finden. Wenn die Politiker das erkennen und zu realisieren verstehen, hat die Vernunft gesiegt.

Als Streiter für eine Gesundung der internationalen Lage sind wir der Meinung, daß es zwei Merkmale für eine realistische Außenpolitik gibt: die Berücksichtigung der eigenen nationalen Interessen und die Achtung der Interessen der anderen Staaten. Das ist eine starke und vernünftige Position. Sie muß beharrlich verteidigt werden. Wir denken so und bemühen uns, danach zu handeln.

Das Übel der Entfremdung

Mitunter heißt es, und ich selbst meine es auch, die UdSSR und die USA könnten ohne einander auskommen. Wir können durchaus ohne die USA leben. Die Amerikaner können auch ohne uns leben. Vom wirtschaftlichen Standpunkt ist das möglich. Unsere Handelsbeziehungen sind ja auch heute unbedeutend, und was tut's, wir leben. Die Lehren, die uns die Amerikaner erteilt haben, beherzigen wir.

Ein wunder Punkt war für uns der Import von Futtergetreide. Jetzt haben wir uns abgesichert, indem wir heute nicht nur das Getreide aus mehreren Quellen beziehen, sondern auch dadurch, daß wir Intensivtechnologien in unserer Landwirtschaft eingeführt haben, die erhebliche Ertragssteigerungen möglich machen. Jetzt lautet die Aufgabe, bald selbst Getreide auf den Weltmarkt zu bringen.

Im Westen ist der COCOM-Ausschuß gegründet worden, und die USA wachen nun eifrig darüber, daß alle Beschränkungen, die er vorsieht, strengstens eingehalten werden. Sie suchen eine Erweiterung der Liste von Waren durchzusetzen, die an uns nicht verkauft werden dürfen. Dabei scheuen sie nicht davor zurück, sich in die inneren Angelegenheiten jener einzumischen, die dieses restriktive System mittragen.

Wir haben angemessen darauf reagiert. Ein entsprechendes Programm wurde entwickelt, das die Bezeichnung »Programm 100« erhielt, weil es darin eben um 100 Positionen ging. In nicht einmal drei Jahren war dieses Programm erfüllt. Zu neunzig Prozent versorgen wir uns mit all diesen Waren schon selbst. Wir haben die Aufgabe also im wesentlichen bewältigt.

Wir haben rundheraus gesagt: Weg mit dem Minderwertigkeitskomplex! Unser Land ist riesengroß, hat enorme Ressourcen und ein beeindruckendes Wissenschaftspotential. Die kapitalistischen Partner in der Welt sind nicht immer verläßlich, sie scheuen sich nicht, den Handel mitunter für politische Erpressung und als Druckmittel zu gebrauchen. Was wir eingeleitet haben, bringt schon die ersten konkreten Ergebnisse. Bei EDV-Anlagen, Super-EDV-Anlagen, Supraleitfähigkeit usw. liegen grundsätzlich neue Entwicklungsarbeiten vor. Kurzum, wir haben einiges erreicht.

Von den Vereinigten Staaten wäre es wirklich kurzsichtig und überheblich, darauf zu vertrauen, daß sie immer vorn sein und wir immer hinterhertrotten werden. Allerdings wissen wir auch, daß viele amerikanische Wissenschaftler darüber anders denken.

Aber wie viele günstige Möglichkeiten für die Entwicklung der Wirtschaft, sei es die sowjetische oder die amerikanische, sind in der langen Zeit der Entfremdung zwischen unseren Ländern vertan worden! Es läßt sich gar nicht ermessen, wie viele gute gemeinsame Taten wir unterlassen haben, weil unsere Beziehungen von Mißtrauen und Argwohn vergiftet waren.

Entfremdung bringt also keinen Nutzen, sondern ist ein Übel. Ein großes Übel. Zudem bilden Wirtschaftsbeziehungen die materielle Grundlage für die politischen Beziehungen, für ihre Verbesserung. Wirtschaftsbeziehungen schaffen gegenseitiges Interesse, das auch in der Politik hilft, Lösungen zu finden. Ich glaube, wenn es gelänge, die Handels- und Wirtschaftsbeziehungen richtig zu entwickeln und den Prozeß fortzuführen, der in der Kultur, zwar nicht besonders schnell, aber dennoch im Fluß ist, dann könnten wir mehr Vertrauen zwischen unseren Ländern schaffen. Aber in der Wirtschaft haben die USA viele Hindernisse errichtet, viele Schranken aufgebaut.

Gewiß, wir kaufen Getreide. Jetzt aber mehr, um die Handelsbeziehungen wenigstens am Leben zu erhalten und sie nicht völlig versanden zu lassen. Aber wie schon erwähnt, es kann sein, daß wir bald keins mehr zu kaufen brauchen. Unser sonstiger Handel mit den USA ist im Grunde gleich Null. Kaum haben manche unserer Waren den Durchbruch zum amerikanischen Markt geschafft, gerät man dort schon in Sorge und trifft Maßnahmen, um Schranken zu errichten und Verbote zu verhängen. Was gibt es in den Vereinigten Staaten nicht alles für Rechtsvorschriften, die eine Entwicklung des Handels mit uns unterbinden sollen!

Ich sage es abermals: Alles in allem können die USA, was den Handel betrifft, natürlich ohne uns zurechtkommen und wir ohne die USA. Doch wenn man bedenkt, daß in der Welt von uns und von unserer Verständigung viel abhängt, dann muß sich dieses gegenseitige Verstehen normal entwickeln und vertiefen, und dazu muß folglich der Handel ausgebaut werden. Das wäre normal und interessant zugleich.

Gewisse Kreise in den USA zeigen sich jedoch nicht aufgeschlossen, sind nicht bereit, auf das Prinzip der Gegenseitigkeit einzugehen – auf gar keinen Fall! Wenn man von der Sowjetunion etwas erzwingen kann, dann bitte schön. Aber auf der Grundlage der Gegenseitigkeit – nein!

Vielleicht hängt manches, viel sogar auch von uns ab. Vielleicht verstehen wir nicht, Handel zu treiben. Vielleicht bemühen wir uns ebenfalls nicht besonders, weil wir auch so zurechtkommen. Kurzum, sollen die Barrieren weggeräumt werden, müssen nicht nur sowjetische, sondern auch amerikanische Bulldozer auffahren.

So und nicht anders muß die Problematik der Vertrauensbildung gelöst werden. Mit Zauberformeln ist da nichts auszurichten. Vertrauen bildet sich in einem realen Prozeß, entsteht durch praktische Taten, unter anderem durch das Bemühen der Partner, die Beziehungen in Handel, Wirtschaft, Wissenschaft, Technik, Kultur und auf anderen Gebieten zu entwickeln, und natürlich durch die Anstrengungen um die Beendigung des Wettrüstens, um die Abrüstung. Gefördert wird das Vertrauen auch durch das gemeinsame Bestreben, die regionalen Konflikte beizulegen.

Wenn man mir sagt, zuerst müsse man Vertrauen schaffen, danach könne man die Grundprobleme lösen, so verstehe ich das nicht. Das ist wohl eher eine Ausrede. Ist Vertrauen etwa ein Geschenk Gottes? Oder ist es etwa da, wenn die UdSSR und die USA nur lange genug beteuern, sie wollten Vertrauen? Natürlich nicht. Das ist ein Prozeß. Die Größe des Vertrauens hing immer und zu allen Zeiten davon ab, wie weit die realen Beziehungen und die Zusammenarbeit auf verschiedenen Gebieten gediehen waren.

Wir müssen einander besser kennenlernen, damit wir alle Zufälligkeiten, jegliche Unberechenbarkeit vermeiden, die schwere Folgen haben können. Ich wiederhole: Wir müssen weniger aufgrund ökonomischer Faktoren, sondern vielmehr aus politischen Erwägungen heraus zusammenarbeiten. Ich meine, wie schwer dies auch sein mag und wie kompliziert sich unsere Beziehungen auch aus inneren oder äußeren Gründen gestalten mögen, wir dürfen das oberste Ziel nicht aus den Augen verlieren: die Gesundung der Beziehungen zwischen unseren Ländern.

Aus Informationen, die uns vorliegen, und aus zahlreichen persönlichen Kontakten haben wir den Eindruck gewonnen, daß die realistisch denkenden Menschen in den USA und überall sonst Zusammenarbeit wollen, nicht aber Konfrontation. Sie begrüßen den Realismus in der Politik der UdSSR und knüpfen große Hoffnungen daran. Bei meinen vielen Begegnungen mit Geschäftsleuten habe ich mich davon überzeugen können, daß sie in großen Kategorien denken, wenngleich sie ihr Geschäft darüber nicht vergessen. Gern denke ich an meine wiederholten Unterredungen mit Dr. Armand Hammer zurück, der sich sehr für Verständigung und Entwicklung freundschaftlicher Beziehungen zwischen unseren Ländern einsetzt. Unlängst wurde mir das Gespräch mit einem anderen sehr reichen Amerikaner, Edgar Bronfman, wiedergegeben. Er bat, das Glas auf Gorbatschow zu erheben, und sagte zu seinem Gesprächspartner: »Materiell hat mir das Leben schon alles gegeben. Jetzt geht es aber um das Schicksal der Menschheit. Wenn sich die Sowjetunion weiterentwickelt, wird sie fähig sein, das Gleichgewicht der

Kräfte aufrechtzuerhalten, wird es einen Markt und auch Frieden geben.«

Unbestreitbar sind die Sowjetunion und die Vereinigten Staaten zwei mächtige Staaten mit weitreichenden Interessen. Unsere Länder besitzen beide ihre Bündnispartner und Freunde. Wir haben unsere Prioritäten in der Außenpolitik. Ich glaube aber nicht, daß daraus unweigerlich folgt, wir seien auf ewig zu Konfrontation bestimmt. Logischer ist eine andere Schlußfolgerung – die UdSSR und die USA tragen eine besondere, erhöhte Verantwortung für die Geschicke der Welt.

Kernwaffen sind hauptsächlich in der Sowjetunion und den Vereinigten Staaten von Amerika konzentriert. Und zehn Prozent, was sage ich, schon ein Prozent dessen, was diese beiden Länder besitzen, genügen, um der gesamten Erde und der ganzen menschlichen Zivilisation nicht wiedergutzumachenden Schaden zuzufügen.

Also tragen auch, so gesehen, die Amerikaner und wir vor allen Völkern die größte Verantwortung. Die Politiker, unsere Staaten, unsere beiden Völker sind der ganzen Menschengemeinschaft gegenüber zu einer besonderen, unvergleichlichen Verantwortung verpflichtet. Das amerikanische Volk war stark genug, Amerika so aufzubauen, wie es heute ist. Die Sowjetunion war stark genug, sich aus einem rückständigen Land zur heutigen Sowjetunion zu entwickeln. Und heute sind wir, trotz allem, was wir in unserer wechselvollen Geschichte erdulden mußten, ein riesiger, mächtiger, entwickelter Staat, ein gebildetes Volk mit großen geistigen Potenzen. Sollten da die Amerikaner und wir, die wir derartigen historischen Aufgaben gewachsen waren, nicht klug, fähig, verantwortungsbewußt und gegeneinander respektvoll genug sein, um uns in der Welt von heute zurechtzufinden und eine Katastrophe zu verhindern?

Wir sind uns nur zu gut bewußt, daß sich buchstäblich Berge von Problemen zwischen unseren Ländern aufgetürmt haben. Was sich in vielen Jahren angesammelt hat, kann nicht alles in Kürze behandelt und geregelt werden. Wer so denkt, gibt sich Illusionen hin, verliert sich in Träumen. In den sowjetisch-amerikanischen Beziehungen ist oberstes Gebot, nicht Hirngespinsten nachzujagen, sondern mit beiden Beinen auf dem Boden der Tatsachen zu stehen.

Wir betrachten die Welt und die USA, das wiederhole ich, von realpolitischen Positionen aus. Ausgangspunkt ist für uns die Tatsache, daß das amerikanische und das sowjetische Volk keine Selbstvernichtung wollen. Ebendeshalb nahmen wir Kurs auf eine Verbesserung der Beziehungen zu den USA und hoffen auf Gleiches von der Gegenseite.

Auf dem Wege nach Genf
Nach dem April-Plenum (1985) des Zentralkomitees der KPdSU hat die sowjetische Führung die Sachlage, auch die auswärtigen Angelegenheiten, gründlich geprüft und ist dabei zu der Überzeugung gelangt: Die Situation in der Welt ist zu gefahrvoll, als daß man auch nur die geringste Chance vorübergehen lassen dürfte, die Lage zu verbessern und zu einem stabileren und dauerhafteren Frieden zu kommen.

Wir hielten es für nötig, mit der Macht der Argumente, mit Vorbildwirkung und der Bekundung von gesundem Menschenverstand den gefährlichen Lauf der Ereignisse zu durchbrechen. Die Situation, zugespitzt wie sie war, ließ uns zu der Überzeugung kommen, daß das direkte Gespräch mit dem USA-Präsidenten erforderlich ist, damit zumindest ein vertiefter Meinungsaustausch geführt werden kann und einer die Positionen des anderen besser kennenlernt.

Im Vorfeld des Treffens, mehrere Monate davor, begannen wir, gewissermaßen den Weg dorthin zu ebnen, ein günstiges Klima zu erzeugen. Schon im Sommer 1985 stellte die Sowjetunion einseitig alle Kerntests ein und erklärte sich bereit, die Verhandlungen über die vollständige Einstellung der Kernwaffenversuche unverzüglich wiederaufzunehmen. Wir bekräftigten gleichfalls unser einseitiges Moratorium für die Erprobung von Satellitenabwehrwaffen und schlugen die radikale Reduzierung der Kernwaffenarsenale vor. Unser unverrückbarer Standpunkt, daß das Wettrüsten nicht in den Weltraum getragen werden darf, wurde um den Vorschlag ergänzt, bei der friedlichen Erforschung und Nutzung des Weltraums weitestgehend international zusammenzuarbeiten.

Vor dem Treffen in Genf tagte der Politische Beratende Ausschuß der Teilnehmerstaaten des Warschauer Vertrages in Sofia. Dort erhoben die sozialistischen Länder nachdrücklich ihre Stimme für den Frieden, für Entspannung, gegen Wettrüsten und Konfrontation, für die Gesundung der internationalen Lage im Interesse aller Völker der Erde.

Genf

Alle Einzelheiten des Genfer Treffens sind mir noch in lebhafter Erinnerung. An den zwei gänzlich ausgefüllten Tagen hatte ich mehrere Gespräche mit Präsident Ronald Reagan unter vier Augen. Eigentlich waren es fünf Gespräche, um genau zu sein, sieht man von den wenigen Minuten ab, in denen wir uns verabschiedeten.

Unsere Gespräche waren, wie ich schon sagte, offen, ausführlich, scharf, ja zuweilen äußerst scharf. Wir erkannten, daß wir wohl etwas Gemeinsames haben, was Ausgangspunkt für eine Verbesserung der sowjetisch-amerikanischen Beziehungen sein kann. Das ist die Einsicht, daß es zu keinem Kernwaffenkrieg kommen darf, er nicht führbar ist und es darin keine Sieger geben kann.

Diesen Gedanken sprach unsere wie auch die amerikanische Seite mehrfach aus. Daraus folgt, daß das zentrale Problem in den Beziehungen zwischen unseren Ländern in der gegenwärtigen Etappe die Sicherheit ist. Ich sagte zum Präsidenten: Wollen wir doch überlegen, wie wir im Interesse des sowjetischen wie des amerikanischen Volkes vorgehen müssen, damit sich die bilateralen Beziehungen verbessern und später vielleicht – aus der Erkenntnis heraus, daß unsere Länder nicht nur vieles trennt, sondern auch verbindet – freundschaftlich gestalten. Denn die Alternative wäre ja allgemeine Vernichtung.

Unter diesem Blickwinkel sprachen wir davon, daß Maßnahmen getroffen werden müssen, um ein Wettrüsten im Weltraum zu verhindern und es auf der Erde einzustellen, daß die strategische Parität aufrechterhalten, daß deren Niveau gesenkt werden muß. Dieser Aspekt bestimmte unser Gespräch über die Welt insgesamt, die aus einer großen Vielfalt von Ländern und Völkern mit ihren Interessen und Bestrebungen, mit ihrer eigenen Politik, eigenen Traditionen und Träumen besteht. Wir sprachen davon, daß der Wunsch jedes Volkes, im politischen, im wirtschaftlichen und im sozialen Bereich von seinen souveränen Rechten Gebrauch zu machen, nur natürlich ist. Jedes Land hat das Recht, zu entscheiden, sich seinen Weg, sein System und seine Freunde zu wählen. Wenn man das nicht anerkennt, kann man keine normalen internationalen Beziehungen aufbauen.

In manchem stimmte mir der USA-Präsident zu, in vielem konnten wir kein Einvernehmen erzielen. Große Meinungsverschiedenheiten in Grundsatzfragen blieben. In Genf konnten für Kardinalprobleme der Einstellung des Wettrüstens und der Festigung des Friedens keine Lösungen gefunden werden.

Aber ebenso wie damals, im Herbst 1985, bin ich auch heute der Ansicht, daß das Treffen notwendig und nützlich war. An Wendepunkten, in Umbruchphasen der Geschichte braucht man die Wahrheit einfach wie die Luft zum Atmen. Das Wettrüsten hatte die internationale Lage allzu besorgniserregend werden lassen, zu viele Lügen waren darüber in die Welt gesetzt worden. Dieser Nebelschleier muß zerrissen werden, die Worte müssen an Taten gemessen werden. Besser als im direkten Gespräch, wie es für ein Gipfeltreffen üblich ist, geht es nicht. Im unmittelbaren Gespräch kann man sich der Wahrheit nicht entziehen.

In Genf haben wir einander besser kennengelernt, haben klar erkannt, worin die Meinungsverschiedenheiten bestehen, und den Dialog begonnen. Wir haben ein Kulturabkommen unterzeichnet, das schon in Kraft gesetzt wurde und beiden Seiten Nutzen bringt. Wir haben festgestellt, daß wir von ausreichender Verständigung noch weit entfernt sind, daß wir noch viel, viel arbeiten müssen, damit es in den sowjetisch-amerikanischen Beziehungen und in der Welt generell zu positiven Veränderungen kommt.

Nach Genf

Was geschah nach Genf? Wir waren uns von Anfang an bewußt: Es erfordert viel Initiative, das Erreichte weiterzuführen, denn von selbst ändert sich nichts. Die bindenden Genfer Vereinbarungen über die Nichtführbarkeit eines Krieges, über die Unzulässigkeit des Strebens nach militärischer Überlegenheit und über die Beschleunigung der Genfer Verhandlungen mußten in praktische Taten umgesetzt werden. Danach handelten wir.

Das Moratorium

Am 1. Januar 1986 lief die Frist unseres einseitigen Moratoriums für Kerntests ab. Die Sowjetunion verlängerte es. Das war ein sehr bedeutsamer Schritt, der für uns ein gewisses Risiko barg, denn die Raumfahrttechnik und neue Kernwaffen, zum Beispiel nukleargepumpte Laser, sind in der Entwicklung. Aber wir waren kühn genug, diesen Schritt zu tun und die USA aufzufordern, ausgehend von den Interessen der Weltgemeinschaft, unserem Beispiel des guten Willens zu folgen.

Das Verbot der Kerntests ist ein Prüfstein. Wer ehrlichen Herzens die Kernwaffen beseitigen will, geht auf dieses Verbot ein, das einen Abbau des jetzigen Arsenals bringt und verhindert, daß die Kernwaffen weiter perfektioniert werden. Nur wer das eigentlich nicht will, setzt alles daran, die Versuche weiterzuführen.

Die Einstellung der Kernwaffenversuche wäre eine Maßnahme, die sofort ein neues erfreuliches Moment in die sowjetisch-amerikanischen Beziehungen und in die internationale Situation hineintrüge. Die Ausgangsbasis für diesen Schritt war nicht ungünstig. Der Vertrag über das Verbot der Kernwaffenversuche in der Atmosphäre, im kosmischen Raum und unter Wasser trägt die Unterschriften der UdSSR und der USA. Wir hatten das Abkommen über die Beschränkung unterirdischer Kernwaffenversuche ausgearbeitet und bei den Verhandlungen über ihr vollständiges Verbot bereits gewisse Erfahrungen gesammelt.

Früher hatte die Kontrollfrage Schwierigkeiten bereitet. Aus diesem Grunde erklärten wir uns bereit, auf jede Form der Kontrolle einzugehen, sowohl eigene technische Mittel dabei einzusetzen als auch die internationale Kontrolle, Drittländer eingeschlossen, zu nutzen.

Das Moratorium der Sowjetunion für Kernwaffentests bestätigte, da es eine Realität und nicht nur Vorschlag war, wie ernst und aufrichtig wir es mit unserem Programm für die nukleare Abrüstung und unseren Aufrufen zu einer neuen Politik, einer Politik des Realismus, des Friedens und der Zusammenarbeit, meinen.

Die Menschen guten Willens hatten unseren Entschluß zu dem Moratorium für Kerntests begrüßt. Aus allen Teilen der Welt erreichten uns Worte der Zustimmung und Unterstützung. Politiker, Parlamentarier, Persönlichkeiten des öffentlichen Lebens und Massenorganisationen sahen in dieser Aktion ein Beispiel für ein richtiges Herangehen an die Gegenwartsprobleme und schöpften daraus die Hoffnung, von der Angst vor einer Kernwaffenkatastrophe erlöst zu werden. Das sowjetische Moratorium wurde von der UNO-Vollversammlung, dem repräsentativsten Staatenforum der Welt, gutgeheißen.

Uns unterstützten namhafte Physiker und Ärzte, die von der Gefahr, die das Atom in sich birgt, eine bessere Vorstellung als irgend jemand sonst haben dürften. Unser Moratorium inspirierte Wissenschaftler der verschiedensten Länder zu aktivem Handeln.

Aber all diesen unverkennbaren und ermutigenden Äußerungen des neuen Denkens stehen der Militarismus und das von ihm geprägte Denken entgegen, das in so gefährlicher Weise immer weniger den einschneidenden Veränderungen Rechnung trägt, die sich im internationalen Leben vollziehen.

Die USA-Administration reagierte auf die Verlängerung des sowjetischen Moratoriums ganz eindeutig: Sie setzte die Serie der Kernwaffentests fort. Ihre Sprecher erklärten offiziell, es sei Moskaus Sache, ob es Kernsprengsätze erprobe oder nicht. Die Vereinigten Staaten jedenfalls würden die Tests konsequent weiterführen.

Auf unserem Kernwaffentestgelände herrschte Ruhe. Selbstverständlich erwogen wir die Gefahrenpunkte, die sich aus dem Vorgehen Washingtons ergaben, und sahen, wie demonstrativ und herausfordernd die USA-Administration ihre Linie verfolgte und die Appelle, sämtliche Kernexplosionen einzustellen, ganz und gar ignorierte. Dennoch beschlossen das Politbüro des Zentralkomitees der KPdSU und die Regierung der Sowjetunion im August 1986, nachdem sie alle Für und Wider gründlich gegeneinander abgewogen hatten, aus Verantwortungsbewußtsein für das Schicksal der Welt, das einseitige Moratorium für Kerntests bis zum 1. Januar 1987 zu verlängern. Doch wiederum folgten die Vereinigten Staaten dem sowjetischen Beispiel nicht.

War unser Moratorium also umsonst? Ich glaube nicht. Die Weltöffentlichkeit hat erfahren, daß den Kernwaffenversuchen ein Ende gesetzt werden kann, und weiß, wer hier Widerstand leistet. Es stimmt, auf dem Wege zur Einstellung des Wettrüstens wurde damals eine historische Chance vertan. Doch die politischen Lehren daraus sind beherzigt worden. Und jetzt, da vereinbart ist, bis zum 1. Dezember 1987 umfassende etappenweise Verhandlungen zu den Problemen der Kernwaffenversuche aufzunehmen, können wir uns und alle anderen dazu beglückwünschen, daß die Dinge in Fluß gekommen sind.

Das Programm der nuklearen Abrüstung. Am 15. Januar 1986 unterbreiteten wir ein auf fünfzehn Jahre angelegtes Programm, das die schrittweise Beseitigung der Kernwaffen bis zum Ende des 20. Jahrhunderts vorsieht. Wir haben dieses Programm sorgfältig erwogen und waren für jede Etappe um einen beiderseitig akzeptablen Interessenausgleich bemüht, damit in keiner Etappe jemandes Sicherheitsinteressen unterlaufen werden. Jedes andere Vorgehen wäre einfach unrealistisch. Ausgehend von diesem Programm, unterbreiteten unsere Vertreter bei den Genfer Verhandlungen weitgehende Kompromißvorschläge. Sie betrafen die Mittelstrekkenraketen, die strategischen Offensivwaffen und die Verhinderung einer Militarisierung des Weltraums.

Unsere Erklärung vom 15. Januar war programmatischer Natur. Wir wollten die Hauptgefahr deutlich machen, die der Zivilisation durch die Kernwaffen und die Kerntests droht, ohne die Fragen des Verbots und der Beseitigung der chemischen Waffen sowie einer einschneidenden Reduzierung der konventionellen Waffen beiseite zu lassen. Das ist eine Art Katalog von Maßnahmen, der nicht ins Detail geht. Hauptprinzip ist in allen Etappen die Aufrechterhaltung des Gleichgewichts. Gefragt sind nicht politisches Pokerspiel, nicht Tricks, sondern politisches Verantwortungsbewußtsein, die klare Erkenntnis, daß niemand den anderen betrügt, wenn es um ein so sensibles Gebiet wie die Sicherheit der Staaten geht.

Um einen Schritt wie den vom 15. Januar 1986 zu tun, war es erforderlich, nicht nur die eigene Verantwortung zu begreifen, sondern auch Entschlossenheit und politischen Willen aufzubringen. Wir gingen von der Notwendigkeit aus, daß im nuklear-kosmischen Zeitalter für die Sicherheitsfragen neue Ansätze gefunden werden müssen. Das war auch der Wille unseres ganzen Volkes.

Als wir diesen Schritt gingen, war propagandistische Ausbeute, Übertrumpfen der anderen Seite das letzte, woran wir dachten. Wir ließen uns vielmehr von der Verantwortung für die Verhütung eines Kernwaffenkrieges, für die Erhaltung des Friedens leiten. Unsere Haltung deckte sich hier mit der Meinung der Weltöffentlichkeit, war unter anderem Antwort auf den Appell der Sechs-Staaten-Gruppe (Indien, Argentinien, Schweden, Griechenland, Mexiko und Tansania).

Wir sind der Idee einer Welt ohne Kernwaffen zutiefst verhaftet. Bereichert um die indische politische Tradition, die Eigenheiten der indischen Philosophie und Kultur, wurde dieser Gedanke in der Deklaration von Delhi über die Prinzipien einer Welt ohne Kernwaffen und Gewalt weiterentwickelt. Für uns ist das nicht irgendeine Losung, erfunden, um jemanden beeindrucken zu wollen. Sicherheit ist eine politische Frage und kein Produkt militärischer Rivalität. Wenn das nicht begriffen wird, kann das nur in einem Krieg mit allen seinen katastrophalen Folgen enden. Wenn die riesigen Arsenale von Kernwaffen, chemischen und anderen Waffen voll zum Einsatz kommen, bleibt von der Welt nichts übrig. Es geht um das Überleben der Menschheit. Für uns ist der Gedanke von einer Welt ohne Kernwaffen eine unter leidvollen Erfahrungen gewonnene Überzeugung. Wir betrachten die Sicherheit als eine umfassende Konzeption, die nicht nur einen militärisch-politischen, sondern auch einen ökonomischen, ökologischen und humanitären Aspekt hat.

Auf dem XXVII. Parteitag der KPdSU haben wir die *Konzeption von der Schaffung eines umfassenden Systems der internationalen Sicherheit* allseitig begründet. Wir haben sie an die ganze Welt, die Regierungen, Parteien, gesellschaftlichen Organisationen und Bewegungen gerichtet, die um die Geschicke des Friedens auf der Erde besorgt sind.[1]

---

1 Die prinzipiellen Grundlagen eines solchen Systems könnten wie folgt aussehen:
1. *Auf militärischem Gebiet*
- Verzicht der Kernwaffenmächte auf einen nuklearen oder konventionellen Krieg gegeneinander oder gegen dritte Staaten;
- Verhinderung eines Wettrüstens im Weltraum, Einstellung aller Tests mit Kernwaffen und deren völlige Liquidierung, Verbot und Vernichtung der chemischen Waffen, Verzicht auf die Entwicklung anderer Massenvernichtungsmittel;
- streng kontrollierte Senkung des Niveaus der Rüstungspotentiale der Staaten bis zu einem vernünftig hinreichenden Maß;
- Auflösung der Militärgruppierungen und als Stufe dazu Verzicht auf ihre Erweiterung und auf die Bildung neuer Gruppierungen;
- proportionale und adäquate Kürzung der Militäretats.
2. *Auf politischem Gebiet*
- in der internationalen Praxis bedingungslos einzuhaltende Respektierung des Rechts jeden Volkes, über die Wege und Formen seiner Entwicklung souverän zu entscheiden;
- gerechte politische Beilegung internationaler Krisen und regionaler Konflikte;
- Ausarbeitung eines Komplexes von Maßnahmen zur Festigung des Vertrauens zwischen den Staaten, zur Schaffung wirksamer Garantien gegen einen Überfall auf sie von außen, Garantien für die Unantastbarkeit ihrer Grenzen;

Wir rücken auch heute von keinem einzigen Vorschlag unseres auf dem Parteitag verkündeten Programms ab und sind bereit, jeden Gedanken aufs sorgfältigste zu prüfen, der dazu

- Anwendung wirksamer Methoden zur Unterbindung des internationalen Terrorismus, darunter Gewährleistung der Sicherheit bei der Benutzung internationaler Land-, Luft- und Seeverbindungswege.

3. *Auf wirtschaftlichem Gebiet*
- Beseitigung aller Formen von Diskriminierung in der internationalen Praxis; Verzicht auf die Politik von Wirtschaftsblockaden und -sanktionen, falls sie nicht unmittelbar durch Empfehlungen der Weltgemeinschaft vorgesehen sind;
- gemeinsame Suche nach Wegen zu einer gerechten Lösung des Verschuldungsproblems;
- Errichtung einer neuen Weltwirtschaftsordnung, die allen Staaten gleiche wirtschaftliche Sicherheit garantiert;
- Ausarbeitung von Prinzipien, nach denen ein Teil der Mittel, die durch den Abbau der Militäretats freigesetzt werden könnten, zum Wohl der Weltgemeinschaft, vor allem der Entwicklungsländer, verwendet wird;
- Zusammenlegung der Anstrengungen bei der Erforschung und friedlichen Nutzung des Weltraums, bei der Lösung globaler Probleme, von denen die Geschicke der Zivilisation abhängen.

4. *Auf humanitärem Gebiet*
- Zusammenarbeit bei der Verbreitung der Ideen des Friedens, der Abrüstung und der internationalen Sicherheit; Erhöhung des Niveaus der allgemeinen objektiven Informiertheit und der gegenseitigen Bekanntschaft der einen Völker mit den anderen und ihrem Leben; Festigung des Geistes des gegenseitigen Verstehens und Einvernehmens zwischen ihnen;
- Ausmerzung des Völkermords, der Apartheid, faschistischer Propaganda und jeder anderen rassenmäßig, national oder religiös begründeten Sonderstellung sowie der Diskriminierung von Menschen aus diesen Gründen;
- Ausbau der internationalen Zusammenarbeit bei der Wahrnehmung der politischen, sozialen und persönlichen Menschenrechte unter Respektierung der Gesetze jedes Landes;
- Lösung der Fragen der Zusammenführung von Familien und von Eheschließungen im humanen und positiven Geiste, Entwicklung von Kontakten zwischen Menschen und Organisationen;
- Festigung der Zusammenarbeit im Bereich der Kultur, Kunst, Wissenschaft, Bildung und Medizin und Suche nach neuen Formen dieser Zusammenarbeit.

(XXVII. Parteitag der KPdSU, Politischer Bericht des Zentralkomitees der KPdSU an den XXVII. Parteitag der Kommunistischen Partei der Sowjetunion. Berichterstatter: M. S. Gorbatschow, Generalsekretär des ZK der KPdSU. 25. Februar 1986, Berlin 1986, S. 108–110.)

dient, die friedliche Koexistenz als oberstes, universelles Prinzip der internationalen Beziehungen durchzusetzen.

Wir sprachen auf dem Parteitag auch über die sowjetisch-amerikanischen Beziehungen. Ich möchte unsere Erklärung dazu in Erinnerung rufen: »Die Sowjetunion ist fest entschlossen, die Hoffnungen der Völker unserer beiden Länder und der ganzen Welt zu rechtfertigen, die von den Spitzenpolitikern der UdSSR und der USA konkrete Schritte, praktische Aktionen und reale Übereinkünfte darüber erwarten, wie das Wettrüsten an die Kandare zu nehmen ist.«[2] Die Haltung des Parteitages zu den sowjetisch-amerikanischen Beziehungen läßt sich in ihrem Kern in wenige Worte fassen: Wir leben auf ein und demselben Planeten, und ohne die USA können wir den Frieden nicht erhalten.

Die USA nach Genf

Wie verhielt sich die USA-Administration nach Genf? Zum wiederholten Male wurde ein Propagandarummel inszeniert, der die antisowjetische Stimmung anheizen sollte. Immer und immer wieder wurde versucht, die Sowjetunion als ein Schreckgespenst hinzustellen und die Angst zu schüren, um den nächsten Militärhaushalt im Kongreß durchzupeitschen. Das »Reich des Bösen« wurde aus der Mottenkiste hervorgekramt. Der Präsident bekräftigte erneut, er gehe von dieser Definition nicht ab.

All das könnte man unter Sprücheklopfen verbuchen, aber wie ich schon sagte, auch feindseliges Gerede vergiftet die Beziehungen. Dann steigerte es sich: Ernsteres kam ins Spiel – die Forderung, die Sowjetunion solle ihr diplomatisches Personal in den USA um vierzig Prozent verringern; amerikanische Kriegsschiffe kreuzten vor der Küste der Krim in sowjetischen Hoheitsgewässern; gegen das souveräne Libyen wurde ein militärischer Schlag geführt. Derlei Handlungen der USA-Administration nach Genf werteten wir als demonstrative Herausforderung, nicht nur für die Sowjetunion.

2 Ebenda, S. 101.

Das war eine Herausforderung an die ganze Welt, auch an das amerikanische Volk.

Damals wurde auch die Absicht der USA verkündet, sich nicht mehr an den SALT-II-Vertrag zu halten. Dieses Dokument wurde für »tot« erklärt. Statt neue bedeutende Abkommen herbeizuführen, damit das Wettrüsten beendet wird, betrieb die Administration lieber die Demontage bestehender Abkommen. Auf die öffentliche Meinung im eigenen Lande und in der Welt wurde psychologisch eingewirkt, um auch den unbefristeten ABM-Vertrag vom Tisch fegen zu können.

Die Zeit nach Genf hat deutlich gemacht: Während wir früher nur Mutmaßungen anstellten, nur ahnen konnten, waren uns nun Fakten in die Hand gegeben, die belegten, daß man nicht gewillt war, die Vereinbarungen von Genf zu erfüllen. Man beließ zwar alles beim alten, wollte jedoch gleichzeitig die Öffentlichkeit »beruhigen«.

Wieder fragten wir uns: Sollte man in Washington tatsächlich glauben, wir hätten schwache Nerven, man könne Hasard spielen, und immer neue Drohgebärden brächten die Sowjetunion zum Zittern?

Zu der Zeit sollte ich in Togliatti eine Rede halten. Der Arbeiterklasse dieser Stadt, allen sowjetischen Menschen sollte ich das Geschehen nach Genf erläutern.

Wir hatten viel getan und unsere Verpflichtungen der Welt gegenüber erfüllt, waren also den Verpflichtungen, die wir in Genf übernommen hatten, sehr verantwortungsbewußt nachgekommen.

Und die USA? Ich habe die Tatsachen genannt, und uns stellte sich natürlich wiederum die Frage: Was wollen die USA, wenn man nicht nach den Erklärungen urteilt, sondern nach der realen Politik? Nicht nur, daß die Regierung von der Entspannung abgegangen war, sie fürchtete auch die leisesten Anzeichen von Tauwetter. Ich mußte dem Sowjetvolk ehrlich sagen, in wessen Interesse diese Politik betrieben wird. Denn das amerikanische Volk ist wahrhaftig nicht daran interessiert, daß die Kriegsgefahr geschürt wird. Vom Militär-Industrie-Komplex der USA war zu sprechen, der wie ein Moloch nicht nur kolossale Ressourcen des amerikanischen Volkes und anderer Völker verschlingt, sondern auch die Früchte dessen zunichte macht, was für die Beseitigung der Gefahr eines Kernwaffenkrieges getan wird.

Selbstverständlich ist unser Volk über SDI beunruhigt. Wir haben das mehrfach ausgesprochen. Doch vielleicht sollten wir nur wieder eingeschüchtert werden? Vielleicht sollten wir aufhören, SDI zu »fürchten«?

Natürlich darf keine Gleichgültigkeit aufkommen. Wir haben gesehen: Obwohl sich Millionen Amerikaner – unter ihnen prominente Politiker und Persönlichkeiten des öffentlichen Lebens, einfache Bürger, Wissenschaftler, Geistliche, Schüler und Studenten – gegen SDI wie auch gegen die Kernwaffenversuche wenden, sind bestimmte Kreise in den USA auf das »Sternenkriegs«-Programm geradezu versessen. Und dies ist um so gefährlicher, als das ein direktes Ergebnis der dort stürmisch verlaufenden Militarisierung des politischen Denkens ist.

Dennoch mußte der Eindruck beseitigt werden, der ohne unser Zutun entstanden war. Man setzt ja gerade darauf, daß die UdSSR SDI fürchte und man sie folglich damit moralisch, ökonomisch, politisch und militärisch einschüchtern könne. Darum wird auch SDI forciert, um uns zu zermürben. So entschlossen wir uns zu sagen: Ja, wir sind gegen SDI, weil wir für die Beseitigung der Kernwaffen sind. SDI macht die Welt noch unsicherer. Aber für uns ist das kein Problem der Angst, sondern der Verantwortung, denn die Folgen wären nicht abzusehen. SDI stärkt die Sicherheit nicht, sondern zerstört noch die Reste von dem, was der Sicherheit dienen könnte.

Ich entschloß mich, in meiner Rede in Togliatti nochmals zu sagen, daß wir eine effektive Antwort auf SDI finden werden. Die USA rechnen darauf, daß wir analoge Systeme entwickeln, hoffen, technologischen Vorsprung zu gewinnen und technologische Vorteile nutzen zu können. Aber wir, die Führung der UdSSR, wissen, daß nichts von dem, was die USA können, für unsere Wissenschaft und Technik unmöglich ist. Zur Entwicklung eines Gegensystems für die Vernichtung von SDI braucht nur ein Zehntel der Mittel aufgewendet zu werden.

Wir beschlossen deshalb, dem demagogischen Gerede, wir fürchteten SDI, ein für allemal den Boden zu entziehen.

In dieser Rede wiederholte ich die auf dem Parteitag gebrauchte Formulierung: Auf größere Sicherheit erheben wir keinen Anspruch, geringere werden wir nicht hinnehmen.

Als Fazit aus den Monaten nach Genf wollten wir dem Westen, den Vereinigten Staaten, der ganzen NATO sagen, daß wir von unserem Friedenskurs nicht im mindesten abweichen, aber in unserem Tun die reale Politik des Westens berücksichtigen. Erbitten werden wir den Frieden nicht. Wir haben noch. immer jede Herausforderung pariert und werden dazu auch diesmal in der Lage sein.

Eine natürliche Reaktion wäre es doch wohl gewesen, wenn die USA unseren Initiativen und Handlungen nach Genf entgegengekommen und auf die Erwartungen der Völker eingegangen wären. Das aber geschah nicht. Die herrschende Gruppierung stellte engstirnige Interessen über die Interessen der Menschheit und ihres eigenen Volkes. Nicht unwesentlich ist zudem die Form, in der das geschah – demonstrativ, herausfordernd, in gänzlicher Mißachtung der Weltmeinung.

Dieses Verhalten sprach dafür, daß das Verantwortungsbewußtsein erneut dem gewohnten Standpunkt gewichen war, man könne sich alles erlauben.

Die Hoffnungen, die nach Genf überall, auch in der amerikanischen Gesellschaft, aufgekommen waren, machten bald einer Enttäuschung Platz. Denn in der realen Politik der USA war alles beim alten geblieben.

Die Lehre von Tschernobyl

Der April 1986 brachte uns die harte Lehre, was ein Atom, gerät es außer Kontrolle, anrichten kann, selbst wenn es friedlichen Zwecken dient. Ich meine die Tragödie von

Tschernobyl. Wie und warum es dazu kam und welche Folgen sie hatte, ist wahrheitsgemäß dargelegt worden. Die Hauptschuldigen an der Katastrophe sind schon verurteilt worden. Die Welt weiß, was wir in unserem Land unternommen haben, um das Unheil in Grenzen zu halten.

Wir haben den Vorfall mehrfach im Politbüro des Zentralkomitees erörtert. Als die erste Nachricht kam, erkannten wir: Die Lage ist sehr ernst, und wir sind für die Beurteilung der Vorgänge und auch für die richtigen Schlußfolgerungen verantwortlich. Auf unsere Arbeit blickt das ganze Volk, blickt die ganze Welt. Glauben zu wollen, wir könnten es mit Halbheiten bewenden lassen und uns herauszuwinden versuchen, war völlig abwegig. Über die Geschehnisse mußte umfassend und objektiv informiert werden. Feigheit ist unwürdige Politik. Es gibt keinerlei Interessen, die uns zwingen würden, die Wahrheit zu verhehlen.

Die sowjetische Führung hatte die ganze Beseitigung der Havariefolgen unmittelbar in der Hand. Darin sahen wir unsere Pflicht gegenüber unserem Volk und unsere internationale Verantwortung. Die besten Wissenschaftler, Mediziner und Techniker wurden eingesetzt, um die Havariefolgen zu beseitigen. Uns halfen – und wir wissen das hoch zu schätzen – ausländische Wissenschaftler, Industriegesellschaften und Ärzte, unter anderem amerikanische. Wir zogen schließlich für uns höchst wichtige Schlüsse für die weitere Entwicklung der Kernenergetik.

Mit der Einsatzbereitschaft vieler Zehntausender Helfer, mit der Unterstützung des ganzes Volkes, auch der materiellen, konnten die Auswirkungen der Havarie eingedämmt werden. Aber wir glauben nicht, daß wir nun aller Sorgen ledig sind. Wir wollen die Lage nicht verharmlosen, weder uns noch anderen gegenüber.

Die Arbeit geht weiter. Sie wird Jahre in Anspruch nehmen, wenn auch die Situation, das wiederhole ich, unter Kontrolle ist.

Dabei haben wir es hier mit der Havarie an nur einem einzigen Reaktor zu tun! Tschernobyl hat uns unerbittlich daran erinnert, was uns alle erwartet, wenn sich ein nukleares Gewitter entladen würde.

Ich will nicht auf die Lügenmärchen zurückkommen, die um Tschernobyl zusammengereimt worden sind. Ich will nur sagen, daß wir die Anteilnahme und Hilfe derer, denen das Unglück zu Herzen ging, hoch zu schätzen wissen, daß wir aber auch wieder einmal gesehen haben, wieviel Bosheit und Mißgunst sich in der Welt angesammelt haben.

Reykjavik

Wir haben gesehen, daß die militaristischen Kreise in den USA (ich spreche nicht von der Republikanischen und der Demokratischen Partei, sondern von denen, die sich auf das engste mit dem Rüstungsgeschäft liiert haben) selbst auf die geringfügigste Entspannung in den Beziehungen zwischen unseren Ländern allergisch reagieren. Diese Kreise hatten alles Mögliche und Unmögliche getan, um Genf möglichst schnell vergessen zu machen, den Geist von Genf auszulöschen, alle Hindernisse wieder aufzurichten, um den Rüstungswettlauf ungehindert fortzusetzen, auch in dem neuen Bereich, dem Weltraum.

Zugleich sind wir uns sehr wohl im klaren, daß mit den militaristischen Kreisen das politische Spektrum in den USA längst nicht erschöpft ist. Die USA-Politiker, die realistische Standpunkte vertreten und die Weltlage nüchtern beurteilen, haben sich für eine Fortsetzung der Verhandlungen mit der UdSSR und für eine Suche nach Wegen zur Normalisierung der sowjetisch-amerikanischen Beziehungen ausgesprochen, weil sie sich bewußt sind, daß das Wettrüsten auch für die USA selbst schwerwiegende negative Konsequenzen mit sich bringt. Doch die Oberhand gewannen, wie schon so manches Mal, die Interessen der militaristischen Gruppierung.

Die Möglichkeit für ein alles erfassendes sowjetisch-amerikanisches Gipfeltreffen, das auch Ergebnisse zeitigen würde, schwand dahin. Ein neues Treffen abzuhalten, nur um sich die Hand zu schütteln und die Bekanntschaft zu pflegen, wäre unseriös, ja sinnlos gewesen.

Und dennoch konnten wir das Nein der USA auf unsere beharrlichen Bemühungen, die Standpunkte anzunähern und zu einem vernünftigen Kompromiß zu finden, nicht hinnehmen. Wir waren uns bewußt, daß ein großer Durchbruch erzielt werden mußte, daß die Zeit gegen die Interessen der Menschheit arbeitet. So kam der Gedanke auf, in der Zwischenzeit ein sowjetisch-amerikanisches Treffen abzuhalten, um der nuklearen Abrüstung einen wirklich starken Impuls zu verleihen, die gefährlichen Tendenzen zu durchkreuzen und die Entwicklungen in die richtige Richtung zu lenken. Der USA-Präsident ging auf unsere Initiative ein. Das ermutigte uns. Somit stand der Weg zum Treffen in Reykjavik im Oktober 1986 offen.

Schon in der ersten Unterredung sagte ich dem Präsidenten, daß es nach Genf gelungen sei, den komplizierten und sehr umfangreichen Mechanismus des sowjetisch-amerikanischen Dialogs in Gang zu setzen. Aber dieser Mechanismus habe schon mehrfach versagt: In den Hauptfragen, die beide Seiten mit Besorgnis erfüllen, wie man nämlich die nukleare Bedrohung abwenden, aus dem Impuls von Genf Nutzen ziehen und zu konkreten Abmachungen gelangen könne, bewege sich nichts. Und das beunruhige uns sehr. Ich sagte dem Präsidenten, daß sich die Genfer Verhandlungen an Dingen totlaufen, die eigentlich in die Mottenkiste gehören. Bei den Verhandlungen lägen fünfzig bis hundert Varianten in der Luft, doch nicht mal ein oder zwei zeichneten sich ab, die den Verhandlungen wirklich zum Fortschritt verhelfen könnten.

Wir hatten uns sorgfältig auf Reykjavik vorbereitet, umfangreiche Vorarbeit geleistet. Der Orientierungspunkt war klar und unverrückbar gewählt: schließlich und endlich die vollständige Beseitigung der Kernwaffen zu vereinbaren und auf allen Etappen bis zu diesem Ziel den USA und der Sowjetunion Gleichheit und gleiche Sicherheit zu gewährleisten. Ein anderes Vorgehen wäre unverständlich, unrealistisch und nicht akzeptabel gewesen. Das Treffen von Reykjavik mußte nach unserer Überzeugung die Voraussetzungen dafür schaffen, bei unserer nächsten Begegnung ein Abkommen zu den Kardinalproblemen der Rüstungsbegrenzung unterzeichnen zu können.

Wir kamen mit einem Projekt für einschneidende Maßnahmen nach Reykjavik, die, würden sie angenommen, für die Menschheit eine neue Epoche einleiten würden, eine Epoche ohne Kernwaffen. Nicht mehr um die Begrenzung der nuklearen Rüstungen ging es, wie noch im SALT-I- und im SALT-II-Vertrag, sondern um die Beseitigung der Kernwaffen in verhältnismäßig kurzer Zeit.

Der *erste* Vorschlag betraf die strategischen Offensivwaffen. Ich erklärte unsere Bereitschaft, sie in den ersten fünf Jahren um fünfzig Prozent zu reduzieren.

Zur Antwort bekam ich das, was die Delegationen bei den Genfer Verhandlungen monatelang gedreht und gewendet hatten und was sie schließlich in die Sackgasse geführt hatte: Grenzen, Untergrenzen, schwindelerregende Zahlenspiele. Ich mußte scharf polemisieren, merkte aber bald, daß unser Gespräch nicht mehr von der Stelle kam. Um aus dem zähen Sumpf herauszukommen, in den die Genfer Verhandlungen übrigens nicht zufällig geraten, sondern eigens zu dem Zweck gebracht worden waren, sie in Verruf zu bringen, zu einer Farce zu machen, schlug ich eine einfache und klare Lösung vor. Es gibt drei Arten von strategischen Waffen: die landgestützten ballistischen Raketen, die U-Boot-gestützten Raketen und die kernwaffentragenden Flugzeuge. Die UdSSR besitzt sie ebenso wie die USA, wenn auch die strategischen Offensivwaffen beider Seiten in ihrer Struktur geschichtlich entstandene Besonderheiten aufweisen. Also reduzieren wir doch einfach alle diese drei Elemente, jeden Teil dieser Waffenarten um die Hälfte – gerecht und gleichermaßen.

Um die Übereinkunft zu erleichtern, machten wir ein großes Zugeständnis. Wir gaben unsere frühere Forderung auf, die amerikanischen Mittelstreckenraketen, die unser Territorium erreichen können, und die amerikanischen vorgeschobenen Waffensysteme in die strategische Gleichung einzubeziehen. Wir waren auch bereit, der Besorgnis der USA über unsere schweren Raketen Rechnung zu tragen.

Der Präsident stimmte diesem Vorgehen zu. Darüber hinaus brachte er den Gedanken vor, in den nächsten fünf Jahren die strategischen Offensivwaffen völlig zu beseitigen, was ich natürlich entschieden unterstützte.

Unser *zweiter* Vorschlag betraf die Mittelstreckenraketen. Ich schlug dem Präsidenten vor, diese Klasse sowjetischer und amerikanischer Raketen in Europa gänzlich zu beseitigen. Dabei machten wir große Zugeständnisse. Wir klammerten die britischen und die französischen Kernwaffenkräfte, die gegen uns gerichtet sind, aus. Wir waren einverstanden, die Raketen mit einer Reichweite bis zu tausend Kilometer einzufrieren und unverzüglich in Verhandlungen über sie einzutreten. Selbstverständlich mit Blick darauf, Europa letztlich auch von diesem Raketentyp zu befreien. Schließlich stimmten wir dem amerikanischen Vorschlag zu, die Zahl der im asiatischen Teil der UdSSR stationierten Mittelstreckenraketen drastisch zu begrenzen. Bei uns sollten östlich vom Ural hundert Sprengköpfe auf diesen Raketen und auf dem Territorium der USA gleichfalls hundert Sprengköpfe auf amerikanischen Mittelstreckenraketen verbleiben. Damit wurde es möglich, die Außenminister zu beauftragen, die Arbeit an einem Vertragsentwurf über Mittelstreckenraketen aufzunehmen.

Die *dritte* Frage, mit der ich den Präsidenten gleich im ersten Gespräch konfrontierte und die organischer Bestandteil des Pakets unserer Vorschläge war, betraf die Stärkung des Vertrags über die Begrenzung der Raketenabwehrsysteme (ABM-Vertrag) sowie das Verbot der Kernwaffenversuche.

Ich suchte den Präsidenten zu überzeugen: Wenn wir zu einer Reduzierung der Kernwaffen bereit sind, müssen wir auch gewiß sein, daß keiner von uns etwas unternimmt, das die Sicherheit der anderen Seite gefährden könnte. Daher die Schlüsselbedeutung, die der Stärkung des ABM-Vertrages zukommt. Wir berücksichtigten dabei, wie sehr sich der Präsident für die Idee von SDI einsetzt. Wir schlugen vor, festzulegen, daß zehn Jahre lang nicht von dem Recht Gebrauch gemacht werden darf, den ABM-Vertrag aufzukündigen, und daß Laborversuche für SDI erlaubt sind. Zehn Jahre Verzicht auf das Recht, den Vertrag aufzukündigen, sind absolut notwendig, damit die Gewißheit gegeben ist, daß wir bei der Reduzierung der Rüstungen die Sicherheit beider Seiten wahren und Versuche unterbinden, sich durch die Stationierung von Weltraumsystemen einseitige Vorteile zu verschaffen.

Politisch, praktisch und technisch brächten diese Beschränkungen niemandem Nachteile. Darauf komme ich noch zurück, jetzt aber möchte ich daran erinnern, daß wir in Reykjavik dem Präsidenten vorschlugen, Einigung darüber zu erzielen, daß unsere Vertreter gleich nach dem Treffen in der isländischen Hauptstadt Verhandlungen über ein Verbot der Kerntests aufnehmen. Auch bei diesem Problem zeigten wir uns flexibel. Wir erklärten, wir betrachten die Vereinbarung eines umfassenden Vertrags über das vollständige und endgültige Verbot der Kerntests als einen Prozeß, in dem etappenweise vorgegangen werden kann. Sagen wir, zunächst regeln wir die »Schwelle« für die Stärke der Kerntests, die Zahl dieser Tests pro Jahr und das Schicksal der Verträge von 1974 und 1976. Und wir waren nahe daran, auch in dieser Frage eine angemessene Formel zu finden.

Ich glaube auch jetzt nicht, daß der Weg zu einem Moratorium völlig versperrt ist. Aus der Tatsache, daß wir die Versuche wiederaufnehmen mußten, folgt keineswegs, daß allein die USA bestimmen, wie es weitergeht. Wann Realismus in der Bewertung Einzug hält, ist schwer zu sagen. Aber er wird kommen und womöglich sogar unverhofft schnell, denn das Leben hält uns dazu an. Die Geschichte ist voller Beispiele dafür, wie jäh sich die Situation manchmal ändern kann.

In Reykjavik deutete sich also die Möglichkeit an, die Außenminister zu beauftragen, drei Abkommensentwürfe vorzubereiten, und sie dann bei dem nächsten sowjetisch-amerikanischen Gipfeltreffen zu unterzeichnen. Aber diese klare, durchaus einleuchtende Aussicht, zu einem wirklich historischen Kompromiß zwischen der UdSSR und den USA vorzustoßen, wurde nicht Wirklichkeit. Dabei war sie buchstäblich greifbar nahe gewesen.

Zum Stein des Anstoßes wurde die Haltung der USA zum ABM-Vertrag. Nach Reykjavik habe ich mir immer wieder die Frage vorgelegt, warum die Vereinigten Staaten einer Vereinbarung über die Stärkung dieses unbefristeten Vertrages ausgewichen sind. Und immer wieder kam ich zu demselben Schluß: Die Vereinigten Staaten wollen die Hoffnung nicht aufgeben, sich doch noch militärische Überlegenheit zu verschaffen, diesmal dadurch, daß sie SDI forcieren, um die Sowjetunion zu übertrumpfen.

Und wiederum möchte ich in diesem Zusammenhang folgendes sagen: Wenn es den Vereinigten Staaten auch gelingen sollte, ihre Absichten bezüglich SDI zu verwirklichen, was wir stark bezweifeln, bleibt die sowjetische Antwort nicht aus. Wenn die Vereinigten Staaten auf SDI nicht verzichten wollen, werden wir ihnen das Leben nicht leicht machen. Die Antwort wird effektiv, zuverlässig und ökonomisch vertretbar ausfallen. Wir haben eine Konzeption, wie wir SDI unwirksam machen können, ohne dafür die märchenhaften Summen aufbringen zu müssen, die die USA für deren Entwicklung benötigen. Die Amerikaner sollten noch einmal überlegen, ob es lohnt, sich mit SDI zu übernehmen. Zuverlässigen Schutz kann sie ohnehin nicht bieten.

Doch SDI bedeutet, daß Waffen in eine neue Sphäre hineingetragen werden, und das destabilisiert die strategische Situation drastisch. Zum anderen zeugt schon das Festhalten an SDI von den politischen Absichten, von der politischen Zielsetzung, die Sowjetunion, koste es, was es wolle, in eine benachteiligte Lage zu bringen. Genau diese politischen Absichten, genau diese illusorischen Pläne, mit Hilfe der »Strategischen Verteidigungsinitiative« gegenüber der UdSSR eine Vormachtstellung zu erlangen, verhinderten es, daß

Reykjavik mit Beschlüssen von historischer Tragweite gekrönt wurde.

Ronald Reagan und ich sprachen auch viel darüber, und es war ein scharfer Dialog. Ich habe dem Präsidenten ganz aufrichtig gesagt, daß nicht einer allein als Sieger aus unserem Treffen hervorgehen kann — entweder wir siegen beide, oder wir verlieren beide.

Dennoch war Reykjavik ein Wendepunkt in der Weltgeschichte. Es machte die Möglichkeit sichtbar, die Weltlage zu verbessern. Es ist eine Situation entstanden, die sich von der früheren qualitativ unterscheidet. Niemand kann mehr so handeln wie zuvor. Uns hat Reykjavik die Überzeugung gebracht, daß der gewählte Kurs richtig, daß das neue politische Denken notwendig und konstruktiv ist.

Man kann sagen, das Treffen hat den sowjetisch-amerikanischen Dialog, wie den Ost-West-Dialog überhaupt, auf ein neues Niveau gehoben. Er ist jetzt über das Hin und Her von technischen Berechnungen, Zahlenvergleichen, politischer Arithmetik hinaus und hat neue Parameter erreicht. Von der Warte Reykjaviks aus bietet sich die Perspektive, daß jene Probleme gelöst werden können, die heute in aller Schärfe stehen. Ich denke da an die Sicherheit, die nukleare Abrüstung und daran, daß wir das Wettrüsten nicht auf neue Bereiche übergreifen lassen dürfen. Reykjavik hat den Weg gewiesen, wie der Menschheit die Unsterblichkeit zurückgegeben werden kann, die sie in dem Augenblick verlor, als Kernwaffen Hiroshima und Nagasaki in Schutt und Asche legten.

Wir halten das Treffen in Island für ein einschneidendes Ereignis. Es beendete eine Etappe des Kampfes für die Abrüstung und leitete eine neue Etappe ein.

Wir haben das alte Verhandlungsschema durchbrochen und den sowjetisch-amerikanischen Dialog, so möchte ich sagen, aus politischem Nebel und Demagogie herausgeführt. In den jahrelangen Verhandlungen ist die Abrüstungsthematik durch die zahlreichen Vorschläge der einen wie der anderen Seite zu einer Wissenschaft für sich geworden, so daß sich sogar Politiker darin nur mit Mühe zurechtfinden, von der breiten Öffentlichkeit ganz zu schweigen. Unser neues Programm der nuklearen Abrüstung ist höchst einfach und verständlich. Es beschränkt sich auf vier Punkte und findet auf anderthalb Seiten Platz. Es ist für weite Kreise faßbar geworden. Wir waren bewußt darum bemüht, die Weltöffentlichkeit gewissermaßen an den Verhandlungen teilhaben zu lassen.

Nach Reykjavik
Die Dialektik von Reykjavik ist folgende: Das Ziel ist näher gerückt, greifbarer geworden, während sich die Situation noch komplizierter und widersprüchlicher gestaltet hat. Klar ersichtlich ist, daß ein Abkommen von beispiellosen Ausmaßen erreicht werden kann, daß sich auf diesem Wege aber auch ungeheure Hindernisse auftürmen. Alles in allem standen wir noch nie so kurz vor einer Vereinbarung.

Tatsächlich konnten wir zum ersten und zum zweiten Punkt unserer Grundposition – zu den strategischen Waffen und den Mittelstreckenraketen – Verständnis erzielen, wenn auch unter großen Mühen. Allein dadurch gewannen wir enorm an Erfahrung. Wir begriffen die Schwierigkeiten des Präsidenten, begriffen, daß er nicht frei entscheiden kann. Und wir machten keine Tragödie daraus, daß die ABM-Problematik Reykjavik nicht zum vollen Erfolg werden ließ. Wir waren der Ansicht: Soll der Präsident das gesamte Geschehen überdenken, soll er sich mit dem Kongreß beraten. Vielleicht bedarf es eines weiteren Versuches, damit wir das überwinden, was uns noch trennt. Wir können warten. Und die Vorschläge, mit denen wir nach Reykjavik gekommen sind, ziehen wir nicht zurück.

Reykjavik hat uns in der Erkenntnis, wo wir stehen, an einen bedeutsamen Punkt geführt. Präzises Denken ist gefragt, das frei von Vereinfachungen sein muß. Ich würde Reykjavik keinesfalls als Mißerfolg bezeichnen. Es war eine Etappe in einem diffizilen und schwierigen Dialog, bei der Suche nach Lösungen, die umfassend sein müssen. Nur dann ist eine Übereinkunft möglich. Aus Reykjavik haben wir gefolgert, daß der Dialog noch notwendiger geworden ist. Darum bin ich nach Reykjavik noch optimistischer.

Dieses Buch war schon beim Verleger, als in Washington Eduard Schewardnadse und George Shultz übereinkamen, ein Abkommen über die Mittelstreckenraketen und die operativ-taktischen Raketen in Kürze auszuarbeiten, damit es noch in diesem Jahr unterzeichnet werden kann. Das wird der erste größere Schritt zu realer nuklearer Abrüstung sein. Und das ist zweifellos ein praktisches Ergebnis von Reykjavik, das dessen Bedeutung als historisches Ereignis und Wendepunkt erhärtet.

Hier findet man auch die Antwort auf eine Frage, die damals viele stellten: Ist die Welt nach Reykjavik sicherer geworden?

Manche suchten das Drama von Reykjavik (und die Sitation war wirklich dramatisch) so darzustellen, als habe alles an einem Wort gehangen, als sei alles an einem Wort gescheitert. Nein, es ging um das Prinzip. Wir waren der anderen Seite weitestgehend entgegengekommen, aber auf ein solches Zugeständnis konnten wir nicht eingehen. Nach Moskau zurückgekehrt, habe ich zweimal zu den Ergebnissen von Reykjavik gesprochen. Nicht nur, um der Wahrheit wieder zum Recht zu verhelfen, die man zu entstellen versuchte, sondern auch um festzulegen, was weiter geschehen sollte. Ich habe es damals gesagt und bin auch heute überzeugt: Der Mißerfolg von Reykjavik ist auf zwei strategische Irrtümer zurückzuführen, denen bestimmte Kreise im Westen unterliegen.

Der *erste:* Die Russen hätten Angst vor SDI und würden sich daher zu allen Zugeständnissen bereit finden. Und der *zweite:* Wir hätten größeres Interesse an der Abrüstung als die Vereinigten Staaten. Diese Einstellung wirkte sich auch auf die Verhandlungen in Reykjavik aus. Wir spürten sehr bald, was uns dort erwartete: Die amerikanische Delegation war ohne ein klares Programm gekommen – sie wollte nur die Früchte ernten.

Die amerikanischen Gesprächspartner suchten uns hartnäckig die Fragen aufzudrängen, mit denen sich unsere Delegationen bei den Genfer Verhandlungen schon so lange ergebnislos befaßt hatten. Wir aber wollten dem, was wir in Genf auf höchster Ebene grundsätzlich vereinbart hatten, realen, praktischen Ausdruck verleihen. Mit anderen Worten, wir wollten dem Prozeß zur Beseitigung der Kernwaffen einen Impuls verleihen.

Tatsächlich war es ja zuvor lediglich darum gegangen, die Kernwaffen zu begrenzen. Jetzt aber darum, sie zu reduzieren und zu beseitigen. Da dem aber so war, mußte allen Täuschungsmanövern, die zu militärischer Überlegenheit führen könnten, ein Riegel vorgeschoben werden. Darum wurde die Einhaltung des ABM-Vertrages zum Dreh- und Angelpunkt. Die Haltung, die die amerikanische Seite in Reykjavik zu dieser Frage einnahm, ließ deutlich erkennen, daß sie ihr Ziel, Überlegenheit zu erlangen, nicht aufgegeben hatte. Und sie brachte weder genügend Verantwortungsbewußtsein noch die politische Entschlossenheit auf, diese Schwelle zu überschreiten. Denn das hätte bedeutet, sich aus der Abhängigkeit vom Militär-Industrie-Komplex zu befreien.

Dennoch gaben wir nicht alle Hoffnung auf. Wir gingen davon aus, daß Reykjavik allen, den Europäern, den Amerikanern und uns selbst, neue Möglichkeiten bieten würde, sich Klarheit über die Vorgänge zu verschaffen. Für uns war bis dahin eins klar: Da man vom ABM-Vertrag loskommen und SDI – mit der man sich Überlegenheit verschaffen will – vorantreiben möchte, ist ein Paket notwendig, denn eines greift ins andere. Wollen wir offen sein: Mit diesem Paket wollten wir der Welt vor Augen führen, daß das Haupthindernis für ein Abkommen über nukleare Abrüstung SDI ist.

Die Zeit nach Reykjavik hat sich in höchstem Maße als lehrreich erwiesen. Die militaristischen Kreise waren offenbar erschrocken. Sie versuchten damals und versuchen auch noch heute, die absurdesten Hindernisse aufzutürmen, damit der Prozeß, der in Reykjavik seinen Anfang nahm, im Sande verläuft. Von dem Inhalt der Gespräche in Reykjavik wurden alle möglichen Versionen aufgetischt, nach Kräften suchte man zu vertuschen, daß die amerikanische Seite mit leeren Händen nach Reykjavik gekommen war, einzig bereit, sowjetische Zugeständnisse einzuheimsen.

In den Tagen, Wochen und Monaten, nunmehr schon in dem Jahr nach Reykjavik hat sich so manches ereignet. Ich ziehe es vor, die Dinge beim Namen zu nennen: Im Grunde genommen hat die USA-Administration damals darauf hingearbeitet, die Ergebnisse von Reykjavik null und nichtig zu machen. All ihr Tun ließ daran keinen Zweifel. Wir haben erlebt, wie die USA in bezug auf die tatsächlichen Ereignisse von Reykjavik Verwirrung zu stiften begannen und wie in Westeuropa nahezu Panik um sich griff.

Das Ausschlaggebende aber ist, was die Vereinigten Staaten tun. Ich denke daran, daß die USA, als sie den 131., mit Flügelraketen bestückten strategischen Bomber in Dienst stellten, faktisch die Bestimmungen des SALT-II-Vertrages verletzten. Ich denke ferner an die in Regierungskreisen absichtlich lautstark geführte Debatte für eine sogenannte weite Auslegung des ABM-Vertrages. In den ersten Monaten des Jahres 1987 mußten wir dann aus Washington hören, für die USA sei es an der Zeit, mit der Stationierung der ersten SDI-Bauteile im Weltraum zu beginnen.

Auch bei den Genfer Verhandlungen liefen die Dinge zähflüssig. Man versuchte, uns zurückzuwerfen, wieder kamen all diese Grenzen und Untergrenzen auf den Tisch. Propagandistisch verbrämt wurde das alles mit lautstarkem Gerede, wie hart und unnachgiebig die Sowjetunion sei. Sie unterbreite ihre Vorschläge als Paket und lasse damit keine Chance für Lösungen, wo sie schon heute möglich seien.

Wie sollten wir handeln? Nach dem Grundsatz: Wie du mir, so ich dir? Gutes hat eine solche Handlungsweise noch nie gebracht.

Wir sind dem »Beispiel« der USA nicht gefolgt, sondern haben erklärt, daß wir weiterhin zu unseren Verpflichtungen aus dem SALT-II-Vertrag stehen werden. Was bedeuten schon mehr oder weniger Bomber angesichts des derzeitigen strategischen Kräftegleichgewichts zwischen der UdSSR und den USA. Washingtons Bruch mit dem SALT-II-Vertrag, war weniger militärischer als vielmehr politischer Natur. Das war so etwas wie eine »Aufforderung« an die Sowjetunion, zu den Zeiten vor Reykjavik zurückzukehren.

Auf die Erklärungen extremistischer Gruppierungen in den USA, SDI müsse forciert und schnellstens erprobt werden und sogar ABM-Systeme müßten im Weltraum aufgestellt werden, reagierten wir mit Gelassenheit.

Was die Diskussionen um das sowjetische Paket betrifft, so bin ich auch jetzt der Meinung: Hätten die USA sich bereit erklärt, es mit durchaus möglichen Präzisierungen, mit gewissen Abänderungen anzunehmen, so wäre ein großer Schritt getan worden. Dieses Paket enthielt früher schon Fragen der Begrenzung und Beseitigung der strategischen Offensivwaffen und der Verhinderung einer Militarisierung des Weltraums. Die Fragen gehören organisch zusammen, sind, strategisch gesehen, miteinander gekoppelt. Wenn die Ausdehnung des Wettrüstens auf den Weltraum nicht strengstens unterbunden wird, kommt es auch nicht zur Reduzierung der strategischen Offensivwaffen. Darüber muß sich jeder völlig im klaren sein.

In Reykjavik hatten wir die Problematik der Mittelstreckenraketen in das Paket aufgenommen, weil wir mit der Drosselung des Wettrüstens in allen Schlüsselbereichen gleichzeitig vorankommen wollten. Zugleich wollten wir der ganzen Welt zeigen, ich wiederhole das, daß SDI das Haupthindernis für den Einstieg in die nukleare Abrüstung bildet. Viele westliche Politiker haben uns kritisiert und verurteilt, weil wir die Mittelstreckenraketen in das Paket eingebunden hatten. Ich weiß, daß auch verschiedene Kreise der Öffentlichkeit uns nicht beipflichteten. Doch ich glaube, wir haben damals richtig gehandelt.

Das Moskauer Forum und die Mittelstreckenraketen

Das Moskauer Forum »Für eine Welt ohne Kernwaffen, für das Überleben der Menschheit« hat mich wie auch die anderen Mitglieder der sowjetischen Führung stark beeindruckt. Wir spürten unmittelbar, wie die Weltöffentlichkeit dachte, wie beunruhigt und besorgt sie war, wie es nach Reykjavik weitergehen soll, wie beunruhigt sie darüber war, daß die Sowjetunion nach Reykjavik das einseitige Moratorium für Kernwaffenversuche aufheben mußte, daß die Vereinigten Staaten den SALT-II-Vertrag unterlaufen hatten und der ABM-Vertrag in Gefahr war. Wir analysierten alles sehr gründlich und entschlossen uns zu einem weiteren Schritt, um den Genfer Verhandlungen Impulse zu verleihen und einen positiven Umschwung bei der Abrüstung zu bewirken. Ich meine die Herausnahme der Mittelstreckenraketen aus dem Paket.

Und was geschah?

Wiederum Tumult im NATO-Lager, wie schon nach Reykjavik. Als Reaktion auf den neuen Schritt, mit dem wir dem Westen entgegenkamen, rückten die herrschenden NATO-Kreise vor aller Augen von den Positionen ab, auf denen sie so lange beharrt hatten. Sie begannen, sich von ihrer eigenen »Null-Lösung« zu distanzieren beziehungsweise immer wieder neue Bedingungen an sie zu knüpfen. Das ging so weit, daß sie, statt die Kernwaffenarsenale zu reduzieren, Europa aufforderten, sie weiter aufzustocken, nämlich bei den amerikanischen operativ-taktischen Raketen »nachzurüsten«.

Wir bekommen auch zu hören: Der Westen würde dann den Vorschlägen der Sowjetunion zur Rüstungsbegrenzung vertrauen, wenn sie ihr politisches System ändert, wenn sie sich die westliche Gesellschaft zum Vorbild nimmt. Das ist nun schon ganz und gar lächerlich.

Nach Reykjavik und besonders nach unserem Vorschlag, zu den Mittelstreckenraketen ein gesondertes Abkommen zu schließen, erhob sich in NATO-Kreisen ein großes Geschrei, ohne Kernwaffen lasse sich der Frieden in Europa nicht sichern.

Ich hatte darüber einen heftigen Meinungsstreit mit Margaret Thatcher. Sie wollte mir einreden, für Großbritannien seien Kernwaffen das einzige Mittel, im Falle eines konventionellen Krieges in Europa seine Sicherheit zu wahren. Was ist das für eine fatalistische Philosophie! »Wenn Sie uns hoch und heilig beteuern, daß die Kernwaffen ein Segen sind, daß sich Großbritannien abseits hält, mögen die USA und die UdSSR auch das Niveau herabsetzen, wird jedem sofort klar, daß wir eine leidenschaftliche Streiterin für Kernwaffen vor uns haben«, sagte ich zur britischen Premierministerin. »Nehmen wir an, wir beginnen mit der Abrüstung, räumen Europa von den Mittelstreckenraketen, vermindern die strategischen Offensivwaffen um fünfzig Prozent oder einen anderen Wert, und Sie verstärken ihre Kernwaffenkräfte. Wie stehen Sie dann vor der Weltöffentlichkeit da? Haben Sie darüber nachgedacht?«

Ich hielt es für meine Pflicht, sie daran zu erinnern, daß Großbritannien an den dreiseitigen Verhandlungen über das allgemeine und vollständige Verbot der Kernwaffenversuche teilgenommen hatte, dann aber das Interesse an diesen Verhandlungen verlor. Wir haben uns gute anderthalb Jahre an das Moratorium für Kerntests gehalten, während Großbritannien sich nicht darum kümmerte.

Solange Kernwaffen existieren, ist immer die Gefahr gegeben, daß etwas Unvorhergesehenes geschieht. Wenn wir davon ausgehen wollen, daß die Kernwaffen ein Segen, eine zuverlässige Garantie für Sicherheit sind, dann gehört auch der Kernwaffensperrvertrag in den Papierkorb. Um so mehr, als heute Dutzende Staaten die wissenschaftlich-technischen und materiellen Möglichkeiten haben, sich eine eigene Bombe zu schaffen. Mit welchem moralischen Recht wollen das die heutigen Kernwaffenmächte Ländern wie zum Beispiel Pakistan, Israel, Japan, Brasilien oder wem auch immer verwehren? Doch was wird dann aus der Welt, aus den internationalen Beziehungen?

Nach Einschätzung der Situation bekräftigte das Politbüro des Zentralkomitees, daß die sowjetische Führung entschieden den Standpunkt ablehnt, man könne sich die internationalen Angelegenheiten und die nationale Sicherheit nur mit Rückhalt durch Kernwaffen denken.

Doch zurück zu den Mittelstreckenraketen. Strenggenommen wurde die »Null-Lösung« für Europa seinerzeit von Präsident Reagan vorgeschlagen. Urheber dieses Gedankens zu sein nimmt allerdings Helmut Schmidt für sich in Anspruch. Er hatte diesen Vorschlag, als er noch Bundeskanzler war, tatsächlich als erster unterbreitet. In Reykjavik kamen der Präsident und ich zu einer Lösung und machten sie praktisch abkommensreif. Jetzt kann sie verwirklicht werden. Eine BRD-Zeitung schrieb, in der Bundesrepublik bestünden manche ständig darauf, Gorbatschow beim Wort zu nehmen. Jetzt aber habe Gorbatschow sie mit der Zustimmung zur »Null-Lösung« selbst beim Wort genommen. Mögen diese Leute nun beweisen, schrieb die Zeitung, daß sie keine Demagogie betrieben und bei ihrer »Null-Lösung« nicht darauf gebaut hätten, daß die Russen sie sowieso ablehnen würden. Ich schmunzelte, als ich das las, dachte aber dann: Wahrhaftig, die Zeitung hat recht.

Auch für das Problem der operativ-taktischen Raketen bot sich eine Lösung. Wir sind dafür, sie zu beseitigen. Was aber geschah? Im April 1987 kam George Shultz nach Moskau und wollte uns einreden, den USA müsse das Recht eingeräumt werden, »nachzurüsten«, das heißt, sich eine bestimmte Menge Raketen dieser Klasse zuzulegen, ehe die Sowjetunion sie vollständig beseitigt. Welch absurde Logik, eine Logik, die auf dem Kopf steht! Wir liquidieren die Raketen geringerer Reichweite, die aus der DDR und der ČSSR abgezogen werden, und sind bereit, später auch die verbliebenen Raketen dieser Klasse zu vernichten. Doch machen wir diesen Vorschlag, schleicht die NATO wie die Katze um den heißen Brei darum herum. Und das gleiche beginnt von vorn.

Wir ließen uns jedoch nicht entmutigen. Wir überdachten die Situation, die sich im Frühjahr und Anfang Sommer 1987 bei den Genfer Verhandlungen ergeben hatte, liehen der öffentlichen Meinung Gehör, und zwar nicht nur in Europa, sondern auch in Asien, und unternahmen einen weiteren großen Schritt.

Am 22. Juli 1987 erklärte ich im Namen der sowjetischen Führung, die UdSSR sei bereit, *alle* ihre Mittelstreckenraketen zu vernichten, auch die im asiatischen Teil der Sowjetunion, das heißt, nicht länger auf den hundert Gefechtsköpfen auf Mittelstreckenraketen zu bestehen, auf die ich mich mit dem USA-Präsidenten in Reykjavik geeinigt hatte und die dann Gegenstand der Genfer Verhandlungen wurden. Vorausgesetzt natürlich, daß die USA Gleiches tun. Beseitigt werden sollen auch die operativ-taktischen Raketen. Kurzum, die Sowjetunion ist zu einer »globalen doppelten Null-Lösung« bereit.

Wir dürfen mit ruhigem Gewissen sagen: Die Sowjetunion hat alles in ihren Kräften Stehende getan, um das erste große Abkommen über die Beseitigung nicht nur einer, sondern zweier Klassen von Kernwaffen zu verwirklichen.

Aber wie viele Hindernisse wurden und werden dieser Vereinbarung noch immer in den Weg gestellt. Durch was für einen Berg von Schwierigkeiten muß man sich hindurcharbeiten, bis Vernunft und gesunder Menschenverstand über den Kernwaffenwahnsinn triumphieren.

Urteilen Sie selbst, was wir hören mußten: Auf unser Einverständnis zur »doppelten Null-Lösung« hin sollten auf dem Territorium der BRD 72 Pershing-1a-Raketen und dazu eine entsprechende Zahl amerikanischer Kernsprengköpfe verbleiben. Es zählt also gar nichts mehr, kein kernwaffenfreier Status der BRD, kein Vertrag über die Nichtweiterverbreitung von Kernwaffen, kein Prinzip der gleichen Sicherheit. Und wenn nun bei dieser Konstellation die DDR, die Tschechoslowakei oder Polen an uns herantreten und uns um ein Gegengewicht zu dem amerikanisch-westdeutschen Raketen-Kernwaffen-Komplex bitten? Was dann? Soll man sich damit abfinden, daß sich das Wettrüsten, in einer Richtung eingedämmt, an neuer Stelle Bahn bricht?

Ich fragte den USA-Außenminister, ob er uns denn wirklich für so schwach halte, seine Regierung endlos bereitwillig zu hofieren? Oder ob er annehme, daß wir am Ausbau der sowjetisch-amerikanischen Beziehungen stärker interessiert seien und die amerikanische Seite folglich in dieser Richtung nichts zu tun brauche? Wenn ja, dann sei das eine Illusion, eine außerordentlich gefährliche Illusion. Ich sage das ganz unverblümt, ohne diplomatische Floskeln.

Die Welt ist der Spannungen überdrüssig. Die Menschen haben voller Ungeduld auf eine Chance zur Verbesserung der Lage und zur Verringerung der Kriegsgefahr gewartet. Die Sowjetunion hat beispiellose Zugeständnisse gemacht, damit sich diese Chance bietet. Wenn sie verspielt würde, so würde das in der ganzen Weltpolitik Spuren hinterlassen.

Warum, so fragt man sich, hat es die Sowjetunion mit diesen Dingen eigentlich so eilig. Schließlich müssen wir doch mehr Mittelstreckenraketen verschrotten als der Westen, und bei den operativ-taktischen Raketen bietet sich dasselbe Bild. Was treibt uns? Uns drängt nur das eine: die klare Einsicht, daß etwas geschehen, ein realer Schritt getan werden muß, damit der Abrüstungsprozeß, und sei es auch langsam, sei es auch je nach den konkreten Bedingungen, in Gang kommt.

Bei allen Verhandlungen und auf allen Foren muß nach Lösungen für die akuten Probleme gesucht werden, vor allem bei den Genfer Verhandlungen. Wir schenken ihnen größte Beachtung. Ich glaube, die Leser wissen jetzt, was wir unternommen haben, um ihnen zum Fortschritt zu verhelfen.

Und wir wollen nicht einfach so verhandeln. Manch einem in Amerika – ich muß das aufrichtig sagen – behagt es, wenn einfach gesagt werden kann: Die Verhandlungen laufen. Uns gefällt das nicht. Schön, daß Verhandlungen im Gange sind. Aber sie müssen vorankommen, sie müssen Fortschritte bringen, wir müssen zu Vereinbarungen kommen, für das sowjetische und das amerikanische Volk, für die ganze Welt müssen die Vereinbarungen von Genf schließlich eine Lösung der brennenden Probleme bringen, die die nukleare Bedrohung bannt und den Weg der Abrüstung ebnet.

Dies wollen wir erreichen. Wenn die Verhandlungen als Deckmantel dienen sollten, um die Weiterführung aller Militärprogramme und das Hochschrauben der Militäretats zu verschleiern, sind wir dagegen, und zwar entschieden dagegen. Ein solches Vorgehen wäre nicht akzeptabel.

Natürlich ist es nicht leicht, die Ansichten, auf die sich die Beziehungen zwischen dem Osten und dem Westen fünfzig Jahre lang gründeten, einfach so zu ändern. Aber das Neue klopft buchstäblich an alle Türen und Fenster. Wir, die jetzige Generation von Politikern, müssen das hören. Leider lassen sich viele Politiker noch immer von alten Vorstellungen und Klischees leiten.

Die Zeit der Entscheidung ist gekommen. Unser aller guter Wille, unsere politische Kühnheit und unsere Vernunft werden auf die Probe gestellt. Es liegt auf der Hand, daß es große Bedeutung und wichtige Auswirkungen auf den gesamten Abrüstungsprozeß haben wird, wenn wir die Problematik der Mittelstreckenraketen und der operativ-taktischen Raketen bewältigen. Das wäre ein vertrauensbildender Faktor, und Vertrauen ist es, was uns so fehlt.

Natürlich werden wir die Verhandlungen zu den strategischen Waffen, zu deren Reduzierung weiterführen. Hinsichtlich der Stärke und des Potentials der strategischen Streitkräfte besteht zwischen den USA und der UdSSR annäherndes Gleichgewicht, Parität. Von der USA-Seite habe ich wiederholt zu hören bekommen, sie fühle sich durch unsere interkontinentalen ballistischen Raketen bedroht. Wir sehen von der USA-Seite her in den U-Boot-gestützten ballistischen Raketen eine große Bedrohung, denn sie sind weniger verwundbar, zugleich mit jeweils unabhängig voneinander programmierbaren Sprengköpfen ausgestattet und sehr präzise. Wir fühlen uns ferner durch die zahlreichen Militärstützpunkte an den Grenzen zur UdSSR bedroht. Trotzdem besteht zwischen uns strategische Parität. Wenn also bei der jetzigen Struktur und Menge der strategischen Offensivwaffen strategische Parität gesichert ist, bleibt auch bei fünfzigprozentiger Reduzierung das Gleichgewicht erhalten, dann aber schon auf einem niedrigeren Niveau. Und das ändert die Situation. Genau das hatte ich Präsident Reagan in Reykjavik vorgeschlagen – alle drei Arten zu reduzieren, jeden Teil auf die Hälfte. Dann hätten wir schon Bedeutendes erreicht.

Und natürlich müssen wir uns strikt an den ABM-Vertrag halten. Was SDI betrifft, haben wir gegen Forschungsarbeiten in Laboratorien, Instituten, Herstellerbetrieben und auf Testgelände nichts einzuwenden. Dieser Vorschlag von uns trägt eigentlich den fünf oder acht Positionen Rechnung, an denen die Vereinigten Staaten in bezug auf SDI festhalten. Sollen sich die Experten zusammensetzen, sich Klarheit verschaffen und festlegen, welche Teile in den Weltraum gebracht werden dürfen und welche nicht. Unsere auf Kompromiß gerichteten Gedanken bieten eine gute Möglichkeit für eine Lösung.

Die Sowjetunion hat viele Schritte unternommen, damit eine neue Situation entsteht und sich neue Möglichkeiten ergeben, damit die sowjetisch-amerikanischen Beziehungen dynamisch vorankommen und sich verbessern. In den letzten Jahrzehnten hatte keine einzige Regierung derartige Chancen, etwas für die Verbesserung der Beziehungen zur UdSSR zu tun wie die jetzige. Und was hat sie getan? Nicht gerade viel! Bisher haben wir nicht mehr als die Vereinbarung, ein Abkommen zu den Mittelstreckenraketen und den operativ-taktischen Raketen zu schließen.

Aber die Zeit drängt. Wir sind überzeugt: Entweder wir kommen zu Vereinbarungen, oder nichts kommt zustande, und man kann nur noch Reisig nachlegen, damit das schwelende Feuer der sowjetisch-amerikanischen Beziehungen nicht ganz und gar erlischt.

In unserer Politik haben wir die notwendigen Schritte getan, um sie von ideologischen Vorurteilen zu befreien. Das muß auch der Westen tun. Zuallererst muß er die irrige Meinung ablegen, die Sowjetunion müsse mehr abrüsten als der

Westen, man müsse uns nur unter Druck setzen, Daumenschrauben anlegen, und schon gäben wir die Gleichheit als Grundsatz auf. Dahin kommt es nie.

Man sehe sich doch an: Alle sowjetischen Vorschläge, so sorgfältig man sie auch prüfen mag, sind auf Gleichheit, auf Gleichgewicht in allen Phasen gerichtet. Das gilt für die Kernwaffen, die konventionellen Waffen, die chemischen Waffen, das gilt für jeden geographischen Raum – den Osten und den Westen, Europa und Amerika. Wir erarbeiten unsere Vorschläge sorgfältig und lassen uns davon leiten, daß kein einziges Land zulassen wird, daß gegen seine Sicherheit gehandelt wird.

Wenn wir bei Verhandlungen, zum Beispiel bei den Verhandlungen in Genf oder andernorts, Vorschläge unterbreiten, lassen wir uns von dem Gedanken leiten: Wenn wir nur die Interessen der Sowjetunion berücksichtigen, die unseres Partners aber nicht, dann kommt es zu keinem Vertrag. Wir appellieren an die amerikanische Seite, sich zu uns ebenso zu verhalten. Denn wir werden Überlegenheit nicht zulassen, wir werden Beeinträchtigung unserer Sicherheit nicht zulassen. Und wir wollen die Sicherheit der USA nicht antasten. Wenn beide Seiten diese Einstellung gewinnen, kann die sowjetisch-amerikanische Zusammenarbeit in allen Bereichen entscheidend vorankommen.

Natürlich könnten wir warten, bis die nächste Regierung ihr Amt übernommen hat. Aber wir haben es vorgezogen, uns schon mit der jetzigen zu einigen. Wir haben einen Anfang gemacht, wir unterhalten persönliche Beziehungen und verstehen uns in bestimmtem Maße. Wir halten es für sehr wichtig, eine normale Atmosphäre zu schaffen, damit endlich der Schritt zu einer Vereinbarung getan werden kann. Aber die amerikanische Seite gerät immer wieder ins Wanken. Schlimmer noch, jedesmal, wenn wir Washington einen Schritt entgegenkommen, treten dort Gegenkräfte auf den Plan, die sich bemühen, die Sache weiter zu erschweren und den sich abzeichnenden Fortschritt zu hemmen.

Ein Beispiel dafür ist die Geschichte mit den Abhöranlagen

in den Botschaften. Ich habe George Shultz in einem Gespräch eine »neue Konzeption« angeboten: Wir sollten die Sache so sehen, daß er und Schewardnadse die »Chefspione« und unsere Botschafter in Moskau und in Washington gleichfalls »Spione« seien. Sie haben ja ihre Posten dazu inne, daß sie über die Sachlage und die Absichten im Aufenthaltsland richtig informieren. Dieser ganze Rummel um Spionage in den Botschaften ist doch sinnlos. Wir wissen alles Wichtige über die USA, und die USA wissen alles Wichtige über uns. Diesmal war die Spionagemanie angezettelt worden, weil es schon zur Regel geworden ist: Sobald sich irgend etwas abzeichnet, in unseren Beziehungen etwas entschieden werden kann, sucht man gleich nach Tricks, um der Sache wieder zu schaden.

Ich weiß, um die Beziehungen der sowjetischen Führung zu Präsident Reagan werden alle möglichen Mutmaßungen angestellt. Ich habe einen persönlichen Eindruck von ihm gewonnen. Immerhin sind wir schon zweimal zusammengekommen und haben stundenlang miteinander gesprochen. Ich bin der Meinung, daß zwischen dem Präsidenten und mir trotz aller Schwierigkeiten ein ernst zu nehmender Dialog im Gange ist. Manchmal sagen wir einander unangenehme Dinge und sprechen das sogar öffentlich aus, ohne ein Blatt vor den Mund zu nehmen. Von mir aus kann ich sagen: Wir werden unsere Bemühungen fortsetzen. Wir werden mit jedem Präsidenten, mit jeder Regierung, für die sich das amerikanische Volk entscheidet, Zusammenarbeit und erfolgversprechende Verhandlungen suchen. Ob sich die Amerikaner für einen Demokraten oder einen Republikaner entscheiden, ist ihre Sache. Wir werden, und das wiederhole ich, mit der Regierung zusammenarbeiten, der das amerikanische Volk sein Land anvertraut. So und nur so darf man meines Erachtens in allen Fällen handeln. Die amerikanische Seite muß gleichfalls so handeln. Mögen die Amerikaner bei sich in Amerika so leben, wie es ihnen gefällt. Wir werden bei uns in der Sowjetunion so leben, wie wir wollen. Wir sollten auch bei den Politikern nicht zwischen beliebten und unbeliebten, angesehenen und nicht angesehenen unterscheiden. Es gibt Realitäten, und den Realitäten muß man Rechnung tragen, sonst wird aus der Politik Improvisation, Abenteurertum und Unberechenbarkeit. So darf man in der Politik nicht handeln, schon gar nicht in den Beziehungen zwischen zwei Staaten wie den USA und der Sowjetunion. Das ist eine sehr ernste Angelegenheit.

Es kommt sehr darauf an, daß die Sowjetunion wie auch die Vereinigten Staaten von der Überzeugung ausgehen: Wir müssen uns einigen, wir müssen lernen, in Frieden miteinander zu leben.

Vor der Sowjetunion wie vor den USA liegt eine große Arbeit von historischer Tragweite. Auf sich allein gestellt, kann keines unserer Länder diese Arbeit bewältigen. Ich meine das Problem Nummer eins unserer Tage – die Bannung der Gefahr, daß die Menschheit in einem Kernwaffenkrieg untergehen könnte. Wenn diese Arbeit erfolgreich getan wird, dann ist eine Blütezeit in den sowjetisch-amerikanischen Beziehungen voraussehbar, ein »goldenes Zeitalter« sozusagen, das der UdSSR und den USA, den anderen Ländern und der gesamten Weltgemeinschaft zum Nutzen gereichen wird.

Schlußbemerkung

Es ist Zeit, den Schlußpunkt zu setzen ... Nur ein paar Worte noch.

Nach meiner festen Überzeugung ist das Buch nicht abgeschlossen und kann auch nicht abgeschlossen sein. Zu Ende schreiben muß man es mit Arbeit, mit Taten, damit die Ziele erreicht werden, über die ich mich hier offen zu äußern bemüht war.

Die Umgestaltung fällt uns nicht in den Schoß, sie ist ein schwieriges Werk. Wir durchdenken jeden unserer Schritte kritisch, messen uns an den praktischen Ergebnissen und sind uns sehr wohl bewußt: Was heute akzeptabel und ausreichend erscheint, mag sich morgen als veraltet herausstellen. So ist die Logik des revolutionären Erneuerungsprozesses der Gesellschaft.

Die vergangenen zweieinhalb Jahre haben uns vieles gelehrt. Die kommenden Jahre, vielleicht schon die kommenden Monate werden von neuen ungewöhnlichen Schritten gekennzeichnet sein. Im Zuge der Umgestaltung werden wir unsere Auffassungen von Vergangenheit, Gegenwart und Zukunft des Sozialismus vertiefen und präzisieren. Wir werden uns selbst neu entdecken. Das geschah und geschieht nicht, wie ich schon sagte, um mit irgendwelchen Phantasien zu verblüffen, zu »gefallen« oder Beifall zu erheischen. Uns beflügeln die Ideen der Oktoberrevolution, die Ideen Lenins, die Interessen des Sowjetvolkes.

Wir glauben, daß Ansätze einer Umgestaltung auch in den internationalen Beziehungen, unter anderem in den sowjetisch-amerikanischen, spürbar werden. Zum neuen politischen Denken zu kommen ist ein Gebot unserer Zeit.

Groß sind die Gefahren, die der Menschheit drohen. Elemente der Konfrontation gibt es heute zur Genüge, aber zusehends wachsen und mehren sich die Kräfte, die willens und fähig sind, der Konfrontation Einhalt zu gebieten und sie zu überwinden.

Von Mißtrauen und Feindschaft zu Vertrauen, vom »Gleichgewicht des Schreckens« zum Gleichgewicht der Vernunft und des guten Willens, von borniertem nationalem Egoismus zur Zusammenarbeit – dazu rufen wir auf, darauf sind unsere Friedensinitiativen gerichtet, und dafür werden wir weiter unermüdlich arbeiten.

In der Welt verstärkt sich der Drang nach Verständigung, nach Kommunikation miteinander. Man spürt ihn auch unter den Politikern, er erstarkt unter der Intelligenz, unter den Vertretern der geistigen Kultur und in weiten Bevölkerungskreisen. Und wenn das russische Wort »Perestroika« mühelos in das internationale Vokabular Eingang gefunden hat, so sicherlich nicht nur aus Interesse für das Geschehen in der Sowjetunion. Die ganze Welt bedarf heute der »Perestroika«, das heißt der fortschrittlichen Entwicklung und der qualitativen Veränderung.

Die Menschen spüren und begreifen das. Sie brauchen das, um ihren Standort zu bestimmen, um die Probleme zu verstehen, die die Menschheit bedrängen, und um sich klarzuwerden, wie das Leben weitergehen soll. Die Umgestaltung ist notwendig für eine Welt, die übervoll an Kernwaffen ist, die schwerwiegende wirtschaftliche und ökologische Probleme hat; für eine Welt, in der Armut, Rückständigkeit und Krankheiten herrschen; in der das Menschengeschlecht sich heute jäh vor die zwingende Aufgabe gestellt sieht, sein eigenes Überleben zu sichern.

Wir sind alle Lernende, und der Lehrer ist das Leben, ist die Zeit. Ich bin gewiß: Die Einsicht wird größer werden, daß durch die UMGESTALTUNG im weitesten Sinne des Wortes die Welt enger zusammenrückt. Wenn wir uns durch den größten Lehrmeister – das Leben – gute Noten verdient haben, werden wir gut vorbereitet und mit der Überzeugung in das 21. Jahrhundert eintreten, daß der Fortschritt weitergehen wird.

Wir möchten, daß im kommenden Jahrhundert überall auf der Erde Freiheit herrscht. Wir möchten, daß sich der friedliche Wettbewerb der verschiedenen Gesellschaftssysteme ungehindert entwickeln kann, damit er Zusammenarbeit zum gegenseitigen Vorteil, nicht aber Konfrontation und Wettrüsten fördert. Wir möchten, daß das Volk eines jeden Landes sein gutes Auskommen hat, daß es ihm wohl ergeht und es glücklich ist. Der Weg dorthin führt über die Entwicklung zu einer Welt ohne Kernwaffen und Gewalt. Wir haben diesen Weg eingeschlagen und rufen die anderen Völker und Länder auf, ihm zu folgen.

Inhaltsverzeichnis

An den Leser   5

Erster Teil
Die Umgestaltung

Kapitel I
Die Umgestaltung – ihre Anfänge, ihr Wesen und ihr
revolutionärer Charakter   15
   Umgestaltung – ein Gebot der Stunde   15
   Die Rückbesinnung auf Lenin als ideologische Quelle der
   Umgestaltung   26
   Keine wohlklingende Deklaration, sondern ein sorgfältig
   ausgearbeitetes Programm   27
   Mehr Sozialismus, mehr Demokratie   39
   Lehren der Geschichte   42
   Die geistigen Quellen der Umgestaltung   51
   Die Umgestaltung ist eine Revolution   57
   »Revolution von oben«? Die Partei und die Umgestaltung   65

Kapitel II
Die Umgestaltung hat begonnen
Erste Schlußfolgerungen   71
   I. Die Gesellschaft ist in Bewegung geraten   72
   Wie alles begann   72
   Die Umgestaltung kommt in Schwung   76
   Wir haben keine Patentlösungen   78
   Mehr Offenheit   90
   Die Umgestaltung und die Intelligenz   98
   II. Die neue Wirtschafts- und Sozialpolitik in Aktion   101
   Die Wirtschaftsreform. Das Juni-Plenum (1987) des
   Zentralkomitees der KPdSU   102

Zur vollständigen wirtschaftlichen Rechnungsführung!	108
Eine neue Auffassung vom Zentralismus	109
In der technischen Ausstattung Weltspitze erreichen	113
Lebenswichtige Grundlagen der Umgestaltung	117
Die Sozialpolitik der Umgestaltung	121
III. Auf dem Weg der Demokratisierung	127
Unsere wichtigste Reserve	127
Gesetzlichkeit – ein unverzichtbarer Bestandteil der Demokratie	130
Die Umgestaltung und die Sowjets	137
Die neue Rolle der Gewerkschaften	141
Die Jugend und die Umgestaltung	142
Über die Frauen und die Familie	145
Die Union der sozialistischen Nationen – ein einzigartiges Gebilde	147
Ansehen und Vertrauen	152
IV. Der Westen und die Umgestaltung	155

Zweiter Teil
Das neue Denken und die Welt

Kapitel III

Wie wir die Welt von heute sehen	171
Wo stehen wir?	171
Das neue politische Denken	176
Unser Weg zum neuen Denken	183
Die »Hand Moskaus«	191
Das internationale Potential des neuen Denkens	193
Für eine ehrliche und offene Außenpolitik	201

Kapitel IV

Die Umgestaltung in der UdSSR und die sozialistische Welt	206
Über den realen Sozialismus	206
Zu den neuen Beziehungen	210

Kapitel V

Die »dritte Welt« in der internationalen Gemeinschaft	219
Regionale Konflikte	221
Das Recht auf einen eigenen Entwicklungsweg	228
Problemknoten asiatisch-pazifischer Raum	231

Zur nuklearen Abrüstung in Asien	236
Die sowjetisch-indischen Beziehungen	238
An einem komplizierten Wendepunkt	239
Lateinamerika: Zeit großer Veränderungen	241
Zusammenarbeit statt Konfrontation	243

Kapitel VI
Europa in der sowjetischen Außenpolitik

	245
Das Erbe der Geschichte	246
Europa ist unser gemeinsames Haus	250
Die Notwendigkeit: dringende Gebote gesamteuropäischer Politik	252
Die Möglichkeiten Europas	253
Zwei deutsche Staaten	256
Europa und die Abrüstung	259
Gesamteuropäische Zusammenarbeit	263
Ansätze des neuen Denkens in Europa	265
Europa und die USA	267
Die Verantwortung Europas	269

Kapitel VII
Abrüstungsprobleme und die sowjetisch-amerikanischen Beziehungen

	270
Was erwarten wir von den Vereinigten Staaten von Amerika?	273
Die USA – »glänzende Stadt auf dem Hügel«?	276
Das »Feindbild«	279
Wer braucht das Wettrüsten und wozu?	281
Weiter zu den Realitäten. Ideologischen Streit aus den zwischenstaatlichen Beziehungen ausschließen	285
Das Übel der Entfremdung	286
Auf dem Wege nach Genf	291
Genf	292
Nach Genf	294
Das Moratorium	294
Die USA nach Genf	300
Die Lehre von Tschernobyl	303
Reykjavik	305
Nach Reykjavik	312
Das Moskauer Forum und die Mittelstreckenraketen	317

Schlußbemerkung

	327

Gorbačev, Michail: Umgestaltung und neues Denken
für unser Land und für die ganze Welt / Michail Gorbatschow. – 3. Aufl. –
Berlin : Dietz Verl., 1988. – 333 S.
EST: Perestrojka i novoe myšlenie dlja našej strany
i dlja vsego mira ⟨dt.⟩. – Aus d. Russ. übers.

3. Auflage 1988
Dietz Verlag Berlin
Lizenznummer 1 · LSV 0246
Typographie: Horst Kinkel
Einband und Schutzumschlag: Eckhard Steiner
Printed in the German Democratic Republic
Gesamtherstellung: Karl-Marx-Werk Pößneck V 15/30
»Betrieb der ausgezeichneten Qualitätsarbeit«
Best.-Nr.: 738 546 2

00850